令和7年版

根本正次のリアル実況中継

司法書士
合格ゾーン
テキスト

10 民事訴訟法・民事執行法・民事保全法

はじめに

本書は、初めて司法書士試験の勉強にチャレンジする方が、本試験突破の「合格力」を無理なくつけるために制作しました。

まず、下の図を見てください。

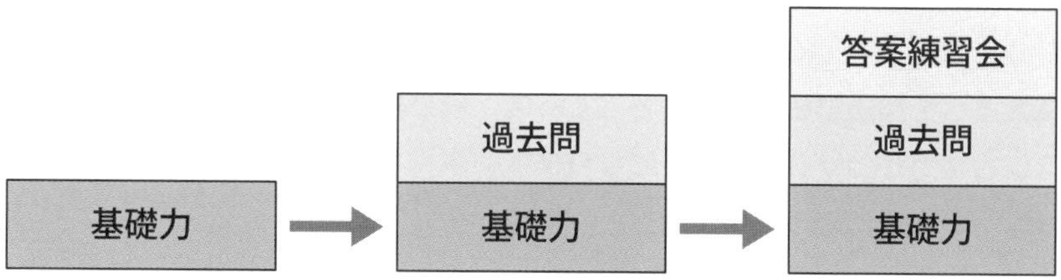

これは、司法書士試験での、理想的な知識の入れ方のイメージです。

まず、がっちりとした基礎力をつけます。この基礎力が備わっていれば、その後の部分は演習をすることで、徐々に知識を積み重ねていくことが可能になります。

私は、**この基礎力のことを「合格力」と呼んでいます**。

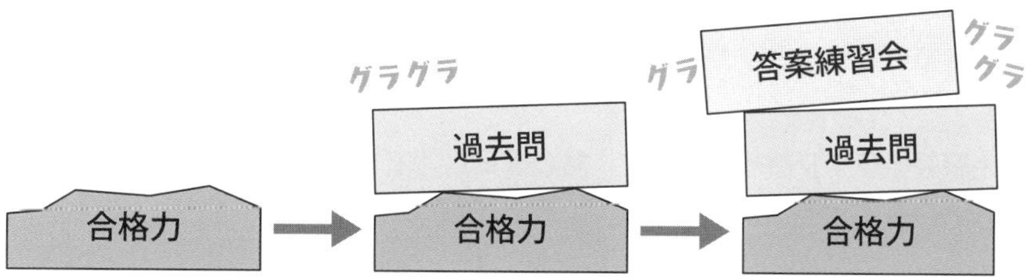

この合格力がついていないと、いくら勉強しても、知識を上積みすることができず、ドンドンと抜けていってしまいます（これまでの受験指導の中で、こういった受験生を本当に多く見ています…）。

本書は、まさにこの**「合格力（＋ある程度の過去問知識）」をつけるための基本書です**。

本書では、この「合格力」をつけるためにさまざまな工夫をしています。

①「合格に必要な知識」だけを厳選して掲載。

学問分野すべてを記載するのではなく、司法書士試験に出題がある部分（または今後出題される可能性が高いもの）に絞った記述にしています。学問的に重要であっても、「司法書士試験において必要かどうか」という観点で、論点を大胆に絞りました。

覚えるべき知識量を抑えることによって、繰り返し学習がしやすくなり、スムーズに合格力がつけられるようになります。本書を何度も通読し、合格力がついてきたら、次は過去問集にチャレンジしていきましょう。

②初学者が理解しやすい言葉、言い回しを使用。

本書は、司法書士試験に向けてこれから法律を本格的に学ぶ方のために作っています。そのため、**法律に初めて触れる方でも理解しやすい言葉や言い回しを使っています**。これは「極めて正確な用語の使い回し」をしたり、「出題可能性が低い例外を説明」することが、「必ずしも初学者のためになるとは限らない」という確固たる私のポリシーがあるからです。

③実際の講義を受けているようなライブ感を再現。

生講義のライブ感そのままに、話し言葉と「ですます調」の軟らかな文体で解説しています。また、できるだけ長文にならないよう、リズムよく５～６行ごとに段落を区切っています。さらに文章だけのページが極力ないように心掛けました。

④「図表」→「講義」→「問題」の繰り返し学習で知識定着。

１つの知識について、「図表・イラスト」、「講義」、「問題」で構成しています。そのため、本書を読み進めるだけで、**１つの知識について、３つの角度から繰り返し学習ができます**。また、「図表」は、講義中の登場人物の心境や物語の流れを把握するのに役立ちます。

⑤本試験問題を解いて実戦力、得点力アップ。

試験で落としてはいけない「基本知識」の問題を掲載。講義の理解度をチェックし、実戦力、得点力を養います。基礎知識を確認するための問題集としても使えます。

最後に

2002年から受験指導を始めて、たくさんの受験生・合格者を見てきました。
改めて、司法書士試験の受験勉強とは何をすることかを考えると、

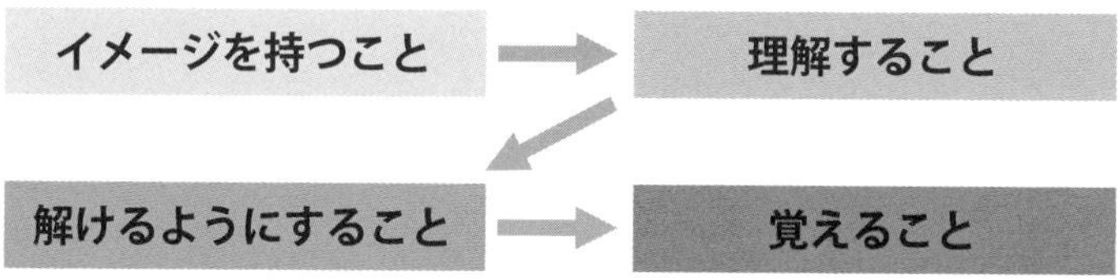

このプロセスを丹念に踏むことに尽きると思っています。

学習のスタートは、早ければ早いほど合格に近づきます。

しかし、いざ学習を始めるに当たり、「自分にできるかどうか」という不安をもっている方も多いのではないでしょうか。
ですが、**司法書士試験に今までの学習経験・学歴は、一切関係ありません。出題される知識を、「繰り返す」「続ける」努力を続けた人が勝つ試験です。**
本書は、いろいろな方法で学習を始めやすい・続けやすい工夫を凝らしています。安心して、本書を手に取って学習を始めてみましょう。

2024年5月

LEC専任講師　根本 正次

◆本書は2024年5月1日現在成立している法律に基づいて作成しています。

●本書シリーズを使った学習法

STEP 1 本書を通読＋掲載されている問題を解く（1～2周）
※　ただし「2周目はここまで押さえよう」の部分を除く

まずは、本書をあたまから順々に読んでいってください。

各章ごとに、「問題を解いて確認しよう」という問題演習のパートがあります。それを解くことによって、知識が入っているかどうかを確認してください。ここの問題を間違えた場合は、次に進む前に、該当箇所の復習をするようにしてください。

STEP 2 本書の「2周目はここまで押さえよう」の部分を含めて通読する　＋　問題を解く（2周以上）

本書には「2周目はここまで押さえよう」というコーナーを多く設けています。この部分は、先の学習をしないとわからないところ、知識の細かいところ、基本知識が固まらないうちに読むと消化不良を起こす部分を記載しています。

STEP 1を数回クリアしていれば、この部分も読めるようになっています。ぜひ、この部分を読んで知識を広げていってください（法律の学習は、いきなり0から10まで学ぶのではなく、コアなところをしっかり作ってから、広げるのが効率的です）。

STEP 3 本書の姉妹本「合格ゾーン ポケット判択一過去問肢集」で演習をする　＋　「これで到達合格ゾーン」のコーナーを参照する

ここまで学習が進むとアウトプット中心の学習へ移行できます。そこでお勧めしたいのが、「合格ゾーン ポケット判択一過去問肢集」です。こちらは、膨大な過去問集の中からAAランク・Aランクの知識に絞って演習ができる教材になっています。

そして、分からないもの、初めて見る論点があれば、本書の「これで到達合格ゾーン」の個所を見てください。

ここには、近年の司法書士試験の重要過去問について、解説を加えています。
この部分を読んで、新しい知識の記憶を強めていきましょう。
（そして、学習が深化してきたら、「これで到達合格ゾーン」の部分のみ通読するのも効果的です。）

STEP 4 ＬＥＣの答案練習会・公開模試に参加する

本試験では、過去問に出題されたとおりの問題が出題されたり、問い方を変えて出題されたりすることがあります。
また、本試験の２～３割以上は、過去に出題されていない部分から出されます。

こういった部分の問題演習は、予備校が実施する答練で行うのが効率的です。
ＬＥＣの答練は、
・過去問の知識をアレンジしたもの
・未出知識（かつ、その年に出題が予想されるもの）
を出題していて、実力アップにぴったりです。
どういった模試・答練が実施されているかは、是非お近くのLEC各本校に、お問い合わせください。

TOPIC 令和６年度から記述式問題の配点が変更！ より要求されるのは「基礎知識の理解度」

令和６年度本試験から、午後の部の配点が、択一の点数（１０５点）：記述の点数（１４０点）へと変更されました。
「配点の多い記述式の検討のため、択一問題を速く処理すること」、これが新時代の司法書士試験の戦略です。
そのためには、基礎知識を着実に。かつ、時間をかけずに解けるようにすることが、特に重要になってきます。

●本書の使い方

本書は、図表➡説明**という構成になっています**（上に図表があり、その下に文章が載っています）。

本書を使うときは、「図表がでてきたら、その下の説明を読む。その講義を読みながら、上の図表を見ていく」、こういうスタイルで見ていってください。

そして、**最終的には、「図表だけ見たら知識が思い出せる」というところを目標にしてください。**

イントロダクション

この編で何を学んで行くのかの全体像がつかめます。この内容を意識しながら学習を進めるといいでしょう。

章の初めには、「どういったことを学ぶのか」「どういった点が重要か」という説明が書かれています。この部分を読んでから、メリハリをつけて本文を読みましょう。

基本構造

本書の基本構造は「図表➡その説明」となっています。「図表を軽く見る➡本文を読む➡図表に戻る」という感じで読んでいきましょう。

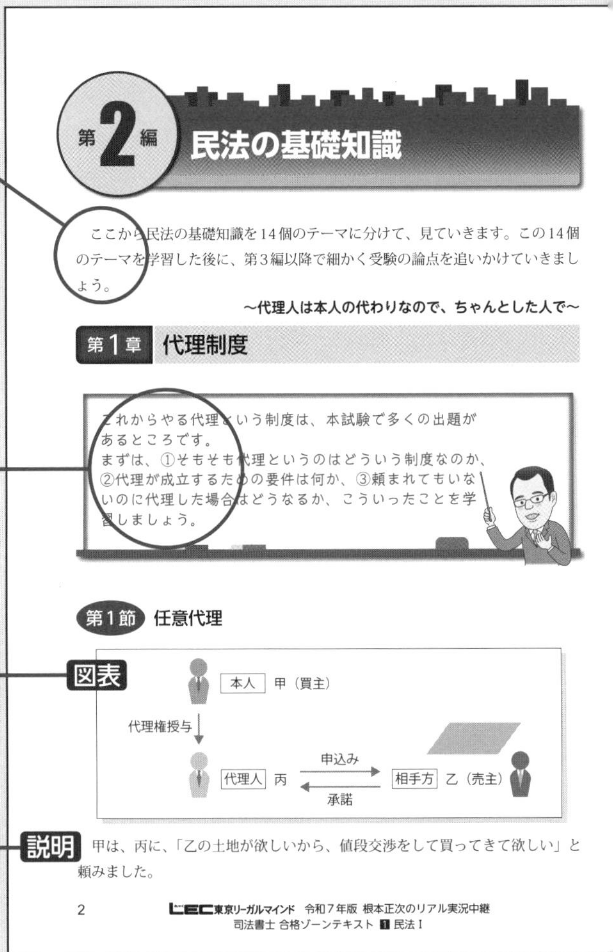
第2編 民法の基礎知識

ここから民法の基礎知識を14個のテーマに分けて、見ていきます。この14個のテーマを学習した後に、第3編以降で細かく受験の論点を追いかけていきましょう。

～代理人は本人の代わりなので、ちゃんとした人で～

第1章 代理制度

これからやる代理という制度は、本試験で多くの出題があるところです。
まずは、①そもそも代理というのはどういう制度なのか、②代理が成立するための要件は何か、③頼まれてもいないのに代理した場合はどうなるか、こういったことを学習しましょう。

第1節 任意代理

図表

説明 甲は、丙に、「乙の土地が欲しいから、値段交渉をして買ってきて欲しい」と頼みました。

2 LEC東京リーガルマインド 令和7年版 根本正次のリアル実況中継 司法書士 合格ゾーンテキスト 1 民法Ⅰ

根本講師が説明！ 本書の使い方Web動画！

本書の使い方を、著者の根本正次ＬＥＣ専任講師が動画で解説します。登録不要、視聴無料で、いつでもアクセスできます。

本書の構成要素を、ひとつひとつ解説していき、設定の意図や留意点などを分かりやすく説明していきます。

是非、学習前に視聴していただき、本書を効率よく使ってください。

※スマートフォン等による視聴の場合、パケット通信料はお客様負担となります。

◆アクセスはこちら

◆二次元コードを読み込めない方はこちらから
https://www.lec-jp.com/shoshi/book/nemoto.html

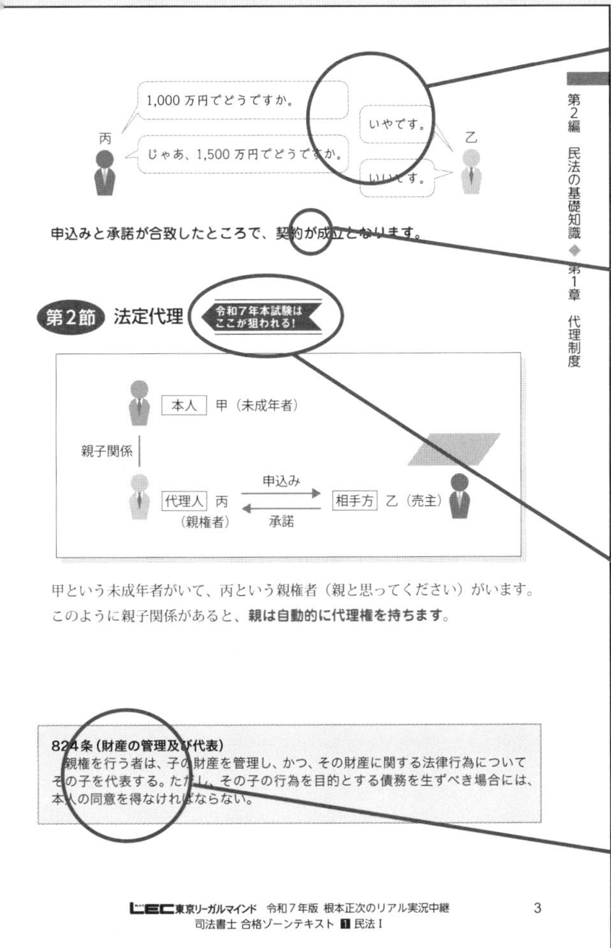
1,000 万円でどうですか。
いやです。
じゃあ、1,500 万円でどうですか。
いいです。
丙　乙

申込みと承諾が合致したところで、契約が成立となります。

第2節 法定代理　令和７年本試験はここが狙われる！

甲という未成年者がいて、丙という親権者（親と思ってください）がいます。このように親子関係があると、**親は自動的に代理権を持ちます。**

824条（財産の管理及び代表）
親権を行う者は、子の財産を管理し、かつ、その財産に関する法律行為についてその子を代表する。ただし、その子の行為を目的とする債務を生ずべき場合には、本人の同意を得なければならない。

第2編　民法の基礎知識◆第1章　代理制度

LEC東京リーガルマインド　令和７年版　根本正次のリアル実況中継
司法書士 合格ゾーンテキスト ■1 民法Ⅰ　3

会話調のイラスト

流れや状況を会話調のイラストにすることにより、イメージしやすくなり、理解が早まります。

本文

黒太字：知識の理由となっている部分です。理由付けは理解するためだけでなく、思い出すきっかけにもなるところです。

赤太字：知識として特に重要な部分につけています。

令和７年本試験はここが狙われる！

令和７年本試験で狙われる論点をアイコンで強調表示しています。

条文

本試験では条文がそのまま出題されることがあります。覚える必要はありませんが、出てくるたびに読むようにしてください。

※上記は見本ページであり、実際の書籍とは異なります。

図に表示されている矢印の違い

（!）

本書には数多くの図が掲載されていますが、掲載されている矢の形で意味合いが異なってきます。

覚えましょう

試験問題を解答していく上で、欠かせない重要な部分です。読んだ後、この箇所を隠して暗記できているかを確認していきましょう。

Point

その単元の特に重要な部分です。この部分は特に理解することをこころがけて読んでください。

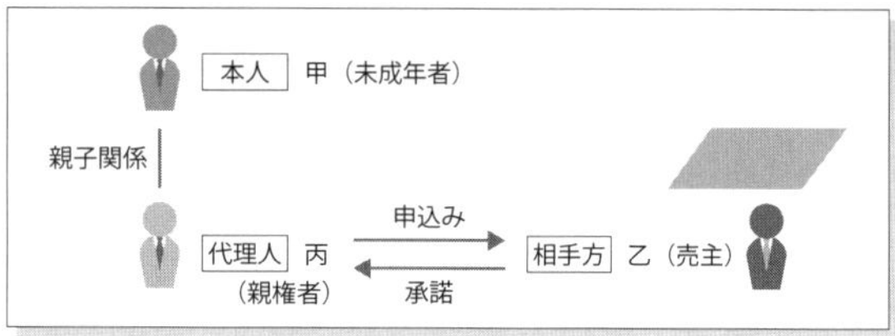

覚えましょう

代理行為が成立する要件

① 本人 甲が権利能力を有すること
② 代理人 丙が代理権を有すること
③ 代理人 丙が 相手方 乙に対して顕名をすること
④ 代理人 丙と 相手方 乙との間に有効な契約が成立すること

理行為が有効に成立するためには、①から④までの要件が必要です。
この4つをすべてクリアすると、直接甲に効果帰属します。

（1）権利能力について

Point

権利能力：権利義務の帰属主体となりうる地位
→「人」が持つ
→「人」とは、自然人・法人

権利能力とは、私は「**権利を持てる能力、義務を負える能力**」と説明しています。

そして、この**能力を持つのは、人**です。

法律の世界で人といった場合は、**自然人と法人**を指します。

4　LEC東京リーガルマインド　令和7年版　根本正次のリアル実況中継
司法書士 合格ゾーンテキスト 1 民法Ⅰ

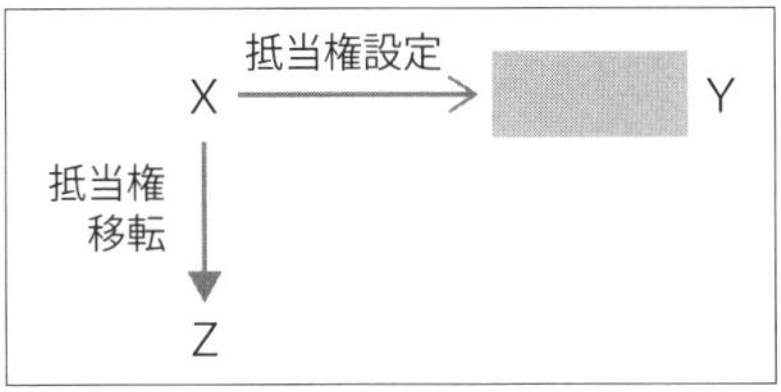

→ や ➡ 流れを示しています。権利や物がその方向で動いていると思ってください。
※太さが異なっても意味は同じです。

→ 債権、所有権、地上権などの権利を差しています。誰が権利をもっていて、どこに向かっているかを意識してみるようにしてください。

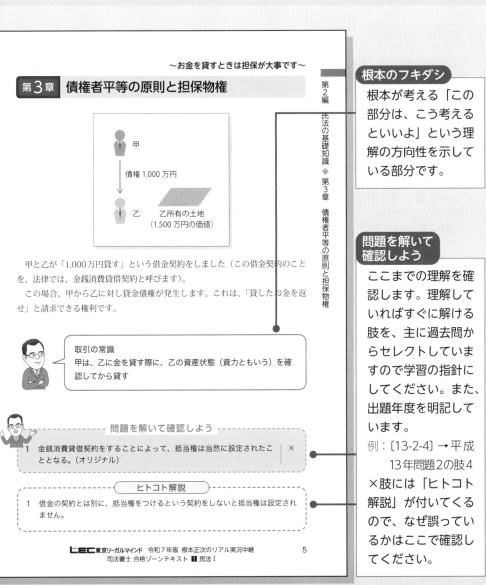

～お金を貸すときは担保が大事です～

第2編 民法の基礎知識◆第3章 債権者平等の原則と担保物権

第3章 債権者平等の原則と担保物権

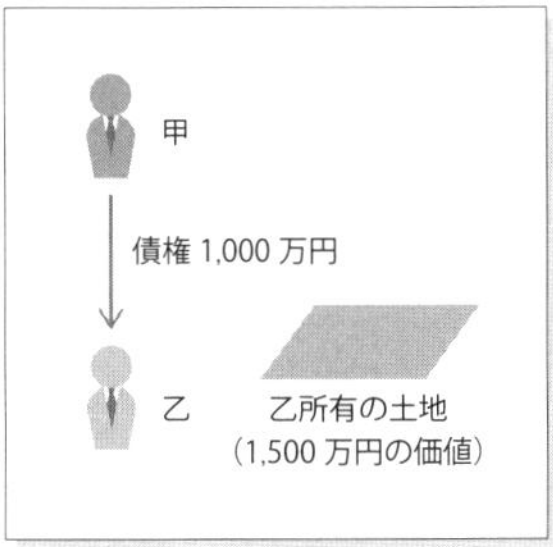

甲と乙が「1,000万円貸す」という借金契約をしました（この借金契約のことを、法律では、金銭消費貸借契約と呼びます）。

この場合、甲から乙に対し貸金債権が発生します。これは、「貸したお金を返せ」と請求できる権利です。

取引の常識
甲は、乙に金を貸す際に、乙の資産状態（資力ともいう）を確認してから貸す

問題を解いて確認しよう

1	金銭消費貸借契約をすることによって、抵当権は当然に設定されたこととなる。〔オリジナル〕	×

ヒトコト解説

1 借金の契約とは別に、抵当権をつけるという契約をしないと抵当権は設定されません。

LEC東京リーガルマインド 令和7年版 根本正次のリアル実況中継 司法書士 合格ゾーンテキスト 1 民法Ⅰ　5

根本のフキダシ

根本が考える「この部分は、こう考えるといいよ」という理解の方向性を示している部分です。

問題を解いて確認しよう

ここまでの理解を確認します。理解していればすぐに解ける肢を、主に過去問からセレクトしていますので学習の指針にしてください。また、出題年度を明記しています。

例：〔13-2-4〕→平成13年問題2の肢4

×肢には「ヒトコト解説」が付いてくるので、なぜ誤っているかはここで確認してください。

※上記は見本ページであり、実際の書籍とは異なります。

目 次

民事執行法

民事保全法

根本正次のリアル実況中継

司法書士

合格ゾーン テキスト

民事訴訟法・民事執行法・民事保全法 （民事訴訟法）

まるわかりWeb講義

著者、根本正次による、科目導入部分のまるわかりWeb講義！

科目導入部分は、根本講師と共に読んで行こう！

初学者の方は、最初に視聴することをおすすめします。

◆二次元コードを読み込んで、アンケートにお答えいただくと、ご案内のメールを送信させて頂きます。

◆「まるわかりWeb講義」は各科目の「第１編・第１章」のみとなります。２編以降にはございません。

◆一度アンケートにお答えいただくと、全ての科目の「まるわかりWeb講義」が視聴できます。

◆応募期限・動画の視聴開始日・終了日については、専用サイトにてご案内いたします。

◆本書カバー折り返し部分にもご案内がございます。

第1編 これから民事訴訟を学ぶにあたって

まるわかりWeb講義

1. 司法書士試験における民事訴訟法 午後択一　　5問　　／　35問

民事訴訟法は、司法書士試験の午後の部、初めの5問で出てきます。初めの5問ということで、つまずきたくないところです。

最低でも3問、できれば5問満点を目指したいところです。

2. 科目の特徴 ①　民事訴訟制度　と　民事訴訟手続　を規定している法律 ②　非常にとっつきにくい ③　専門用語が多い

この法律は制度と手続、この2つが規定されています。理論と手続といってもいいぐらいです。

そして、出題のメインは手続の方です。

この手続、ほとんどの方にはまず馴染みがないのでイメージが持ちづらいところです。また、専門用語が多いというのも、とっつきにくい原因の1つです。

専門用語は、積極的に覚えるようにしましょう。

～人と人とのトラブルは、裁判所が法律に基づき解決していきます～

第1章 民事訴訟が行うのは、紛争の法的解決

ここでは、民事訴訟の紛争解決手法である「法的解決」を見ていきます。
どういった内容なのか、カンタンに説明できるレベルにしましょう。

民事訴訟法は国民同士のトラブルを、法的解決という手法で解決します。
法的解決というのは、下の図のような仕組みのことです。

Point

事実認定 ＋ 実体法の適用 → 判決

実体法とありますが、これは民法や会社法などを考えてください。
その実体法には、要件と効果が載っています。

訴訟ではまず、お互いにあったこと、何があったかという**事実を決めていきます**。その事実が決まったら、それを民法などの**実体法に当てはめます**。実体法に当てはめることによって効果が出ます。
その効果を、判決という形で宣言するのです。

具体例で説明しましょう。

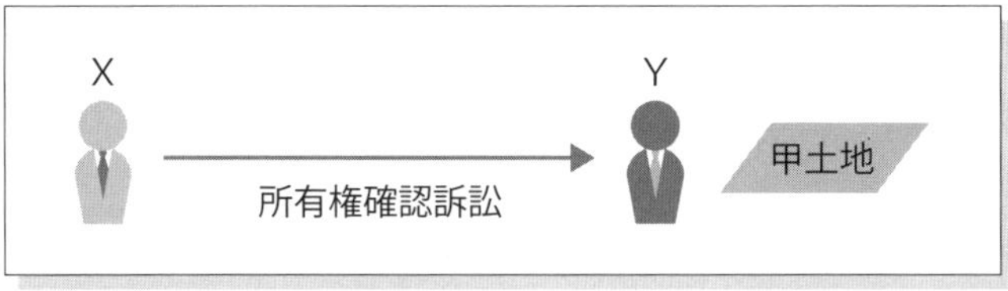

XとYの間で、「土地の所有者はどちらか」で争いになっています。
そこで、XがYを訴えました。

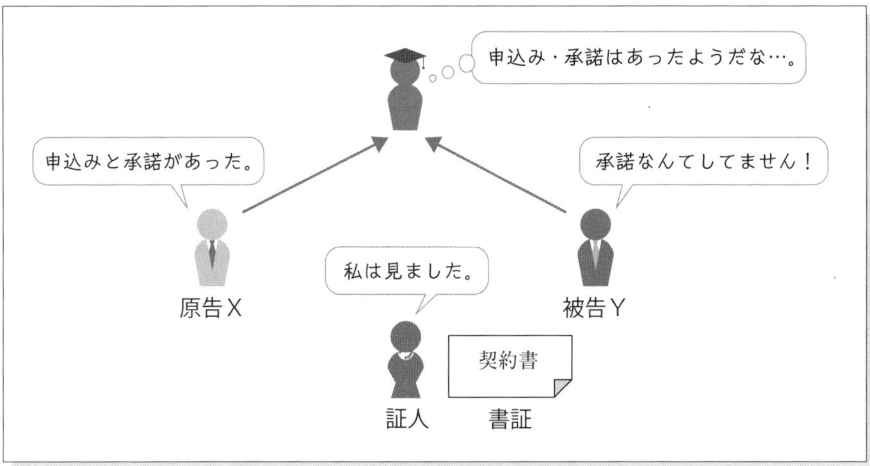

訴えた方のXは原告、訴えられたYは被告という肩書きがつきます。
まず、XとY両方から言い分を聞きます。どうもXは、Yから買ったと言っているようです。

「買いたいと申し込んだところ、Yが承諾したんだ。だから土地は自分のだ」というのが、Xの主張のようです。
一方、被告Yの主張としては、「申込みはあったけど承諾なんかしていない。売るなんてことは言っていない」と言っています。

ここで証拠調べが始まります。証人を呼んだり契約書を見たりして、申込みと承諾があったかということを調べていくのです。

その結果、今回、どうも裁判官は、申込みと承諾があったということを確信したようです。このような確信をすると、裁判所は申込みと承諾があったという事実認定をすることになります。

これを民法に当てはめます。

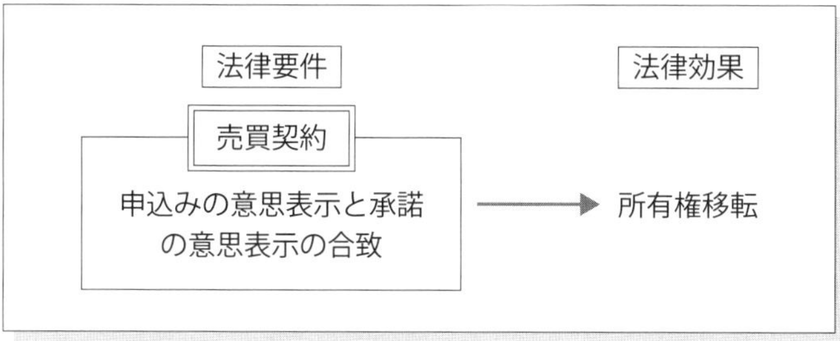

民法のルールに今の事実を当てはめます。申込みと承諾という事実があったのであれば、売買契約は成立するので、所有権はYからXに移転します。

よって、Xの勝ちとなるわけです。

このように、民事訴訟では
何があったかという事実を決め、
そして認定した事実を民法に当てはめて
効果を判決で宣言して紛争を解決するプロセスをとっています。

Point

民事訴訟の目的

法的紛争解決（通説）

→　既判力（当事者は、その内容を争うことができない）

民事訴訟の目的にはいろいろありますが、試験対策としてはトラブルの解決のため、と考えましょう。そのために必要なのが、判決の効力である既判力です。

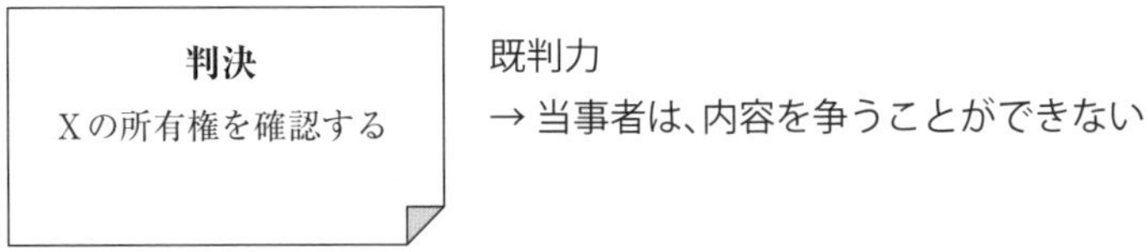

これがなければいくら判決が出ても、負けた方が「判決が出たけど自分が正しい」と言い始めてしまい、いつまでたってもトラブルが終わりません。

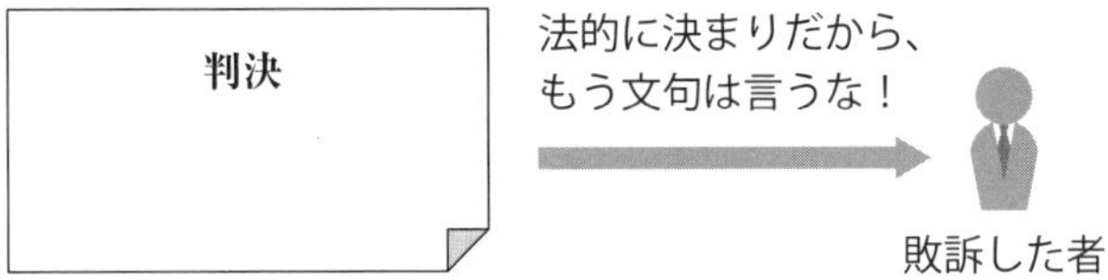

トラブルを解決するには、既判力という「**裁判の内容が、当事者を拘束して、これに反する主張や判断することができなくなる力**」が必要になるのです。

第2章 民事訴訟の全体の流れ

民事訴訟を始めるところから、終わるところまでの流れを見ていきます。
この流れを頭に入れたうえで、今後の学習では「自分はどこの、どの部分の手続をやっているのか」を常に意識するようにしましょう。

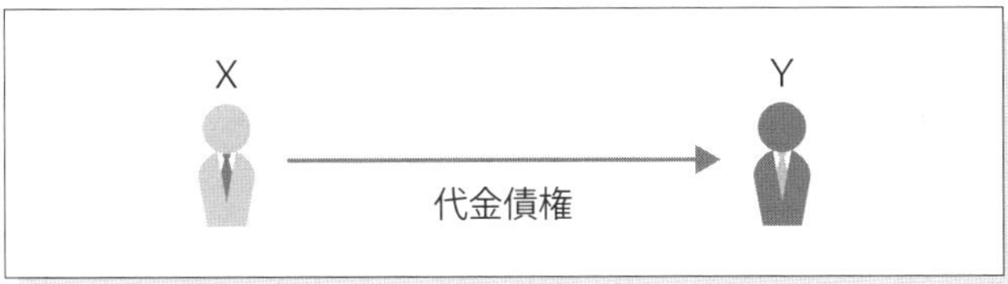

民事訴訟の全体的な流れを説明します。

例えば、XがYに物品を売って引き渡しも済んだのに、Yがお金を払ってくれない。そこで、XがYにお金を払えと訴える場合で説明しましょう。

(1) 訴訟の開始

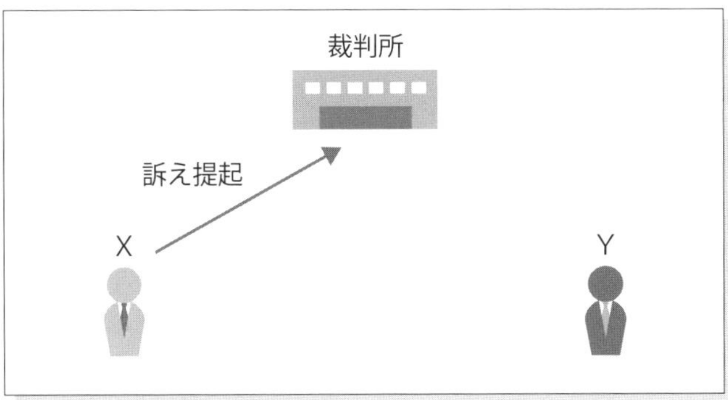

訴訟を始めるには、Xの方から裁判所に行く必要があります。

裁判所の方が、「君、もめているんだね。訴訟を始めよう」なんて、勝手に訴訟を始めてはくれません。こちらから、訴訟してくれと頼むことによって、訴訟は始まります。

訴えを提起するには一般的には、**訴状というのを作って、裁判所に出します。**

裁判所はそれをチェックした後、訴状をＹに送ります。Ｙはこれで訴えられたということに気付きます。

この後、２人が法廷に来て訴訟が始まります。

(2) 訴訟の審理

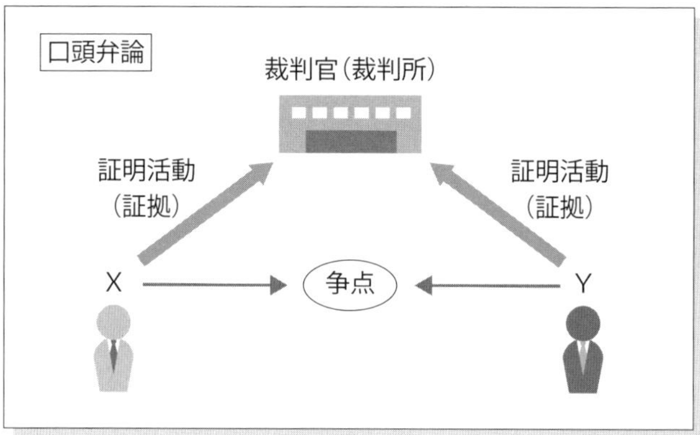

訴訟が始まったら、まずＸとＹから言い分を聞きます。言い分を聞いていって、食い違う点を探すのです。その食い違う点を争点といいます。

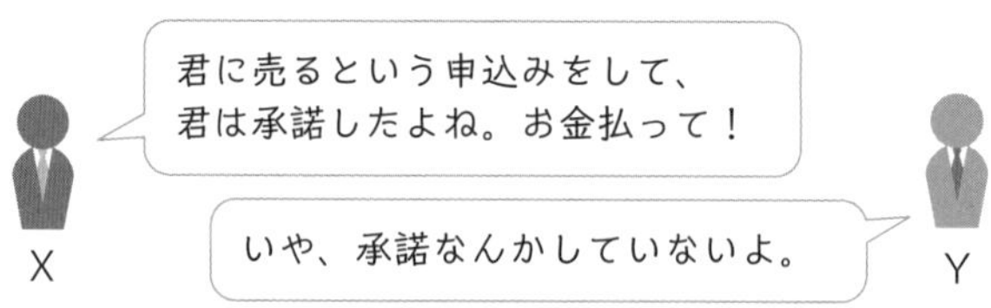

この場合、揉めている点は見つかりますね。

承諾があったかどうかという点です。

このように**食い違う点を見つけるのが、一番初めにやること**です。そして、**食い違う点が分かったら、証拠調べという手続**に入ります。

この証拠調べというのは、裁判官を説得することをいいます。裁判官に証人や契約書などを見せて、

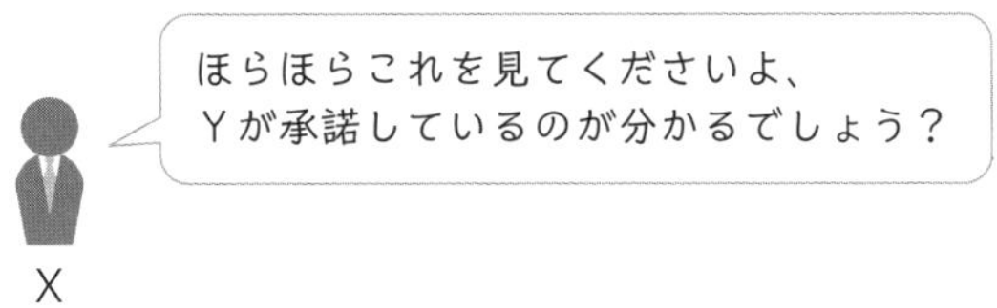

と説得する作業のことを証明活動と呼びます。

その説得を受けながら、裁判官は「その事実があったかなかったか」を判断していきます。

(3) 訴訟の終了

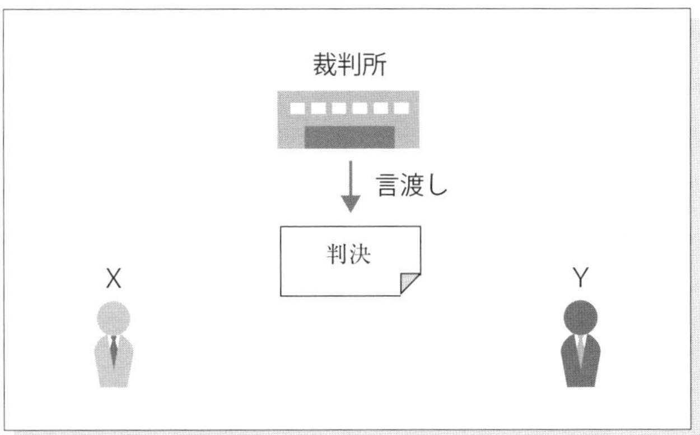

認定した事実関係を、実体法にあてはめると効果が出てきます。それを判決の形で宣言します。

この宣言する行為を、「判決の言渡し」といいます。

この**判決の言渡しによって、第一審（第1ラウンドというイメージ）が終了**します。

ただ、この時点では、既判力は生まれません。

Point

判決内容に不服がない → 控訴期間の経過 → 判決の確定
判決内容に不服がある → 控訴の提起 → 控訴審

控訴期間（2週間と思ってください）という文字があります。この期間が経つと判決が固まります。

それを判決の確定といいます。

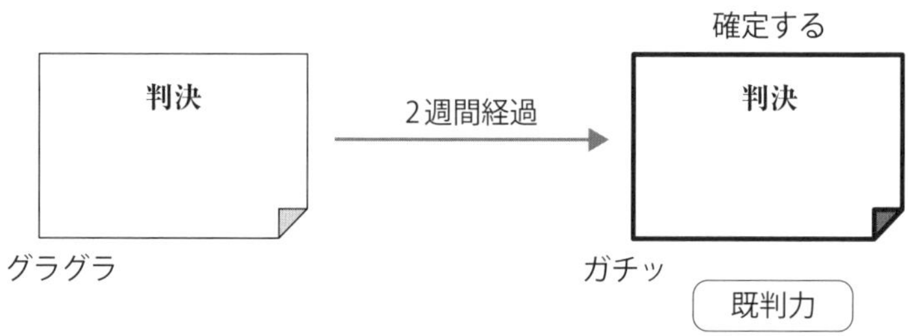

判決が出た時点では、その判決に既判力はありません。

ただ、判決が出た後に2週間放置すると確定という状態になり、基本的にはもう覆すことができなくなります。

この**確定状態になると、既判力が生じます**。

そのため、判決に不満がある人は、期間が経つ前に控訴という手続をとることになります。

控訴という手続をとれば、判決は固まらずに、第2ラウンドが始まります。

(4) 上訴手続

上告審	最高裁判所	高等裁判所
↑ 上告	↑	↑
控訴審	高等裁判所	地方裁判所
↑ 控訴	↑	↑
第一審	地方裁判所	簡易裁判所

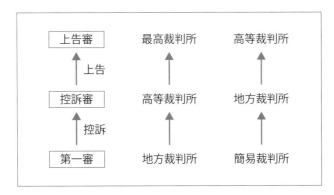

日本の民事訴訟は3ラウンド制をとっています（**三審制といいます**）。3回戦えるチャンスがあるんです。

第1ラウンドを第1審、第2ラウンドを控訴審、第3ラウンドを上告審といいます。それぞれどの裁判所で行うかは、第1ラウンドを地方裁判所で行ったか、簡易裁判所で行ったかで変わってきます。

覚えましょう

第一審・控訴審：「事実審」

上告審　　　　：「法律審」

第一審と控訴審は、事実審と呼ばれます。**紛争の法的解決のうち、事実認定と法律の当てはめ、この2つをやります**。

一方、上告審という第3ラウンドでは、もう事実認定はしません。第1ラウンド第2ラウンドでやった事実認定のもとで、**法律の当てはめだけをします**。

～訴訟のキモは、そこに法的に意味をもつ事実があったかどうかです～

第3章 民事訴訟のメカニズム

ここでは、裁判所は何を調べて勝訴判決・敗訴判決を作るのか
という点を見ていきます。
直接出題される点ではありませんが、民事訴訟制度の理解のためには必要不可欠な部分です。

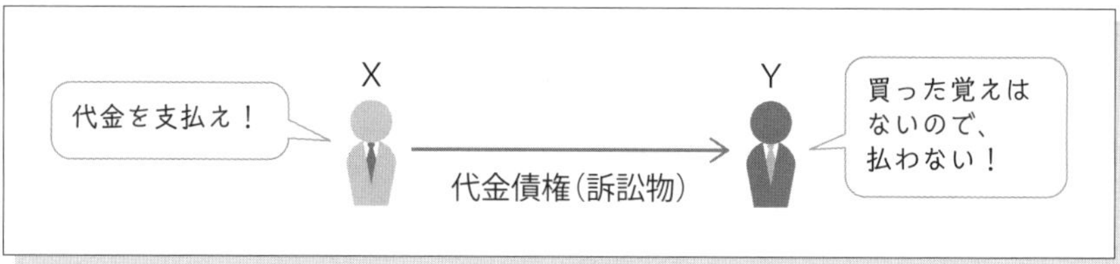

Xは金を払えと言っていて、Yは金を払う必要はないと主張しています。

お互いの間で言い争いになっていますが、これはXY間に代金債権があるかないかがわかれば片がつきます。代金債権があれば、Xの勝ちだし、代金債権がなければYの勝ちになります。

この**代金債権のことを、この訴訟の訴訟物**と呼びます。

その権利があるかないかわかれば解決できる、**紛争が解決できる権利関係**と思ってください。

訴訟では、この訴訟物があるかないかを裁判官は判断するのです。

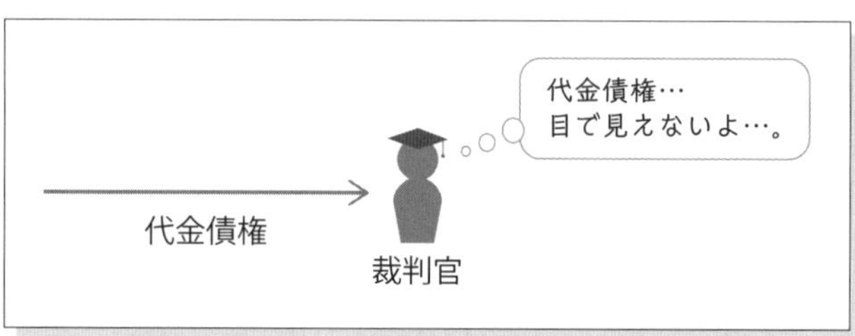

問題は、**この権利というのが目で見えない**点にあります。

ここで、この代金債権はＸＹ間の売買契約の効果だったってことに着目するんです。

この売買契約は、申込みと承諾の意思表示で生まれます。民事訴訟では、この申込みと承諾という事実があったかどうかを調べるのです。

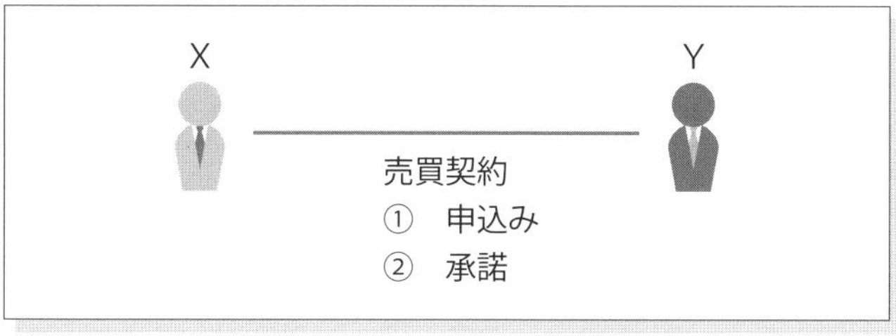

もし、申込みと承諾の事実があれば、売買契約が成立します。売買契約が成立していれば代金債権が発生しているのでＸの勝ちになります。

一方、申込みと承諾のどちらかの事実がなければ、売買契約は成立していないので、代金債権は発生しません。そのため、Ｘの負けになります。

権利があるかないかを調べたい
→　でも権利は、目で見えない
→　権利を発生させる要件(となる事実)があるかどうかを見る

これが民事訴訟のメカニズムです。

民事訴訟では、法的議論を戦わせているわけではなく、ほとんどの時間が、**要件となる事実があったのかなかったのかというところに時間が費やされています。**

第2編 訴訟に関わる者

ここから、試験に直接出題される話に移ります。

具体的には、訴訟に登場する者「裁判所」「原告・被告」「代理人（弁護士）」の話から始めていきます。

～どこの裁判所で扱うかは、しっかりしたルールがあります～

第1章 受訴裁判所

まずは、裁判所から説明を始めていきます。
ここでのメインテーマは「第一審をどこで行うか」（管轄の論点）と「裁判所が変わる場面」（移送の論点）です。

第1節 管轄権

(1) 事物管轄

地方裁判所
簡易裁判所
どちらの裁判所に
行けばいいの？

第一審は地方裁判所・簡易裁判所で行うのですが、原告はどちらの裁判所を選べばいいのでしょうか。

これは、訴額という金額によって変わってきます。

訴額というのは、勝ったときに得られる利益です。例えば100万円払えと訴えた場合は、訴額は100万円です。

覚えましょう

地方＝地方裁判所　簡易＝簡易裁判所

訴額	財産権上の訴え		非財産権上の訴え
	不動産に関する訴え	その他の訴え	
140万円超	地方	地方	地方
140万円以下	地方／簡易	簡易	

この**訴額の金額が140万円を超える場合は、地方裁判所の管轄**、それを**下回った場合は簡易裁判所の管轄**になります。

簡易裁判所というのは名前の通り、手続を簡略化している裁判所です。例えば、簡易裁判所では、訴状を作らずに、口頭で訴えが起こせます。もともとは、弁護士等を使わずに、本人たちが訴訟することを考えて、手続をやりやすくしているというところがあります。

このように金額が大きいか小さいかによって、まず第一審の管轄を決めるのですが、不動産の場合には注意が必要です。

不動産の場合、**金額が低くても、権利関係が複雑になっていて難しいという事案があります**。

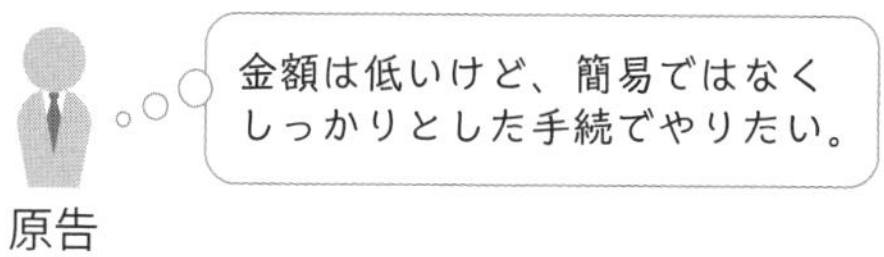

金額は低いけど、簡易ではなく
しっかりとした手続でやりたい。
原告

原告が上記のように考えれば、**不動産については、地方裁判所でもできる**としています。

また、ものによっては金額が算定できないような訴訟もあります。こういった場合は、一律に地方裁判所が扱います。

問題を解いて確認しよう

1 不動産に関する訴えであり、訴訟の目的の価額が140万円であるときは、簡易裁判所は第一審の管轄権を有する。〔オリジナル〕 | ○

これで到達！ 合格ゾーン

□ 所有権に基づいて時価100万円の自動車の引渡しを請求することに併せて、その執行不能の場合における履行に代わる損害賠償としてその時価相当額の支払を請求する訴えは、簡易裁判所の事物管轄に属する。〔27-1-ア〕

★上記の訴訟で原告が勝っても、100万の車を手に入れるか、100万の損害賠償を得るかのどちらかになり、勝ったときに得られる利益は100万のため、訴額は100万として処理します（9条を参照してください）。

(2) 土地管轄

第一審が地方裁判所と決まったとしても、地方裁判所は日本にたくさんあります。どこの地方裁判所でやるのでしょうか。

基本は**被告の普通裁判籍の裁判所**で行います。

訴訟というのは、原告が自分の住所のところに呼びつけるのか、それとも**原告が被告のところに行って訴えるべき**なのかというと、日本は後者の考え方をとっているのです。

そこで、被告の普通裁判籍で行うことを基本としているのです。

では、普通裁判籍とはどこのことを指すのでしょう。次の図表を見てください。

◆ 普通裁判籍 ◆

自然人	法人等の団体	外国の社団又は財団
① 住所 ② 日本に住所がないとき又は住所が知れないときは居所 ③ 居所がないとき又は居所が知れないときは最後の住所	① 主たる事務所・営業所 ② 主たる事務所・営業所がないときは代表者その他の主たる業務担当者の住所	① 日本における主たる事務所又は営業所により ② 日本国内に事務所又は営業所がないときは日本における代表者その他の主たる業務担当者の住所（4⑤）

①②③は、補充的に使用されます。

自然人の場合は、①が基本、①がなければ②、②がなければ③という順です。法人の場合も、①が基本で、①がなければ②と処理します。

上記の順番を覚えて、それを問題文に当てはめるようにしてください。

(3) 特別裁判籍
（事件の特性に応じて、普通裁判籍に加えて認められる裁判籍）

覚えましょう

◆ 特別裁判籍 ◆

①	財産権上の訴え	義務履行地（5①、民484、商516）
②	手形・小切手金支払請求	支払地（5②）
③	日本に住所のない者・住所が知れない者に対する財産権上の訴え	・請求の目的物の所在地 ・請求の担保の目的物の所在地 ・差し押さえることができる被告の財産の所在地（5④）
④	不法行為に関する訴え	不法行為地（5⑨）
⑤	不動産に関する訴え	不動産所在地（5⑫）
⑥	登記・登録に関する訴え	登記・登録をすべき地（5⑬）
⑦	相続権・遺留分・遺贈等に関する訴え	相続開始時における被相続人の普通裁判籍所在地（5⑭）

事件の特性に応じて、「**被告の普通裁判籍に加えて、ここでもできます**」ということを、民事訴訟法は規定しています。

1つ1つ説明していきましょう。

①財産権上の訴え

債権の履行を求める訴えと思ってください。代金債権や引渡債権を求める訴えは、その債務を履行するところで訴訟ができます。

もともと債務を履行するのが原告の住所地であれば、原告の住所地で訴えることもできるのです。

②手形・小切手金支払請求

手形・小切手には振出地と支払地というものが載っています。

そして、**手形小切手の債権の義務履行地は支払地になる**ため、支払地で訴えることもできます。

③日本に住所のない者・住所が知れない者に対する財産権上の訴え

具体的に3つを覚えなくてもいいです。「日本に住所がなくても、財産の場所で訴えることができる」というレベルで十分です。

④不法行為に関する訴え

不法行為のあった場所に証拠などが残っているだろうということで、被告の普通裁判籍に加えて、その場所も認めています。

⑤不動産に関する訴え

不動産の占有状態を見ながら訴訟したいということもあり、不動産の場所で訴訟をすることを認めています。

⑥登記・登録に関する訴え

例えば、移転登記をしろなどといった訴えです。この場合は、**登記簿の状態を確認しながら訴訟するため**、登記をする場所で訴訟することもできます。

⑦相続権・遺留分・遺贈等に関する訴え

ポイントは、「被」相続人というところです。**被相続人の住所地に相続財産や相続人が多くいるだろう**というところで、そこで訴えることもできるとしています。

問題を解いて確認しよう

1	財産権上の訴えは、義務履行地を管轄する裁判所に提起することができる。〔10-1-1〕	○
2	手形による金銭の支払の請求を目的とする訴えは、手形の振出地を管轄する裁判所に提起することができる。〔10-1-2（5-3-1）〕	×
3	日本に住所のない者に対する財産権上の訴えは、差し押さえることのできる被告の財産の所在地の裁判所に提起することができる。〔5-3-2（62-3-1）〕	○
4	不法行為に関する訴えは、不法行為があった地を管轄する裁判所に提起することができる。〔10-1-3（3-1-5）〕	○
5	不動産に関する訴えは、不動産の所在地を管轄する裁判所に提起することができる。〔10-1-4（3-1-3）〕	○
6	登記に関する訴えは、登記をすべき地を管轄する裁判所に提起することができる。〔10-1-5（5-3-4）〕	○
7	相続に関する訴えは、相続開始の時における被相続人の普通裁判籍の所在地の裁判所に提起することができる。〔5-3-5〕	○
8	共同相続人間の相続権に関する訴えは、被告の普通裁判籍の所在地を管轄する裁判所に提起しなければならない。〔オリジナル〕	×
9	人の普通裁判籍は、住所又は居所により、日本国内に住所若しくは居所がないとき又は住所若しくは居所が知れないときは最後の住所により定まる。〔23-1-ア〕	×
10	外国の社団の普通裁判籍は、日本における主たる事務所又は営業所があるときであっても、当該事務所又は営業所の代表者その他の主たる業務担当者の住所により定まる。〔31-1-イ〕	×

×肢のヒトコト解説

2 手形債務の履行地は、支払地です。

8 被相続人の住所地にも、訴えることが可能です。

9 住所があれば、住所が普通裁判籍になります。

10 主たる事務所があれば、そこが普通裁判籍になります。

2周目はここまで押さえよう

（2周目はここまで押さえよう、のコーナーは「あとあと学ぶことが前提知識として必要」「少々細かいので、後から入れた方が効率的」という知識を入れています。この科目のテキストをすべて通読して、専門用語等が頭に残り始めてきてからお読みください。）

> 「裁判所の管轄は、訴えの提起の時を標準として定める。」（15）
>
> 訴えが提起された後に事物管轄についての事情が変動した場合でも、（例　訴え提起後の被告の住所移転した場合）いったん生じた管轄には影響を及ぼさない。

ここまで学習してきた管轄は「いつの時点」で決定するのでしょう。

民事訴訟法は、「裁判所の管轄は、訴えの提起の時を標準として定める。」（15）という規定を置いています。

これにより、訴えが提起された後に事物管轄についての事情が変動しても（例えば、その後に請求の減縮により訴額が140 万円を超えないこととなった場合・訴え提起後に被告が住所移転した場合）、管轄に変化が起きないことになります（管轄の固定化と思っていいでしょう）。

1	管轄の有無は、訴えの提起の時を標準として定められる。〔3-1-2〕	○
2	被告の住所地を管轄する裁判所に訴えが提起された後、被告に対する訴状の送達前に、被告が住所地を当該裁判所の管轄区域外に移した場合であっても、当該裁判所は、被告の新しい住所地を管轄する裁判所に当該訴訟を移送する必要はない。〔17-4-ア〕	○

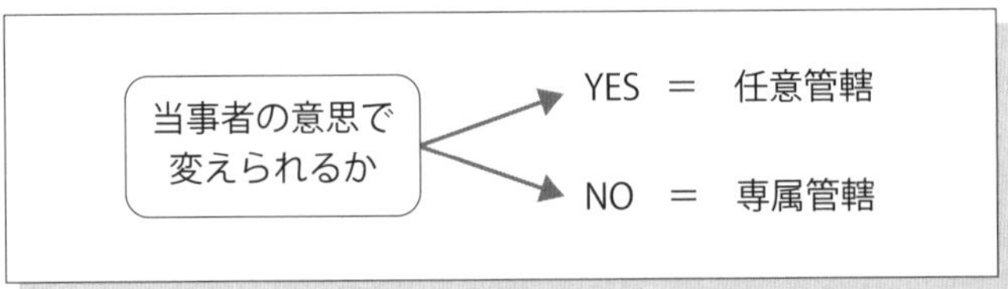

法律が決めている管轄には２タイプあります。

「原告、被告の意思で変えられる」管轄と「ここしかだめだ」という管轄です。

お互いの合意で変えられる管轄のことを任意管轄と呼び、**「ここしかだめだ」という管轄を専属管轄**と呼びます。

6条

1　特許権、実用新案権、回路配置利用権又はプログラムの著作物についての著作者の権利に関する訴えについて、（中略）、それぞれ当該各号に定める裁判所の管轄に専属する。

一　東京高等裁判所、名古屋高等裁判所、仙台高等裁判所又は札幌高等裁判所の管轄区域内に所在する地方裁判所	東京地方裁判所
二　大阪高等裁判所、広島高等裁判所、福岡高等裁判所又は高松高等裁判所の管轄区域内に所在する地方裁判所	大阪地方裁判所

ざっくり言えば、東日本の事件は東京地裁だけ、西日本の事件は、大阪地裁だけということです。

東京地裁や大阪地裁には、知財特許部という専門部署があります。特許関係の訴訟は、法律＋科学が必要なため通常の訴訟より専門的な知識が必要になります。

そこで、こういったことを専門にしている部門がある裁判所に限定しています。

つまり、ここで専属管轄にしている理由は、**訴訟を早く進行させたいという公益的な理由からきています**（専属管轄によって、趣旨が違うものもありますが、公益的な理由という点は同じです）。

そのため、専属管轄を変えることは認められません。

ただ、法律で管轄を決めていても、それが専属管轄でなければ、お互いの意思で変えることができます。次の図を見てください。

売買契約書

ＡとＢは甲土地の売買契約をする。
（特約）
1．この契約から発生する一切の訴訟の第１審の管轄権は甲地方裁判所のみにある。

お互いの合意があれば管轄を変えることができます。こういうのを合意管轄といいます（そこそこの規模の契約であれば、契約書の末尾に記載されていることが多いです）。

この合意で管轄を変えるには、一定の要件が必要です。

Point

管轄の合意の要件

① 第一審の管轄裁判所についての合意であること

② 一定の法律関係に基づく訴えに特定していること

③ 書面で合意をしていること

④ 任意管轄の場合であること

① 控訴審、上告審を合意で変えることはできません。

第一審の管轄であれば、「東京ではなく、大阪で行おう」という合意だけでなく、「200万の訴訟だけど、簡裁で行おう」という合意も可能です。

② 「私たちの間のすべての訴訟は東京地裁にしよう」ここまではできません。ある程度の特定が必要になっています。

ただ、このある程度の特定ですが、例えば「代金債権については東京地裁で行う」と訴訟物まで特定する必要はありません。

先ほどの例のように、「この契約から生じる債権について」というレベル、**契約レベルの特定で構いません**。

③ 民事訴訟のいくつかは、書面でやりなさいと決まっているものがあります。その1つがこの合意管轄の合意です。

④ 専属管轄は合意で変えることはできません。

Point

合意で発生した管轄も任意管轄の性質のままである。

先の例では、甲地方裁判所のみと合意をしていますが、これで、法律上の専属管轄になるわけではありません。

任意管轄を変えても、この後、それを合意で変えることはできます。

①管轄がないにもかかわらず、Aは名古屋地裁に訴えを起こした。
②「管轄が間違っている」ということを主張せずに、Bはそれに対して応訴した。

名古屋地裁で提起した訴えは、管轄違反の訴えなのか。
→　②によって、名古屋地裁にも管轄が生じる。これを応訴管轄という。

管轄がないのに、名古屋地裁に訴えを起こしました。通常、Bは「ここには管轄がないから変えてくれ」というべきところ、それを言わずに応戦しました。

このように**応戦することによって、管轄が発生します**。これを応訴管轄といいます。

これは、原告が名古屋でやろうよといった申立てをしていて、**被告が応戦することによって黙示の承諾になっている**、と考えるのです。

AとBで、「管轄は大阪地方裁判所のみとする」旨の合意管轄がされている場合でも、応訴管轄が生じるのか。
→　合意をした場合でもその管轄は任意管轄である。したがって、応訴管轄が生じる余地がある。

先ほども説明しましたが、合意をしても、任意管轄の性質は変わりません。そのため、その管轄を応戦で変えることもできます。

以上で、管轄を変えることができる2つ、合意で変える、応戦で変わってしまうという論点を終わりにします。

15条（管轄の標準時）
裁判所の管轄は、訴えの提起の時を標準として定める。

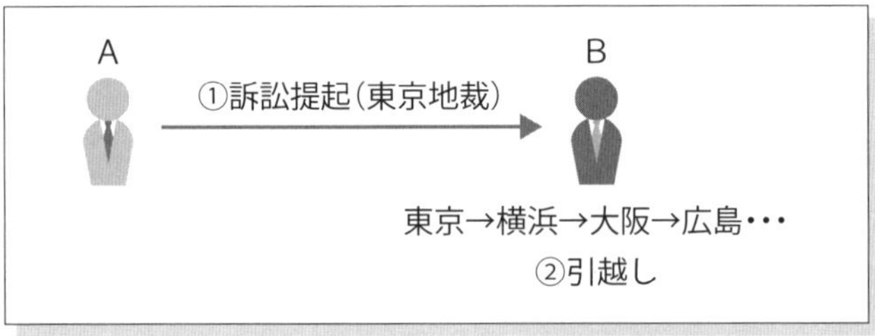

管轄の基本は、被告の普通裁判籍（例えば住所地）でした。上の事例で、Bの住所が東京だったので、Aは東京地裁に訴えたところ、その後Bが引っ越しました。この場合、管轄は変わるのでしょうか。

さすがにそれはありません。

管轄は、訴えを起こした時を基準に決めます。訴えを起こした後に住所が変わっても管轄は変わらない、管轄は固定化されていることを15条は規定しています。

問題を解いて確認しよう

〈その１〉

1	地方裁判所の事物管轄に属する事件の管轄を簡易裁判所に定める合意も有効である。〔53-5-2〕	○
2	管轄についての専属的な合意がある場合には、応訴管轄が生ずる余地はない。〔59-4-2〕	×
3	管轄に関する合意は、書面又は電磁的記録でしなければ効力を生じない。〔3-1-1改題（57-2-ウ）〕	○
4	当事者が第一審の管轄裁判所を簡易裁判所とする旨の合意をした場合には、法令に専属管轄の定めがあるときを除き、訴えを提起した際にその目的の価額が140万円を超える場合であっても、その合意は効力を有する。〔23-1-イ〕	○

〈その２〉
住宅の販売会社Ａと買主Ｂとの売買契約書には、同契約に基づく一切の訴訟の第一審裁判所は、Ａ会社の本店所在地にある甲地方裁判所のみとする旨の約定がある。ＢはＡから買い受けた住宅が品質に関して契約の内容に適合しないものであるとして、上記の売買契約を解除したうえ、既に支払った代金の返還を求める訴えをＢの住所地にある乙地方裁判所に提起した。

5	本件管轄の合意は、その対象となる訴えがあらかじめ特定されていないから無効である。〔2-7-1〕	×
6	Ａが管轄違いの抗弁を提出しないで応訴すれば、乙地方裁判所は管轄権を有する。〔2-7-4〕	○

×肢のヒトコト解説

2 専属的な合意をしていても、法律上は任意管轄のままなので応訴管轄が生じる可能性はあります。

5 契約の特定がされているので、この合意は有効です。

これで到達！ 合格ゾーン

□ 被告が、第一審裁判所において、本案について弁論をせず、かつ、弁論準備手続において申述をしないまま、裁判官の忌避の申立てを行っても、その裁判所は、当該訴えについて管轄権を有することにならない。〔27-1-オ〕

★「本案について弁論をした」ときに管轄権を有すると規定されています（12・応訴管轄）。原告の主張する訴訟物について主張することが、「本案について弁論をした」ことになり、上記はそれに該当しません。

第2節 移送

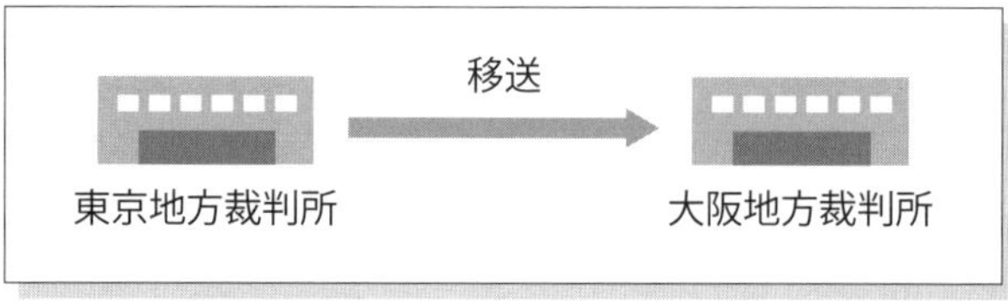

これは、**訴訟中に、その事件を別の裁判所に移動する**というものです。次の16条を見てください。

> **16条（管轄違いの場合の取り扱い）**
> 1　裁判所は、訴訟の全部又は一部がその管轄に属しないと認めるときは、申立てにより又は職権で、これを管轄裁判所に移送する。

管轄を間違った場合は、正しい管轄に移送することになります。

条文の文言に「申立て又は職権で」という言葉があります。

原告や被告の方から「すいません。ここは管轄と違うので、正しい大阪地裁に送ってください」このように申し立てることによって、移送は行われます。

ただ、裁判所の方で、「うちに訴えを起こしてきているけど、うちの管轄ではないな」ということがわかったら、申立てがなくても、移送します。

職権　＝　申立てもないのに

これから、職権という言葉がでてきたら「申立てもないのに」と置き換えてください。

このように、管轄を間違っていたら正しい管轄に移送するのが原則ですが、この16条というのは、絶対の条文ではありません。

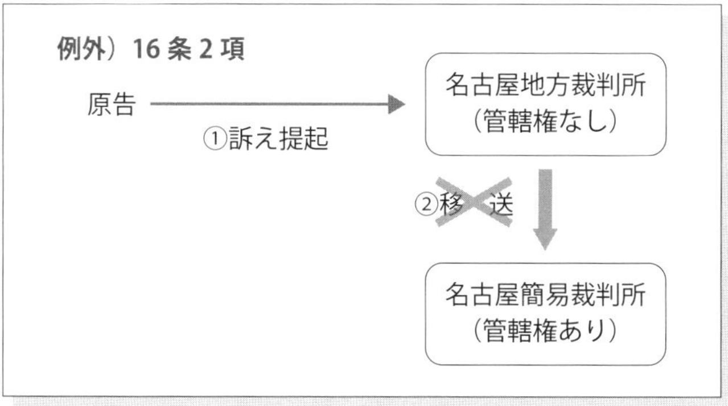

本当は名古屋の簡裁に管轄権があるのに、当事者が間違って名古屋の地裁に訴えを起こしました。

この場合、名古屋地裁の方で、**「これは簡裁では難しいな。慎重にやったほうがいいな」と判断した場合は、移送しません。**

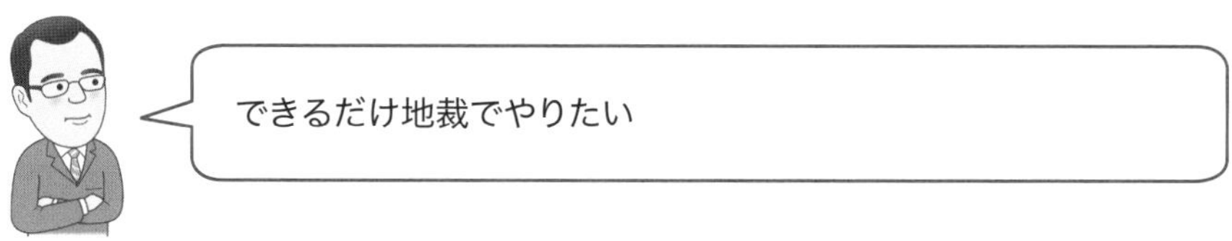

移送の条文を見る限り、上記のような考え方があると思われます。今回の件も、「難しい案件なら、地裁でやるべき」ということから、移送しないという選択が認められています。

17条（遅滞を避ける等のための移送）
1　第一審裁判所は、訴訟がその管轄に属する場合においても、当事者及び尋問を受けるべき証人の住所、使用すべき検証物の所在地その他の事情を考慮して、訴訟の著しい遅滞を避け、又は当事者間の衡平を図るため必要があると認めるときは、申立てにより又は職権で、訴訟の全部又は一部を他の管轄裁判所に移送することができる。

もともと、管轄が2個3個あることが前提です。原告は、そのうちの1つに訴えを起こしました。

ただ、そこで訴訟するよりも、「○○裁判所で訴訟をした方が、その地域の証人がいっぱいいるし、証拠がいっぱいあるから訴訟が早く進みそうだ」そういった場合は、別の管轄に移送することができます。

18条（簡易裁判所の裁量移送）
簡易裁判所は、訴訟がその管轄に属する場合においても、相当と認めるときは、申立てにより又は職権で、訴訟の全部又は一部をその所在地を管轄する地方裁判所に移送することができる。

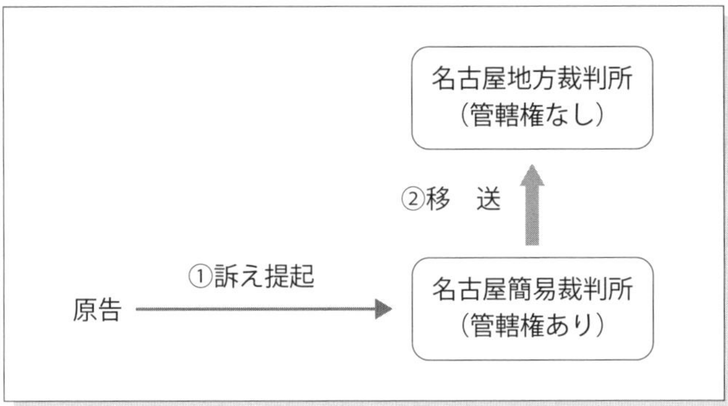

名古屋の簡裁に管轄権があり、そこに訴えを起こしました。ここで、名古屋簡裁の方が「これは、簡裁よりも地裁で慎重にやったほうがいいぞ」と判断した場合、簡裁から地裁に移送することができます。

これも、**できるだけ地裁でやりたいという要請**から規定されている条文です。

問題を解いて確認しよう

1	簡易裁判所は、訴訟がその管轄に属する場合においても、相当と認めるときは、その専属管轄に属するものを除き、申立てにより又は職権で訴訟の全部又は一部をその所在地を管轄する地方裁判所に移送することができる。〔6-3-2（30-4-ア）〕	○
2	地方裁判所は、訴訟が管轄区域内の簡易裁判所の管轄に属する場合においても、相当と認めるときは、専属管轄の定めがある場合を除き、自ら審理及び裁判をすることができる。〔7-4-2〕	○

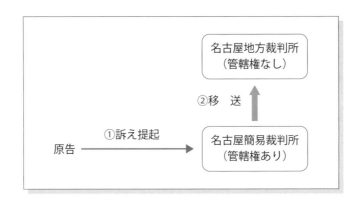

3 地方裁判所は、係属した訴訟が、その管轄区域内の簡易裁判所の管轄に属する場合には、その簡易裁判所に当該訴訟を移送しなければならない。〔15-1-ウ〕	×

×肢のヒトコト解説

3 難しいと判断した事件であれば、簡易裁判所に移送しないことも可能です。

ここからは、**簡裁から地裁に送るケース**、しかも**必ず送らなければならないケース**を、2つ紹介します。

〈簡裁から地裁に移送する場合〉

> **19条（必要的移送）**
> 2　簡易裁判所は、その管轄に属する不動産に関する訴訟につき被告の申立てがあるときは、訴訟の全部又は一部をその所在地を管轄する地方裁判所に移送しなければならない。ただし、その申立ての前に被告が本案について弁論をした場合は、この限りでない。

簡裁で不動産の訴訟が行われているという場合、「**地裁でやりたい」という申立てがあった場合、必ず地裁に送らなくてはいけません**。

ポイントは必ずという点です。

これもできるだけ地裁でやりたいという表れです。

ただし例外があります。訴訟が始まって、**弁論がされている状態で「移送してくれ」という申立てがあっても、もう移送はできません**。

審理が始まっているのに、移送したら**今までの審理が無駄になる**からです。

次の条文に行きましょう。

274条（反訴の提起に基づく移送）
1　被告が反訴で地方裁判所の管轄に属する請求をした場合において、相手方の申立てがあるときは、簡易裁判所は、決定で、本訴及び反訴を地方裁判所に移送しなければならない。

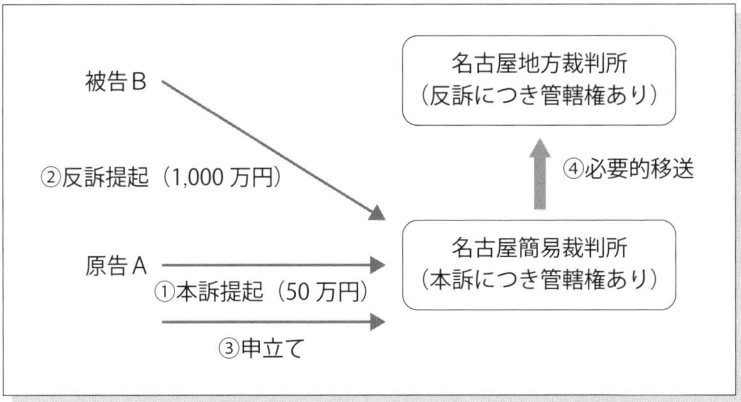

もともとＡからＢに50万円の債権があり、ＢからＡには1,000万円の債権がありました。

その状態で、Ａが名古屋の簡裁に50万円の債権で訴えました。

被告のＢは、だったらこちらもやり返してやると言わんばかりに、「私は1,000万円の債権を持っている。それを払え」と訴え返したんです。同じ訴訟内で訴え返すということができます（これを反訴といいます）。

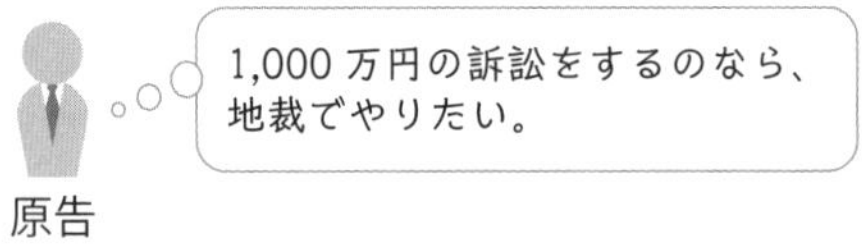

1,000 万円の訴訟をするのなら、
地裁でやりたい。

原告

ここで**反訴を受けた原告Ａが、地裁に送ってくれと申し立てると、名古屋簡裁には名古屋地裁に移送する義務**が生じます。

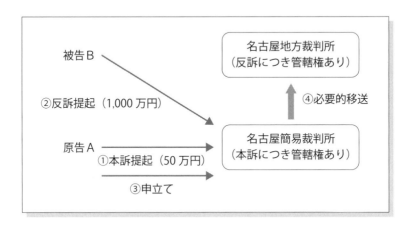

19条（必要的移送）
1　第一審裁判所は、訴訟がその管轄に属する場合においても、当事者の申立て及び相手方の同意があるときは、訴訟の全部又は一部を申立てに係る地方裁判所又は簡易裁判所に移送しなければならない。

これは、申立てと同意があれば移送するという条文です。訴訟中に、原告が「沖縄地裁でやろう」と申し立てたところ、被告が「いいね。沖縄でやろう」と合意すれば、今の裁判所から、沖縄地裁に移送することになります。

ただし、この移送が認められない場合があります。

覚えましょう

移送できない場合①	移送により著しく訴訟手続を遅延させる場合
移送できない場合②	(1) 簡裁→所属する地裁以外の場合 (2) 被告が本案について弁論等をしている場合

① いくら合意をしていても、そこで訴訟をすることで訴訟が遅れる事態になる場合は認められません。

② 訴訟が始まって、弁論がされている状態で「移送してくれ」という申立てがあっても、もう移送はできません（これは先ほど説明した19条2項と同じです）。

ただ、この場合でも、**移送できる場合があります。簡裁からその所在地を管轄する地裁に送る場合**です。

できるだけ地裁でやりたい、という要請から「**弁論をしていても、簡裁からその所在地を管轄する地裁には移送できる**」としています。

		申立て	職権	移送の要否
管轄違いによる移送（16 Ⅰ）		○	○	必要的
管轄違いによる移送（地裁→簡裁）（16 Ⅱ）		○	○	裁量的
遅滞を避ける等のための移送（17）		○	○	裁量的
簡裁から地裁への移送	18（原則）	○	○	裁量的
	19 Ⅱ（不動産の場合）	○	×	必要的
	274（反訴があった場合）	○	×	必要的
当事者の申立てがあった場合（19 Ⅰ）		○	×	必要的

今まで説明した移送の部分をまとめた図表です。

このまとめの図表で覚えるところは、職権でできるケースとできないケースがあるということ。そして、移送の要否というところで、必ず移送しなければいけないか、裁量かという点です。

必要的な移送は、職権ではできない
（例外16条）

この点を覚えておくと、この表を見るのが楽になるでしょう。

問題を解いて確認しよう

1	簡易裁判所に係属している訴訟の被告が反訴で地方裁判所の管轄に属する請求をした場合には、簡易裁判所は、職権で、本訴及び反訴を地方裁判所に移送しなければならない。〔15-1-エ〕	×
2	被告が、反訴で地方裁判所の管轄に属する請求をした場合において、相手方の申立てがあるときは、簡易裁判所は、決定で本訴及び反訴を地方裁判所に移送しなければならない。〔6-3-4（57-4-エ）〕	○
3	簡易裁判所は、その管轄に属する不動産に関する訴訟につき被告の申立てがあるときは、その申立ての前に被告が本案について弁論をした場合を除き、訴訟の全部又は一部をその所在地を管轄する地方裁判所に移送しなければならない。〔15-1-オ（23-1-ウ）〕	○

4	簡易裁判所は、その管轄に属する訴訟について、当事者がその所在地を管轄する地方裁判所への移送を申し立て、相手方がこれに同意したときは、移送により著しく訴訟手続を遅滞させることとなる場合を除き、被告が本案について弁論をした後であっても、訴訟の全部又は一部を申立てに係る地方裁判所に移送しなければならない。〔15-1-イ〕	○

×肢のヒトコト解説

1　反訴のケースでは、申立てがあった場合のみ移送します。職権では移送をしません。

これで到達！　合格ゾーン

☐ 移送の申立ては、期日においてする場合を除き、書面でしなければならない（民訴規７Ⅰ）。ただし、口頭弁論期日において申立てをするときは、例外的に口頭ですることができる。〔令3-3-イ〕

★移送申立ての有無及び内容を手続上明確にしておくために書面が要求されています。ただ、口頭弁論期日において申立てをした場合は、口頭弁論調書に申立て内容が書かれるので、別途書面を作らなくてもよいとなっています。

Point

第一審における移送はすべて決定である。

移送というのは決定という手続を踏んでやります。この決定という手続というのは何でしょう。

次の図表を見てください。

比較項目 ＼ 裁判の種類	命令	決定	判決
裁判機関	裁判官(長)	裁判所	
口頭弁論	任意的口頭弁論(87 I 但書)		必要的口頭弁論
告知方法	相当な方法(119)		言渡し(252)
不服申立て	終局判決に対する上訴による (独立した不服申立ては不可)		控訴・上告 (281・311)
	例外　条文で認めている場合		例外　中間判決

裁判という言葉があります。この裁判というのは、裁判所が何かを決めることをいいます。

それには、**「判決・決定・命令」の3つの形式**があります。1回の訴訟の中で、裁判は幾つも行われます。

その物事を決めるほとんどの形式が決定です。判決は最後ぐらい、命令はほとんどありません。

では、それぞれの種類の特徴を説明します。

裁判機関

まず誰がやるかという点ですが、**命令は裁判長の独断**でできます。

一方、**決定・判決は、裁判所が行います**。裁判所が行うといった場合は裁判官たちの多数決と思ってください。例えば地方裁判所であれば3人以上の裁判官で裁判をします。決定・判決は多数決で決めるようになっています。

口頭弁論

次に口頭弁論（法廷で主張する・証拠を出す場のことです）をやる必要があるかどうかという点を説明します。

判決については、必ず事前に口頭弁論をやる必要がありますが、決定・命令の方は、口頭弁論を必須にせず、やるかやらないかは、裁判所の裁量になっています。

これは、判決には既判力があるというところから来ています。

民事訴訟法

判決には既判力がある
→決まったらもう不服が言えない
→だったら、言い分を与える機会を設けよう

こういった考えから、判決を下すには前提として口頭弁論を必須にしているのです。

一方、**決定・命令には、既判力はないので、口頭弁論という言い訳をする機会を必須にしません**でした。

告知方法

そして、知らせる方法としては、判決は言渡しという、ある意味形式をとる必要があります。

一方、命令や決定の場合は相当な方法と規定するだけで、形式にこだわらず伝わればいいとしています。

不服申立て

ここは、出された裁判に対して「おかしいぞ！　審理をしなおせ」といえるかどうかということを記載しています。

判決については、控訴・上告という形で不服申立てができます。
一方、**命令・決定については、基本的に文句は言えません**。

決定や命令は1回の裁判中で何回も出ます。
その度に文句を聞いていたら、訴訟が終わらなくなります。そこで、不服があっても、控訴の時にまとめて言えとしています。

ただし、決定・命令に対して条文で「文句を言っていいですよ」と決めている場合は、文句がつけられます。

話を移送に戻します。

21条（即時抗告）
移送の決定及び移送の申立てを却下した決定に対しては、即時抗告をすることができる。

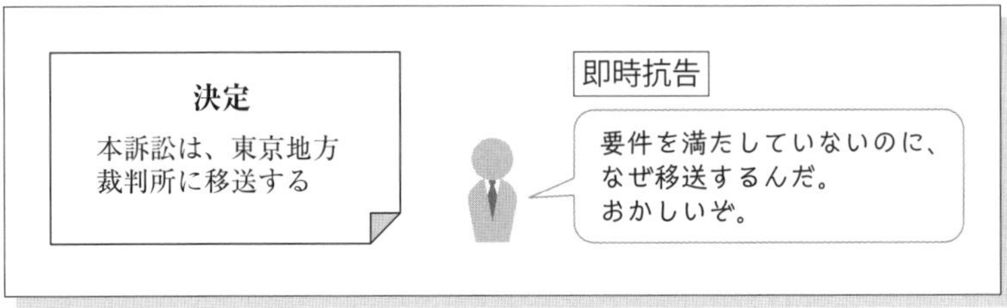

決定
本訴訟は、東京地方裁判所に移送する
即時抗告
要件を満たしていないのに、なぜ移送するんだ。おかしいぞ。

移送は、決定手続をとったうえで行います。

この決定に対しては、**21条という条文で「即時抗告できる」と規定しているため、不服がいえる**ことになります。

ちなみに、この即時抗告ということをした場合、移送をしていいかどうかの判断は上級審が行います。東京地裁が出した移送決定については、東京高裁の方がこの移送決定が正しかったか、要件を満たしていたかどうかを見てくれるのです。

そしてこの**即時抗告の手続には、執行停止効というものがあり**、「移送しないで止めておく」という力が、不服申立てをするだけで認められています（このように威力が強いため、この**即時抗告は裁判を受けてから1週間内**にする必要があります）。

問題を解いて確認しよう

1	管轄違いによる移送の裁判の形式は、決定である。〔55-6-3〕	○
2	簡易裁判所が、その管轄に属する訴訟を、職権で、その所在地を管轄する地方裁判所に移送したときは、当事者は、その決定に対して不服を申し立てることができる。〔15-1-ア〕	○
3	移送の決定及び移送の申立てを却下した決定に対しては即時抗告をすることができるが、その即時抗告は、裁判の告知を受けた日から1週間の不変期間内にしなければならない。〔23-1-エ、63-5-ウ〕	○

> **22条（移送の裁判の拘束力等）**
> 3　移送の裁判が確定したときは、訴訟は、初めから移送を受けた裁判所に係属していたものとみなす。

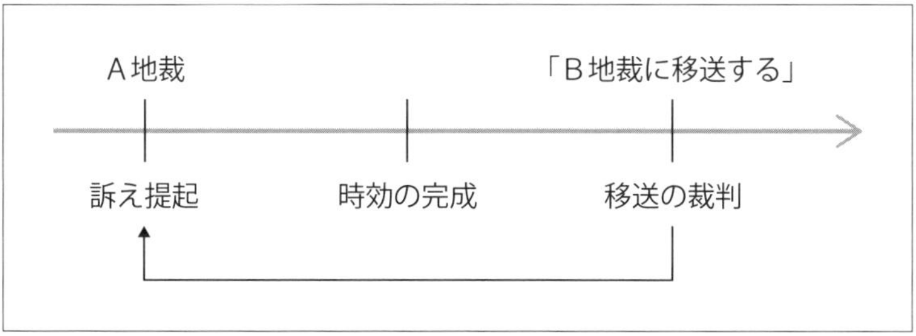

例えば、時効が完成しそうになり、A地裁に急いで訴えを起こしました。しばらくしてから、管轄が違うことがわかり、移送の裁判が行われました。

この場合、いつ訴えがあったことになるのでしょうか。

移送の裁判から、訴えがあったことになるのではありません。**もともとA地裁に訴えを起こした時から訴えはあったことになります**。

> **22条（移送の裁判の拘束力等）**
> 2　移送を受けた裁判所は、更に事件を他の裁判所に移送することができない。

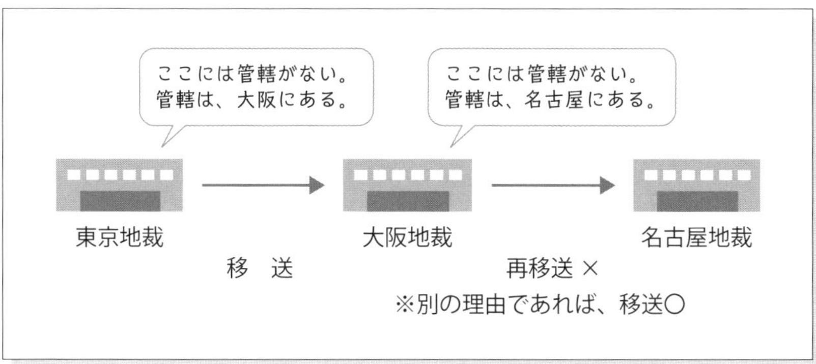

東京地裁で管轄はここではなく大阪だと決めた後、大阪地裁が「いやうちでもない名古屋だ」と再移送する、こういうことはできません。

たらいまわしの禁止というところから、再移送を禁止しています。

ただ、絶対に再移送ができないというわけではありません。移送する理由が別であれば、再移送は可能です。

例えば、管轄が異なることを理由に移送をした後に、移送された裁判所が、「うちでやるより、名古屋地裁でやったほうが早く進むぞ」と判断して、17条を理由として移送することは許されます。

問題を解いて確認しよう

1	移送の裁判が確定したときは、訴訟は、初めから移送を受けた裁判所に係属したものとみなされる。〔7-4-3（63-5-イ、27-1-ウ）〕	○
2	管轄権のある簡易裁判所に提起された訴訟が他の裁判所に移送された場合、当該移送を受けた裁判所は、移送を受けた事由と同一の事由により、更に当該事件を他の裁判所に移送することはできない。〔7-4-1改題（63-5-エ）〕	○
3	移送を受けた裁判所は、更に事件を他の裁判所に移送することはできないが、移送を受けた事由とは別個の事由によって再移送することはできる。〔23-1-オ〕	○

～訴訟は分別ある大人が行う法律行為です～

第2章 訴訟当事者

令和7年本試験は
ここが狙われる！

ここでは原告・被告について見ていきます。主に、当事者能力、訴訟能力という部分がメインになります。
民法の権利能力、行為能力と比較しながら学習しましょう。

第1節 当事者能力

覚えましょう

当事者　＝　原告　被告

当事者という言葉が出てきたら、原告・被告と置き換えるようにしてください。

これから、当事者能力というものを学びますが、これは**原告・被告になれる能力を指す**ことになります。

ではどんな方が、原告・被告になれる能力を持っているのでしょうか。

Point

民法　で　権利能力あり
→　訴訟　で　当事者能力あり

民事訴訟は、民法など私法上の権利があるかないかを判断する手続です。

だから原告になるのは、民法上の権利を持っている人、被告になるのは、民法上の義務を負える人になります。だから、民法上権利能力を持っているような人は、訴訟の原告もしくは被告になれるのです。

	実体法上の権利能力	民事訴訟の当事者能力
自然人	○（民3）	○（28）
法人	○（民34）	○（28）
法人格なき社団	×	○（29）

ここで注意すべきは、権利能力なき社団です。権利能力なき社団には、民法上権利能力がありません。では、訴訟の当事者になれないのでしょうか。

代金債権
X ――――――→ PTA
（権利能力なき社団）
メンバー 100人

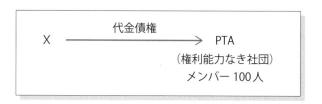

Xという方がPTAに何かの物品を売ったんですが、PTAがその代金を払ってくれません。

この場合、Xは誰を被告として訴えるべきでしょうか。

民法上の理屈で言えば、Xの代金債権は、PTAという団体に対して向かっているのではなく、メンバー100人に向かっています。メンバー100人の総有の債務になります。

ただこのXは、メンバー100人と揉めているとは思っておらず、PTAという団体と揉めている感覚のはずです。そこで、民事訴訟では、このPTAが**代表者・管理人の定めのあるまとまりのある団体であれば、被告となり得る**としました。

太郎（6才）
→　権利能力あり　→　原告○　→　訴訟行為…？

6歳の太郎君がいます。太郎君は、権利能力を持っていますから、原告となることはできます。

この太郎君が訴訟で主張とか、証拠調べしていいかというと、それは話が別です。

訴訟中に、主張したり、証拠を提出するには別の能力が必要になります。それが次の節の話になります。

問題を解いて確認しよう

1	法人格のない社団は、その名において原告となり、又は被告となることができない。〔元-1-2〕	×

ヒトコト解説

1 代表者又は管理人の定めがあれば、原告・被告となることができます。

第2節 訴訟能力

覚えましょう

訴訟能力
単独で有効に訴訟行為をなし又は受けるために必要な能力

例えば、訴訟において主張したり、証拠提出をしたり、それ以外でも訴訟で何かするのであれば、まずこの訴訟能力がいるのだと思ってください。

Point

民法　で　行為能力あり
→　訴訟　で　訴訟能力あり

民法上で行為能力を持っているという方は、訴訟で訴訟能力を持っています。逆に、民法上の行為能力が制限されている人はどうでしょうか。それが次の31条という条文です。

> **31条（未成年者及び成年被後見人の訴訟能力）**
> 未成年者及び成年被後見人は、法定代理人によらなければ、訴訟行為をすることができない。ただし、未成年者が独立して法律行為をすることができる場合は、この限りでない。

民法上、成年被後見人というのは自分で行為はできず、すべて代理してもらうのが原則です。

訴訟においては、未成年者も同じになります。**未成年者や被後見人は、基本すべて代理でやってもらえ、同意をもらって自分でやるのはＮＧ**としています。

民法であれば、未成年者は親の同意があれば、１人で契約をするということを認めています。

一方、訴訟でも同じでいいのでしょうか。８歳の子に親が同意したら、８歳の子が訴訟行為をしていいのでしょうか。

訴訟行為は、契約と比べて相当高度なものです。そのため、未成年者では無理だろうと考え、同意をしたとしても、未成年者１人でやらせるということは認めなかったのです。

ただ、例外もあります。例えば未成年者が営業の許可を受けている場合、その部分については能力者扱いになるため、訴訟行為をすることは可能です。

次は、被保佐人・被補助人の場合を見ていきます。

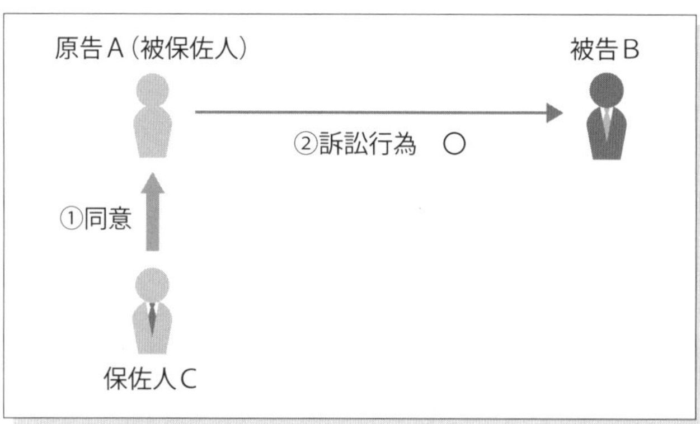

被保佐人・被補助人については、**民法と同じように同意をもらえば訴訟行為をすることができる**、となっています。

ただ、どんな場面でも、同意をもらわなければできない訳ではありません。次の図を見てください。

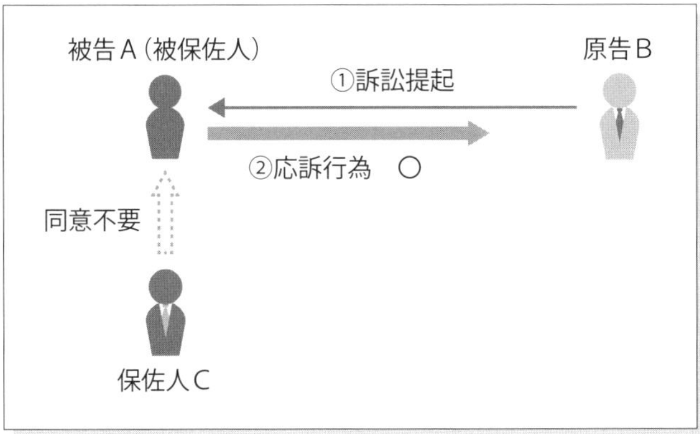

被保佐人・被補助人側が訴えられています。

訴えられたので**応戦をしたい、反論したい。この場合は、保佐人からの同意は要りません**。

ここでもし保佐人の同意が要るとしたら、**同意がもらえるまでは応戦ができず、やられっ放し**になります。それは酷だろうということから、応戦に関しては同意なしでやっていいとしたのです。

こちらから訴訟をしかける場合と、訴訟をしかけられたときに応戦する場合で使い分けてください。

これで到達！ 合格ゾーン

☐ 被保佐人が、すでに同意を得た場合でも、また同意を要しない場合でも、判決によらないで訴訟を終結させる行為（訴え・上訴の取下げ、裁判上の和解、請求の放棄・認諾等）をするには、特別の同意が必要である（32 Ⅱ）。

〔令3-1-ウ〕

★一度同意を得た被保佐人は、その後、訴訟行為は単独でできます（たとえば、主張するたびに同意がいるとなったら、手続が面倒です）。ただ、「訴え・上訴の取下げ、裁判上の和解、請求の放棄・認諾等」など訴訟を止める行為は、重大な効果が生じるため、別途同意を必要にしました。

訴訟無能力者		制限訴訟能力者	
未成年者	成年被後見人	被保佐人	被補助人
法定代理人の同意を得て自ら訴訟行為をすることはできない(31本文)		保佐人の同意を得て自ら訴訟行為をする（民13)	当該訴訟について補助人が同意権を有する場合には、補助人の同意を得て自ら訴訟行為をする(民17 Ⅰ)
独立して法律行為をすることができる場合（31但書）		相手方の提起した訴え又は上訴について訴訟行為をする場合（32）	

これが今までのまとめの図表になっています。未成年・被後見人に関しては訴訟無能力扱いにし、一方、被保佐と被補助は制限されている（同意をもらわないとできない）のですが、応戦については同意なくてもできるとなっています。

問題を解いて確認しよう

1	未成年者は、親権者の同意を得た場合であっても、自ら訴訟行為をすることはできない。〔10-2-2（22-1-イ、29-1-ア）〕	○
2	被保佐人が、自ら訴えを提起して訴訟行為をするには、保佐人の同意を要するが、相手方が提起した訴えについて訴訟行為をするには、保佐人の同意を要しない。〔22-1-ウ〕	○
3	被保佐人は、保佐人の同意を得なくても、相手方が提起した訴えについて応訴することができる。〔10-2-3〕	○

これで到達！  合格ゾーン

- ☐ 訴えの取下げをするには訴訟能力を要する。〔53-3-5（26-5-エ）〕

  ★訴訟で訴訟行為をするときは、大抵の行為で訴訟能力が要求されます。

- ☐ 被告が未成年者である場合であっても、被告本人に対する当事者尋問をすることができる（211但書）。〔29-1-イ〕

  ★訴訟で行為をするときは、訴訟能力がまず要求されるのですが、例外が証拠として登場する場合（証人尋問、当事者尋問）です。

- ☐ 外国人は、その本国法によれば訴訟能力を有しない場合であっても、日本の法律によれば訴訟能力を有すべきときは、訴訟能力者とみなされる（33）。〔10-2-4、令3-1-イ〕

  ★Aさん（とある外国出身の３５歳、その国の法律では未成年者と扱われている）が、日本で訴訟するときは、訴訟能力者として扱われます。

Point

訴訟無能力者がなした又は受けた訴訟行為は無効である

※　取り消すことができる行為ではない

訴訟能力がない人が、訴訟行為をした場合の処理を見ていきます。ポイントは、**民法と異なり、無効として処理される**点です。

民法であれば、有効だけど取消しができるという処理でした。それを訴訟行為に当てはめると、どうなってしまうのでしょう。

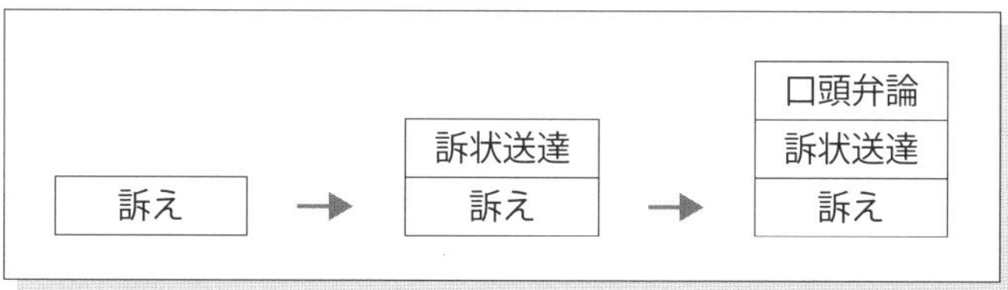

例えば未成年者が単独で訴えを起こしました。そのときに裁判所側が「これは取消しができるけど有効なんだよな」「取り消されるまでは、訴訟を続けないといけないな」と考え、訴状送達という手続をとりました。
そして、訴状送達が行われ、次に口頭弁論などを行います。有効だとすると、次の行為を進めていく羽目になります。

ある程度行為が積み重なった後に、親から取消しなんてことをされたら、今までやったことが全て無駄になってしまいます。これは勿体ないですね。

訴え → その後、進行せず

そこで、未成年者が訴えてきたらその時点で無効として、その後**行為を積み重ねないようにした**のです。このようにして無駄を防ごうとしています。

一方、無能力ということが後で発見された場合はどうなるのでしょう。

Point

訴訟能力の欠けた者の訴訟行為でも、追認によって遡って有効とすることができる（34条2項）

				口頭弁論
		訴状送達		訴状送達
訴え	→	訴え	→	訴え

訴訟能力がない人が訴えたところ、裁判所は気付かずに受理してしまい、訴状送達、口頭弁論など積み重ねてしまいました。本来もともと無効だから、その次も無効、そのあとも無効となるはずです。
しかし、ここまで進んだ手続をすべて無効にして、1からすべてやり直すのは無駄になります。

そこで、適法な権限をもっている人が**追認をすることによって、遡って有効にする**ことを認めたのです。

この辺りも民法と違います。

民法では、無効行為は追認をすることができず、仮に追認ができても、遡及的に有効にはしませんでしたね。

問題を解いて確認しよう

1	成年後見人は、成年被後見人がした訴訟行為を取り消すことができる。〔10-2-5〕	×
2	訴訟能力のない者がした訴訟行為は、無効であり、追認によって有効とすることができない。〔元-1-1（22-1-オ）〕	×
3	民事訴訟における訴訟能力に関して、成年被後見人が自らした訴訟行為は、その成年後見人が追認した場合であっても有効とはならない。〔29-1-オ〕	×
4	訴訟能力を欠く当事者がした訴訟行為は、これを有するに至った当該当事者の追認により、行為の時に遡ってその効力を生ずる。〔令3-1-エ〕	○

×肢のヒトコト解説

1 無効なので取り消しようがありません。

2 追認は可能です。

3 追認することによって、有効として処理されます。

これで到達！ 合格ゾーン

□ 訴訟能力、法定代理権又は訴訟行為をするのに必要な授権を欠くときは、裁判所は、期間を定めて、その補正を命じなければならない（34Ⅰ）。

★訴訟をしている人が未成年者であることが発覚した場合、裁判所は「訴訟を無駄にしたくないので、追認してください」等の措置をとることが義務付けられています。

☐ 訴訟能力、法定代理権又は訴訟行為をするのに必要な授権を欠く場合において、遅滞のため損害を生ずるおそれがあるときは、裁判所は、一時訴訟行為をさせることができる（34 Ⅰ）。

★たとえば、証人が死にそうな場合など、直ちに取り調べないと調べられなくなるような事情があれば、能力がなかったとしても「証拠調べをさせてください」という申立てができるようにしました。

～代理人弁護士は、本人が亡くなってもその遺志を尊重できます～

第3章 代理人

ここでは代理人を見ていきますが、メインは任意代理人（弁護士）の代理権です。
また、民法と結論が違うところが出てきますので、そういったところは意識して覚えましょう。

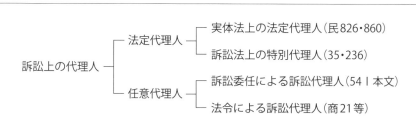

- 訴訟上の代理人
  - 法定代理人
    - 実体法上の法定代理人（民826・860）
    - 訴訟法上の特別代理人（35・236）
  - 任意代理人
    - 訴訟委任による訴訟代理人（54 Ⅰ本文）
    - 法令による訴訟代理人（商21等）

代理には民法と同じように、法定代理と任意代理があります。法定代理には、実体法（民法等）が代理権を与える法定代理と、民事訴訟法が代理権を与えている法定代理があります。

実体法（民法等）上の法定代理、これは親権者や成年後見人などを考えてください。**民法上の法定代理人であれば、訴訟においても代理行為が可能です**。ある意味、**本人が訴訟行為できないので、代わりにやってあげる**という感覚です。

一方、民事訴訟法が代理権を与える場面もあります。

35条（特別代理人）
1　法定代理人がない場合又は法定代理人が代理権を行うことができない場合において、未成年者又は成年被後見人に対し訴訟行為をしようとする者は、遅滞のため損害を受けるおそれがあることを疎明して、受訴裁判所の裁判長に特別代理人の選任を申し立てることができる。

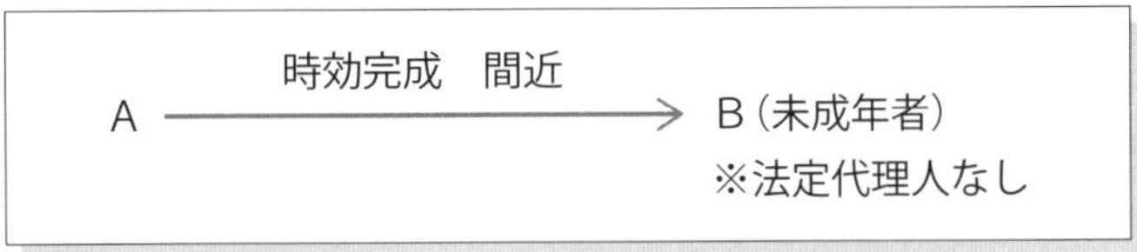

例えば、AがBに債権を持っていて、時効完成間近でした。Aが訴訟をしようと思ったところ、相手Bは未成年者で、そして親などの法定代理人はいませんでした。

このままでは訴訟をすることができません。

そこで、Aは裁判所に頼んで、訴訟だけをする代理人を選んでもらいます。これが、訴訟における特別代理人の制度です。

◆ 任意代理人 ◆

原則	弁護士に限る（54 I 本文） 〈弁護士代理の原則〉
例外	簡易裁判所においては、裁判所の許可を得て非弁護士を訴訟代理人に選任することができる（54 I 但書）

民事訴訟において任意代理人のことを、特に訴訟代理人と呼びます。民事訴訟では、訴訟の代理人になれるのは、**原則として弁護士のみ**としています。

訴訟屋さんという「知識がない、そしてアクドイことする」方が代理人になって**本人を食いつぶすことがないよう**に弁護士に限るとしているのです。

ただ、例外として、簡易裁判所においては、弁護士以外の者を選ぶこともできます。

弁護士がいない地域では、弁護士以外の方に弁護を頼むことを認めていますが、知識がない人や、**本人を食い物にする人では困るので、裁判所の許可制にしています**。

問題を解いて確認しよう

1	簡易裁判所においては、裁判所の許可を得れば、弁護士以外の者も訴訟代理人となることができる。〔3-2-1〕	○
2	簡易裁判所においては、法令により裁判上の行為をすることができる代理人、弁護士又は司法書士で簡易裁判所の訴訟代理権を有する者でない者も、裁判所の許可を得れば訴訟代理人となることができるが、裁判所はいつでもその許可を取り消すことができる。〔オリジナル〕	○

2周目はここまで押さえよう

数人の訴訟代理人ある場合	原則	個別代理（56 Ⅰ）（注）
	例外	原則と異なる定め（共同代理・多数決による代理等）は無効（56 Ⅱ）

（注） 送達は代理人の一人に対してすれば足りる。

もともと、訴訟代理人の権限について「代理権を制限することができない」という規定があります（55 Ⅲ）。代理人は弁護士なのだから、信頼してあげなさいということです。

そのため、弁護団を組んでいたとしても、１人１人が制限なく行動することができるのです（これを制限しても無効です）。

その一例が送達です。弁護団を組んでいる場合、裁判所の送達は全員にする必要はなく、そのうち１人に対して行えばいいのです。

☑ 1	数人の訴訟代理人があるときは、各自当事者を代理することができ、当事者がこれと異なる定めをしても、その定めは効力を生じない。〔63-6-4（24-1-ウ）〕	○
2	委任による訴訟代理人が複数いる場合には、その中の一人に訴訟行為をすれば本人に対して訴訟行為をしたことになる。〔4-3-4〕	○ 各自当事者を代理する（56 Ⅰ）
3	送達は、訴訟代理人が数人ある場合でも、その一人にすれば足りるが、法定代理人が数人ある場合には、その全員にしなければならない。〔9-2-2〕	×

55条（訴訟代理権の範囲）
2　訴訟代理人は、次に掲げる事項については、特別の委任を受けなければならない。
（以下省略）

弁護士の代理権は、**どんな方でも同じにしています。訴訟相手が「どこまで代理権があるのだろう」と調査する手間を省くため**です。

その代理権の範囲のイメージを下記に示しました。

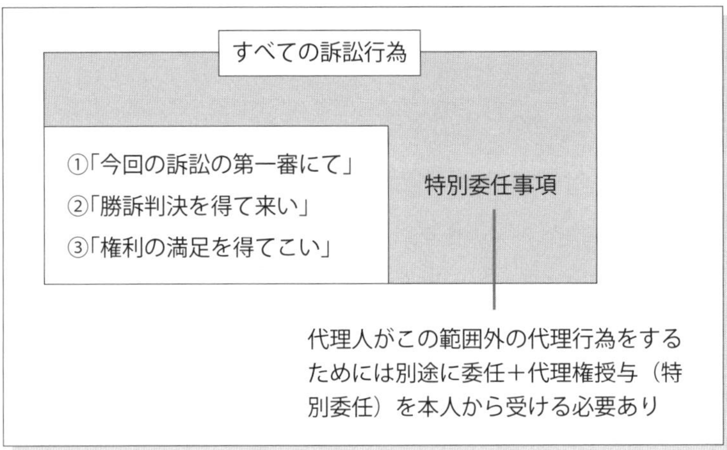

白い部分を見てください。弁護士に委任すると①②③のニュアンスにあたる行為について自動的に、代理権が発生します。

ただそれを越える行為については、弁護士は代理することができず、**やりたければ、別個に「○○をやっていいですよ」という委任契約を結ぶ必要があります**。

では、具体的に特別委任なしで自動的にできる行為と、特別委任がなければできない行為を見ていきましょう。

〈特別委任が不要な行為〉

① 攻撃防御の提出（主張・証拠の提出） ② 弁済の受領（55 Ⅰ） ③ 強制執行・仮処分・仮差押えに関する行為（55 Ⅰ） ④ 相手方の提起した反訴に応訴すること（55 Ⅰ）

①弁護士に訴訟を頼んだのであれば、その弁護士は「金銭交付をしました」という主張や、「○○さんを証人尋問してください」という証拠の申出をすることが当然できます。

訴訟で勝訴判決を得るための行為なので、当然に代理権の範囲内なのです。

②③例えば、弁護士さんが相手から弁済を受けることは、**権利の満足を受けることになる**ので、これも代理権の範囲と扱われます。また、強制執行などをすることも**権利の満足を得る行為にあたる**ので、これも代理権の範囲です。

〈特別委任が必要な行為〉

① 訴え・控訴・上告の取下げ（55 Ⅱ②③） ② 訴訟上の和解、請求の放棄・認諾（55 Ⅱ②） ③ 控訴・上告の提起（55 Ⅱ③） ④ 反訴の提起（55 Ⅱ①）

①②**勝訴判決が得られなくなります**。そのため、弁護士だからといって勝手にすることはできず、「取り下げていいよ」「和解していいよ」という委任を別個にもらう必要があります。

③あくまでも**弁護士の代理権は、その第一審のみ**なので、控訴・上告は勝手にできません。控訴していいよ、という委任を別にもらう必要があります。

最後に、反訴についてまとめて説明します。

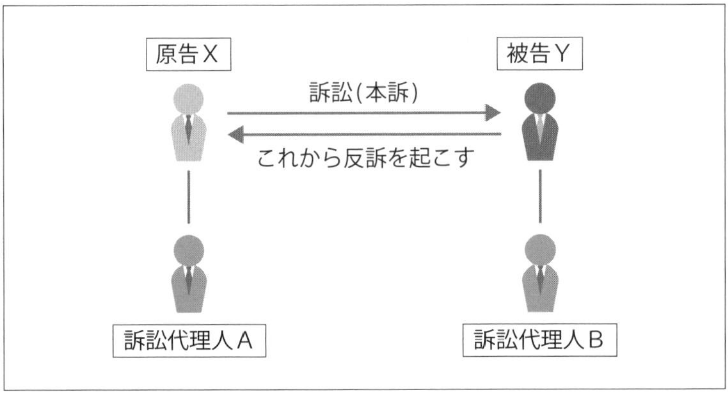

訴訟代理人Bは被告Yから「Xから訴えられたので、代理してほしい」と代理を頼まれました。

訴訟代理人Bが調べたところ、その被告は、原告に対し債権を持っていたのです。では、訴訟代理人Bはその債権で訴え返すことを勝手にやっていいでしょうか。

Point

反訴を提起すること
→　特別委任が必要

これはNGです。

そもそも**訴えられている内容で勝ってこいと頼まれている**ので、勝手に別の債権を使って訴え返すことはできません。

では、この原告側はどうでしょう。つまり被告側から適法に反訴があった場合、原告の代理人は応戦できるのでしょうか。

頼まれた内容は、訴えた内容で勝ってくることですから、反訴に応戦するのには、特別委任が必要そうです。ただ、特別委任を必要とすると、**委任が貰えるまではやられっ放しになってしまいます**。

Point

相手方の提起した反訴に応訴すること（55Ⅰ）
→　特別委任は不要

考え方は、被保佐人と同じです。こちらから反訴をする場合は、特別委任が要りますが、向こうから反訴を受けたケースに関しては、特別委任は要らないのです。

問題を解いて確認しよう

1	訴訟代理人が反訴を提起するには、本人からの特別の委任を受けることを要しない。〔9-1-2（62-5-3、6-1-1）〕	×
2	被告から反訴が提起されたときには、原告の訴訟代理人は、特別の委任がなくても、これに応訴することができる。〔57-4-イ（24-1-エ）〕	○
3	訴訟代理人が控訴をするには、これについて特別の授権を受けることを要しない。〔4-3-3（62-5-2）〕	×
4	第一審の終局判決を受ける前に、訴訟代理人が訴えの取下げをするには、原告本人からの特別の委任を受けることを要しない。〔9-5-5（20-4-オ）〕	×
5	訴訟代理人は、請求の認諾をするには特別の委任を受けなければならないが、裁判上の和解をするには特別の委任を受ける必要はない。〔22-5-ア（62-5-1、6-1-2、27-5-ウ）〕	×
6	訴訟代理人が委任を受けた事件について特別の委任を受けなくても弁済の受領をすることができる。〔6-1-3〕	○

×肢のヒトコト解説

1　反訴の提起には、特別の委任が必要です。

3　訴訟代理権は、審級ごとに別個に与えられるため、特別の委任が必要です。

4　訴訟代理人が確定判決を受ける前に訴えの取下げをするには、特別の委任が必要です。

5　裁判上の和解は、特別の委任が必要です。

Point

訴訟代理人の地位

① 訴訟代理人が代理権の範囲内でなした訴訟行為の効果は、直接本人に帰属する。

② 訴訟代理人を選任しても、当事者は自ら訴訟行為をすることができる。

③ 当事者の更正権（57）

①について

代理人の行為は本人に帰属することになりますが、ここは民法の知識と同じですね。

②について

弁護士さんに頼んだら、訴訟は全部弁護士さんに任せっきりで、本人は何もしていないというイメージだと思います。

ただ、民事訴訟では、**訴訟行為は、弁護士と本人両方でやっている、2人で訴訟行為をしている**という建前になっています。

③について

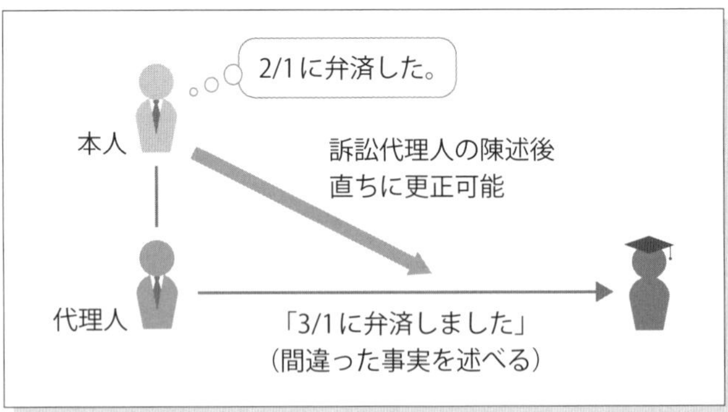
2/1に弁済した。
本人
訴訟代理人の陳述後
直ちに更正可能
代理人
「3/1に弁済しました」
（間違った事実を述べる）

本人は2月1日に払っていると思っていて、それを弁護士に伝えていました。ただ弁護士がそれを聞き間違え、間違った発言をしたのです。この場合、本人が

法廷に出廷していれば、直せます。
「弁護士さんの発言はおかしいです。2月1日です」というように直せます。

裁判官は弁護士の発言と本人の発言どちらを信用するかといえば、本人の発言です。

真実を知っているのは、その弁護士ではなく本人の方です。そのため、本人の発言を信用し、弁護士の発言を直すことを認めているのです。

択一的なポイントは、「直ちに」という言葉です。弁護士の発言後、すぐに直すことを認めていて、しばらく経ってしまうともう直せません。

		法定代理人	訴訟代理人
復代理人選任		自己の責任をもって選任できる(28、民106)	特別の委任が必要(55 II ⑤)
代理権の消滅事由	本人の死亡	○(28、民111 I ①)	×(58 I ①)
	代理人の死亡	○(28、民111 I ②)	○(民111 I ②)
	本人の後見開始の審判	×(28、民111 I 参照)	×(58 I ①)
	代理人の後見開始の審判	○(28、民111 I ②)	○(民111 I ②)
	本人の破産手続開始の決定	×(28、民111 I 参照)	○(民111 II・653)
	代理人の破産手続開始の決定	○(28、民111 I ②)	○(民111 I ②)
	辞任・解任	○	○(民651 I)

法定代理と訴訟代理の比較をしている図表です。

復代理人選任

法定代理は自由に選べますが、訴訟代理については信頼されて選ばれているため、基本的には選ぶことができず、特別の委任が必要になります（民法とほぼ同じ結論です）。

代理権の消滅事由

基本的には民法と同じです。

気をつけてほしいのは、訴訟代理人のケースで本人が死亡した場合です。**民法においては、本人が死亡すると代理権は消滅しますが、訴訟においては消滅しない**のです。

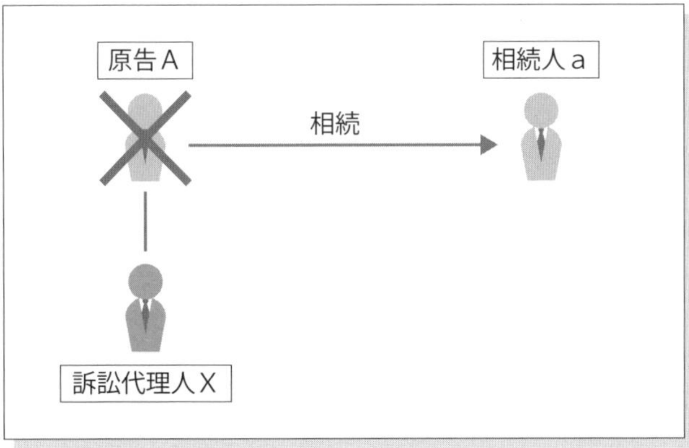

原告Aが弁護士さんXを頼み、この弁護士さんが訴訟活動をずっとやっていました。その後Aが死亡しました。

ここで本人の死亡により代理権が消滅したら、相続人は弁護士を頼むことになりますが、今まで関与したことがない方に頼むのではなく、今まで関与していたXに頼むでしょう。だったら、**初めから代理権を消滅させない方が効率的です。**

そこで、「本人が死んでも代理権は消えない」としたのです。

それ以外の代理権の消滅原因は民法と同じなので、そちらを確認してください。

1点、気を付けてほしいことがあります。

Point

代理権の消滅は、相手側に通知しなければ、相手方の知・不知を問わずその効力を生じない（36 I）。

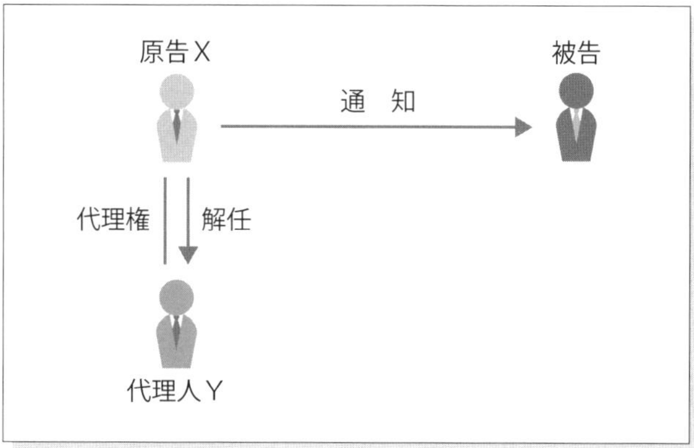

本人Xが代理人Yをクビにしても、**クビにしたことを相手に伝えなければ、この代理権はなくなりません。**

訴訟行為は継続します。**前の口頭弁論にYが来たのであれば、次の代理もYが行うと相手側は考えるでしょう。**

そこで、代理権が消滅する原因があっても、相手に伝えない限り代理権は消えないとしたのです。

問題を解いて確認しよう

1	訴訟代理人は委任を受けた事件について特別の委任を受けなくても復代理人の選任をすることができる。〔6-1-4（62-5-5）〕	×
2	訴訟代理権は、当事者の死亡により消滅する。〔63-6-5〕	×
3	当事者である未成年者が成年に達した場合、その親権者であった者の法定代理権の消滅が相手方に通知されるまでは、法定代理権消滅の効果は生じない。〔元-1-4〕	○
4	法定代理権の消滅は、本人又は代理人から相手方に通知しなくても、その効力を生ずるが、訴訟代理権の消滅は、本人又は代理人から相手方に通知しなければ、訴訟上その効力を生じない。〔9-2-4（24-1-オ）〕	×
5	訴訟代理人の事実に関する陳述については、当事者は、いつでもこれを取り消し又は更正することができる。〔9-3-2（63-6-2、4-3-5）〕	×
6	当事者がその訴訟代理人の事実に関する陳述を直ちに取り消したときは、当該陳述は、その効力を生じない。〔24-1-イ〕	○

×肢のヒトコト解説

1　頼まれている訴訟代理人は、復代理を選ぶことができません。
2　本人が死亡しても、代理権は消滅しません。
4　訴訟代理、法定代理ともに通知しなければ、代理権は消滅しません。
5　直ちに更正権を行使する必要があります。

〜やむをえない場合は別ですが、そんなに簡単に裁判は中断しません〜

第4章 訴訟行為の中断

訴訟能力との関連で、頻繁に出題される分野です。
制度趣旨を押さえることはもちろんのこと、その要件をしっかりと覚えて当てはめる意識が重要になるところです。

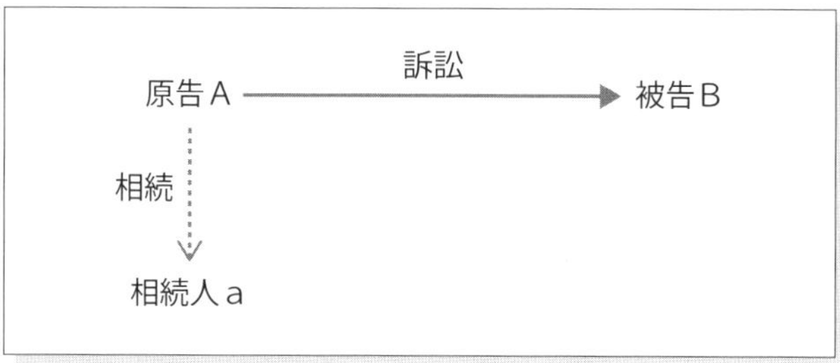

AがBを訴えていましたが、訴訟中にAが死亡しました（相続人はaとします）。この場合、原告の立場をaが承継します。

Aが死んだ翌日が、第4回口頭弁論だとします。ここで裁判所から、

明日、口頭弁論だから来てください。
裁判所

このような連絡が来たら、相続人はどう思うでしょう。

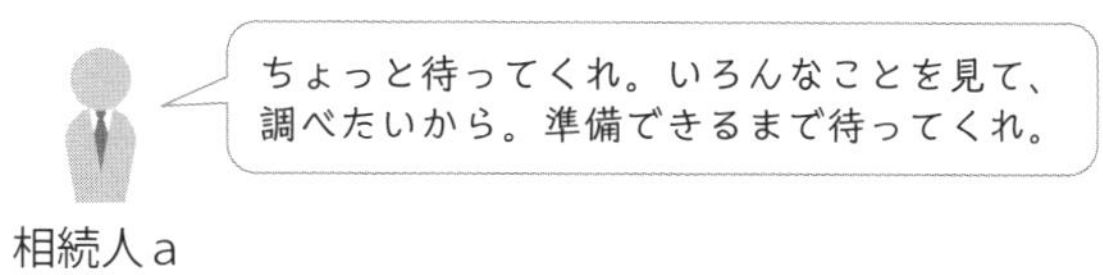

ちょっと待ってくれ。いろんなことを見て、調べたいから。準備できるまで待ってくれ。
相続人a

このように思うはずでしょう。実は、**死んだ時点で、訴訟はストップ**されています。

Point

訴訟追行者が交代しなければならない事由が発生した場合に、新追行者が訴訟追行にあたれるようになるまで、手続を停止して待つ

イメージは野球のピッチャー交代です。ピッチャー交代すると、ピッチャーはマウンドに立ち、何球か投げ込んでから試合を再開します。

それと同じように、訴訟を行っている人が変わったら、しばらく待ってあげるのです。これが中断という制度です。

この中断は、「中断します」という決定をすることで発生するわけではありません。**死亡すると自動的に中断状態になる**、と思ってください。

訴訟手続の中断は、死亡した場合以外にも生じます。次の図を見てください。

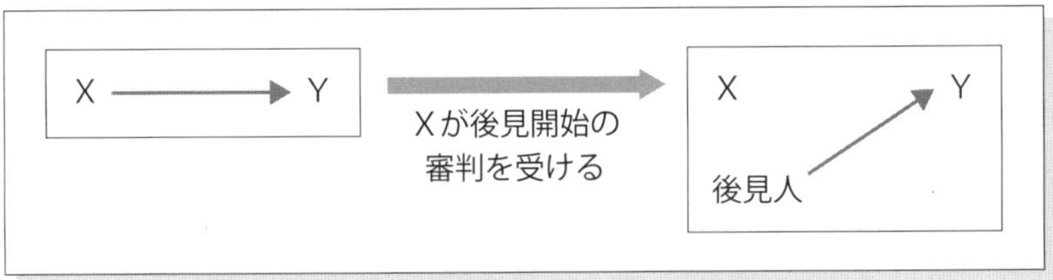

原告X、被告Yが訴訟している途中で、このXが、後見開始の審判を受けました。これにより、Xは訴訟行為ができなくなり、後見人が代わりに訴訟行為をすることになります。

ここで、後見人が準備できるまで待ってあげるべきでしょう。

このように、当事者が**訴訟能力を失ったときも、訴訟は中断**します。

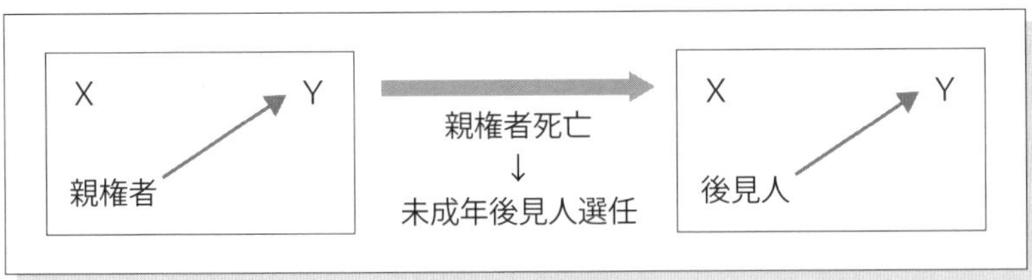

未成年者のXがYを訴えていますが、Xは未成年者であるため、Xの代わりに

親権者が訴訟活動をしています。

ここで、この親権者が死亡して、未成年後見人が選ばれました。

これにより訴訟行為は、未成年後見人が行うことになります。訴訟行為をしている人が変わるので、準備できるまで待ってあげます。

このように、**法定代理人が変わった場合も、訴訟は中断**します。

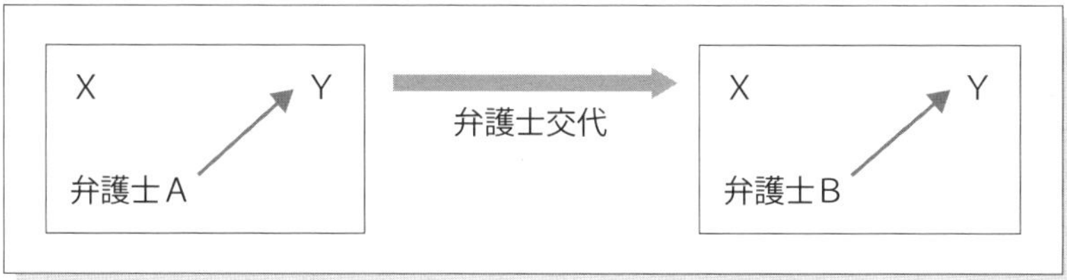

上の図は訴訟代理人が変わった場合です。**訴訟代理人が変わった場合は、訴訟行為は中断しません**。

新しい訴訟代理人のBが準備できるまで待つべきではないかと思うところですが、もともと、**Xも訴訟行為をしています**。

弁護士が変わっても、**Xは訴訟活動していることは変わらないので、Xが続けてやればいいんです**。

このように、法定代理人が変わった場合は、訴訟行為は中断しますが、訴訟代理人が変わった場合は、訴訟は中断しません。

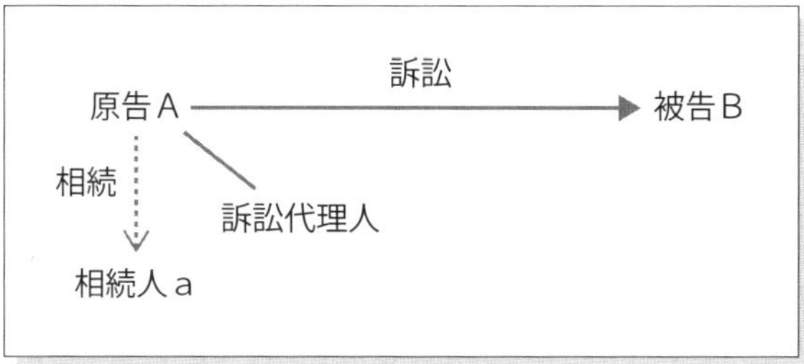

AがBを訴えていますが、Aは訴訟代理人をつけていました。このAが死んで相続人が引き継いだ場合、訴訟手続は中断するのでしょうか。

もともと訴訟活動は誰がやっていたでしょう。これは、Aと訴訟代理人です。

死んだ後は誰がやるでしょうか。相続人と訴訟代理人です。死んでも訴訟代理権は消滅せず、訴訟代理人は引き続き行為をします。

つまりこの事例、**訴訟代理人は準備できているので、待ってあげる必要はない**ので、Aが死亡しても訴訟手続は中断しないのです。

中断するケースをいくつか紹介しましたが、その場合でも、その**当事者に訴訟代理人がついている場合は訴訟手続は中断しません**。

Point

中断中にした行為	
原則	無効
例外	判決の言渡し

訴訟の中断中できることは、基本的には何もありません。手続が止まっている状態なので、主張したり、証拠提出したりなどをしても一切無駄です。

ただ、1個だけ例外があります。**判決を言い渡すこと**です。

口頭弁論が終わっていて、あとは判決を言い渡すだけなのに、本人が死んでいた場合を想定しています。

審理が終わっているため、**一刻も早く訴訟を終わらせるべき**なので、とりあえず言渡しだけはしてしまいます。第一審を早く終わらせるために、言渡し自体をやってしまうのです（判決自体は、送達という形で送られてきますので、問題ありません）。

問題を解いて確認しよう

1	当事者が死亡した場合、法定代理人があるときでも、訴訟手続は中断するが、訴訟代理人があるときは、訴訟手続は中断しない。〔9-2-5（4-3-1、15-4-エ、25-2-エ）〕	○
2	原告が訴訟代理人を選任して訴訟を追行していたところ、当該訴訟代理人が死亡した場合には、訴訟手続は、新たな訴訟代理人が選任されるまで中断する。〔22-3-エ〕	×

3	判決の言渡しは、訴訟手続の中断中でもすることができる。〔63-4-2（22-3-ア、24-5-ア）〕	○
4	裁判所が原告の死亡の事実を知ったときは、裁判所は、職権で、訴訟手続を中断する旨の決定をしなければならない。〔22-3-ウ〕	×

×肢のヒトコト解説

2 訴訟代理人が死亡しても本人が訴訟行為をできるため、中断は生じません。

4 死亡することで自動的に中断になります。

訴訟の承継	当事者が死亡すればその相続人は当然に当事者の地位を承継する
↓	
訴訟の中断	新当事者（相続人）の裁判を受ける権利を保障するために訴訟手続を中断する
↓	
手続の受継	新当事者が訴訟手続を受継することにより中断が解消 ※　中断事由の生じた当事者側の新追行者及び相手方（126）が行う書面（受継申立書）でしなければならない（規51 Ⅰ）

たとえば、原告Aが死亡した場合には、原告の地位は相続人Xに引き継がれます（訴訟の承継：当事者の交代という意味です）。

死亡した時点で、訴訟は自動的にストップがかかります（訴訟の中断）。

その後、Xが準備できたら「自分、準備できました。再開してください」と申し立てて、手続が続行されます。

中断は自動的に生じますが、続行は申立てをすることによって行われます（この申立ては書面で行う必要があります）。

ちなみに、Xが申立てをしない場合は、訴訟の相手が「Xはもう準備できているはずだ」と申し立てることも可能です。

問題を解いて確認しよう

1	原告が死亡したため訴訟手続が中断した場合には、死亡した原告の相続人は、訴訟手続の受継の申立てをすることができるが、被告は、これをすることができない。〔22-3-オ、63-4-5〕	×
2	訴訟手続の受継の申立ては書面でしなければならない。〔7-3-エ〕	○

×肢のヒトコト解説

1　被告が申し立てることも可能です。

これで到達！　合格ゾーン

□当事者が死亡した場合において、その相続人は、相続の放棄をすることができる間は、訴訟手続を受け継ぐことができない（124 Ⅲ）。〔25-2-ア〕

★死亡したことを知ってから３か月は相続放棄ができます。「原告死亡→相続人承継→手続続行→相続人相続放棄」ということになったら、続行した手続が無駄になってしまいます。

□原告の一身専属的な権利を訴訟物としていた場合において、原告が死亡したときは、当該訴訟は終了し、訴訟の承継は生じない。〔15-4-ア、25-2-イ〕

★一身専属権は、死亡によって消滅します。そういった権利が訴訟物の場合には、死亡によって訴訟が終了します。

MEMO

第3編 訴えの提起

ここから、訴訟を起こす場面を見ていきます。

「どうやって行うのか」という手続も出題されますし、処分権主義などの理屈の出題もあります。理屈面は理解することを心がけ、手続面は暗記することを心がけましょう。

～理屈が通って実益があるなら、訴えればそれなりに効果があります～

第1章 訴えの概念・各種の訴え

ここから、具体的な訴訟手続を見ていきます。
まず訴えという概念から説明します。その訴えにもいろいろなタイプがあって、勝訴したときの力が違うことを学びます。
その後、訴訟をするには「訴える実益」が必要という理屈をご紹介します。

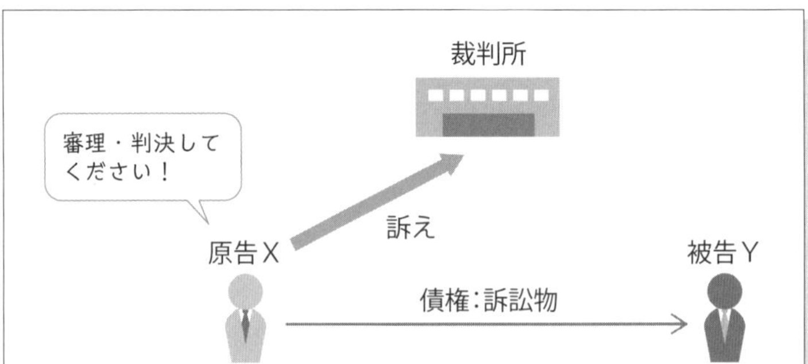

訴えという概念は、裁判所に対する行為です。訴訟物があるかどうかを調べてくれ、判決を出してくれと裁判所に対する行為を訴えといいます。

この訴えにはいくつかのパターンがあり、そのパターンごとに勝ったときの力が違います。

Point

給付の訴え（給付訴訟）

被告に対する一定の給付を請求し、給付を命ずる判決を求める訴え

上記には学問的な定義が載っていますが、私的には下記のように考えています。

給付の訴え　＝　債権の履行を求める訴え

何かの債権を持っていて、その債権を訴訟で主張するときの訴えが給付の訴えです（訴訟物は、その債権になります）。

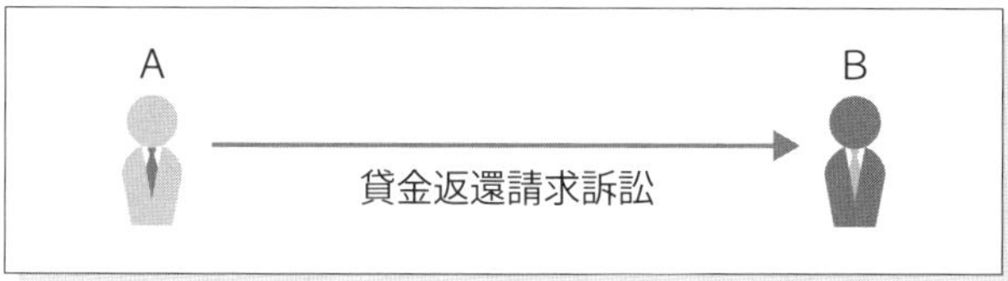

AがBに「貸したお金を払え」と訴えました。この場合、貸金債権の履行を求めているので給付訴訟になります（訴訟物は、その貸金債権です）。

次に、この訴訟で勝訴して、その判決が確定したときの威力を見てみましょう。

判決
BはAに金何円払え

→　既判力
→　執行力
（確定した給付判決＝債務名義）

これは原告が勝ったときの判決で、請求認容判決と呼ばれます。

この判決が確定したときに生じる力は、**既判力、法的に決まりになること**です。この例でいえば、貸金債権があることが法的に決まります。

もう1つが執行力で、強制執行ができるようになります。

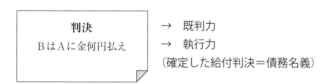

この強制執行ができる力は、この給付の訴えにしかありません。だから**強制執行したければ給付訴訟を起こすしかありません**。

判決
原告Aの訴えを
棄却する

→ 既判力

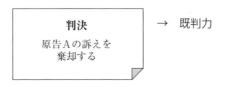

今度は負けた場合の判決です（請求棄却判決といいます）。

これが確定した場合も既判力が付きます。具体的には、貸金債権がないということが、法的に決まるのです。

Point

確認の訴え（確認訴訟）

特定の権利義務又は法律関係の存在・不存在を主張し、それを確認する判決を求める訴え

これは、**訴えられる前に先手を打つ場合の訴訟**です。

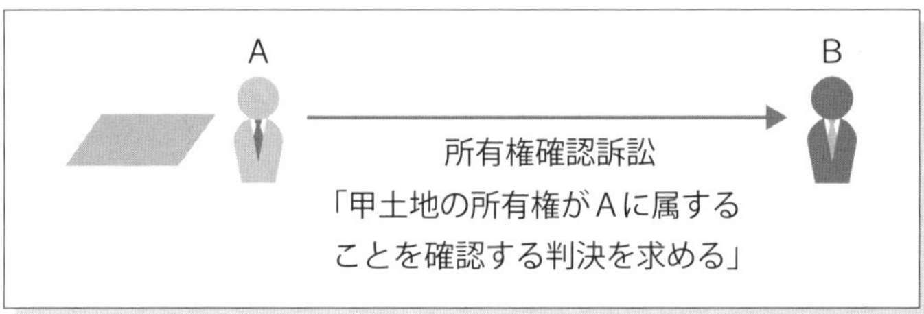

AとBで、今Aが占有している土地について争いになっています。Bは自分のものだとしつこく主張しています。このままだと、Bが訴えてくるのは目に見えています。

ここでBが訴えてくるのを待つこともできますが、Aから先に訴えることができます。このケースでは「この土地には、自分の所有権があることを確認してください」と訴えるのです。

Aが勝った場合、負けた場合、どちらの場合でも既判力が付きます。どんなことに既判力が付くかを見ましょう。

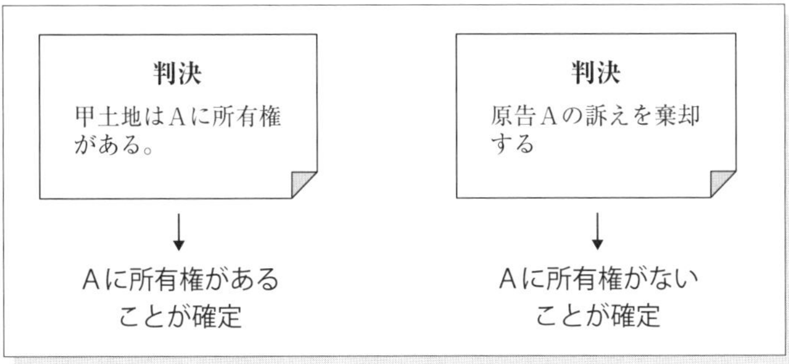
判決
甲土地はAに所有権がある。
Aに所有権があることが確定
判決
原告Aの訴えを棄却する
Aに所有権がないことが確定

ここでAが勝てば、Aに所有権があることが決まるので、このABのトラブルは終わるでしょう。

ちなみに訴訟物はAの所有権です（争いはあります）。

そのため、この訴訟の判決が確定すると「Aの所有権があること」又は「Aの所有権がないこと」が法的に決まります。

仮にBに所有権があると判断されても、それは訴訟物ではないので、既判力が付きません。

そのため、**Bがこの訴訟で勝っても、あまり美味しくありません**。

そこで、通常Bは、この訴訟で所有権確認訴訟という形で反訴を起こします。

これにより、**訴訟物は、Aの所有権とBの所有権の2つになるので、Bの所有権があるかないかについても、法的に決まる**ことになります。

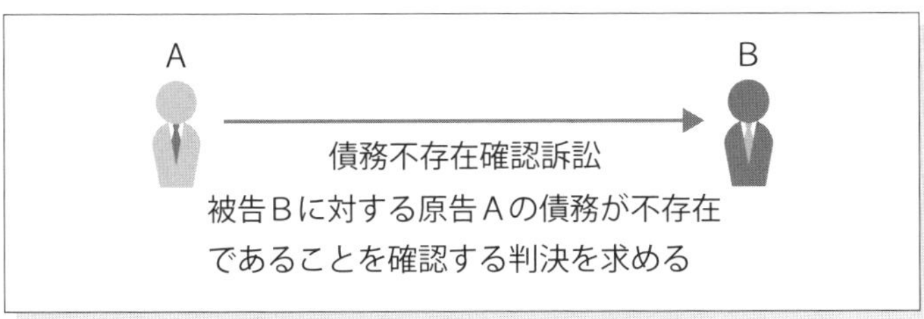
A
B
債務不存在確認訴訟
被告Bに対する原告Aの債務が不存在であることを確認する判決を求める

もともとBはAにお金を貸していました。Aは全部を弁済したつもりなのに、BがAに払え払えと言ってきます。

このままでは、BはAを訴えてくるでしょう。そこでAから先手を打って訴えるのです。このケースでは「債務がないことを確認してくれ」と訴えることになります。これでAが勝てば、Bとの間のトラブルは終わります。

Point

形成の訴え（形成訴訟）

請求内容として、権利関係の変動のための一定の法律要件の存在を主張し、その変動を宣言する判決を求める訴え

民法の話ですが、登記をすることによって、物権変動が生じたのでしょうか？生じないのが原則です。

契約時に所有権移転など物権変動が起きて、登記はそれを公示するだけです。ただ、例外的に、登記によって効力が生じるというケースもありました。

それと似た感じの話です。

判決によって権利変動が起きるわけではありません。ただ、**ものによっては、判決によって権利変動が起きるものがあります**。

例えば、次の図を見てください。

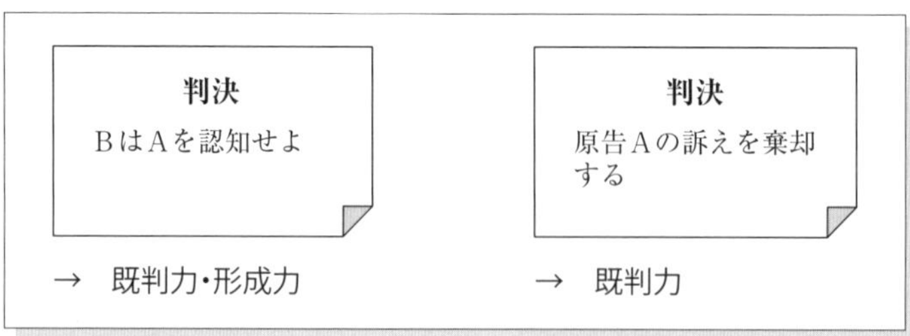

Bと結婚関係にない女性との間に子供ができました。ただ、結婚関係がない父子関係は、認知がない限り、血のつながりが生じません。

そこで子供ＡがＢに認知しろと訴えました。

ここでＡが勝つと、ＡＢ間に親子関係が発生します。

このように訴訟によって権利変動させる、そういうものを形成の訴えといいます。

問題を解いて確認しよう

1	給付の訴えを認容する判決が確定すると、給付義務が存在するという判断に既判力が生ずる。〔12-1-エ〕	○
2	給付の訴えを棄却する判決が確定しても、給付義務が存在しないという判断に既判力は生じない。〔オリジナル〕	×

×肢のヒトコト解説

2　棄却判決が確定した場合には、「訴訟物がないこと」について既判力が生じます。

2周目はここまで押さえよう

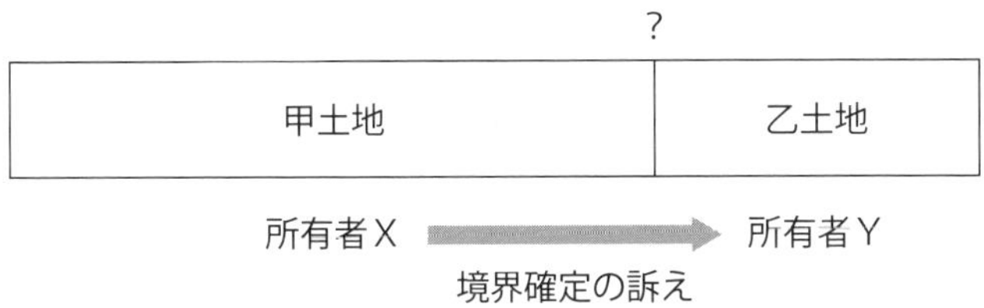

２つの土地の境界線がどこなのかで争いになっています。そこで、一方の所有者が相手の所有者に対して、「境界確定の訴え」を起こしました。

この訴訟は、形式的形成訴訟と呼ばれます。

判決によって、境界線が決められるという点では形成訴訟なのですが「どこを境界線にするか」というルールが条文にない訴訟なのです。

本来、裁判は「事実を条文に当てはめて、結論を出す」ことなのですが、上記の事件ではその条文がないのです。

この場合は、裁判所の裁量で境界線を決めます。

このような、判決の確定によりはじめて権利関係の変動が生じるが、形成の基準となる実体法規が定められていない場合を形式的形成訴訟といい、下記のようなものが代表例とされています。

ex. 共有物分割の訴え（民258）、父を定める訴え（民773）、境界確定の訴え

◆ 境界確定訴訟の特色 ◆

論点		結論
処分権主義	原告による具体的な境界の主張	不要（最判昭41.5.20）
	申立事項と判決事項の一致（246）	不要（大連判大12.6.2）
	裁判上の和解、請求の放棄・認諾による境界の決定（267）	できない
弁論主義	当事者の主張しない事実を訴訟資料として採用すること	許される
	自白の拘束力（179）	認められない
	職権証拠調べ	許される
被告の提出した取得時効の抗弁について判断せずに判決をすること		できる（最判昭43.2.22）
判決主文に所有者を表示すること		不要（最判昭37.10.30）

この境界確定訴訟のポイントは２点です。

・境界線という公益の要素があるため、当事者の意思に左右されない（そのため、当事者の意思を尊重するという処分権主義、弁論主義の適用がない）

・境界線を決めるのが最優先であり、その境界線の所有権を誰が持っているかは別の争いになる

ということです。

上記の観点で上の表を見ていってください。

☑ 1	学生A：境界確定の訴えは、（①）だといわれているけれど、（①）とはどのようなものかな。〔17-3-①〕	形式的形成訴訟
2	学生B：（①）とは、法律関係の変動を目的とする点で形成の訴えに属するといえるけれど、訴訟物たる形成原因又は形成権が存在しない点に特徴があるね。境界確定の訴えのほかには、（②父を定める訴え・嫡出否認の訴え）などがその例として挙げられているよ。〔17-3-②〕	父を定める訴え
3	筆界確定訴訟において、裁判所は、原告が主張している筆界よりも原告所有地の面積が大きくなるような筆界を定める判決をすることができる。〔22-4-イ〕	○
4	境界確定の訴えでも、請求の認諾や訴訟上の和解をすることができる。〔オリジナル〕	×
5	境界確定の訴えの当事者の一方が、相手方に有利で自己に不利益な主張をした場合でも、裁判所はこれに拘束されない。〔オリジナル〕	○
6	境界確定の訴えにおいては、弁論主義が妥当しないため、裁判所は当事者の申し出た証拠以外のものを取り調べることができる。〔オリジナル〕	○
7	証拠などから境界が確定できない場合でも、裁判所は、境界確定の請求を棄却することはできない。〔オリジナル〕	○

原告の勝ちの判決である請求認容判決、原告の負けの判決である請求棄却判決は、本案判決と呼ばれます。**本来の案件、訴訟物について判断している判決**です。

訴訟があれば本案判決が絶対出る、というわけではありません。**訴訟物について判断しない判決が出ることがあります**。

訴訟要件（本案判決をするための要件）は具備されているのか

YES → 本案判決

原告からの権利主張（訴訟物）の当否を判断する判決

- ・原告の勝訴　→　請求認容判決
- ・原告の敗訴　→　請求棄却判決

NO → （訴えの）却下判決

（訴訟判決）

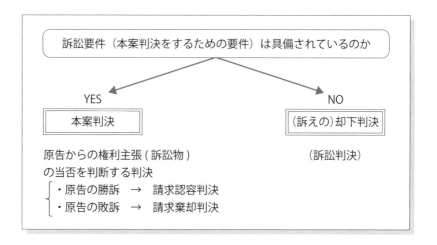

判決には本案判決だけでなく、訴え却下判決というタイプがあります。

これは門前払い、「こんなもの持ってくるんじゃない、ばかやろう」というイメージです。

例えば「不法行為を受けたから損害賠償をしてくれ」という訴えが来たと思ってください。

ここで、被告側を見ると、被告はアライグマでした。原告が必死に主張します。「山の中でこのアライグマに襲われたんだ。それによって治療費が40万円かかった。損害賠償を命じる判決を出してくれ」。

どう思いますか？

まさに「こんなもの持ってくるんじゃない。ばかやろう！」と思うところです。

この場合は、訴え却下判決が出ます。この**判決のポイントは、訴訟物について判断をしない点にあります**。

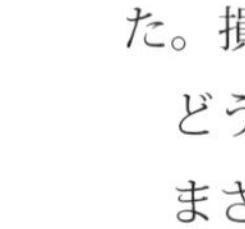

問題を解いて確認しよう

1	給付の訴えを却下する判決が確定すると、給付義務が存在しないという判断に既判力が生ずる。〔12-1-オ〕	×

ヒトコト解説

1 訴えを却下した場合には、給付義務（訴訟物のことです）について既判力はつきません。

どんな場合に、この訴え却下判決になり、どんな場合に、請求認容判決、請求棄却判決が出るのか。それは訴訟要件というのを具備しているかどうかで決まります。

訴訟要件ということを満たしていれば、本案判決が出ます。一方、この訴訟要件を満たしていなければ却下判決が出ます。

では、どういったものが訴訟要件なのでしょうか。次の図を見てください。

訴訟要件の内容
① 事件について日本の裁判権があること ② 事件について裁判所が管轄をもっていること → 管轄違背の場合は訴えを却下せずに移送にて処理 ③ 訴え提起時における訴訟能力や代理権の存在 ④ 当事者が実在していること ⑤ 当事者が当事者能力を有していること ⑥ 当事者が当事者適格を有していること ⑦ 当該訴訟に訴えの利益が認められること

例えば先ほど説明したアライグマのケースは、上の⑤を満たしていません。

司法書士試験では、この訴訟要件を全部覚える必要はありません。**多少出題されるのが、⑦の訴えの利益**です。

これは**訴える「実益」**だと思ってください。訴える実益がなければ、裁判所は裁判してくれません。

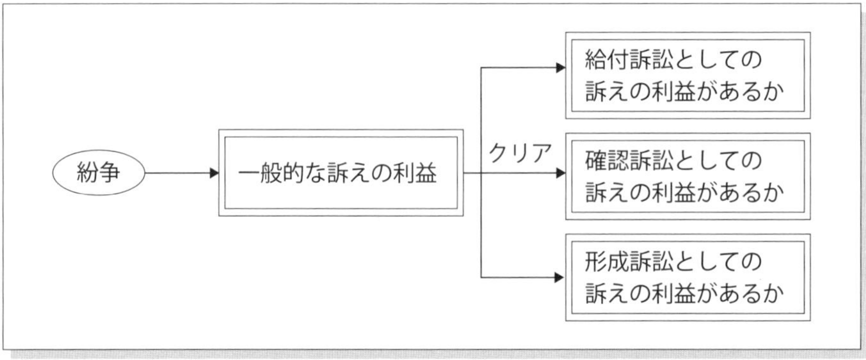

どんな訴訟にも必要な訴えの利益という要件があり、それをクリアした後に、訴訟ごとの訴えの利益というのを判断することになります。

まず、一般的な訴えの利益として要求されるものを見ましょう。

① 法律上の争訟であること
② 法律上起訴が禁止されていないこと
★ 民事訴訟法が起訴を禁止している場合
二重起訴（142）・再訴（262 Ⅱ）
③ 当事者間に訴訟を利用しない旨の特約がないこと
・当事者間で裁判所へ訴えないという約束（不起訴の合意）
・仲裁合意

①については、憲法で学ぶことなので、ここでは割愛いたします。

②実は民事訴訟法が、「こういう訴えは禁止だ」と禁じているケースがあります。これは後に説明します。

③お互いで訴訟しないよという約束をすることができます。「トラブルになったけど、裁判ざたはやめよう」といった合意です。

こういった合意をしているにもかかわらず、相手が訴えを起こした場合、訴えられた被告側が主張します。

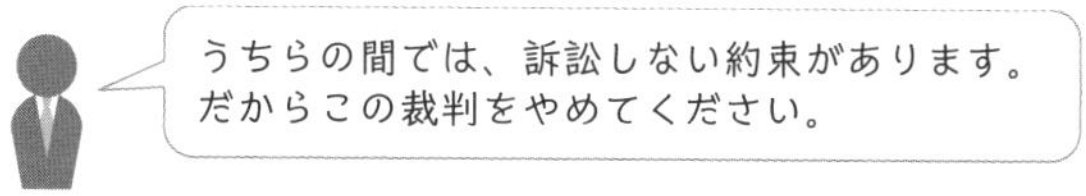

うちらの間では、訴訟しない約束があります。
だからこの裁判をやめてください。

この場合、裁判所は、「訴えの利益がないから訴えは却下します」と訴え却下判決を下します。

また、仲裁合意ということをすることができます。

トラブルが起きた時点で、「裁判をするのはやめよう。このトラブルの解決は○○さんにやってもらおう」このように仲裁人というのを決めて、彼に判断を仰ぐという合意ができます。

この合意をしたにもかかわらず、訴訟に出た場合、被告側が主張できます。

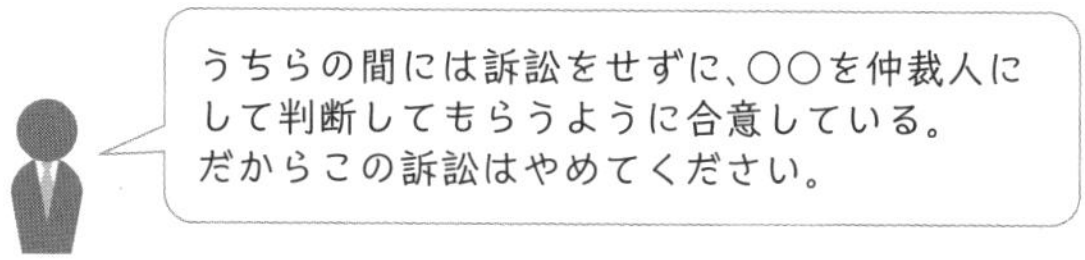

うちらの間には訴訟をせずに、○○を仲裁人にして判断してもらうように合意している。
だからこの訴訟はやめてください。

裁判官が上記を認定した場合も、「訴えの利益がないから訴えは却下します」という訴え却下判決を下します。

問題を解いて確認しよう

1	Xは、Yとの間で、Yに対して有する特定の貸金債権について訴えを提起しない旨の合意をした。この場合、XがYに対して当該貸金債権に係る貸金の返還を求める訴えを提起しても、Yが当該合意の存在を主張したときは、Xの訴えは、却下される。〔19-1-イ〕	○

◆ 給付の訴えについての訴えの利益 ◆

		現在の給付の訴え	将来の給付の訴え
意義		弁済期の到来した給付請求権を主張する場合	口頭弁論終結時までに履行すべき状態にならない給付請求権を主張する場合
訴えの利益	原則	特段の事情のない限り、訴えの利益あり	訴えの利益なし
	例外		あらかじめ請求をする必要がある場合（135）

訴えごとに、訴えの利益を見ていきます。
まずは給付の訴えにおいて、訴えの利益が認められる状況を見ます。

同じ給付の訴えでも、「今すぐ履行しろ」というものと「5年後履行しろ」という場合で違ってきます。例えば、**5年後履行しろという訴えは基本的にはＮＧ**です。5年後に訴訟すればいいんです。

ただ、現時点でも**「あらかじめ請求する必要がある場合」には、訴訟ができます**。例えば、現時点で債務を争っているような場合です（5年後にも揉めるのは明らかなため、現時点で訴訟を認めます)。
一方、現在給付の訴えについては、まず訴えの利益が認められます。2つほど、判例を紹介します。

テーマ	結論
給付判決を得ても強制執行が不可能な場合	認容される (最判昭41.3.18参照)

例えば相手に資力がないなど、強制執行ができない状態だとします。その人を訴える実益があるでしょうか。
確かに、現時点では、強制執行はできないかもしれません。
でも**将来資力を回復して、強制執行できる可能性はあるかもしれません**。そのため、今の時点で、債務名義をとっておく実益はあるため、訴訟が可能です。

テーマ	結論
勝訴した同一人が再度同一内容の請求をした場合	訴えの利益なし 例外） 時効を更新させるために他に方法がない場合など、必要があるときは認められる(大判昭6.11.24)。

勝った人がもう1回訴える実益があるでしょうか。
勝って債務名義を得ている状態で、今一度訴える必要性は通常はありません（もう1回勝訴判決をうける快感を得たい、というのはもちろんＮＧでしょう)。

ただ、訴えて勝ったけど相手が履行しないまま長期間経ってしまい、時効が完成しそうになっている場合であれば別です。この場合は、時効を更新させるために、もう1回訴えることを認めています。

問題を解いて確認しよう

1	給付の訴えにおいて主張される給付請求権は、口頭弁論終結時に履行すべき状態になければならない。〔12-1-イ（令4-3-オ）〕	×
2	X及びYは、通謀してX所有の不動産につき仮装の売買契約を締結し、XからYへの所有権の移転の登記をした。その後、Yは、善意のZに当該不動産を売却し、YからZへの所有権の移転の登記をした。この場合、XがYに対して提起した所有権の移転の登記の抹消手続を求める訴えは、却下される。〔19-1-ア〕	×
3	原告Aと被告Bとの間の貸金返還請求訴訟において、請求認容の判決が確定した場合において、AがBに対し、再度同一内容の請求をしたときは、事実審の口頭弁論終結後の事由の有無を判断し、それがなければ、前訴判決の既判力により請求認容の判決をすべきである。〔16-4-ア〕	×
4	金銭の支払請求を認容する判決が確定した場合でも、その金銭支払請求権について他に時効の更新の方法がないときは、再度、その金銭支払請求権の履行を求める訴えを提起することができる。〔25-5-ア〕	○

×肢のヒトコト解説

1 将来履行すべき内容でも訴えることはできます。

2 強制執行することができなくても、訴える実益は認められます。

3 原則として訴え却下になります。

Point

確認の利益

・実効性がない
・対象が無制限
} あまり訴え（の利益）を認めたくない。

次は確認の訴えですが、この確認の訴えはあんまりやらせたくないんです。

この確認の訴えで勝っても、執行力がないため、勝訴しても実効性がないため、確認の訴えは認めないのが基本です。
ただ、確認の訴えを認めている事例は、そこそこ多くあります。

確認の利益
理屈はあるけど、判例勝負
→　判例の結論を覚えること

ここでは代表例をいくつかご紹介します。

事例	可否
①遺言者が生存中に受遺者に対して遺言無効確認の訴え（最判昭31.10.4）	×
②遺言者死亡後の遺言無効確認（最判昭47.2.15）	○

遺言書
父の作った遺言書、形式がおかしいので無効のはずです。確認してください。
推定相続人

「父が作った遺言書は、形式面がおかしい」と遺言無効確認の訴えを、推定相続人たちが起こすことができるかというと、判例は、認めていません。

生存中という点がポイントです。生存中だと、推定相続人たちはまだ法的な利害を持っていません。
また生存中であれば、この遺言は遺言者が撤回することもできます。訴訟後に撤回したら、その遺言はなかったことになるので、訴訟したことが無駄になります。そのため、**生存中は確認の訴えを認めていない**のです。

一方、死亡後であれば相続人たちには相続分という法的権利がありますし、また、死亡後であればもう撤回することがあり得ません。
そのため、**死亡後の遺言無効確認の訴えは認められます**。

事例	可否
特定の遺産が特別受益財産であることの確認を求める訴え（最判平7.3.7）	×

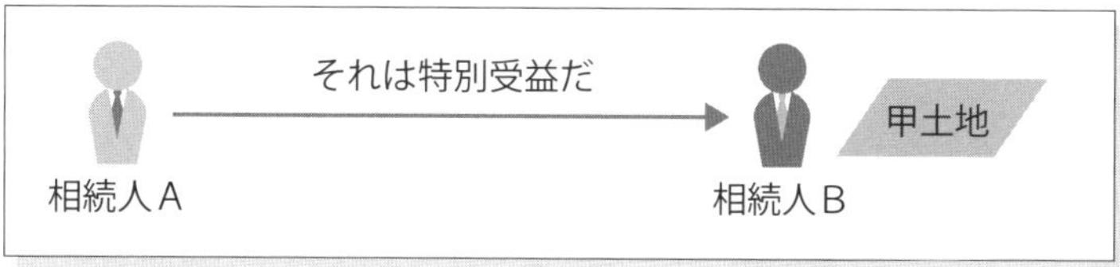

相続人たちで、相続分の争いになっています。相続人の1人が、ある相続人に対して、「君が持っている土地は親父からもらっている特別受益だ。特別受益であることの確認を求める」と訴えることは認められません。

仮にこれを認めても、今度はこういった訴訟がおきるでしょう。

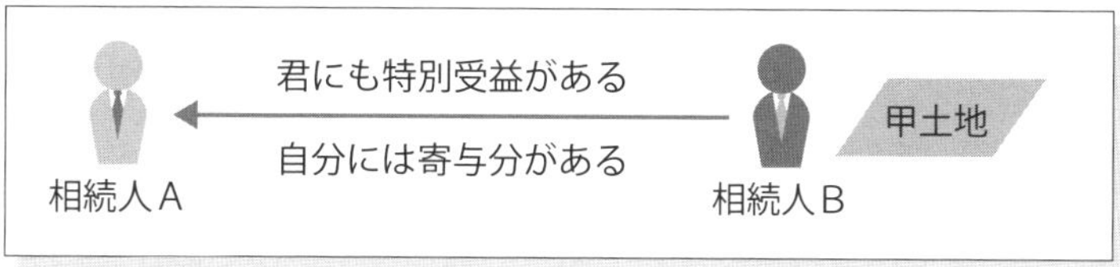

つまり、**特別受益かどうかをメインテーマにするのではなく、遺産分割を求めて訴訟をすべきなんです。**

紛争を抜本的に解決するには、ちまちま相続分のことで訴訟するのではなく、遺産分割をメインテーマにすべきなのです。

（これと同様に、**相続分の確認訴訟は認めにくい**傾向があります。）

問題を解いて確認しよう

1	金銭の支払請求を認容する判決が確定した場合でも、その金銭支払請求権について他に時効の更新の方法がないときは、再度、その金銭支払請求権の履行を求める訴えを提起することができる。〔25-5-ア〕	○
2	遺言者が生存中に受遺者に対してする遺言無効確認の訴え、遺言者死亡後の一部の共同相続人からの遺言無効確認の訴えは、いずれも訴えの利益を欠くものとして認められない。〔オリジナル〕	×

3 亡Aの相続人は、X及びYのみである。この場合、XがYに対して提起した、亡Aの相続に関し特定の財産がYの特別受益財産であることの確認を求める訴えは、却下される。〔19-1-オ（23-3-エ）〕 ○

4 現に生存している遺言者が提起した遺言無効確認の訴えには、訴えの利益が認められない。〔令4-3-ウ（平27-3-エ）〕 ○

5 共同相続人間において具体的相続分についてその価額又は割合の確認を求める訴えは、確認の利益を欠く。〔30-2-イ〕 ○

×肢のヒトコト解説

2 生存中の確認の訴えは認められません。

2周目はここまで押さえよう

裁判所 ↑「〇〇という事実があったことを確認してください」？ 原告	原則	事実の確認訴訟は、認められない
	例外	証書真否確認の訴えは、事実の確認であっても認められる

民事訴訟は、権利のありなしを判断する制度なので、「〇〇権があることを確認して欲しい」という訴訟は受け付けますが、「〇〇という事実があったことを確認して欲しい」という内容は受け付けません。

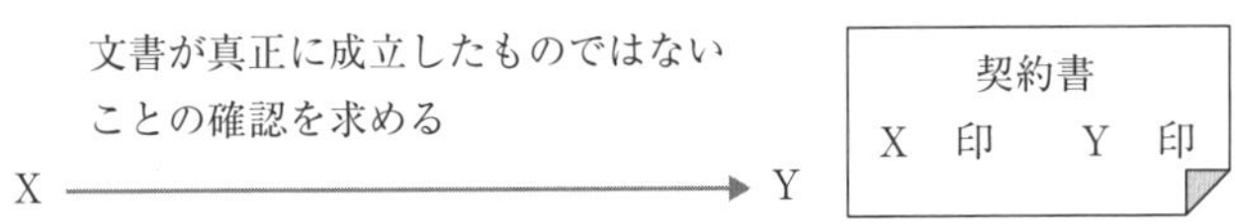
文書が真正に成立したものではないことの確認を求める
X
Y
契約書
X 印 Y 印

XとYが押印した文書があり、それを元にYがXに請求したのですが、Xは書いた覚えはありません。

そこで、Xが「この文章を書いた覚えはない」「書いた事実がないことを確認して欲しい」という訴訟をすることはできるのでしょうか。

本来、事実の確認訴訟は認めないのですが、「法律関係を証する文書」について「真正の成否」の確認は認められています（証書真否確認の訴えと呼びます）。

☑ 1	共同相続人間において具体的相続分についてその価額又は割合の確認を求める訴えは、確認の利益を欠く。〔30-2-イ〕	○
2	法律関係を証する書面の成立の真否を確定するための確認の訴えは、不適法である。〔27-3-イ〕	×

事例		処理
債務者が債権者に対して提起した債務不存在確認請求訴訟の継続中に、債権者がその債務の履行を求める反訴を提起した（最判平16.3.25）	①債務不存在確認訴訟（本訴） 債務者 → 債権者 債務者 ← 債権者 ②履行請求（反訴）	本訴は確認の利益を失い却下される。
比較事例	① 所有権確認訴訟（本訴） 原　告 → 被　告 原　告 ← 被　告 ② 返還請求訴訟（反訴）	本訴は却下されない。

債務者が債務を負っていないと考え、債務不存在確認訴訟（確認訴訟になります）をしたところ、債権者が支払請求訴訟（給付訴訟になります）を起こしました。

この場合、債務不存在確認訴訟をする意味がなくなります。

債務不存在確認訴訟の確定判決の効力　：　既判力
支払請求訴訟の確定判決の効力　　　　：　既判力　執行力

大は小を兼ねます。支払請求訴訟があれば、もう確認訴訟を続ける必要はなくなります（そのため、債務不存在確認訴訟は却下されます）。

ちなみに、所有権確認訴訟（確認訴訟になります）をしたところ、相手から返還請求訴訟（給付訴訟になります）をされた場合、所有権確認訴訟は却下されません。

所有権確認訴訟の訴訟物　：　所有権
返還請求訴訟の訴訟物　　：　物権的請求権
訴訟物が異なるため、所有権確認訴訟を維持するメリットがあるのです。

☑ **1** 債務の不存在の確認を求める本訴に対して当該債務の履行を求める反訴が提起された場合には、当該債務の不存在の確認を求める訴えは、確認の利益を欠く。〔30-2-エ〕 ○

2 甲土地が原告の所有であることの確認を求める本訴に対し、甲土地が被告の所有であることを前提としてその所有権に基づき甲土地の返還を求める反訴が提起された場合において、所有権確認を求める本訴には、訴えの利益が認められない。〔令4-3-イ〕 ×

これで到達！  合格ゾーン

□ 亡Aの相続人は、X及びYのみである。この場合、XがYに対して提起した、特定の財産が亡Aの遺産であることの確認を求める訴えは適法であり、却下されない（最判昭61.3.13）。〔19-1-エ（30-2-ア）〕

★相続をめぐる争いには、「相続人の争い」「相続分の争い」「相続財産の争い」があります（上記は相続財産の争いです）。相続財産の争いは、認められる傾向があります。

□ 戸籍上離縁の記載がある養子縁組の当事者の一方が提起した離縁無効確認の訴えは、被告において当該離縁が無効であることを争っていないときであっても、確認の利益がある（最判昭62.7.17）。〔23-3-イ〕

★離縁の届けをした後、その内容に無効原因がありました。それに気づいた当事者が区役所に行って「戸籍を直してください」と求めるのはかなり困難です。そこで、戸籍の記載を訂正するために訴訟を起こすのです。

□ 賃貸借契約継続中に賃借人が賃貸人に対して敷金返還請求権が存在することの確認を求める訴えは、賃貸人が敷金交付の事実を争っているときは、確認の利益がみとめられる。〔23-3-ウ（30-2-オ）〕

★将来の権利の確認を求める訴えは、原則として認められません。ただ「賃貸人が敷金交付の事実を争っている」と現時点でもめ事になっているのであれば、訴訟が認められます。

> **Point**
>
> **当事者適格**
>
> 訴訟物たる権利又は法律関係について当事者として訴訟を追行し、本案判決を求めることの資格

では、訴えの利益の1つ、当事者適格というものを説明します。これは、この訴訟では誰が当事者となるべきかという基準です。

次の図を見てください。

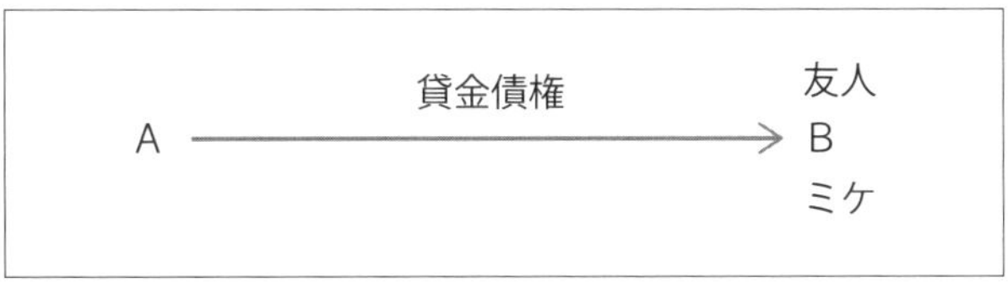

AがBにお金を貸していますが、Bが払いません。Bさんの家に行ったら、Bのネコが A にかみついて来たり、Bの友人が、A に対し「Bは払えないので、勘弁してやってほしい」と頼んできました。

そこでAは「お金を返せ」と訴えることにしたのですが、これは誰を訴えるべきでしょう。

Bですよね。

なぜミケと友人はだめなんでしょう。ミケは動物のため、当事者能力がありません。

一方、友人は人間なので、当事者能力はありますが、今回の事件の被告となるべき方ではありません。友人には当事者適格がないため被告にならないのです。

当事者能力というのは一般論としての基準で、当事者適格というのは、今回の事件について原告となるのはだれか、被告となるのはだれかという基準なのです。

例えば給付訴訟では、原告が債権者　被告は、原告が債務者と思っている方に当事者適格が認められます。

> **訴訟担当**
> 本来の利益主体に代わり、又はこれと並んで、第三者がその請求に関する当事者適格をもつこと。

本来は原告は債権者、被告は債務者になるべきですが、それ以外の方が、原告・被告になる場合を訴訟担当といいます。

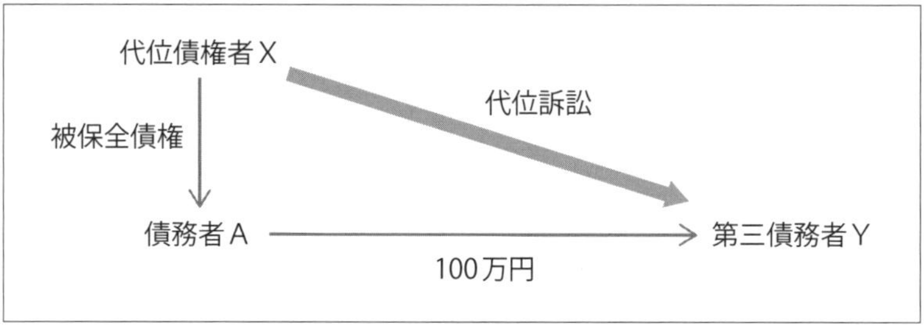

AからYへの100万円の債権、これをAが使わないので、Aの債権者Xが代わりに訴訟しています。

この訴訟は、原告がX　被告がYとなっていて、この債権の債権者でないXが訴訟しているため、訴訟担当の状態になっています。

ここで押さえてほしいのは、既判力です。

原告が勝った場合、100万円の債権がある、ということが法的に決まりになりますが、誰にとって法的に決まりになるのでしょう。

次の条文を見てください。

> **115条（確定判決等の効力が及ぶ者の範囲）**
> 1　確定判決は、次に掲げる者に対してその効力を有する。
> ①　当事者
> ②　当事者が他人のために原告又は被告となった場合のその他人

1号では当事者と規定されて、原告・被告を指しています。先ほどのケースでいうと100万円の債権があることが、XとYの間で決まります。

ただそれだけでなく、**今回の訴訟ではAにも、既判力がつきます**（これが2号です)。今回XがAのために原告となっています。この場合のAにも、既判力がつくため、Aにとっても100万円の債権があることが、法的に決まりになるのです。

もう1個、訴訟担当の例を説明します。

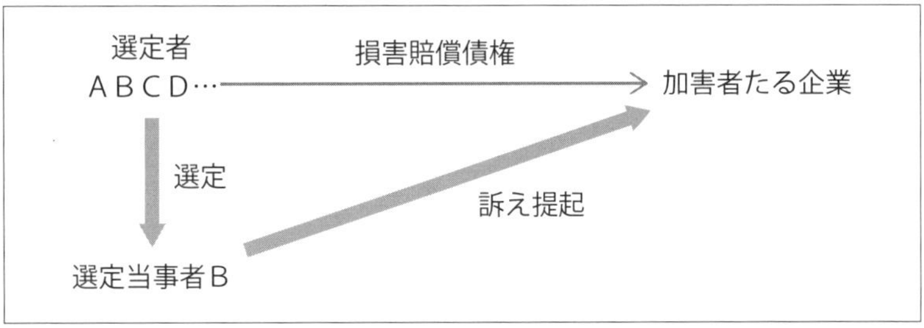

ある企業が公害を出し、近隣住民に対して被害を与えていました。近隣住民は損害賠償債権を、企業に対し持ちます。

住民100人が企業を訴えようとする場合、100人全員を原告として訴訟ができるかというと、できないことはないんですが、訴訟を起こした後に相当面倒なことになります。

そこで、この100人は誰か1人を代表として選び、彼に全部の債権の訴訟を頼むんです(これを選定といいます)。これも、債権者は住民100人ですが、実際、原告になっているのはBです。Bが代表して原告になっているため、訴訟担当なのです。

この場合の既判力は、**原告のB(115条1号)、被告の企業(115条1号)、住民100人(115条2号)に及びます**。

以上で、当事者適格の話は終了です。

2周目はここまで押さえよう

事例		訴えは 却下されるか
① 債権者代位訴訟の提起後、債権者の債務者に対する債権が消滅した	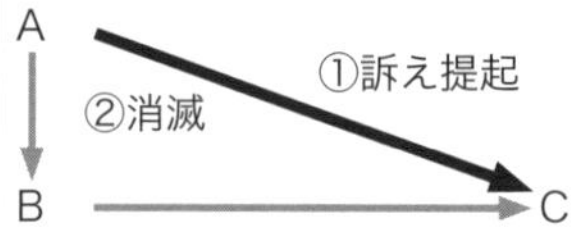	○ （却下される）
② 現在の給付の訴えについて、原告が、給付義務者であると主張している者が給付義務者になり得ないことが明らかであるとき	給付訴訟 A → B ↓ 主張 債務者はBである ↓ その後 真実の債務者はCと判明	× （却下されない）

①について

ＢＣ債権の支払請求訴訟はＢが起こすべきです。Ａが訴訟をしているのですが、これは債権者代位の要件を満たしていたためです。訴訟提起後、Ａが債権を失った場合、もう債権者代位の要件を満たさないので、この訴訟は続けるべきではありません。

②について

給付訴訟では、原告が債務者と考えている者を、被告にすべきとされています。上記の事例は、原告Ａが被告と思っている者Ｂを訴えているので、問題ありません（訴え却下にすべきではありません）。この訴訟では、請求棄却判決が下され、Ｂが債務を負っていないことについて既判力が付きます。

1	債権者である原告が、債権者代位権に基づき、債務者の被告に対する債権を代位行使している訴訟手続は、原告の債務者に対する債権が消滅したとしても、中断しない。〔22-3-イ〕	○
2	現在の給付の訴えについて、その訴えを提起する者の主張自体から、給付義務者であると主張されている者が給付義務者になり得ないことが明らかであるときは、当該訴えは、被告適格を欠くものとして却下される。〔28-2-エ〕	×

◆ 訴訟要件の調査事項についての整理 ◆

職権調査事項		抗弁事項
訴訟要件の存否につき当事者が主張しなくとも裁判所が職権で調査すべき事項をいう。		当事者（被告）の申立てを待って顧慮すべき事項をいう。
<具体例>		<具体例>
専属管轄	当事者の実在	仲裁合意
当事者能力	訴訟能力	不起訴の合意
代理権	任意管轄	訴訟費用の担保の提供
訴えの利益	当事者適格	

訴訟要件が欠けている場合、当事者が「被告は当事者能力がありません。当事者能力の有無を調査して、この訴えは却下してください」と申立てをする必要はありません。

訴訟要件は、当事者が申立てをしなくても裁判所は調査するようになっているのです。

1 原告に当事者能力がない場合であっても、被告がその旨の主張をしない限り、裁判所は、訴えを却下することができない。〔19-2-オ（22-1-エ）〕 ×

2 当事者が訴訟能力を有するかどうかについては、相手方が争わない場合でも、裁判所は、職権で調査しなければならない。〔22-1-エ〕 ○

3 裁判所は、原告及び被告の間に仲裁の合意があることが証拠から認められる場合には、被告が当該合意の存在を主張していないときであっても、訴えを却下することができる。〔25-3-イ〕 ×

第2章 審判の対象

ここでは、訴訟物はどうやって判断するのか、ということを学習します。
その後、民事訴訟の重要概念「処分権主義」を見ていきます。裁判所は受け身だという視点で見るようにしましょう。

Point

旧訴訟物理論（判例）

実体法上の権利が別であれば、訴訟物も別

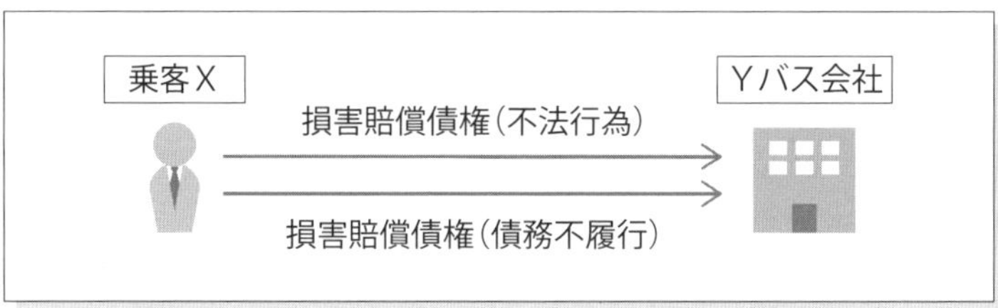

例えばXがあるバス会社のバスに乗ったところ、その運転手の不手際により交通事故に遭い損害を受けました。Xは民法上、損害賠償請求権を2つ持ちます。1つが不法行為による損害賠償請求権です。もう1つが、バスの運行契約の債務不履行があったという損害賠償請求権です。

彼がバス会社に対し、損害賠償しろと訴える場合、訴訟物は何でしょうか。

例えば、XがYに不法行為の損害賠償請求権、100万円を払えと訴えました。この場合の訴訟物は、不法行為に基づく損害賠償請求権です。

彼がここで負けた場合、訴訟物である不法行為による損害賠償請求権がないと決まります。ただ、彼は**債務不履行による損害賠償請求権も持っていますが、それにはまだ既判力がついていないので、訴えることができます**。

この旧訴訟物理論というのは、民法上の権利が違えば訴訟物が違うと考える立場です。これが判例、実務の理論です。

Point

処分権主義

当事者に審判を求め、かつ、その対象を限定できる権能と、判決によらずに訴訟を終了させる権能を認める建前。

これが民事訴訟の重要な理屈、処分権主義というものです。色々な内容があるのですが、受験的には、下記の点を覚えておきましょう。

覚えましょう

処分権主義の具体的内容

裁判は当事者の申立事項の範囲でのみ行われ、申し立てない事項につき、また、申立事項を超えて裁判することは許されない（246）。

裁判所は、原告が頼んだことしかやってくれませんし、また、裁判所は、頼んだこと以上のこともやってくれません。

貸金債権 1,000 万円
を支払え。
判決
被告は代金債権 1,000 万円
を支払え
原告

原告が貸金債権を審理してくれと言ったのに、裁判所が別の訴訟物を審理することは、もちろんダメです。**頼んだ訴訟物以外は審理してはいけません**。

貸金債権 1,000 万円
を支払え。
判決
原告が当該債権を有する旨
を確認する
原告

原告が給付訴訟を頼んでいるのに、判決で確認判決を出すのも認められません。**頼んだ判決以外を出すのもダメ**です。

原告が100万円払えと訴えたのに、裁判所が「いやいや原告さん100万円どころじゃありません。200万円ありますよ」と200万円あると判断するのもだめです。頼んだことは100万円払えなので、200万円払えという判決は出せません。

では、なぜこれは許されないのでしょうか。

例えば、「貸金債権10円払え」と訴えられたら、皆さん仕事なりいろんなことを休んで訴訟に行きますか。

多分行かないでしょうね。「10円ならいいかな」と思うでしょう。

そのあと判決が皆さんにやってきました。ここで「200万円払え」という判決がきたら、どう思いますか？

だったら、訴訟に出てしっかり戦ったのに！　と思うでしょう。

つまり、**訴えより金額が増えた判決にすると、被告に対して不意打ちになるため、そういった判決を下すことを認めていない**のです。

では、逆に金額が減る場合はどうでしょうか。

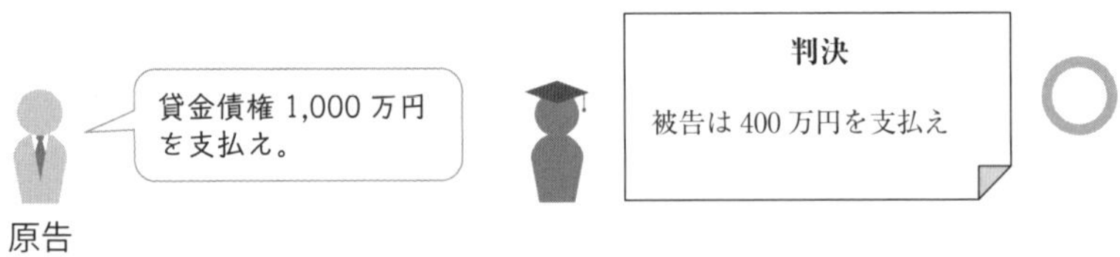

上記のような判決が出ても、被告の方に不意打ちにはならないので許されます。このように、金額を減らす分には問題はありません。

金額が出題された場合は、以下のように考えるといいでしょう。

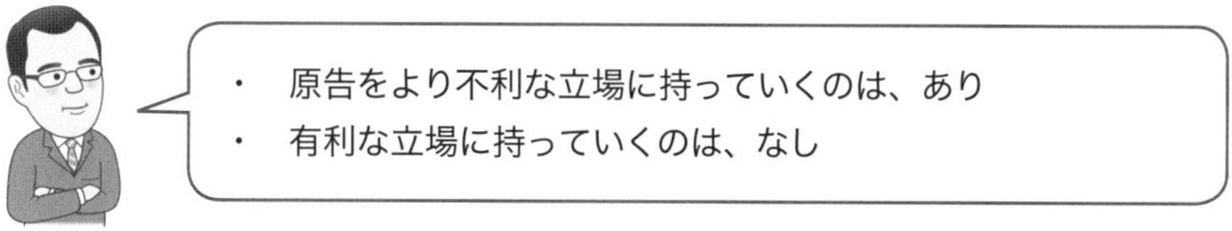
・ 原告をより不利な立場に持っていくのは、あり
・ 有利な立場に持っていくのは、なし

60万円を支払うので立ち退け。
原告
判決
原告は100万円を支払え
被告は土地を渡せ

原告の主張より不利な方向に持っていっています（60万円払うつもりだったのが100万円払う羽目になっています）。そのため、こういった判決を下すことは許されます。

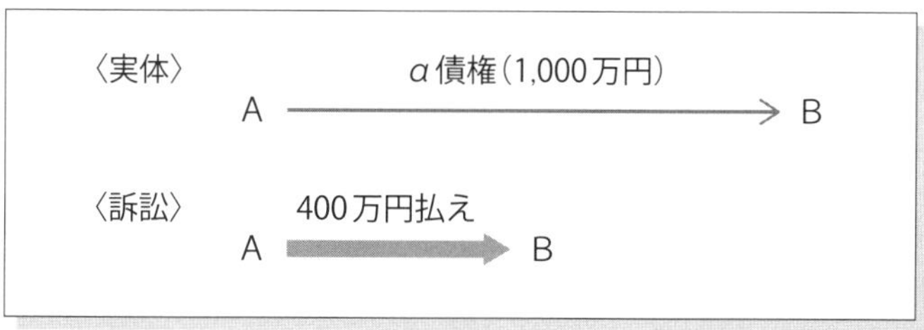
〈実体〉
α債権（1,000万円）
A
B
〈訴訟〉
400万円払え
A
B

持っている債権の全部を請求するのではなく、一部分だけ請求する訴訟です。

訴訟には手数料はかかりますが、これは訴訟で求める金額によって変わってきます。勝てるか勝てないかわからないのに1,000万円で訴えて、1,000万円分の手数料を払うのは嫌だなという場合、まず400万円払えと訴えておくんです（この後、勝てそうになったら、やっぱり1,000万円全部払えと切り替えます）。

では､このような一部請求をするときの訴訟物は何でしょうか。これは「1,000万円のうち400万円払え」と、債権の全部ではなく一部分だという明示があるかどうかで結論が変わってきます。

	明示がある場合	明示がない場合
訴訟物	α債権のうち400万円	α債権
時効の更新	400万円のみに発生 （最判昭34.2.20）	α債権すべてに及ぶ （最判昭45.7.24）
判決の既判力	400万円のみに発生 （最判昭37.8.10）	α債権すべてに及ぶ （最判昭37.8.10）

一部請求の明示がある場合には、訴訟物は債権全部ではなく400万円部分だけになります。

そのため、**時効の更新や判決の既判力は、そこだけに発生する**ことになります。

一方、明示がなかった場合、つまり、単純に「400万円払え」と訴えた場合は、訴訟物は債権全部です。

そのため債権全部について時効が更新され、既判力がつきます。ただし、「400万円払え」と訴えているので、出てくる判決の上限は400万円までです。1,000万円払えという判決を出すことはできません。

問題を解いて確認しよう

1	裁判所は、物の引渡請求訴訟において、被告の過失によって引渡しができないことが明らかになれば、当事者からの申立てがなくても損害賠償の支払を命ずることができる。〔オリジナル〕	×
2	売買代金支払請求訴訟において、売買代金債権は存在するが、その履行期が未到来であることが明らかになった場合には、裁判所は、原告が当該債権を有する旨を確認する判決をすることができる。〔22-4-オ〕	×
3	Aは、Bに対して有する1,000万円の貸金債権のうちの一部の請求であることを明示して、Bに対し、200万円の支払を求める訴えを提起した。裁判所は、審理の結果、AのBに対する貸金債権が400万円の限度で残存していると認めた場合であっても、200万円の支払を命ずる判決をしなければならない。〔24-2-イ〕	○
4	AがBに対して100万円の支払を求める損害賠償請求訴訟を提起したところ、Bは、Aの損害は20万円であると主張して争った。ところが、裁判所は、証拠調べの結果、Aの損害は60万円であったと認定して、Bに60万円の支払を命ずる判決を言い渡した。この裁判所の措置は処分権主義に反する。〔11-4-4〕	×

5	AがBに対して300万円の立退料と引換えに甲家屋の明渡しを求めている場合において、裁判所は、立退料としては500万円が相当であることを理由に、500万円の立退料の支払と引換えに甲家屋の明渡しを命ずる判決をすることができる。〔22-4-ア改題〕	○
6	一個の債権の数量的な一部についてのみ判決を求める旨を明示して訴えが提起された場合には、当該一部の請求についての確定判決の既判力は、残部の請求にも及ぶ。〔26-4-エ（令2-5-ウ）〕	×

×肢のヒトコト解説

1 原告が主張した訴訟物と違うものを認定することはできません。

2 給付判決を求めているのに、確認判決を下すことはできません。

4 原告が主張した金額より、低い数字にするのは、原告を不利にしているので、問題ありません。

6 既判力は明示した一部にのみ生じます。

2周目はここまで押さえよう

◆一部認容判決◆

			可否
量的一部認容	原告の主張 裁判所の判決	1,000万円を支払え 「被告は400万円を支払え」	○
被告の抗弁と引換給付判決	原告の主張 被告の主張 裁判所の判決	無条件の給付請求 留置権の抗弁（民295） 請求棄却	× （注1）
建物収去請求と退去の判決	原告の主張 被告の主張 裁判所の判決	建物を壊して、土地を渡せ 建物買取請求権の行使 「原告は100万円を支払え。被告は土地を渡せ」	○ （注2）

（注1）引換給付判決をなすべきである（最判昭47.11.16）。
（注2）（最判昭33.6.6）

原告が求めたより小さい判決のことを、一部認容判決と呼びます。金額などの量に関して、少なくする一部認容判決は、まず認められます。

また、「無条件で渡せ」と求めたところ、当事者から同時履行の抗弁（または留置権）の主張がされた場合、「渡さなくていい」という棄却判決がでるのではなく、「原告は100万払え、被告は物を渡せ」という引換給付判決が下されます。

この引換給付判決も一部認容判決になります（このような引換給付判決は、建物買取請求権の行使がされたときにも下されます）。

1	買主が売主に対し売買契約に基づく動産の引渡しを求める訴訟において、売主から買主が売買代金を支払うまでは当該動産の引渡しを拒絶するとの同時履行の抗弁が主張された場合に、その抗弁が認められるときは、裁判所は、当該売買代金の支払と引換えに当該動産の引渡しを命ずる判決をすることとなる。〔31-2-イ〕	○
2	ＡがＢに対して100万円の支払を求める損害賠償請求訴訟を提起したところ、Ｂは、Ａの損害は20万円であると主張して争った。ところが、裁判所は、証拠調べの結果、Ａの損害は60万円であったと認定して、Ｂに60万円の支払を命ずる判決を言い渡した。この裁判所の措置は処分権主義に反する。〔11-4-4〕	×
3	建物収去土地明渡請求訴訟において、被告が建物買取請求権を行使し、建物の買取代金額を主張立証したとしても、被告に対して、建物の代金の支払と引換えに建物の引渡しを命ずる判決がされることはない。〔59-5-5（22-4-エ)〕	×
4	建物収去土地明渡請求訴訟において、被告が建物買取請求権を行使し、建物代金の支払があるまで建物の引渡しを拒む旨の抗弁を提出した場合には、裁判所は、建物の時価を認定した上で、その額の支払と引換えに建物の引渡しを命ずる判決をしなければならない。〔22-4-エ〕	○

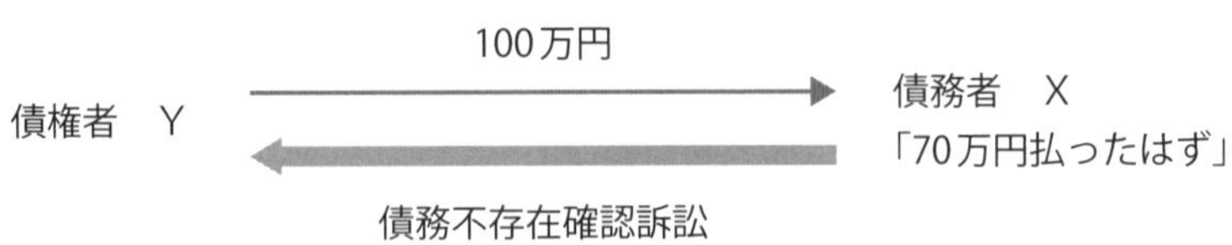

ＹからＸに100万円の債権があり、Ｘは70万円弁済したつもりなのですが、Ｙから100万円払えとひっきりなしに請求を受けています。

これはもめてしまうと思ったXが訴えを起こしました。
「100万円のうち、債務は30万円を超えて存在しない」という内容です。

ここで、裁判所はどういう判決を下せるでしょう。

判決 「100万円のうち、債務は60万円を超えて存在しないことを確認する」○

裁判所は、60万円は債務があると判断した場合は上記のような判決を下せます。原告Xをより不利にするものなので、認められます。

これは一部認容判決という扱いになります。債務の不存在を認定してくれていますが、原告の求めたものより小さいからです。

判決 「100万円のうち、債務は10万円を超えて存在しないことを確認する」×

裁判所は、債務は10万円しかないと判断した場合でも、上記のような判決を下せません。原告Xをより有利にしてしまうからです。

判決 「100万円のうち、債務は60万円存在することを確認する」×

裁判所は、60万円は債務があると判断した場合は上記のような判決を下せません。原告は「ないことの確認を求める」という訴訟をしている以上、その回答は「ないことの確認」の形式をとらなければならないからです（裁判所は頼んだことしか、判断してはならないのです）。

1 原告が被告に対して200万円の売買代金の残代金債務が100万円を超えては存在しない旨の確認を求める訴訟において、裁判所は、売買残代金債務が150万円を超えては存在しない旨を確認する判決をすることはできない。〔22-4-ウ（31-2-オ）〕	×

2	AがBに対して、AのBに対する500万円の債務のうち100万円の債務の存在は認めるが100万円を超える部分は存在しないことの確認を求める訴えを提起した場合に、裁判所が、審理の結果500万円の債務のうち200万円を超える部分は存在しないとの心証を得たことを理由に、500万円の債務のうち200万円を超える債務は存在しないとの確認判決をすることは、処分権主義に反しない。〔オリジナル〕	○
3	原告が、被告に対する貸金債務の残存元本は100万円を超えては存在しない旨の確認を求める訴えを提起した場合において、裁判所は、残存元本が100 万円を超えて存在すると認定したときは、請求を棄却しなければならない。〔18-5-3〕	× 一部認容判決を下す
4	AがBに対して債務不存在確認訴訟を提起した。裁判所は、証拠調べの結果、Aの債務が存在するとの心証を得たことから、Bの反訴の提起がないにもかかわらず、Aの債務が存在することを確認する旨の判決を言い渡した。これは処分権主義に反する。〔11-4-3〕	○

これで到達！ 合格ゾーン

☐ Aは、約定の履行期に本件自動車を引き渡したが、Bが残代金の支払をしないため、Bに対し、残代金のうち60万円について、一部請求である旨を明示して、代金支払請求の訴えを提起した。この訴えの提起によっては、残代金のうち残部の40万円の支払請求権について、裁判上の催告としての時効の完成猶予の効力が生じる（最判平25.6.6）。〔民28-6-エ〕

★上記の事例では訴訟物は60万円部分だけなので、その部分だけ時効は更新されます。ただ、債権を行使している意思が読み取れるため、残部である40万部分について時効完成猶予の力が認められました。

〜少ない金額の訴えは、弁護士に訴状を作ってもらわなくともできます〜

第3章 訴え提起の手続

ここからは、訴えを行う手続、そして訴えを起こしたあとの手続の流れを見ていきます。
訴え提起後の手続としては、送達という部分の出題が多くなっています。

134条（訴え提起の方式）
1　訴えの提起は、訴状を裁判所に提出してしなければならない。

訴えを提起するには、訴状を作って提出するのが原則です。ただ、簡易裁判所では訴状を作らずに訴えが提起できる方法を2つ用意しています。

次の図を見てください。

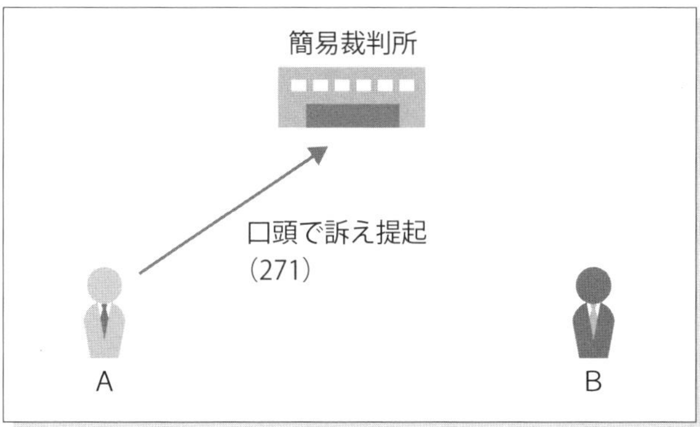

原告側が訴状を作らずに、裁判所に行って、訴えを起こすことができます。

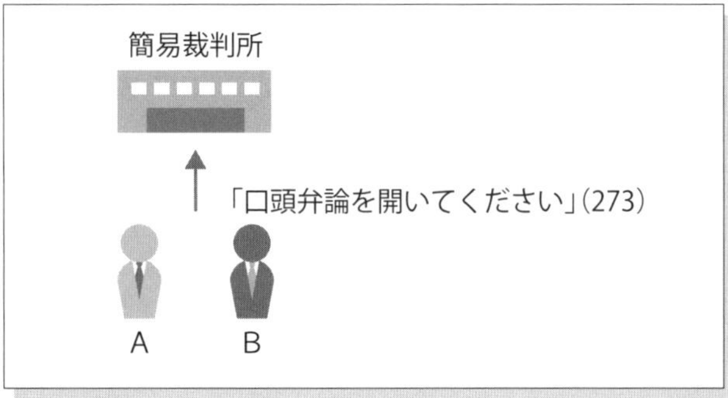
簡易裁判所
「口頭弁論を開いてください」(273)
A
B

原告・被告この２人がいきなり簡易裁判所に行き、「口頭弁論開いてくれ」と頼むことができます。これが273条という方法で、この場合も訴状を作らずに訴え提起をしています。

では次に、訴状を作る場合、何を記載するのかを見ていきましょう。

134条（訴え提起の方式）
2　訴状には、次に掲げる事項を記載しなければならない。
①　当事者及び法定代理人
②　請求の趣旨及び原因

当事者といったら、それは原告被告の両方のことを指します。

また、原告・被告が訴訟無能力者の場合は、本人は動かず代理人が動きますので、その代理人の名前を書きます。

次は、上記２号の請求の趣旨、請求の原因を説明します。

訴状

１．請求の趣旨
被告Ｂは原告Ａに金 100 万円を払え、と命ずる判決を求める
２．請求の原因
ＡＢ間の × 年 × 月 × 日の売買契約による代金債権として、等々

上の訴状を見てください。**請求の趣旨、これは自分が欲しい判決を書く場所**です。「こういう判決をください」と頼むところが、請求の趣旨という部分です。

ではこの請求の趣旨だけを見て、訴訟物は何だと思いますか。

わかりませんね。金を払えというだけなら、代金債権、貸金債権、請負代金債権、いろんなものが考えられます。

次に、請求の原因を見てください。

これを見ることによって、訴訟物が代金債権であることがわかります。**この請求の原因というのは、訴訟物を特定するために記載する部分**だと考えてください。

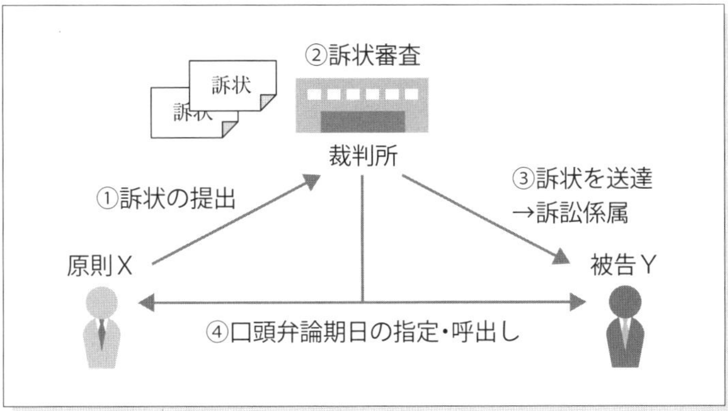

上の図には訴えを起こした後、どういう手続になるかがまとまっています。

訴状を出した後、その訴状がチェックされます。

チェックをして問題がなければ、訴状を被告に送ることになります。

その後、裁判所は、原告・被告に対して、「口頭弁論やるよ。何日に来てね」という呼出しをします。

> **94条（期日の呼出し）**
> 1　期日の呼出しは、呼出状の送達、当該事件について出頭した者に対する期日の告知その他相当と認める方法によってする。

ここの呼出しについては、**送達という厳格な手続をとる必要はありません。**

呼出状の送達でもいいし、相当な方法であれば、送達という形式にはこだわりません（送達については、次ページで説明します）。

この提出された訴状を裁判所はチェックしますが、そのチェックの部分を細かく見ていきます。

> 必要的記載事項（134 Ⅱ）と印紙の貼付について審査
> ↓
> 不備があれば補正命令（137 Ⅰ）
> ↓
> 原告が補正命令に従わなければ、命令で、訴状を却下する（137 Ⅱ）

先ほど見た「請求の趣旨」「請求の原因」ということが書かれているか、訴訟の手数料にあたる印紙というのが貼っているのかがチェックされます。

また訴訟を起こすには、手数料がかかります。訴額に応じて手数料が違うので、その手数料を印紙で貼っているかもチェックされます。

ここで、問題なければいいのですが、問題があったら直しなさいという命令が出ます。この直しなさいという命令に従わなければ、訴状を退けます。

訴状を退けるというところ、形式面を意識してください。裁判所が何か物事を決めるときは、判決・決定・命令の3つのタイプがありました。**訴状の却下は、命令で行われます**。

問題を解いて確認しよう

1	訴えの提起は、訴状を裁判所に提出して行わなければならない。〔2-4-2（61-5-イ）〕	×
2	訴状に貼る印紙に不足がある場合においては、裁判長は、この補正を命じ、これに従わないときは訴状を却下しなければならない。〔2-4-5（29-2-ア）〕	○
3	最初の期日の呼出しであっても、呼出状を送達する方法以外の相当と認められる方法によってすることができる。〔6-3-3（60-4-2、61-3-2、2-4-3）〕	○

×肢のヒトコト解説

1　簡易裁判所であれば、訴状を作らずとも訴えを提起できます。

Point

送達：
特定の名宛人に対し、訴訟上の書類の内容を知らせる機会を与えるための、法定の方式に従った通知行為をいう。
送達は、職権でなすのが原則である（98Ⅰ）。

裁判所から当事者にいろいろな書類を送ります。

ただ、**特に重要書類を送るときは、厳格な手続をとることにしています**。その厳格な手続のことを送達といいます。

例えば、訴状や判決などの重要な書類は、上記の送達という手続を踏んで送ります。

そして、「判決を送達してください」と、こちらからの申立てがなくても、職権でやってくれます。

		結論
102 Ⅰ	本人が訴訟無能力者の場合	法定代理人（102 Ⅰ）
	成年被後見人に対して、訴状が送達された場合	効力を生じない
	訴訟当事者が被保佐人の場合、誰にあてて送達するか	本人
	共同親権者（民818 Ⅲ）に対する送達は、共同親権者の双方にする必要があるか	その一人にあててする（102 Ⅱ）
102 Ⅲ	本人が刑事施設被収容者の場合	刑事施設の長（102 Ⅲ）

送達名あて人は、当事者その他の訴訟関係者本人になるのが原則ですが、例外もあります。それが上の表です。

こういった書類は、基本、原告・被告本人宛に送達することになりますが、彼らが訴訟無能力のときは、彼ら宛には送れません。

送達というのは、訴訟行為です。そのため**訴訟能力がない人は、送達という行**

為を受け取ることができません。この場合は、能力のある法定代理人宛に送ることになります。

では、被保佐人はどうでしょう。被保佐人は訴訟能力が制限されているので、「被保佐人からする」という行為は制限が入っていますが、「来たものを受ける」ということは問題なくできました。

今回の送達も同じで、**被保佐人は、送達を受けることが可能**です。

また、被告が未成年者だった場合には、彼に送達することはできません（訴訟能力がないためです）。

この場合、親権者に送達することになりますが、親権者の一方に送れば足ります（共同親権という建前がありますが、相手方の便宜を図ってどちらかに送ればいいとしました）。

また、訴えられている人が、懲役刑を受けている場合は、刑事施設の長に送ることになっています。

- 交付送達（手渡し）
  - 裁判所書記官による送達（100）
  - （狭義の）交付送達（101）
  - 出会送達（105）
  - 補充送達（106Ⅰ・Ⅱ）
  - 差置送達（106Ⅲ）
- 書留郵便等に付する送達（107）
- 公示送達（111）

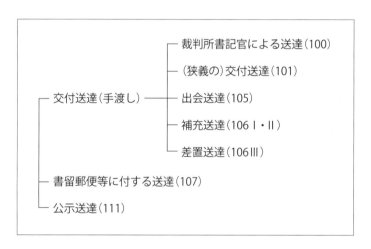

送達は、基本は交付送達という手渡しで行います。

ただ、手渡しがうまくいかない場合は、書留郵便で送るという方法をとります。

次の条文を見てください。

> **107条（書留郵便等に付する送達）**
> 3　前二項の規定により書類を書留郵便等に付して発送した場合には、その発送の時に、送達があったものとみなす。

これがよく出る条文です。書留郵便、ポイントは届いたときでなく、**発送したときに届いた**とみなされる点です。

公示送達

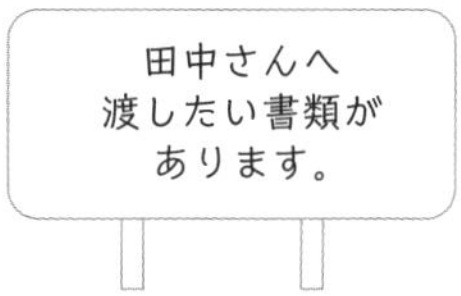

田中さんへ
渡したい書類が
あります。

手渡しができず、そして書留郵便という手法もとれない場合には最後の手段があります。具体的には、裁判所の方に「あなた宛の書類があるから来てください」という掲示をする方法です。

これを公示送達といいます。

◆ 公示送達の効力発生日 ◆

（外国公示送達を除く）

1度目の公示送達	同一の当事者に対する2度目以降の公示送達
掲示を始めた日から2週間経過した日の翌日 （112 I 本文）	掲示を始めた日の翌日 （112 I 但書）

裁判所に書類を掲示したその日に、本人が見るとは思えません。そこで、掲示をして2週間は効力が出ないことにしています。

ただ、ある人に公示送達をした後に、また同じ人に公示送達をする場合は、もう2週間も待たず、翌日に効力が出るようにしています。

ただ、こういった手続が取られて、当事者は気付けると思いますか？

まず気付きませんよね。

そのため、民事訴訟の中では**「ここでは送達がいる。ただその送達は公示送達ではだめだ」というルールがいくつか規定されています。**

公示送達、まず気付けない
　→　強い不利益を与えてはいけないよ

このように考えておいてください。

問題を解いて確認しよう

1	送達は、特別の定めがある場合を除き、職権でする。〔26-1-ア〕	○
2	被保佐人に対する送達は、保佐人にしなければならない。〔オリジナル〕	×
3	訴訟無能力者に対する送達は、その法定代理人にする。〔26-1-イ（令2-1-オ）〕	○
4	裁判所書記官が書類を書留郵便に付して発送する送達は、郵便がこれを受ける者に到達した時にその効力が生じる。〔60-4-3（26-1-オ）〕	×
5	訴訟能力を認めることができない未成年者がその父母の共同親権に服している場合、当該未成年者に対する送達は、当該父母のいずれか一人にすれば足りる。〔28-1-5〕	○
6	被告が成年被後見人である場合であっても、被告本人に対してされた訴状の送達は有効である。〔29-1-ウ〕	×
7	公示送達は、裁判所書記官が送達すべき書類を保管し、いつでも送達を受けるべき者に交付すべき旨を裁判所の掲示場に掲示してする。〔令2-1-イ〕	○
8	公示送達の効力は、裁判所の掲示場に掲示を始めた日に生ずる。〔28-1-4〕	×
9	日本国内における同一当事者に対する２回目以降の公示送達は、掲示を始めた日の翌日に効力を生ずる。〔オリジナル〕	○

×肢のヒトコト解説

2　被保佐人に送達することが可能です。

4　発送したときに効力が生じます。

6　訴訟能力がない者に対する送達は、無効になります。

8　２週間経過した日の翌日に効力が生じます。

2周目はここまで押さえよう

	送達名あて人の住所等の代人	就業場所の代人
内容	送達名あて人の事務員、雇人又は同居者	他人（使用者等）又はその法定代理人、事務員若しくは雇人
代人の受領拒否による差置送達	○（106 Ⅲ）	×

□ 送達の趣旨を理解して交付を受けた書類を受送達者に交付することを期待できる程度の能力を有する者であればよく、成年者に限られない（最判平4.9.10）。

□ 送達受領資格者は、送達の受領に関して、いわば送達名宛人の法定代理人の地位に立つ（高松高判昭28.5.28）。よって、送達受領資格者に書類が交付されれば送達の効力が生じ、現実に送達名宛人に書類が渡されたか否かは送達の効力とは無関係である。

送達したい当事者の住所に持って行ったところ、本人がいなく、家族がいました。この場合、その家族が本人に代わって受け取れば送達完了になります（補充送達）。

この受け取る人（代人といいます）は、本人に渡せることが期待できる方であればよいとされています（未成年者でも、代人になりえます）。

そして、代人に手渡しできれば、代人が本人に渡したかどうかにかかわらず、送達の効力が生じます。

ちなみに、これらの方が受け取らなかった場合には、「ここに置いてきますからね」という感じで置いていっても送達完了になります（差置送達）。

一方、送達場所が就業場所だった場合、本人がいなくても他の方（上司や事務員）に渡すことができますが、受け取らなくても置いておくことはできません（自宅などには置いておけますが、職場に置いておけないと覚えましょう）。

☑ 1	就業場所以外の送達をすべき場所で送達を受けるべき者に出会わない場合、その者の使用人であって、書類の受領について相当のわきまえのあるものが正当な理由なくこれを受けることを拒んだときであっても、送達をすべき場所に書類を差し置くことができない。〔オリジナル〕	×
2	就業場所以外の場所でする補充送達は、送達を受けるべき者が実際にその書類の交付を受けて内容を了知しなければ、無効である。〔26-1-エ〕	×

3	就業場所以外の送達をすべき場所において送達を受けるべき者本人が不在の場合には、その同居者が成年者であるときに限り、当該同居者に対して送達すべき書類を交付することができる。〔令2-1-ウ〕	×

これで到達！ 合格ゾーン

□ ①送達名宛人が日本国内に住所などの送達場所を有することが明らかでないとき（105前段）、②送達名宛人が日本国内において住所等を有することが明らかであるか、又は送達場所の届出（104Ⅰ前段）をしている名宛人であっても、送達を拒まないときは（105後段）、送達を受けるべき者に出会った場所において送達することが認められる（105・出会送達）。〔26-1-ウ〕

★郵便配達員が、受取人不在で書類を郵便局に持ち帰った後に、名宛人などが窓口に訪れ、送達すべき書類を交付する場合などがあたると言われています（実例は多くありません）。

◆ 期日の意義と指定 ◆

期日	訴訟の審理のためには、当事者その他の利害関係人と裁判官が一定の日時に一定の場所に会合して、訴訟行為をすることが必要である。そのために定められた日時を期日という。
期日の指定（93）	・ 申立て又は職権によって ・ 命令の形式で裁判 （注）

（注）期日の変更と変更許可の要件

変更申立ての対象となる期日	変更許可の要件
最初の期日	顕著な事由がなくても当事者の合意で変更ができる（93Ⅲ但書）
続行期日	顕著な事由がある場合に限り変更ができる（93Ⅲ本文）
弁論準備手続を経た口頭弁論期日	やむを得ない事由があること（93Ⅳ）

口頭弁論「期日」、弁論準備「期日」、和解「期日」など、訴訟関係者が集まる日にちのことを期日とよび、これは**裁判長の命令の形式で決めます**（訴訟指揮の現れです）。訴訟指揮で決めることですが、当事者の方から「期日を決めて欲しい」という申立ても可能です。

裁判所が決めた期日を変えることができるのでしょうか。

最初の期日は当事者の予定を聞かずに決めるので変更は認めやすい傾向があります。

ただ、続行期日は当事者の要望を聞いてから決めているので変えるには「顕著な事由が必要です。

そして、弁論準備手続を経た後の、口頭弁論期日は**「争点整理ができていて、一刻も早く証拠調べをするべき」観点から「やむを得ない事由」（顕著な事由より厳しい）がなければ変更ができません**。

問題を解いて確認しよう

1	期日は、申立てにより又は職権で、裁判長が指定する。〔令3-2-ア〕	○
2	裁判長は、顕著な事由がある場合に限り、弁論準備手続を経た口頭弁論の期日を、変更することができる。〔オリジナル〕	×
3	弁論準備手続を経た口頭弁論期日の変更は、やむを得ない事由がある場合でなければ、許すことができない。〔令3-2-ウ〕	○

×肢のヒトコト解説

2　やむを得ない事由が必要です。

～裁判の結果は、唯一の結論にしなければなりません～

第4章 訴え提起の効果

訴え提起によって色々な効果が生じますが、中でも重要なのが二重起訴の禁止という効果です。
既判力の矛盾を防ぎたいという趣旨をしっかり押さえて、その趣旨から二重起訴にあたるかどうかを検討するようにしましょう。

訴状が被告に送達された時	訴訟係属の発生 善意占有者の悪意の擬制（民189Ⅱ）
訴えを提起した時 （訴状提出の時）（147）	時効の完成猶予（民147）

訴え提起をするといろんな効果が起きます。ただ、効果が生じる時期が若干違います。

まず訴状が相手に届くと、訴訟係属という状態になります。これは民事訴訟の概念で「**審理している状態**」と思ってください。

訴状を出して被告に届く、これによって**原告・被告・裁判所の全員が関与することになるため、この時点で「審理している状態」と扱うこと**にしています。

また、民法上の悪意擬制も生じます。具体的には、善意占有者に対して「不法占拠なので出ていってください」と訴えを起こすことによって、その占有者が「自分はもしかして違うんじゃないか」というのに気付き、悪意になるという効果です。

また、訴状を出した時点で、時効の完成猶予の効果が生じます。

訴え提起の効果は他にもありますが、一番出題が多いのが、次の二重起訴の禁止と呼ばれる効果です。

> **142条（重複する訴えの提起の禁止）**
> 裁判所に係属する事件については、当事者は、更に訴えを提起することができない。

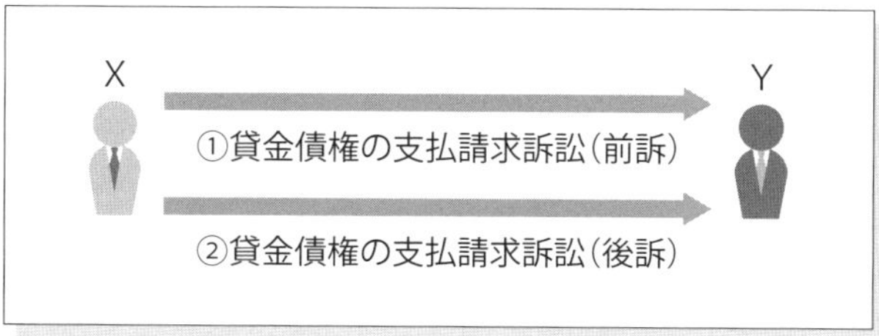

XはYに債権を持っています。この債権で東京地裁にXは訴え、それが被告側に届きました。

その状況下で、このXが同じ債権で大阪地裁に訴えることはできるでしょうか。

こんなことされたら、**被告側は、迷惑を受けます**よね。

こういったように、**同じ訴訟物で別の裁判所に訴えることを禁じています**。これを二重起訴の禁止といいます。

なぜダメなのでしょう。被告が迷惑するという観点もありますが、それよりも重大な趣旨があります。

> **〈趣旨〉**
> 同一事件について矛盾する判決が生じる危険（既判力抵触の危険）の防止

既判力が、ぶつかってしまうということなんです。

裁判所を別々にするということは、結論が逆になる可能性もあります。つまり、東京地裁の方で、貸金債権はあると判断したにもかかわらず、大阪地裁の方では貸金債権がないと判断するということが、理論上あり得ます。

この場合、東京の方では貸金債権がありと既判力がつき、大阪の方では貸金債権がなしと既判力がつくことになってしまいます。

これを許したら、法律関係はめちゃくちゃになってしまいます。
そのため、二重起訴という行為を禁じたのです。

では、二重起訴になる後訴が起こされたときの処理を押さえましょう。

Point

前訴につき訴訟係属が生じた後に、二重起訴に該当する後訴が提起された場合
→　後訴は却下される（訴え却下判決）

二重起訴にあたる訴訟が起こされたら、却下判決が出されます。
棄却判決ではなく、却下判決です。

却下判決とは、訴訟物について審理をしないで退けることでした。
後訴で既判力を生んではいけないため、後訴は審理せずに門前払いをするのです。

ちなみに、後訴で被告が「この訴訟物は、東京地裁でやっているから、却下判決を出してください。」というのが通常ですが、これがなくても後訴の裁判所は、二重起訴になっていないかをチェックすることになっています。

では、これから二重起訴がどんな要件のもとで禁じられるかというのを説明します。次の3つのすべてにあたると二重起訴になります。

覚えましょう

〈二重起訴に当たる場合〉
①当事者が同一であること　訴訟物が同一であること
②前訴の訴訟係属中であること
③別訴を提起すること

前記の中で特に重要な要件が①です。

既判力は、原告・被告の間で訴訟物について生じますから、ここが一致する訴えは認めないのです。

具体例で見ていきましょう。

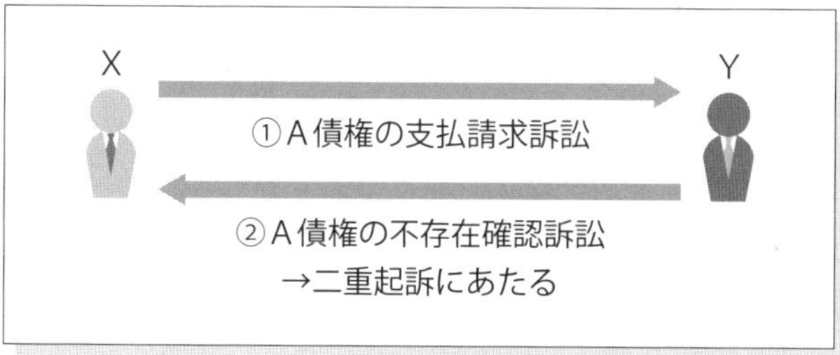

XからYにA債権があります。このA債権について、XがYに払えと訴え、それが審理中になりました。

この状況でYが、その債権はないことの確認を求める訴訟を別の裁判所に訴えました。これは、二重起訴にあたる行為なので、却下判決を受けます。

前訴の当事者はXとY、訴訟物はA債権です。後訴では、当事者はXとY、原告　被告は逆ですが、人は同じです。また、訴訟物は同じくA債権です。

当事者と訴訟物が同じなので、後訴は二重起訴にあたるため却下判決を下し、訴訟物について審理をしないのです。

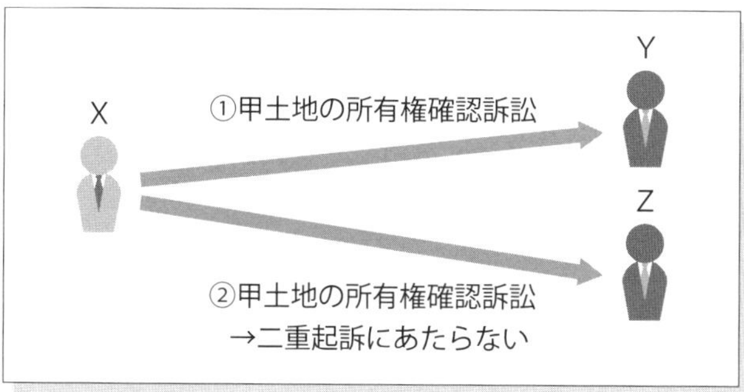

Xと甲土地について争いになっている方が、YとZの2人いました。そこでXは、Yを東京地裁で訴えました。

これを審理している最中に、XがZに対して、別の裁判所でこの不動産は自分のものだと訴えたのです。

前訴と後訴では、訴訟物については同じかもしれませんが、**前訴と後訴では当事者が違うため**、二重起訴にはあたりません。

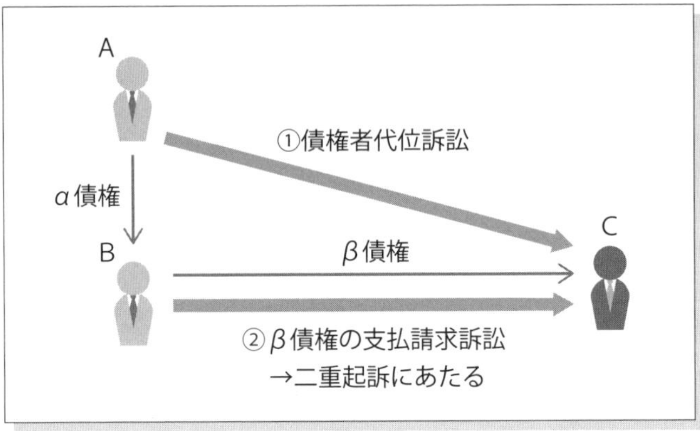

AがCを債権者代位で訴えました。原告はA、被告はC、訴訟物はβ債権です。

この訴訟をやっている最中に、B自身がCをβ債権で訴えても、**二重起訴にあたって却下されます**。

前訴と後訴では、当事者が違います。ただ、前訴で既判力は、ACそしてBにつきます。つまり、ABC間でβ債権について既判力が生じます。

一方、後訴では、BC間でβ債権について既判力が生じます。

このままでは、**「BC・β債権」について既判力が重複する**ため、後訴は審理せずに却下することになります。

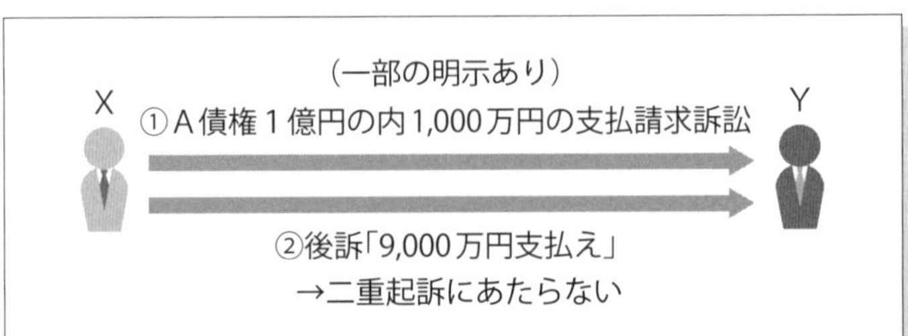

XがYに対し、1億円のうち1,000万円払えと訴えた後、後訴で残り9,000万円を別の裁判所で訴えます。

これは二重起訴にはなりません。同じ訴訟物を使っていないからです。

前訴の訴訟物は、一部請求であることを明示しているので1,000万円だけです。後訴はそれ以外の9,000万円部分になります。**前訴と後訴で使っている訴訟物が違うので、二重起訴とはならない**のです。

問題を解いて確認しよう

1	裁判所は、重複起訴の禁止に反する場合であっても、その旨の被告の抗弁が主張されない限り、訴えを却下することはできない。〔12-2-オ〕	×
2	AがBに対し、債権者代位権に基づきCに代位して提起した貸金返還請求訴訟の係属中に、CがBに対し、同一の貸金債権に関して貸金返還請求の別訴を提起することは、重複起訴の禁止に反する。〔12-2-ウ〕	○
3	AがBに対して提起した貸金債務不存在確認訴訟の係属中に、BがAに対し、同一の貸金債権に関して貸金返還請求の別訴を提起することは、重複起訴の禁止に反する。〔12-2-イ〕	○
4	同一債権の数量的一部を請求する前訴が係属中に後訴で残部を請求することは、前訴で一部請求であることを明示した場合を除き許されない。〔59-2-2〕	○

×肢のヒトコト解説

1 二重起訴にあたるかどうかは、職権で調査されます。

第4編 訴訟の審理

ここから、民事訴訟で実際に行われている審理の手続を見ていきます。

口頭弁論では、「当事者が互いに主張して、争点を見つけて証拠調べをする」ことを行っています。この部分の詳細を見るとともに

- 口頭弁論に入る前の準備手続
- 口頭弁論に欠席した場合の処理

も見ていきます。

～民事裁判の審理は、口頭弁論という手法で進めていきます～

第1章 口頭弁論における当事者の行為

ここでは、口頭弁論で原告・被告がどういったことを行っているかを見ていきます。これから学習する手続のイメージを持つためには、必須の部分です。
特に認否の部分は、強くイメージが持てるようにしましょう。

「AがBに物品を売った代金を払え」という訴訟をした事例を使って、口頭弁論では何をしているかを説明していきます。

本案の申立て(判決事項の申立て)
原告「被告Bは原告Aに金100万円払え、と命じる判決を求める」
被告「原告の請求を棄却(却下)する判決を求める」

初めに行うのが**本案の申立て、自分の欲しい判決を言う**ことです。お互いが欲しい判決を主張することからスタートします。

その後、原告側が次のようなことを主張します。

請求原因事実の主張
①　原告は、被告に対して本件目的物を移転することを約した
②　被告は、原告に対してその代金として○○万円を支払うことを約した

この訴訟の訴訟物は代金債権です。

この**代金債権を発生させる要件に該当する事実を、原告から主張します**。具体的には、「向こうから売ってくれという申込みがあり、こちらがそれに対して承諾をしました」と主張するのです。それに対し、被告が対応します。

被告の対応(認否)
①は認めるが、②を認めない
→　①は自白　②は争いのある事実

→　②について、証拠調べが必要

「認めるか否か」と書いて認否といいます。原告が主張したことを認めるか、どうかを伝えるのです。

例えば「申し込んだのは認めるけど、向こうから承諾なんてもらっていないよ」というのは、①は認めて　②は認めていないという状態になります。これを法律的にいうと、①は自白　②が争いのある事実（争点）となります。

この場合、①**についてはそのまま認定する**ことになります。一方、②**については、証拠調べになります**。

主張に食い違いがない　→　そのまま事実認定
主張に食い違いがある　→　証拠調べに入る

こういう方向性で押さえるようにしましょう。

そのため、争点になっていない事実については証拠調べに入りません。

被告の対応（認否）

・　①②は認める　→　①②は自白
・　抗弁の提出「自分は未成年者であったため、取消しをする」

Bは、「申し込んだし承諾もあった。ただ、当時自分は未成年者であったため、取り消す」と主張しています。原告の言い分を全部認めた上で、言い返しているのです（こういうのを抗弁といいます）。

被告から抗弁があったら、**今度は、言い返された原告側が認否をします。**

原告の対応（認否）

・「自分は未成年者であったため」を認めない
→　証拠調べ

・「自分は未成年者であったため」を認める
＋「契約当時、被告が自分は成年者である」と述べていたので信じた。

上記のように、認めないで証拠調べにいくこともあれば、認めた上で新たな主張がされることがあります。新たな主張がされれば、それに対して相手は認否をすることになります。

このように、訴訟というのはお互いが主張して認否を繰り返していきます。争点となる事実が見つかるまで認否を繰り返し、争点が見つかったら証拠調べをしていくわけです。

これが、口頭弁論で当事者が行っていることです。

◆当事者の態度◆

	意義	処理
否認	相手方の主張事実を否定する陳述 → 「その事実はない」	争う態度
不知	相手方の主張事実について知らない旨の陳述 → 「その事実は知らない」	否認と推定
自白	その事実を認める陳述	争わない態度
沈黙	相手方の主張事実を明らかには争わない	自白とみなされることあり(159Ⅰ)

認否のパターンは全部で4つあります。図表は、上2つでグルーピング、下2つでグルーピングしてください。

「そんな事実はありません」と否定する場合だけでなく、「そんな事実は知りません」という場合も否認と扱われます。

また、「その事実を認めます」と肯定する場合だけでなく、**黙っている場合も自白と扱われることがあります**。訴訟では黙っていていいことはないのです。

157条(時機に後れた攻撃防御方法の却下等)
1　当事者が故意又は重大な過失により時機に後れて提出した攻撃又は防御の方法については、これにより訴訟の完結を遅延させることとなると認めたときは、裁判所は、申立てにより又は職権で、却下の決定をすることができる。

口頭弁論が終わりに差しかかったところで、いきなり被告が時効だと主張しました。最終兵器を最後まで残しておいて、それを訴訟の終わり際のギリギリで使おうとしているようです。

これは訴訟ではＮＧです。

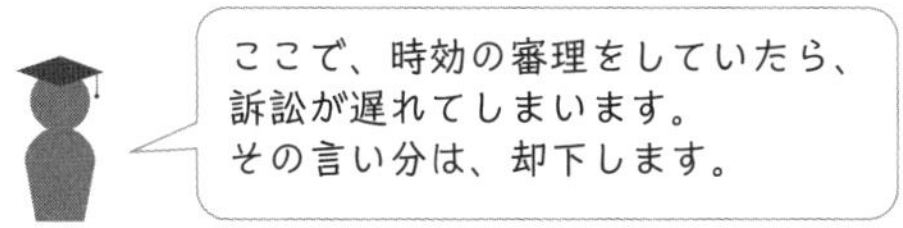

ここで、時効の審理をしていたら、
訴訟が遅れてしまいます。
その言い分は、却下します。

裁判官

裁判所は、いくら当事者が主張しても、それが**「訴訟を遅延させることとな**

る」場合、審理せずに却下することができるのです。これが157条の時機に後れた攻撃防御方法の却下です。

問題を解いて確認しよう

1	相手方の主張した事実を知らない旨の陳述をした当事者は、その事実を争わないものと推定される。〔9-3-1（3-5-3、12-3-4）〕	×
2	当事者が故意又は重大な過失により時機に後れてした証拠の申出が裁判所により却下されるのは、これにより訴訟の完結を遅延させることとなると認められる場合である。〔20-3-エ〕	○

×肢のヒトコト解説

1 不知は、否認と扱われます。

〜裁判官が直接やり取りしますから、交代の時は引継ぎもしっかりします〜

第2章 口頭弁論における諸主義

ここでは口頭弁論の運営方針を見ていきます。
判決を下すには口頭弁論という場が必要という原則と例外、そして、口頭弁論の諸主義（運営方針と思ってください）を説明します。
特に、直接主義という部分は重要です。

87条（口頭弁論の必要性）
1　当事者は、訴訟について、裁判所において口頭弁論をしなければならない。ただし、決定で完結すべき事件については、裁判所が、口頭弁論をすべきか否かを定める。

判決を下すには、事前に口頭弁論を行う必要があります。

判決には、既判力という重大な力があります。**言い分を聴かずに重大な力を与えるのは、不意打ちになる**ため、判決を下したければ、口頭弁論を開いて、お互いから言い分を聴きなさいとしています。

ただこれにも例外があります。次の条文を見てください。

140条（口頭弁論を経ない訴えの却下）
訴えが不適法でその不備を補正することができないときは、裁判所は、口頭弁論を経ないで、判決で、訴えを却下することができる。

訴訟要件を満たしていないような場合、しかもその訴訟要件が直せないような場合には、口頭弁論は不要です。

前にアライグマを訴えたというケースを説明しました。あの事例、まともな訴訟に直しようがないですよね。そのときに、口頭弁論を開いてお互いの言い分なんて聴く必要はありません。

そのため、言い分を聴かずに、判決が出せるのです。

ここからは、この口頭弁論の主義、運営方針を説明していきます。重要な運営方針は3つあります。

Point

(1) 公開主義

訴訟の口頭弁論（主張・証拠調べ）及び判決は、公開の法廷で行う主義

口頭弁論は公開されています（具体的には取材ができたり、傍聴席から傍聴できます）。この公開は、**裁判官がどちらかに不当な肩入れをしていないかを見張るため**の制度です。

Point

(2) 口頭主義

弁論や証拠調べを口頭によって行う主義
但し、書面での行為も一定限度許されている。

口頭弁論というのは字の通り、口で説明することが基本です。ただ、正確性等を考えて、紙で行うということもできます。

むしろ、現実はほぼすべてのことを書面を通じて行っていて、口頭ではできない行為が規定されています。

例えば、管轄の合意です。**管轄の合意は、書面で行う必要があります。**

また、訴えの提起も、簡裁以外であれば、書面でやらなければいけません。

Point

(3) 直接主義

弁論の聴取や証拠調べを、判決内容を確定（評決）する裁判官が自ら行う主義（249Ⅰ）

今まで全く自分たちの主張を聞いていない、今まで全く自分たちの証拠調べに関与していない、その方が判決を書いたら、当事者はどう思うでしょう。

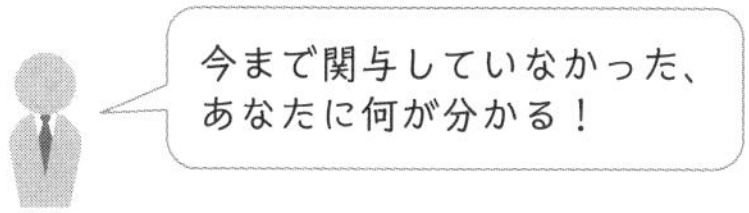

今まで関与していなかった、
あなたに何が分かる！

こういった不満が出るため、判決は、主張、証拠調べに全部関与した裁判官が書くことにしています。

では、口頭弁論に関与しなかった裁判官は何もできないのでしょうか。

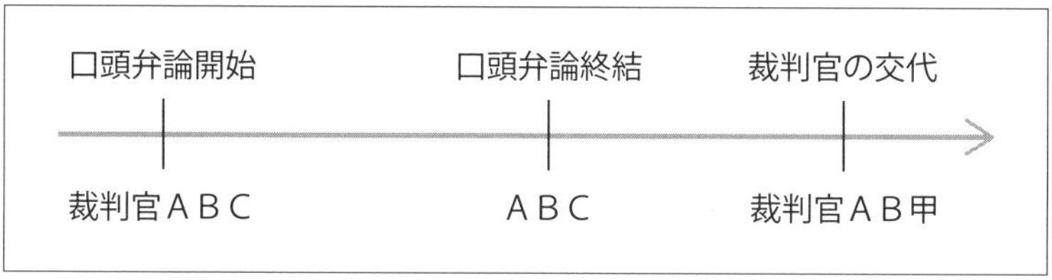

裁判官が口頭弁論終結後に変わっています。この変わった甲は全く関与できないのでしょうか。

◆ 口頭弁論に関与しなかった裁判官ができること ◆

評決（裁77）	判決原本の作成（252）	言渡し（250）
×	×	○ （最判昭26.6.29）

甲は、口頭弁論に関与しなかったので、内容を決めたり（評決）、判決を書いたり（判決原本の作成）することはできません。

ただ、**ＡＢが書いた内容を言い渡す、これぐらいなら構いません**。口頭弁論に関与したＡＢが判決を作っているので、当事者も納得できるでしょう。

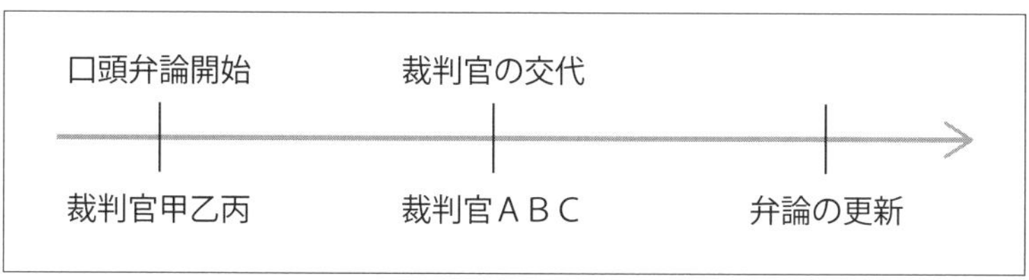

例えば、訴訟が長くなって、口頭弁論の途中で裁判官が全員、入れ替わりまし

た。この場合、ＡＢＣは判決を書けません。初めのほうの口頭弁論に関与していないので、ＡＢＣは判決を書けないのです。

ではどうすべきでしょう。
今までやった内容をまたもう１回やり直すことになります。やり直していると時間がかかりますよね。
その間に裁判官の交代があったら……またやり直しになってしまいます。

これは無駄ですね。
そこで、裁判官が変わった場合には、弁論の更新ということをします。「今までうちらの間ではこういうことがありました」という報告を、裁判官にするのです。
この報告をしたら、今のＡＢＣがすべての手続に関与していたことになります。

ちなみに、弁論の更新というのは、当事者が両方行かなくてもできます。**片方だけ行けば、報告は可能**です（ただ、両方欠席していたら、報告しようがありませんね…）。

Point
※　証人尋問のやり直し（再尋問　249Ⅲ）
当事者が同一証人の尋問を申し出たときは、裁判所は再尋問をしなければならない

基本的には弁論の更新をすることによって、今までやった手続はやり直しにはなりません。
ただ、**証人尋問はやり直すことができます**。

証人尋問では、証人の証言だけでなく、裁判官は態度を見ています。**証人の態**

度を見て、信用性があるかどうかの判断をしているのです。

この態度を見て信用性があるかどうかというのは、その裁判官の主観です。裁判官が変われば、受ける印象も違うため、証人尋問については、やり直すことができます。

ただ、**自動的に証人尋問をやり直すのではなく、当事者の申出があった場合に限ります**（できるだけ、はやく訴訟を終わらせたい当事者もいるためです）。

問題を解いて確認しよう

1	訴訟要件を欠き、その欠缺を補正することができない訴えについては、裁判所は、口頭弁論を経なければ、判決をもってこれを却下することができない。〔2-4-4〕	×
2	訴えが不適法でその不備を補正することができないときでも、裁判所が判決で訴えを却下するには、口頭弁論を経る必要がある。〔18-5-1〕	×
3	合議体の裁判官の過半数が交代した場合において、その前に尋問をした証人について、当事者が更に尋問の申出をしたときは、裁判所は、当該証人の尋問をしなければならない。〔12-4-1〕	○
4	口頭弁論期日に当事者双方が欠席した場合においても、裁判官が更迭した場合における従前の口頭弁論の結果の陳述の手続をすることができる。〔元-2-2〕	×
5	単独の裁判官が交代し、その直後の口頭弁論の期日において、原告が出頭しなかった場合には、被告は、従前の口頭弁論の結果を陳述することはできない。〔12-4-2〕	×
6	判決の言渡しは、その基本となる口頭弁論に関与した裁判官以外の裁判官はすることができない。〔オリジナル〕	×

×肢のヒトコト解説

1, 2　訴訟要件を欠いていて、しかも、直しようがないものは、口頭弁論手続を取らずに判決が下せます。

4, 5　弁論の更新は双方欠席している場合はできませんが、片方だけ出席していれば可能です。

6　言渡しであれば、口頭弁論に関与していない裁判官でも可能です。

これで到達！  合格ゾーン

☐ 合議体の事件が単独体の審理に移った場合において、その中の一人の裁判官が単独で審理を進めるときは、直接主義の要請は担保されているので、弁論の更新は必要なく（最判昭26.3.29）、当事者は、従前の口頭弁論の結果を陳述する必要はない。〔12-4-3〕

★今までＡＢＣ３人の裁判官で行っていたところ、Ａのみで裁判する場合です。Ａは今までも手続に関与していたので弁論の更新をする必要はありません。

☐ 判決内容が確定した後に裁判官が代わった場合には、弁論の更新をする必要はなく、他の裁判官が判決を言い渡すことができる（大判昭8.2.3）。〔令3-5-ウ〕

★手続にすべて関与している裁判官が判決内容を決めていれば、判決文を書く人、判決文を言い渡す裁判官が別の人になっても問題ありません。

～裁判の期日は休んではいけません。２回皆で休むと終わってしまいます～

第3章 当事者の欠席

この論点では、片方だけ休んだか、両方が休んだかという場合分けが重要になります。
まずは、片方が休んだという場合を説明します。

158条（訴状等の陳述の擬制）
原告又は被告が最初にすべき口頭弁論の期日に出頭せず、又は出頭したが本案の弁論をしないときは、裁判所は、その者が提出した訴状又は答弁書その他の準備書面に記載した事項を陳述したものとみなし、出頭した相手方に弁論をさせることができる。

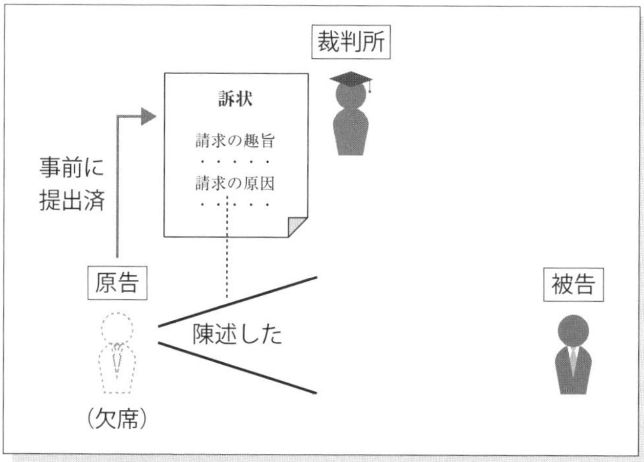

第１回口頭弁論で原告だけ休んだ場合、**原告は訴状に書かれた内容を喋ったと扱うことができます。**

訴訟は、本案の申立てから始まります。そのため原告が、本案の申立てをしないと訴訟が始まりません。**せっかく被告が来ているのに、訴訟を始めることができないのは、被告に酷**です。

そこで、原告が休んだ場合、訴状の内容を喋ったと扱うのです。

訴状には請求の趣旨と請求の原因が載っています。請求の趣旨は、その人が欲しい判決が書かれています。

それを喋ったことにすれば、口頭弁論の初めの手続「本案の申立て」にできるのです。これが陳述擬制と呼ばれる制度です。

◆ 陳述擬制の適用範囲 ◆

簡裁以外	最初の期日	○
	続行期日	×
簡裁	最初の期日	○
	続行期日	○(277)

基本は、**口頭弁論の最初の期日だけで、続行期日からはできません。**

「訴訟が始められないから、話した扱いにしよう」という趣旨のため、射程範囲は、初めの期日だけなのです。

ただし、簡裁は違います。簡裁の場合だと、金額も少額だということもあって、書面だけ提出して、毎回出席しないことを認めています。

では次に、当事者双方が欠席した場合の処理を見ます。

◆ 当事者の双方の欠席 ◆

原則	終了する
例外	証拠調べ(183)及び判決の言渡し(251 Ⅱ)は、当事者不在でもできる

当事者双方が口頭弁論に欠席した場合、その**口頭弁論期日は終了扱いします。陳述擬制は行いません。**両方来ていないのですから、始める必要もないからです。

このように、双方が休んだ場合は、口頭弁論を実施せずに終了することになりますが、例外が２つあります。

１つが証拠調べです。**当事者が来なくても、証拠調べはやってしまいます。**

例えば、質問をしたいから証人として来てください、と言われて行ったみたら当事者が双方休んでいたとします。

ここで、

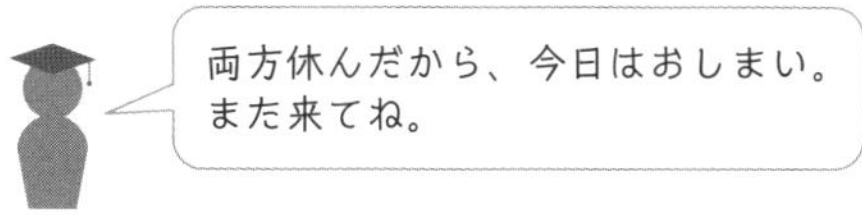

両方休んだから、今日はおしまい。
また来てね。

せっかく来たのに、これでは酷です。裁判官は来ていますので、裁判官が証人に尋問をし、証拠調べを行います。

もう1つが、判決の言渡しです。

口頭弁論が全部終わっていて、あとは言い渡すだけの状態でした。言い渡す日に、当事者が来てくれません。

当事者双方が来ていなくても、訴訟を終わらせるために言渡しは行います。

（ちなみに、**判決は当事者に送達するので、欠席していても判決内容を知ることができるので問題ありません**）。

当事者双方が休んだ場合、その日は口頭弁論を行わずに終わるのですが、その後はどうなるのでしょう。

Point

欠席した期日から1か月内に当事者が新期日の指定を裁判所に申し立てないときは、訴えを取り下げたものとみなされる（263前段）

（上記の期間内ならば裁判所はいつでも職権で新期日を指定することができる（93Ⅰ））

休んだ後、当事者が1か月以内に

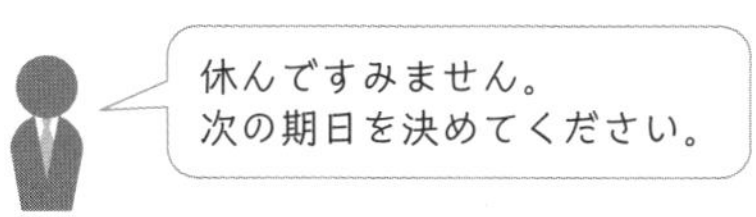

休んですみません。
次の期日を決めてください。

そんなことを言ってくれば、次の期日を指定することもできます。

ただ、当事者から全く音沙汰がないということもあります。

訴訟になっていて、訴訟の途中から口頭弁論にも来ない、次の期日の申立ても来ないという状態です。

これは**訴訟外で示談がまとまったから来なくなっている**のです。

この場合は、**訴えを取り下げたと扱います**。

Point

当事者の申立てにより又は職権で指定された期日にも欠席した場合（連続して2回欠席した場合）には、訴えを取り下げたものとみなされる（263後段）

両方休んだ後に、次の期日が決められました。しかしその期日にも来ない、つまり、連続2回休みました。

こんなやる気のない当事者に付き合う必要はないので、この場合も、**訴えを取り下げたと扱います**。

問題を解いて確認しよう

1	当事者双方が最初にすべき口頭弁論の期日に出頭しないときは、裁判所は、当事者双方が提出した訴状又は答弁書その他の準備書面に記載した事項を陳述したものとみなすことができる。〔11-1-1〕	×
2	被告が最初になすべき口頭弁論の期日に出頭しない場合において、被告の答弁書がその期日前に原告に送達されているとき、裁判所は、その答弁書に記載された事項を陳述したものとみなすことができる。〔56-7-2〕	○
3	簡易裁判所以外の裁判所の口頭弁論期日において、最初の口頭弁論期日に原告が欠席した場合には、裁判所は、訴状に記載された事項を原告が陳述したものとみなし、被告に弁論を命ずることができる。〔61-1-2〕	○
4	原告が最初にすべき口頭弁論の期日に出頭しない場合において、被告が当該期日に出頭したときは、裁判所は、当該原告が提出した訴状に記載した事項を陳述したものとみなして当該被告に弁論をさせなければならない。〔31-3-ア〕	×

5	証人尋問は、当事者双方が期日に欠席しても、実施することができる。〔18-1-エ〕	○
6	期日における証拠調べは、当事者の一方又は双方が出頭しない場合においても、することができる。〔20-3-オ（令4-4-イ）〕	○
7	判決の言渡しは、その期日に当事者の双方が欠席した場合でもすることができる。〔7-1-2（61-1-4、63-1-5、26-2-オ、令3-5-エ、令4-4-オ）〕	○
8	当事者双方が口頭弁論又は弁論準備手続の期日に出頭しなかった場合、1か月以内に期日指定の申立てがされないときは、訴えの取下げがあったものとみなされる。〔20-4-イ〕	○
9	当事者双方が、連続して2回、口頭弁論の期日に出頭しないときは、訴えの取下げがあったものとみなされる。〔11-1-3（令4-4-エ）〕	○

×肢のヒトコト解説

1 当事者の双方が欠席した場合は、陳述擬制を行いません。

4 陳述擬制は義務ではなく、裁判所の裁量で行われます。

〜裁判所は勝手に調査などしません。当事者の弁論主張の範囲で判断します〜

第4章 審理における裁判所と当事者の役割

弁論主義、「調べてほしい事実と証拠は、当事者が持ってこい」という原理を説明します。
この弁論主義は、3つの原則から成り立っています。
3つの原則の内容はスラスラ言えるようにしましょう。

覚えましょう

弁論主義　第1原則
当事者が口頭弁論にて主張しない主要事実を、裁判所は認定してはならない。

これは、「調べてほしい事実は、当事者が持ってこい」「持ってきた事実は調べるけど、持ってこない事実は調べない」という原則です。

次の事例を見てください。

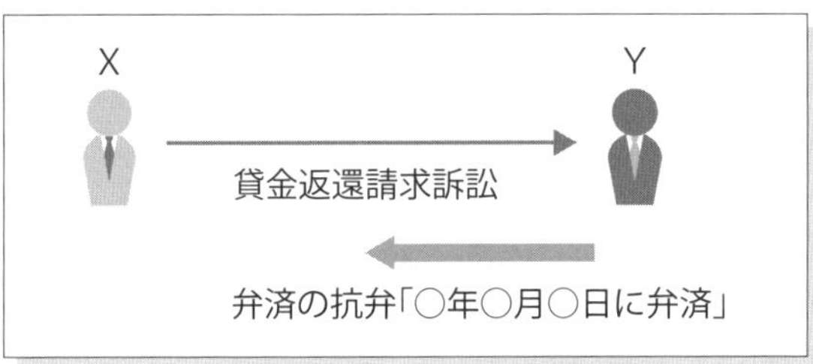

お金を返せと訴えられた被告側が「○年○月○日に払ったよ」という事実を主張しました。**払ったという事実を主張したので、払ったかどうかについては、裁判所は判断できるようになります。**

Yからの時効消滅の抗弁がないにもかかわらず、裁判所は消滅時効を認定して、請求棄却判決を下すことができるか。
→　×

調べてみると、すでに時効完成していて、援用しているというのがわかりました。ただ、それを債務者側は全く主張しません。

当事者の方から、時効がありますという主張がないため、裁判所は時効とわかっていても時効を認定できません。

このように、当事者が主張しない事実は、裁判所は認定しないのです。

これは不意打ちを防ぐための原則です。

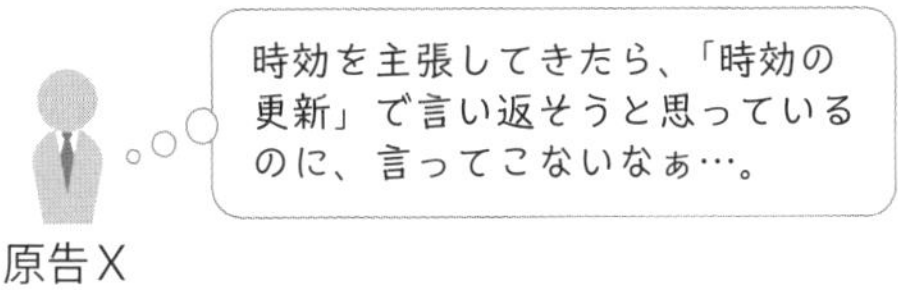

時効を主張してきたら、「時効の更新」で言い返そうと思っているのに、言ってこないなぁ…。
原告X

Xは上記のように考え、時効の更新を主張しませんでした。

ここで、裁判所の方から、勝手に時効を認定されたら、「時効がテーマになるのなら、いいたいことはあったのに！　不意打ちだ！」と不満に思うでしょう。

こういった**不意打ちを防ぐために、この第１原則があります**。

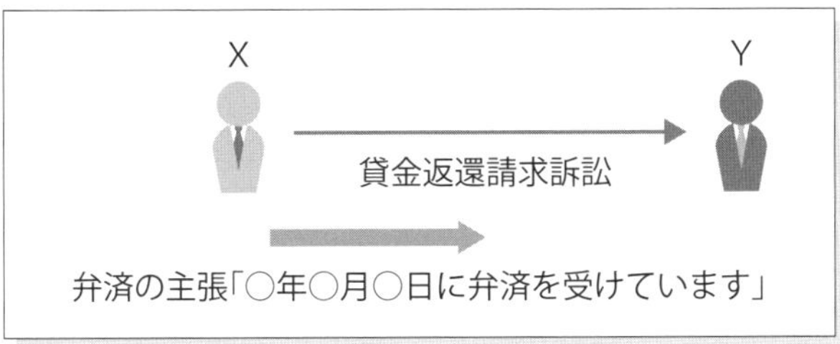

裁判所は、Yからの弁済の主張はないにもかかわらず、弁済の事実を認定してよいか。
→　○

XがYに対し、お金を払えという訴えを起こしていて、Xがいろんなことを主張しているときに、ぽろっと、何日に弁済を受けていますと言ってしまいました（よくしゃべるやつほどボロを出すものです）。

X側から弁済を主張しているのですが、弁済によって利益を受けるYからは言っていません。

この場合、弁済の事実を認定して構いません。

弁論主義の原理では、**当事者が主張すれば認定すればよく、どっちから主張しても認定できます。Yに有利な事実を、Xが主張しても、裁判所はその事実を認定することができる**のです。

覚えましょう

主張共通の原則

当事者の一方が自ら進んで、自己に不利な事実を陳述した場合にその事実を認定することは構わない。

共通の原則というのは、「Aが出したものを、Bのために使ってよい。」と思ってください。今後、何度か出てくる言葉なので、意識しておきましょう。

覚えましょう

①主要事実

→　権利の発生・消滅・抑止等の法律効果を定める法規の要件に該当する事実をいう。

②間接事実

→　主要事実の存否を推認させる事実

③補助事実

→　証拠の信用性（証拠力）に影響を与える事実

民事訴訟には3つのタイプの事実があります。具体的に説明しましょう。

主要事実

①　原告は、被告に対して本件目的物を移転することを約した

②　被告は、原告に対してその代金として○○万円を支払うことを約した

この2つの事実があれば、売買契約が成立し、代金債権・引渡債権が発生します。このように、権利を発生させる事実のことを主要事実といいます。

訴訟では、この事実を原告が主張し、被告が認否をします。ここで、原告の主張を被告が認めなければ証拠調べになります。証拠があればいいんですが証拠がない、または証拠があっても決定的ではないような場合、原告はいわゆる状況証拠というのを出します。

・被告が売買目的物を使っていた ・被告が売買目的物を買ったことを自慢していた

これは売買契約を推測させる事実ですね。

こういった**主要事実を推測させる状況証拠みたいなものを、間接事実といいます**。

・証人Aは偽証罪で刑罰を受けたことがある ・証人Aは原告が経営する会社の従業員である

例えば証人が証言をした後に、相手が上記のような事実を主張します。

これは証拠の信用性を貶めますね。このような、**証拠の信用性に影響を与える事実を補助事実といいます**。

◆ 弁論主義の適用範囲 ◆

○＝適用あり　×＝適用なし

主要事実	間接事実	補助事実
○	×	×

弁論主義の第1原則は、上記のすべての事実に該当するわけではなく、このうちの**主要事実にだけ適用**されます。

主要事実は主張しないと認定しませんが、間接事実や補助事実は主張しなくても認定できます。ここの理由はすごく難しいので、諦めて飲み込んでください。

もう少し主要事実を細かく見ましょう。

権利の発生の事実以外にも、**権利を消滅させる事実、権利行使を抑止させる事実、これらも主要事実になります**。例えば、弁済の事実や消滅時効の事実などは消滅させる事実です。

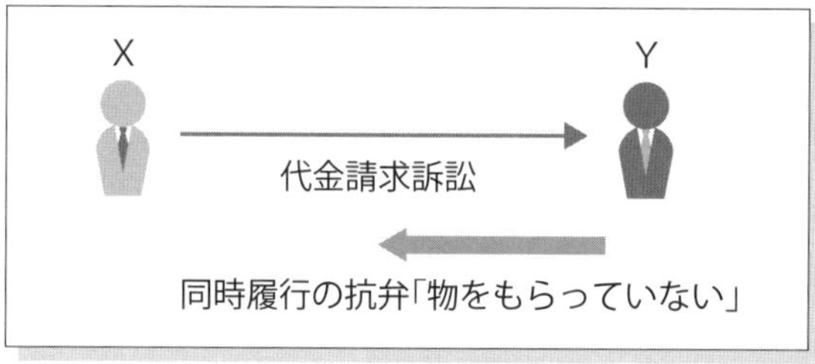

原告が被告に代金請求訴訟を起こしました。

今、Yは物をもらっていない状態なので、いわゆる同時履行の抗弁権が提出できる状態です。同時履行の抗弁権が提出されれば、相手の権利行使をストップさせる、抑止させることができるため、この同時履行の抗弁権にあたる事実は主要事実になります。

そのため、これも主張しなければ、裁判所は認定することができません。

覚えましょう

弁論主義　第2原則

当事者間に自白のあった主要事実は、裁判所はそのまま認定しなければならない（179）。

＝　自白の裁判所に対する拘束力

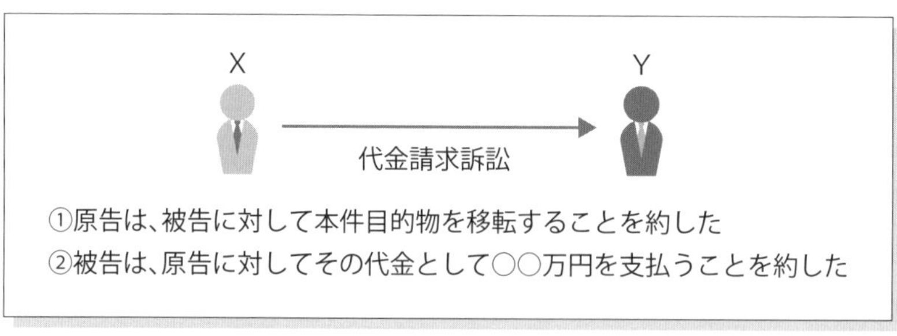

X
Y
代金請求訴訟
①原告は、被告に対して本件目的物を移転することを約した
②被告は、原告に対してその代金として○○万円を支払うことを約した

XがYに対し、代金請求訴訟を起こしました。Xが①②の事実を主張したとこ

ろ、Yは認否として、「Xの主張した①②の事実は認めるけどもう払った」と主張しました。

認否の段階で①と②の事実を認めています。この場合、**①②の事実は自白扱いになり、裁判所はそのまま認定しなければいけません**。仮に、①②の事実がないという確信を持ったとしても、裁判所はそのまま事実認定をしなければいけないのです。

民事訴訟は真実を発見するのが目的ではなく、トラブルを解決させるのが目的です。裁判所はトラブルになっていない事柄を扱ってはいけないんです。これが第2原則、自白の拘束力という原則です。

ただ、この自白も主要事実だけが対象です。

覚えましょう

弁論主義　第3原則
争いのある事実は証拠により認定するが、証拠は原則として当事者の申請したものでなければならない。つまり職権証拠調べは原則として許されない。

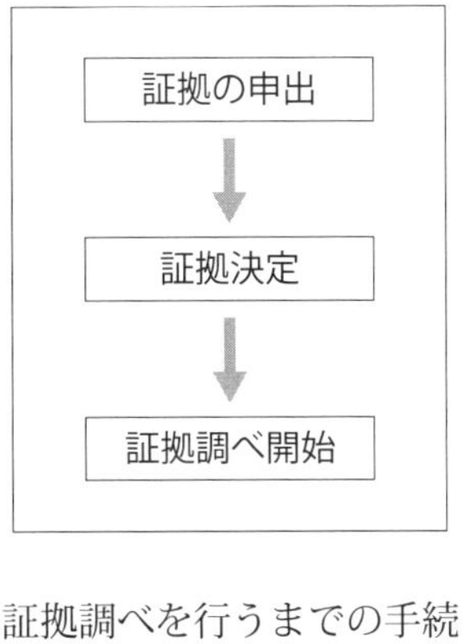

そこに載っているのは、証拠調べを行うまでの手続の流れです。
「この契約書を調べてくれ」「田中さんを証人として呼んで尋問させてくれ」と申し出る→裁判所が「証拠調べをする」ことを決める→証拠調べを実施する、こ

れが一般的な手続の流れです。

第3原則というのは、前の図の証拠の申出、ここが必須であることを指します。「これを調べてくれ」と当事者がいってきたら、裁判所は調べてくれます。言わない限りは、裁判所は調べてくれません。

職権証拠調べの禁止ともいいます。**申立てもないのに、証拠調べをしちゃいけないよという原則**です。

覚えましょう

証拠共通の原則
当事者の一方の提出した証拠を相手方にとって有利な事実の認定のために用いても構わない。

「共通の原則」先ほどと同じです。○○共通の原則というのは、Aが出してきたものを、Bのために使ってよいという原理です。ここでいうと、Aのために出した証拠をBのために使ってよいという原理です。

例えば、**原告が連れてきた証人が、なぜか被告に有利な発言をし始めた場合、その証言を被告のために使うことが許されます**。

Point

・訴訟物の決定	→	当事者	・	裁判所	=	処分権主義
・主要事実の主張	→	当事者	・	裁判所	=	弁論主義
・証拠の提出	→	当事者	・	裁判所	=	弁論主義
・ジャッジ	→	当事者	・	裁判所	=	職権進行主義
・司会進行	→	当事者	・	裁判所	=	職権進行主義

これは、役割分担の話です。

「その訴訟の訴訟物を決めるのは、当事者側か、裁判所側か」

これは当事者側が決めることです。

また、「その訴訟では、何を主要事実として調べていくか」これも当事者が決めることです。

また「何を証拠にするのか」それを決めるのも当事者です。

一方、言われたことをジャッジするのは、裁判所の役割です。

裁判の司会進行する権限も、裁判所にあります。

この説明した内容と、それに対応する原理が前のページにまとまっています。

民事訴訟では、結論を聞いてくるだけでなく、その結論はどの原理なのかも聞いてきますので、**結論だけでなく、その原理の名前もしっかりと覚えておいてください**。

問題を解いて確認しよう

1	裁判所は、当事者間に争いのない主要事実につき、証拠調べの結果から、これと異なる主要事実を認定することはできない。〔オリジナル〕	○
2	主要事実には、弁論主義が適用されるので、判決の基礎とするためには、当事者がその事実を主張している必要がある。したがって、証人の証言からその事実が判明しても、当事者がその事実を主張していない場合には、裁判所は、その事実を判決の基礎とすることはできない。〔23-4-ウ改題（11-2-5)〕	○
3	同時履行の抗弁については、当事者がその主張をしない限り、裁判所は、これを判決の基礎とすることはできない。〔19-2-ア（25-3-ウ)〕	○
4	主要事実であっても、裁判所が職務上知り得たものについては、当事者が主張しなくても、裁判所は、これを判決の基礎とすることができる。〔19-2-エ〕	×
5	間接事実は、当事者が主張していないものであっても、裁判の資料とすることができる。つまり、訴訟において、被告が原告の主張する主要事実を否認している場合に、裁判所が、当事者の主張していない間接事実を認定し、もって、原告が主張する主要事実を認定しないことも可能である。〔23-4-エ改題〕	○

6	原告が主張する間接事実について被告が争わない場合には、裁判所は、その事実に拘束されるので、これに反する事実を認定して裁判の資料とすることはできない。〔23-4-オ改題〕	×
7	所有権に基づく土地の明渡請求訴訟において、原告が被告に対して当該土地の使用を許した事実を原告自身が主張し、裁判所がこれを確定した場合には、被告が当該事実を自己の利益に援用しなかったときでも、裁判所は、当該事実を判決の基礎とすることができる。〔25-3-ア（28-3-イ）〕	○

×肢のヒトコト解説

4 裁判所は、当事者の主張しない主要事実を認定することができません。

6 間接事実については裁判所は拘束されません。

2周目はここまで押さえよう

◆ 抗弁の種類 ◆

	意義	具体例
権利抗弁	裁判所が権利の存在を参酌するにつき、それを基礎づける客観的事実のみならず、当事者の権利行使の意思表示が要求される抗弁のこと。権利抗弁にあっては、権利主張がなければ、裁判所はこれを参酌することができない。	同時履行の抗弁権 留置権の抗弁 催告・検索の抗弁権 形成権（取消権、解除権、相殺権、建物買取請求権等）の主張
事実抗弁	権利の発生を妨げあるいは消滅をもたらす規定の要件に該当する事実を主張すれば足り、その規定の適用結果である権利の主張までは必ずしも必要ないもの。	過失相殺（注） 公序良俗違反（民90） 弁済・免除 除斥期間の経過 信義則違反・権利濫用

（注）当事者が過失相殺をする旨の主張をしていない場合でも裁判所は過失相殺を行える。ただし、過失相殺のためには、債権者の過失（過失の内容をなす具体的事実）を当事者が主張することが必要である（最判昭43.12.24）。

事実の主張　「あの売買は、麻薬取引である」

効果の主張　「よって、民法90条の公序良俗に反するので無効である」

上記のように、事実の主張と効果の主張をするのが通常です。

ただ、弁論主義の第１原則からすれば、事実の主張をするだけで裁判所は認定することが可能なのです。

第１原則　主張しない事実を認定しない　→　事実を主張すれば認定してよい

という理屈です。

そのため、過失相殺を主張する者は

事実の主張　「自分に不履行があったけど、相手は図面の提出を１か月も遅れた」

効果の主張　「よって、過失相殺になるはずなので、損害賠償額を減額すべきだ」

の２つを主張することなく、事実の主張をするだけで、過失相殺は認定できる状態になります。

ただ、ものによっては、法的効果の主張がいるものがあります。それが前ページの図表の権利抗弁です。

この具体例を見てください。すべてに「権」という字が入っていないでしょうか。

「権」という字がはいっているものは、権利抗弁。それ以外は、事実抗弁。

このように整理するといいでしょう。

1	甲が乙に対し、乙からその所有の土地を買い受けたことを理由として、その土地について所有権移転の登記手続を求める訴えを提起した場合において、代金が未払であることが判明したときには、その代金の支払と引換えに所有権移転の登記手続を命ずる判決をしなければならない。〔59-5-1〕	×
2	留置権のような権利抗弁にあっては、抗弁権取得の事実関係が訴訟上主張されたとしても、権利者においてその権利を行使する意思を表明しない限り、裁判所においてこれを斟酌することはできない。〔28-3-エ〕	○

3 裁判所は、債務不履行に基づく損害賠償請求訴訟において、債務者である被告が原告である債権者の過失となるべき事実を主張し、この事実が証拠から認められる場合には、被告が過失相殺の主張をしていないときであっても、過失相殺の抗弁を判決の基礎とすることができる。〔25-3-エ（19-2-ウ、令2-2-イ）〕 | ○

4 甲が乙に対して貸金100万円を有することを理由にして、その返還請求訴訟を提起した場合において、証拠調べの結果、甲が主張する100万円の金員は、麻薬を買い入れるための資金として乙に貸し付けられたものであることが判明した場合には、裁判所は、乙の主張がなくても、甲乙間の消費貸借が、公序良俗に反する無効な契約であることを理由に甲の請求を棄却しなければならない。〔58-8-3〕 | ×

これで到達！ 合格ゾーン

□ 土地の所有権の移転の登記手続請求訴訟において、当該土地につき、原告がAから原告の被相続人Bへの売却及びBから原告への相続があったことを主張し、被告がAからCへの売却があったことを主張した場合において、AからBへの売却の後、BからCへの死因贈与があったことが証拠から認められたとしても、裁判所は、BからCへの死因贈与があったことを判決の基礎とすることはできない。〔25-3-オ〕

★所有権取得の移転原因となる事実は主要事実となります。そのため、当事者の主張がない移転原因の事実は認定することはできません。

第5章 口頭弁論の準備（準備書面）

ここでは口頭弁論を行う前に、相手方に送信する紙、準備書面という制度をみていきます。
この制度がなぜ必要なのか、そして、この書面を提出しなかったときのデメリットを押さえるようにしましょう。

令和６年(ワ)第○号　貸金請求事件
原　告　甲野太郎
被　告　乙野二郎

準備書面

令和６年７月８日

東京地方裁判所民事第○部係　御中

原告　甲野一郎

１　時効の完成猶予
　原告は、被告に対し、令和６年７月８日到達の書面で、本件貸金債務の履行を催告し、令和６年７月８日、本件訴えを提起した。

次の口頭弁論で主張することを書面化して、口頭弁論の前に、相手に渡しておきます。

「次の口頭弁論ではこういうことを主張しますよ。認めるか否か考えておいて」このように**事前に伝えておいて、認否の準備をさせる**のです。

この書面を、準備書面といいます。

簡裁以外		必要的（161Ⅰ・297）
簡裁	原則	任意的（276Ⅰ）
	例外 相手方があらかじめ準備しなければ陳述できないような事項がある場合	書面による準備又は相手方への通知が必要（276Ⅱ）

この準備書面というのは、口頭弁論のたびに作る必要があります。ただ簡易裁判所では、口頭弁論の前にこの紙を作るかどうかは任意としています（ただし、

複雑なことについては事前に知らせなさいとしています)。

ではこの準備書面、作らなかったらどうなるのでしょうか。それが次の条文です。

> **161条(準備書面)**
> 3 相手方が在廷していない口頭弁論においては、準備書面に記載した事実でなければ、主張することができない。

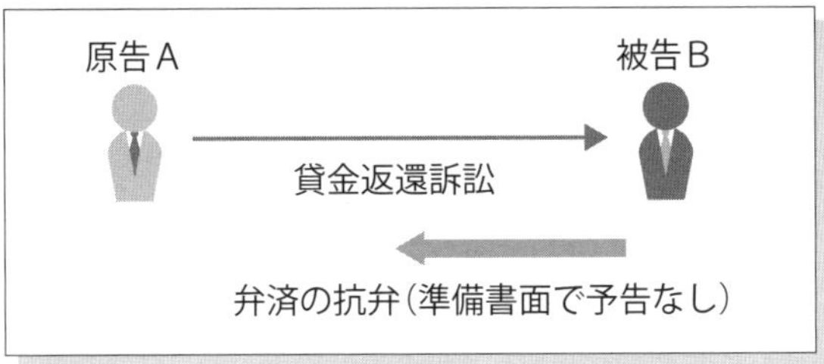

被告側が弁済を主張しようとしているのですが、それを事前に準備書面で予告していませんでした。

これは基本的に主張できます。**準備書面で予告していないことも、主張できる**のです。

ただ、**原告が休んでいた場合は主張できません**。

これは、原告が休んでいるのに対して主張したら、原告側から反応はありますか？　休んでいるので反応はありませんね。

つまり、黙っている状態になります。民事訴訟では、黙っていたら自白になることがあります。

「休む→相手方が主張すると、黙った扱いになる→自白になる」これは予告した内容しかできません。

予告している内容であれば、自白に追い込めますが、**予告していない内容を自白にすると、不意打ちになるので認められません**。

問題を解いて確認しよう

1	地方裁判所においては、口頭弁論は、書面で準備しなければならない。〔元-3-1〕	○
2	簡易裁判所において、相手方が準備をしなければ陳述をすることができないと認めるべき事項については、書面で準備し、又は口頭弁論前に直接に相手方に通知しなければならない。〔オリジナル〕	○
3	口頭弁論期日に当事者の一方が欠席した場合には、出席した方の当事者は、準備書面に記載していない事実についても主張することができる。〔8-1-4（57-1-3、元-3-2、26-2-ア）〕	×
4	相手方に準備書面が送達された場合、出席当事者は、準備書面に記載した事実であれば、相手方が在廷していない口頭弁論においても、当該事実を主張することができる。〔オリジナル〕	○

×肢のヒトコト解説

3　相手が欠席しているので、準備書面で予告していない事実は主張できません。

～争点を整理する「準備手続」には３つの種類があります～

第６章 口頭弁論の準備（争点整理手続）

本試験の出題が多いところです。１つ１つの制度も出るのですが、それ以上に多いのが比較問題です。
この書籍の図表を活用して、違いを押さえていきましょう。

Point

双方の弁論がかみ合い直ちに争点が明確になるとは限らない。
→　裁判官の立会の下で**争点の整理**と**証拠の整理**をする制度。

口頭弁論で、当事者に主張させて、裁判所は主張の食い違う点を見つけて、証拠調べをします。

この食い違う点が、すぐに見つかるとは限りません。**お互いが感情的になり、意見がかみ合わなかったり、主張が多すぎて、何がぶつかっている点かわからない**といったこともあるでしょう。

こういった場合、裁判所が立ち会って、お互いを冷静にさせ、事実関係を整理させて、争点を見つける手続をとります。このような手続のことを、争点整理手続といいます。

ここでは**争点の整理という、どこの主張がぶつかっているかというのを探します。**

それだけでなく、証拠の整理ということもします。証拠の整理というのは、整理整頓するという感覚ではなく、**証拠調べで何を出すのかを決めることをいいます。**

例えば、弁済について争点になっているのであれば、原告が弁済を否定するための証人○○さんを出し、被告は弁済を肯定するために、振り込んだ書面を証拠で提出する、そこまで決めるのです。

争点整理手続になった場合、基本的には法廷から一旦外に出て、この争点を見つける作業、証拠調べをする対象を決めます。これが終わったら、法廷に戻り、証拠調べを行います。

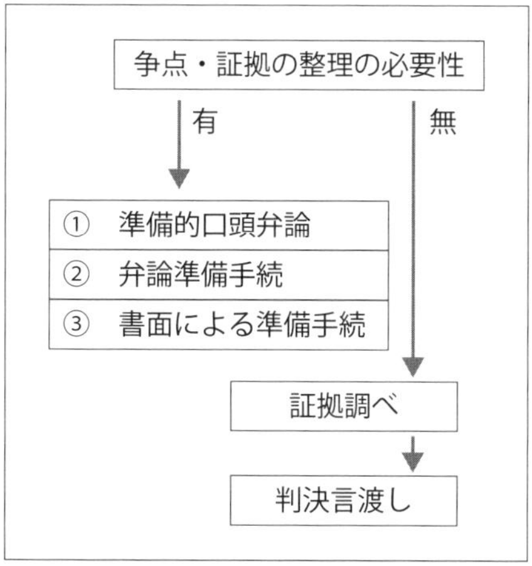

争点と証拠の整理の必要性がある場合、基本的には、上図の②の弁論準備手続を行います。

まずは、この弁論準備手続を説明します。

Point

弁論準備手続

口頭弁論で集中的に証拠調べができるように、裁判官の主宰のもとに当事者が協議をして争点と証拠を整理する手続。口頭弁論ではなく、非公開で行われる。

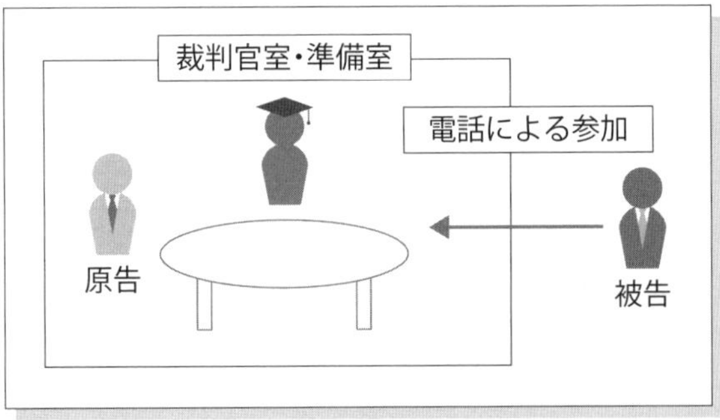

「裁判官室という、誰もいないところでゆっくり話し合う」、これが弁論準備手続です。

> **手続の開始**
> 裁判所は、争点及び証拠の整理を行うため必要があると認めるときは、当事者の意見を聴いて、事件を弁論準備手続に付することができる(168)

この**弁論準備手続をするときは、裁判官が当事者に意見を聴きます**。「非公開手続で争点を探したいんだけど、どうでしょうか」

法廷だったらできることが、争点整理手続に入ると、いくつかできなくなります。**できることに制約がかかってしまうので、意見を聴くことにしています**。

ただ**意見を聴くだけであって、お互いの承諾を要するわけではありません**。当事者が、弁論準備手続は嫌だと主張しても、裁判所の独断で弁論準備手続に入ることができます（司会進行する権限は裁判所にあるからです）。

> **どういったことができるのか**
> 争点・証拠の整理に必要な行為
> →　証拠調べは×

争点整理手続では、争点整理・証拠の整理のために必要な行為が行えます。主張したり、抗弁を提出したり、証拠調べの申立てなどが可能です。

ただ、できないことも多くあります。

その代表例が、**証拠調べを実施すること**です。

密室で証拠調べをするのは危険です。そこで、証拠調べは、法廷という、公開されている場所でやるべきとされています。

当事者は出席する必要があるか?
裁判所は、相当と認めるときは、当事者の意見を聴いて、電話会議システムによる手続を実施することができる(170Ⅲ)

弁論準備手続ですが、**出頭せずに電話で参加することができます**。

たとえば、**当事者双方が出頭せず、双方が電話で参加する**ということも認められています(**出頭回数をできるだけ減らしたい**という趣旨から、改正で変わりました)。

証明すべき事実の確認
終了するにあたって、裁判所はその後の証拠調べにより証明すべき事実を当事者との間で確認する(170Ⅴ・165Ⅰ)。

この弁論準備手続の最後にやるのが、お互いの確認です。「今回の訴訟では、弁済が争点だね」という確認をして、この手続を終えます。

詰問権及び説明義務
弁論準備手続の終結後に攻撃又は防御の方法を提出した当事者は、相手方の求めがあるときは、相手方に対し、その終結前に提出できなかった理由を説明しなければならない(174・167)

例えば、弁済が争点だということが分かり、法廷に戻りました。法廷に戻った後に被告がいきなり、消滅時効が起きていることを主張しました。

実は、消滅時効が
完成しているぞ。
被告
なんで今更言ってくるの、
弁論準備手続中に
何で言わなかったの！
原告

この場合、原告が被告に、今まで時効を主張しなかった理由の説明を求めることができ、相手はそれに答える義務が生じます。

問題を解いて確認しよう

1	裁判所は、弁論準備手続において、証人尋問をすることができる。〔16-3-イ改題〕	×
2	弁論準備手続は、公開しなくてもよい。〔4-2-2〕	○
3	弁論準備手続の期日における手続は、当事者双方が欠席しても、裁判所及び当事者双方が音声の送受信により同時に通話することができる方法によって行うことができる。〔18-1-ウ〕	○
4	弁論準備手続の終結後に攻撃又は防御の方法を提出した当事者は、相手方の求めがないときであっても、裁判所に対し、弁論準備手続の終結前にこれを提出できなかった理由を説明しなければならない。〔28-4-オ〕	×
5	弁論準備手続の終結後における攻撃又は防御の方法の提出には、相手方の同意を要する。〔16-1-ア〕	×

×肢のヒトコト解説

1　弁論準備手続では、証拠調べができません。

4　理由の説明は、相手の申立てがあった場合に行います。

5　弁論準備手続の終結後に、攻撃又は防御の方法の提出することは、同意なくして可能です。ただ、相手の申立てがあると、説明する義務が生じるのです。

2周目はここまで押さえよう

		可否
証拠調べ	証人尋問	×
	当事者尋問	×
	証拠の申出	○
	文書の証拠調べ	○
	検証	×
それ以外	弁論準備手続の対象について、制限・分離・併合	○
	訴えの変更を許さない旨の決定	○
	補助参加の許否の裁判	○

弁論準備手続において、できること、できないことがまとまっています。

基本的には「原則 → ○ 証拠調べ → ×」と押さえておいて、証拠調べの中の○を覚えていきましょう。

まず、文書の証拠調べです。証人尋問を密室で行うのはＮＧですが、文書を調べることは構いません。尋問と違って、文書を読むことを密室で行っても危険性が低いためです。

また、「この○○を調べてほしい」という証拠の申出も可能です。

証拠調べは「申出⇒決定⇒実際の証拠調べ」の手順を踏みます。この証拠の申出は、証拠調べそのものではなく、証拠調べの前提手続に過ぎないので、密室で行うことを認めているのです。

☑ 1	裁判所は、弁論準備手続において、当事者尋問をすることができる。〔16-3-イ改題〕	×
2	弁論準備手続の期日において、裁判所は、訴えの変更を許さない旨の決定をすることができる。〔18-2-4〕	○
3	弁論準備手続の期日においては、補助参加の許否についての決定をすることができない。〔24-3-ウ〕	×
4	証拠の申出は、弁論準備手続においてもすることができる。〔58-5-1〕	○
5	弁論準備手続の期日においては、ビデオテープを検証の目的とする検証をすることができる。〔28-4-エ〕	×

これで到達！  合格ゾーン

□ 裁判所は相当と認めるときは、申立て又は職権により、弁論準備手続に付する裁判（弁論準備手続に入るという決定）を取り消すことができる（172本文）。ただし、当事者双方の申立てがあるときは、これを取り消さなければならない（172但書）。

★当事者の協力がなければ、この手続はスムーズに進みません。当事者から「密室は嫌なので、取り消してください」という申出があれば、弁論準備手続を止められます。そして、双方からの申立てがあれば、手続を進めてもうまく行くはずがないので、取消しをしなければならないとしています。

□ 当事者が期日に出頭せず、又は162条の規定により定められた期間内に準備書面の提出もしくは証拠の申出をしないときは、裁判所は、弁論準備手続を終了することができる（170Ⅴ・162・166）。

★当事者にやる気がない場合に手続を止められるようにした条文です。

□ 弁論準備手続において、文書・準文書の証拠調べを行うことはできる（170Ⅱ）。

★文書の証拠調べは、公開法廷においても、内容が傍聴人等に開示されません。そういった性質のため、密室で行う準備的口頭弁論でも認めています。

□ 弁論準備手続において、証拠の申出に関する裁判（証拠調決定・文書提出命令・文書送付嘱託）を行うことはできる。

★証拠調べ本体ではなく、証拠調べを開始するまでの手続は密室で行うことが可能です（証拠調べ本体は公開法廷でやるべきなのです）。

□ 当事者に異議がないときは、最初の口頭弁論期日の指定に代えて、弁論準備手続に付す旨の決定をすることができる（民訴規60Ⅰ但書）。〔24-3-1〕

★事件を弁論準備手続に付するには、裁判所が口頭弁論期日を開いて、当事者と審理の進行を協議した上で行うのが通例なのですが、口頭弁論なしで、いきなり弁論準備手続に入ることもできます。

□ 裁判所は、相当と認める者の傍聴を許すことができる（169Ⅱ本文）。ただし、当事者が申し出た者については、手続を行うのに支障を生ずるおそれがあると認める場合を除き、その傍聴を許さなければならない（169Ⅱ但書）。
〔24-3-2、令2-3-イ〕

★弁論準備手続は、裁判官室等で行われる非公開手続ですが、裁判官の裁量で傍聴人を認めることができます。また、当事者の方から「この人に今までの流れを見てほしい」という申出があった場合（証人尋問を予定している方など）には、よほどの事情がない限り、裁判所は傍聴を認める必要があります。

□ 裁判所は、受命裁判官に弁論準備手続を行わせることができる（171Ⅰ）。ただし、裁判所は、受訴裁判所を構成する裁判官以外の裁判官に弁論準備手続を行わせることができない。〔24-3-5〕

★受訴裁判所（ＡＢＣの３人で構成していた場合）全員で、弁論準備手続を行ってもいいのですが、現実的には裁判長が「Ｂさん、あなた主宰でやってください」と頼むことが多いです（裁判官のＡＢＣの誰かに頼むことはできますが、今回の事件を担当していない裁判官に頼むことはできません）。

Point

書面による準備手続

書面の交換や電話会議システムの利用によって、当事者の出頭なしに、争点及び証拠の整理を行う手続

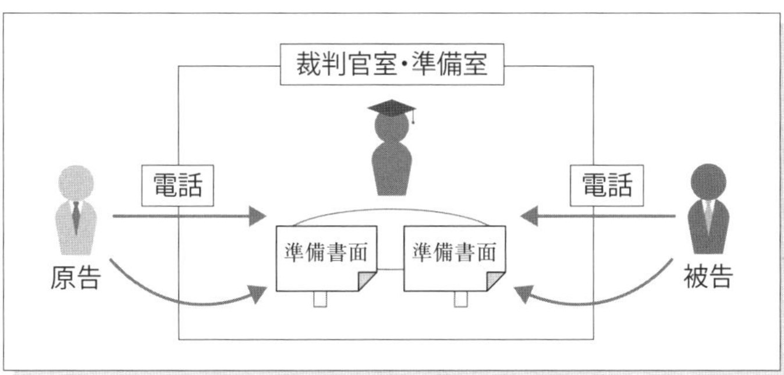

この手続では、原告・被告ともに出席をしません。

その代わり、お互いから準備書面を出してもらいます。**裁判官はお互いの準備**

書面を見比べて、争点を探します。原告は何と言っているのか、それに対して、被告は何と言っているのか、紙だけを見て、ぶつかり合う点を探すのです。

ただ、紙だけ見ても、なかなかはっきりしないところもあります。そういう場合には、先ほどの弁論準備手続と同じく**電話で問い合わせるという制度もあります。**

では、どういうときに、この手続をとるのでしょうか。

以下の場合に、裁判所が相当と認めるときは、当事者の意見を聴いて、事件を書面による準備手続に付する旨の決定をする(175)
- 当事者が遠隔地に居住するとき
- その他相当と認めるとき

例えば遠くにいて、出席がなかなか難しいというような事情がある場合は、この書面による準備手続がとられます。

Point

準備的口頭弁論

争点及び証拠の整理を行うことを目的とする口頭弁論であり、原則として公開の法廷（ラウンドテーブル法廷も含む）において行われる。

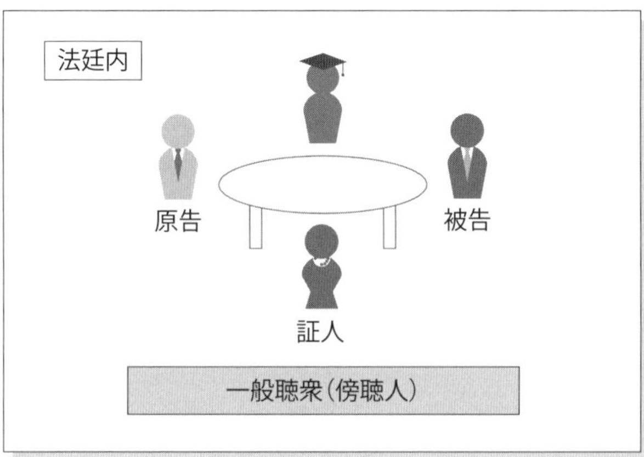

これは口頭弁論の最中に、法廷内にラウンドテーブルを持ってきます。そして、それを囲んで話し合う。遠く離れている状態から、近くに寄って話し合う、これが準備的口頭弁論というものです。

これは、あくまでも口頭弁論内で行います。

Point

準備的口頭弁論は、争点整理に特化するが、口頭弁論である。

この手続は、口頭弁論でやっているため、**手続のルールは口頭弁論に準じて行います**。

そのため、この手続は公開で行われます。

これは、社会的な注目を浴びている事件で実施されます。社会的な注目を浴びている事件を弁論準備手続や、書面による準備手続のように、非公開の手続で行うのは裁判所に対する不信を招くため、こういう場合は、争点整理も口頭弁論の場で行うのです。

以上の3つの手続は比較問題で出題されます。次の図表を見てください。

	準備的口頭弁論	弁論準備手続	書面による準備手続
当事者の出頭	両当事者が出頭	一方又は双方が現実に出頭しなくとも可(170Ⅲ)	両当事者とも出頭しない

準備的口頭弁論は、口頭弁論なので両方出頭します。

なお、近年の民事訴訟法の改正により、ウェブ会議による口頭弁論の実施が認められました(87の2Ⅰ)。

ウェブ会議で実施され、出頭しないでその手続に関与した当事者は、その期日に出頭したものとみなされます(87の2Ⅳ)。

一方、弁論準備手続では、裁判所が認めれば、両方とも出頭せず、電話で参加できます。

また、書面による準備手続は、両方とも出席しない手続です。

	準備的口頭弁論	弁論準備手続	書面による準備手続
手続においてすることができる行為	争点・証拠の整理に必要なあらゆる行為	限定あり	裁判所と当事者の協議

準備的口頭弁論は口頭弁論なので、何でもできます。証拠調べ等も可能です。
一方、弁論準備手続は制約がかかり、証拠調べはできません。
そして、書面による準備手続は協議しかできません。

	準備的口頭弁論	弁論準備手続	書面による準備手続
手続の開始決定	裁判所が判断する（164）	当事者の意見を聴いて裁判所が判断（168）	当事者の意見を聴いて裁判所が判断（175）

手続に制約がかかる場合は、当事者の意見を聴いて始めます。準備的口頭弁論は、手続的な制約が全くかからないため、意見を聴かずに始めてしまいます。

	準備的口頭弁論	弁論準備手続	書面による準備手続
証明すべき事実の確認	行う（165・170Ⅴ・176Ⅳ・177）		
手続終了後の攻撃防御方法の提出	説明要求権と説明義務あり（167・174・178）		

最後に争点を確認し合うこと、そして手続が終わった後に攻撃防御を出した場合は、それはどういうことですかと説明を要求できるという点は、すべて共通です。

問題を解いて確認しよう

1	裁判所は、書面による準備手続を開始するに当たり、当事者の意見を聴かなければならない。〔オリジナル〕	○
2	準備的口頭弁論の期日においては、証人尋問を実施することはできない。〔18-2-1〕	×
3	準備的口頭弁論及び弁論準備手続の両手続において、裁判所は、手続を終了又は終結するに当たり、その後の証拠調べにより証明すべき事実を当事者との間で確認するものとされている。〔13-1-1〕	○

4	準備的口頭弁論及び弁論準備手続の両手続において、手続の終了又は終結後に攻撃又は防御の方法を提出した当事者は、相手方の求めがあるときは、相手方に対し、手続の終了又は終結前にそれを提出することができなかった理由を説明しなければならない。〔13-1-4〕	○
5	準備的口頭弁論及び弁論準備手続の両手続において、裁判所は、当事者が期日に出頭しないときは、手続を終了又は終結することができる。〔13-1-3（4-2-4）〕	○
6	裁判所が準備的口頭弁論を行うに当たっては、当事者の意見を聴かなければならない。〔18-2-2〕	×
7	準備的口頭弁論において、期日は一般に公開しなければならない。〔オリジナル〕	○

×肢のヒトコト解説

2　準備的口頭弁論では、できる行為に制約がかからないため、証人尋問などの証拠調べも可能です。

6　準備的口頭弁論では、できる行為に制約がかからないため、意見を聴かずに実施されます。

これで到達！　合格ゾーン

☐ 書面による準備手続においては、裁判長又は高等裁判所における受命裁判官は、答弁書若しくは特定の事項に関する主張を記載した準備書面の提出又は特定の事項に関する証拠の申出をすべき期間を定めなければならない（176Ⅱ・162）。〔18-2-5〕

★書面による準備手続では準備書面が提出されないと手続が進行しません。そこで、「○月○日までに準備書面を出すように」と定めることにしています。

～結局のところ、裁判官の心証の具合が決め手になることもあります～

第7章 証拠

令和７年本試験は
ここが狙われる！

毎年出題される分野です（特に出題が多いのが、
自白と書証です）。
自白の部分は理屈をしっかりと押さえることが重要で、書証の部分は手続のルールを暗記していくことが重要になります。

第1節 証明の対象

裁判官を確信に至るまで説得することを、証明活動といいます。

基本的に事実関係は、証拠によって説得する必要があります。ただ、証拠による説得が要らない事実もあります。

179条（証明することを要しない事実）
　裁判所において当事者が自白した事実及び顕著な事実は、証明することを要しない。

自白した事実は、そのまま認定することになるので、証拠を出す必要はありません。

また、顕著な事実というものも証拠による説得は不要です。具体的には下記のような「公知の事実」「職務上の顕著な事実」のことをいいます。

公知の事実	職務上顕著な事実
通常の知識と経験を有する一般人が信じて疑わない程度に知れわたっている事実	裁判官がその職務を行う上で知り得た事実で、現在も明確に記憶しているもの
西暦2003年2月1日の曜日 歴史上有名な事件・天災	他の事件につき自らした裁判

これらは、**みんなが分かっている、もしくはウラが取れるような事実です**。

そういったものはわざわざ証拠を出して、裁判官を説得するなんて必要はありません。

こちらの出題は少なく、自白の方が頻繁に出題されます。

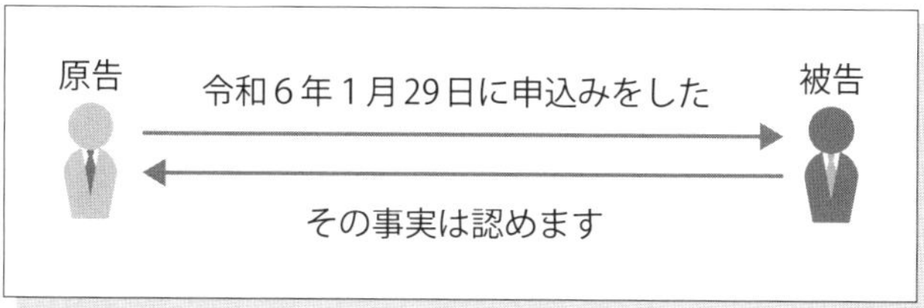

裁判所に対する効果	自白された事実はそのまま判決の資料として採用しなければならない(弁論主義の第２原則)。
当事者に対する効果	① 自白者の相手方は自白事実を証明する必要がなくなる(179)。 ② 自白者は自白の撤回を制限される。

お互いの意見が一致すると、自白になります。

これにより、裁判所にそのまま事実認定させることになります。

もし**裁判官が「申込みの事実はない」という確信を得たとしても、お互いの間で意見が一致している以上、覆すことができない**のです。

裁判所がそのまま認定してくれるということは、もう証拠による説得が要らなくなることを意味します。

上記の事例では、申込みの事実について原告は証拠による証明が必要でした。それが、**自白が成立することによって、証明が不要になる**のです。

この利益を、被告は害してはいけません。そのため被告は、「あの認めた発言は、やっぱりなかったことにしてくれ」と**撤回することは、原則できなくなります**。

次に、どんな要件のもとで自白が認められるかを見ていきます。

覚えましょう

自白の要件
①主要事実を対象とすること ②当事者間の事実主張が一致していること ③口頭弁論又は弁論準備手続における弁論としての陳述であること

事実だけが対象になっていて、**事実以外についてお互いの意見が一致しても、自白にはなりません**。

そして、事実にはいろいろな種類がありましたが、**自白の対象となるのは主要事実だけ**です。間接事実や、補助事実は自白の対象にはなりません。

そしてその意見が一致する必要がありますが、どういった場で一致する必要があるのでしょう。

裁判外で一致したとしても、自白とはならず、法廷内で意見が一致した場合に自白になります。

ただ法廷ではなくても、弁論準備手続内で行った場合にも自白とする運用になっているので、ここは丸暗記をしましょう。

覚えましょう

◆ 自白の撤回 ◆

原則	撤回をすることができない
例外	次のいずれかの場合に該当するときは撤回できる ①相手方の同意がある場合 ②刑事上罰すべき他人の行為により自白するに至った場合 ③自白が真実に反し、かつ、錯誤に基づいてされたことを証明した場合

弁済があったと認めたけど、あれは真実とは違うから撤回します。
それは困るな…
自白をした当事者
相手方

自白の撤回、認めた発言をやっぱりやめたということは、自白によって相手が

利益を受けているため、原則認めません。
ただ、例外的に自白の撤回ができる場合があります。

例えば、**利益を受けている相手が「別に撤回してもいいですよ」と同意をしているような場合**です。

また、**もともと誰かが被告に対して詐欺・強迫などをして、自白に追い込んでいたというような場合**も、撤回は認めます。

また、認めたという発言があっても、実は違うんだということを証明できれば撤回ができます。
注意してほしいのは、ここで撤回したければ「真実と違うことを」主張するだけでは足りず、**「真実と違うこと」を証明しなければならない**ということです。**自分が自白した以上、撤回をするには高いハードルを要求している**のです。

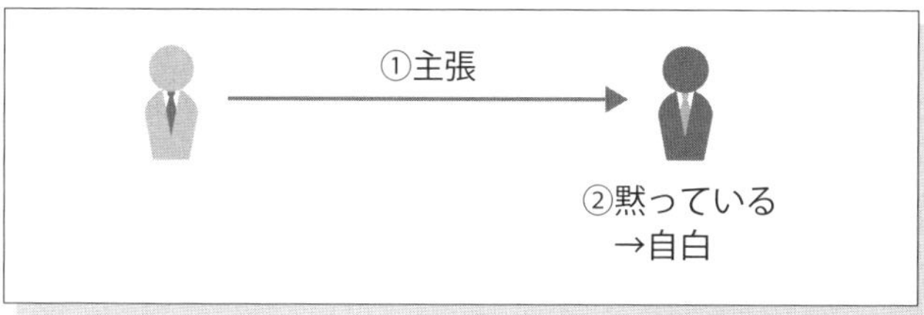

自白にはもう1パターンあり、これは黙っていたら自白だよというもので、擬制自白といいます。

覚えましょう

◆ 擬制自白の種類と要件 ◆

	要件
出席当事者の擬制自白	口頭弁論終結時に一体としての口頭弁論をふりかえって、当事者の陳述その他の態度から相手方の主張事実を争っていないと認められること
欠席当事者の擬制自白	①相手方にその主張事実を準備書面によって予告していること（161 Ⅲ） ②欠席当事者に対する呼出しが公示送達によるものでないこと（159 Ⅲ但書）

この擬制自白にも2つあります。「出席したけど、黙っていた」という場合と、「相手が休んでいるから、こちらが発言しても、相手側の席は黙っている」というパターンです。

欠席した場合の要件の2つはしっかりと覚えておきましょう。

1つが、準備書面での予告が要るということです。予告をしていれば、相手が自白しても不意打ちになりません。

もう1つが、呼出しの方法で、これが**公示送達では自白になりません**。

公示送達がされても、相手は気付けないため、まず欠席になるでしょう。

それにもかかわらず、**自白という不利益を与えるのは、酷**でしょう。

問題を解いて確認しよう

1	公知の事実及び裁判所に顕著な事実については、証明を要しない。〔2-5-ア〕	○
2	西暦2014年2月1日の曜日は、裁判所が、証拠により認定しなければならない。〔オリジナル〕	×
3	裁判所は、裁判上の自白が成立した事実についても、証拠調べの結果に基づき、これと異なる事実を認定することができる。〔9-3-3〕	×
4	原告が主張した間接事実を被告が認めた場合であっても、裁判所は、これと相反する事実を証拠により認定することを妨げられない。〔60-1-4（21-1-エ）〕	○
5	弁論準備手続においては、自白が擬制されることはない。〔12-3-2〕	×
6	自白をした当事者は、相手方の同意があっても、その自白が真実に符合せず、かつ、錯誤に基づいてされたことを証明しない限り、これを撤回することができない。〔56-1-4〕	×
7	裁判上の自白は、相手方の同意がある場合には、撤回することができる。〔3-5-4〕	○
8	公示送達により呼出しを受けた当事者は、口頭弁論期日に出頭せず、答弁書その他の準備書面を提出しない場合でも、相手方の主張した事実を自白したものとみなされることはない。〔9-3-5（3-5-5、18-1-オ）〕	○

9	間接事実についての自白は、裁判所を拘束しないが、自白した当事者を拘束し、当該当事者は、当該自白を撤回することができない。〔28-3-ア〕	×

×肢のヒトコト解説

2　公知の事実のため、証明は不要です。

3　自白が成立した場合、裁判所はそれを覆すことができません。

5　弁論準備手続内でも、相手の意見を認めれば自白になります。

6　相手の同意があるだけで、撤回は認められます。

9　間接事実には自白は成立しません。

2周目はここまで押さえよう

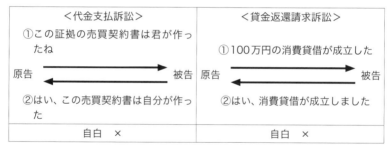

<代金支払訴訟>	<貸金返還請求訴訟>
①この証拠の売買契約書は君が作ったね 原告 → 被告 原告 ← 被告 ②はい、この売買契約書は自分が作った	①100万円の消費貸借が成立した 原告 → 被告 原告 ← 被告 ②はい、消費貸借が成立しました
自白　×	自白　×

主要事実に関して意見が一致すれば自白になります。主要事実とは、「法律要件に該当する事実」であるため、貸金返還訴訟であれば「金銭交付に関する事実」「返還合意の事実」が主要事実です。

上記の左の図

契約書を作ることは、売買契約の要件ではありません。売買契約書が証拠で出ているのであれば、「誰が作っている」かが分かっているのは証拠の信用性を高めることになるので、これは補助事実に該当します。

補助事実に関して認めても、それは自白とは扱われません（「文書の成立の真正についての自白は認められない」という表現で出題されます）。

上記の右の図

事実を主張したところ、それを認めたという図ではありません。法的効果を主張したところ、相手がそれを認めたという図になっています。

こういったものを権利自白といい、事実を認めたわけではないので、裁判所を拘束することにはなりません。

☑ 1	貸金返還請求訴訟において、原告が、被告との間で消費貸借契約を締結したことを立証するため、原告と被告との間で交わされた消費貸借契約書を書証として提出したところ、被告は、その契約書について真正に成立したものと認める旨陳述した。この場合、裁判所は、被告の自白に拘束されない。〔21-1-イ〕	○
2	書証の成立に関しては、いったんその成立を認めても、その後その成立を否認することが許される。〔60-1-2（21-1-イ）、令3-4-イ〕	○
3	貸金返還請求訴訟において、原告が、被告に対する貸付けの際、利息として20万円を天引きしたので、実際には80万円を交付したとの事実については、原告と被告との間に争いがないところ、「元本100万円の消費貸借が成立した。」との原告の主張に対し、被告はこれを認める旨陳述した。この場合、裁判所は、原告の上記主張についての被告の自白に拘束される。〔21-1-オ〕	×

第2節 証拠調べ手続

証拠申出手続

証拠の申出	裁判所に対して特定の証拠方法の取り調べを求める申立て ※ 口頭でも可能 ※ 口頭弁論の期日外でもできる（180 II）
↓	
証拠決定	証拠申出に対して、証拠調べをするか否かを決定する裁判のこと
↓	
証拠調べ開始	当事者が期日に出頭していなくとも証拠調べは可能 (183)

証拠調べを始めるまでの手続を説明します。

まずは、証拠調べをしたい当事者が裁判所に対して、「Aを証人として尋問してほしい」「この契約書を見てほしい」のように**証拠調べをしてほしい申出をします**。

それに対して、裁判所が**証拠調べをするか、しないかを決定します**。証拠調べをするという決定をすることもあれば、「時機に遅れているから却下する」「その証拠は必要ではないので却下する」という却下決定がでることもあります。

ここで、証拠調べをすると決定されていれば、その後に証拠調べを行います。ちなみに、**実際に証拠調べをするときは、当事者の出席は不要です**（欠席していても、証拠調べは強行するということでした）。

初めの証拠の申出の部分ですが、これは口頭でもできます。

また、**口頭弁論が始まる前段階で言っておくことも可能**です。

Point

証拠申出の際に明示すること

証明すべき事実（180Ⅰ）・特定の証拠方法・証明すべき事実と証拠との関係（規99Ⅰ）

証拠申出をする際には、**何を証明したくて、何を証拠として調べてほしいのか**を明示する必要があります。例えば、「弁済という事実を証明したいので、田中さんを尋問してほしい」という感じです。

また、田中さんと弁済との関係を示すことも必要です。例えば「田中さんは、その弁済したときに現場にいた人です。だから尋問してください」という感じです。

ちなみに証拠方法という言葉がありますが、**これはやり方ではなく、対象のことをいいます**。上の例でいうと、田中さんが証拠方法となります。

◆ 証拠決定に対しての不服申立て ◆

原則	証拠決定に対して独立の不服申立てをすることはできない。
例外	次の証拠決定に対しては即時抗告をすることができる。 ①文書提出の申立てに関する決定（223Ⅶ） ②対照用文書の提出・送付に関する決定（229Ⅱ・223Ⅶ） ③検証物の提示・送付に関する決定（232Ⅰ・223Ⅶ）

証拠調べをする、しないの決定については不服を言えません。決定手続なので独立の文句は言えず、控訴・上告の時にまとめて言うことになります。

ただ、証拠決定の中でも文句が言えるものが幾つかあります。最終的には例外の①は、絶対に覚えてください（①はのちに説明します）。

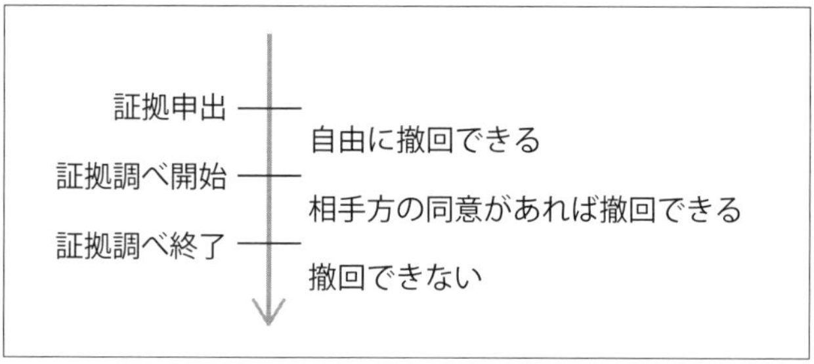

ここでは、証拠調べをしてほしいと言った後に、「やっぱりこの証拠調べやめてほしい」と撤回することができるかを見ていきます。

証拠の撤回は、自由にできるのが原則です。

これは「事実と証拠は当事者が持ってこい」という**弁論主義から来ています**。

そもそも、**証拠調べを始めるかどうかを自由にしていたので、始めたものをやめる自由があるのです**。

ただ、証拠調べが始まった後に撤回しようとすると、事情が変わります。

例えば、自分が証人尋問を申し出た田中さんが証言し始めた後に「やっぱりやめたい」と、撤回しようとしている場面を想定してください。

せっかく始めた手続を、なぜやめようとしているのでしょう。

この人、実はお金を
貸していません。
相手に有利なことを
話し始めているぞ！
まいったなぁ。
証人 田中
呼び出した当事者

自分に不利な発言をしているからです。自分に不利な発言をしているということは、相手にとって有利な発言になっています。証拠共通の原則という、「こちらが出した証拠でも、相手の証拠としても使える」理屈からすれば、今相手にとって有利になっているのです。そのため、**証拠調べ開始後に撤回するときは、相手の承諾が必要**です。

また、証拠調べが終わった後、今の証人尋問は全部なかったことにしてくれといえるでしょうか。

これは無理です。証拠調べが終わると、裁判官は「証人の発言は信用できないから、○○という事実はないな」と心証を決めてしまっています。

そのため、**証拠調べをなかったことにしてくれといっても、その心証は覆せない**のです。

問題を解いて確認しよう

1	証人尋問の申出は、書面でしなければならない。〔7-3-ウ、令3-3-エ〕	×
2	証拠の申出は、口頭弁論期日にしなければならない。〔6-2-2（58-5-3、20-3-イ）〕	×
3	裁判所は、当事者双方が期日に出頭しない場合においても、証拠調べをすることができる。〔11-1-4（61-1-1、2-5-イ、6-2-3、18-1-エ、20-3-オ、26-2-ウ）〕	○
4	証拠の申出は、証明すべき事実及びこれと証拠との関係を具体的に明示してしなければならない。〔20-3-ア〕	○
5	証人尋問の申出は、証人を指定してしなければならない。〔6-2-4〕	○

6	口頭弁論期日において証人尋問の申出を却下された当事者は、その却下決定に対し、即時抗告により不服を申し立てることができる。〔26-3-イ〕	×
7	証拠の申出は、証拠調べが開始される前は自由に撤回することができるが、証拠調べが終了した後は撤回することはできない。〔20-3-ウ〕	○
8	証拠の申出は、証拠調べが開始された後でもその終了前であれば、相手方の同意を得ることなく、撤回することができる。〔58-1-3〕	×
9	証人尋問の申出をした当事者は、相手方の同意があっても、その証人尋問が終了した後は、その申出を撤回することができない。〔56-1-5（2-5-ウ）〕	○

×肢のヒトコト解説

1 証拠の申出は口頭でも可能です。

2 口頭弁論前に、証拠の申出をすることが可能です。

6 決定に対しては、不服申立てをすることは、原則できません。

8 相手の同意がなければ、撤回できません。

これで到達！ 合格ゾーン

□ 証拠の申出が適法に撤回された後に、その審級において、同一当事者が同一証拠につき証拠の申出をすることは許される。〔31-4-ウ〕

★証拠の申出が適法に撤回されると、その証拠申出はなかったことになります。その後、改めて証拠申し出をすることは、問題なくできます。

2周目はここまで押さえよう

◆ 職権証拠調べの可否 ◆

職権証拠調べができる場合	職権証拠調べができない場合
① 専属管轄に関する証拠調べ(14)	① 証人尋問
② 当事者尋問(207 Ⅰ)	② 鑑定(216)
③ 訴訟係属中の証拠保全(237)	③ 文書送付の嘱託(226)
④ 検証の際の鑑定(233)	④ 文書提出命令
⑤ 調査の嘱託(186)	⑤ 検証

証拠調べを始めるには、「これを証拠調べしてください」という証拠の申出が必要です。証拠申出がないのに、証拠調べをすることを職権証拠調べと呼びますが、これは原則禁止されています。

ただ、「当事者から申立てはありませんが、〇〇を証拠調べします」という職権証拠調べが許されているものがあります。

上記の図表の左側の5つは、丸暗記するようにしてください。

① 専属管轄に関する証拠調べ(14)

ここでの職権証拠調べというのは「専属管轄にあたっているかどうかを調べるために、契約書を提出してもらう」、こういうイメージを持ってください。

専属管轄にあたるかどうかは公益的な要素があるため、その可否を判断する証拠調べは職権でもできるようにしているのです。

② 当事者尋問(207 Ⅰ)

当事者を呼びだすことは真実発見のために必要なので、職権でできるようにしています。

③ 訴訟係属中の証拠保全(237)

訴訟中に証拠がなくなりそうな場合に事前に証拠調べをすることを、証拠保全といいます。

これは「〇〇の証拠がなくなりそうだから、証拠保全をしてください」という申出があった場合だけでなく、「〇〇の証拠がなくなりそうだから、証拠保全を行います」と職権で行うことも認められています。

④　検証の際の鑑定（233）

検証という物を調べる際に、専門家を呼ぶことをいいます。例えば、ＰＣを調べようとするときに、専門的な操作をするために詳しい人を呼ぶような場合などはこれにあたります。

単に、専門家を呼んで話を聞くような鑑定は、職権ではできませんが、上記のような鑑定は検証手続をスムーズに行うため、職権での呼び出しが認められています。

⑤　調査の嘱託（186）

例えば、「７月１日の越谷市南大沢の天気を知りたい」場合、裁判所は独断で関係団体に問い合わせができます。これが調査の嘱託です。

公知の事実であれば、職権証拠調べ禁止という規制をかけなくてもいいだろうという趣旨のもと認められています。

		結論
嘱託先と調査事項	186条に例示されている団体以外の個人に嘱託すること	不可
口頭弁論への顕出	嘱託先から報告書が送付された場合には、その報告書を書証として証拠調べは必要か	証拠調べ手続は不要
	調査の結果を証拠とするには、当事者の援用が必要か	当事者の援用は不要

例えば、株価を知りたくなった場合には、証券取引所に問い合わせになります。186条に例示されている団体に問い合わせることが要求され、株式に詳しいとしても個人に問い合わせることを認めていません（調査事項について公正で正確な報告を期待できる者に限定する趣旨です）。

そして、嘱託先から報告書が送付された場合には、それだけで裁判の資料にすることができます。当事者からの援用を求めたり、報告書を証拠調べをしたりすることは不要です。

☑ 1	裁判所は、必要があると認めるときは、訴訟の係属中、職権で、証拠保全の決定をすることができる。〔11-3-1〕	○
2	裁判所は、官公署への調査嘱託を、職権ですることはできない。〔60-7-4（23-5-ア）〕	×
3	裁判所は職権で文書提出命令をすることができる。〔元-4-2〕	×
4	裁判所は職権で鑑定をすることができる。〔元-4-5〕	×
5	裁判所は職権で検証をすることができる。〔元-4-3〕	×
6	裁判所は、当事者の申立てがあるときに限り、検証をするに当たり、鑑定を命ずることができる。〔27-4-ウ〕	×
7	裁判所は、必要があると認めるときでも、相当の設備を有する法人に鑑定を嘱託することはできない。〔オリジナル〕	×
8	裁判所による調査の嘱託は、官庁・公署、会社その他の団体のみならず、自然人である個人に対しても行うことができる。〔21-2-エ〕	×
9	調査嘱託の嘱託先から報告書が送付された場合には、その報告書は文書であるから、当事者がこれを書証として提出し、取り調べられなければ、証拠資料にはならない。〔23-5-イ改題〕	×
10	裁判所が民事訴訟法第186条に基づく調査の嘱託によって得られた調査の結果を証拠とするには、当事者の援用が必要である。〔28-3-ウ〕	×

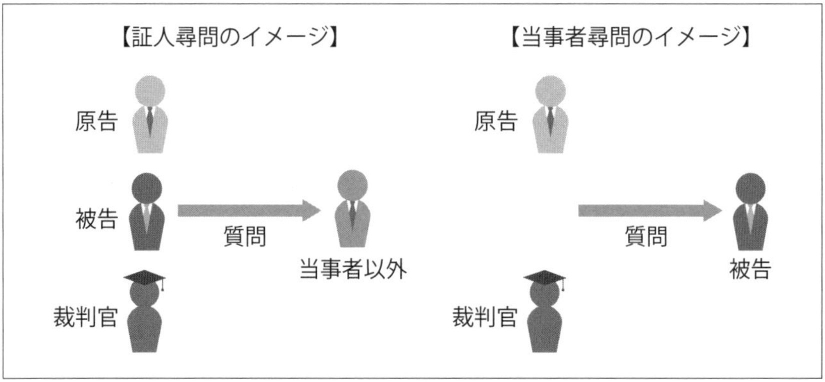

これから、証拠調べの手続を１つ１つ見ていきます。
まずは、人を呼んで質問するという制度です。

質問する制度には、当事者尋問というものと、証人尋問というのがあります。**原告・被告から話を聞くのが当事者尋問**で、**それ以外から質問して話を聞くのが、証人尋問**です。

当事者尋問という制度は、なぜあるのでしょう。
当事者は訴訟に来ているので、わざわざ「呼び出して」質問するという必要はないはずです。

これは、その当事者が弁護士に委任している場合を想定しています。
弁護士に委任している場合は、その当事者は訴訟には行かないことがほとんどです。
ただ、真実をよく知っているのはその本人です。
そこで、**真実を確認するため、当事者を呼んで質問をする**のです。

	当事者尋問	証人尋問
職権証拠調べ（207Ⅰ）	できる	できない

職権証拠調べとは、申出もないのに取調べをするということで、これは基本ＮＧです。

ただ、**当事者尋問をするときは、職権証拠調べが許されます。**

裁判所には、真実を発見する責務があります。**真実を知っている当事者から話を聞きたいと思ったら、当事者が申出をしていなくても、当事者尋問を開始することができる**のです。

	当事者尋問	証人尋問
尋問に代わる書面の提出（205・210）	できない	できる
（簡易裁判所）尋問に代わる書面の提出（278）	できる	できる

呼び出されても、出頭しなくてもいい方法があります。

これは、質問事項を紙に書いておいてもらい、回答を紙に書いて提出した場合です。

ただ、当事者尋問は、本人に来てもらって話を聞くのが目的なので、**回答を書面に書いて提出することによって、裁判所に出頭しないことは認めません。**

ただ当事者尋問でも、簡裁は別です。金額が低い訴訟に出頭するよう要求しにくいため、書面提出を認めています。

	当事者尋問	証人尋問
宣誓（207 I 後段・201）	裁量的	必要的
虚偽陳述に対する制裁（209、刑169）	過料	偽証罪

証人尋問では、証人に宣誓をしてもらいます。嘘をつかないと宣言してもらうのです。この宣言をしたのに、嘘をついた場合は、偽証罪になります。

一方、当事者尋問については、この宣誓は要求されていません。

原告・被告は、勝つために訴訟をしています。

そのため、「**勝とうとしているから、嘘をつくのもしょうがないだろう**」という配慮から、**宣誓を義務化することはなく、嘘をついても偽証罪にしなかった**のです。

	当事者尋問	証人尋問
不出頭（208・192～194）	裁判所は尋問事項に関する相手方の主張を真実と認めることができる	過料、罰金・拘留、勾引

裁判所から呼ばれた場合には、出頭する義務があります。そのため、呼ばれた証人が出頭しない場合は、罰金を取られたり、勾引されたりします（勾引：無理やり引きずられて連れて行かれるというイメージです）。

一方当事者尋問ではもっと強い制裁を課します。

来なかったら、向こうの言い分を真実と認めちゃうよ。
出頭しないと、大変なことになるぞ！！
裁判所
呼び出しを受けた当事者

相手の言い分が真実になると困るので、呼ばれた当事者は出頭するでしょう。そのため、**当事者尋問では、勾引・罰金などの制裁は規定されていません**。

問題を解いて確認しよう

1	裁判所は、証人尋問においては、証人の尋問に代えて書面の提出をさせることができるが、当事者尋問においては、簡易裁判所の訴訟手続に限り、当事者本人の尋問に代えて書面の提出をさせることができる。〔24-4-イ〕	○
2	宣誓は、証人を尋問する場合には、法律に特別の定めがある場合を除き、これをさせなければならないが、当事者本人を尋問する場合には、裁判所が裁量によりこれをさせるかどうかを決めることができる。〔10-4-4（24-4-エ）〕	○
3	宣誓をした者が虚偽の陳述をした場合、その者が、証人であるときは偽証罪による刑事罰が科せられるが、当事者本人であるときは、刑事罰を科されることはなく、過料の制裁が科されるのみである。〔10-4-5〕	○
4	裁判所は、当事者本人の尋問の決定を受けた当事者が、正当な理由なく出頭しないときは、過料に処することができる。〔54-3-5（24-4-オ）〕	×

5	正当な理由なく出頭しない者の勾引は、その者が、証人である場合には行うことができるが、当事者本人である場合には行うことができない。〔10-4-3（6-2-1）〕	○
6	簡易裁判所は、相当と認めるときは、当事者尋問に代えて、当事者に書面を提出させることができる。〔16-3-ウ改題（6-3-5）〕	○
7	証人尋問は、当事者の申立てがなければすることができないが、当事者本人の尋問は、裁判所が職権ですることができる。〔10-4-1（60-7-5、元-4-4、16-3-エ、24-4-ア）〕	○

×肢のヒトコト解説

4 真実とみなすことができるので、過料にする必要はありません。

2周目はここまで押さえよう

◆証人尋問の可否◆

<table>
<tr><th colspan="3"></th><th>証人尋問の可否</th></tr>
<tr><td>①</td><td colspan="2">補助参加人（福岡高決28.10.30）</td><td>○</td></tr>
<tr><td rowspan="2">②</td><td rowspan="2">法定代理人・法人の代表者</td><td>訴訟において代理していない者</td><td>○</td></tr>
<tr><td>現に訴訟において代理する者</td><td>×</td></tr>
<tr><td>③</td><td colspan="2">訴訟代理人</td><td>○</td></tr>
<tr><td>④</td><td colspan="2">共同訴訟人Ａ及びＢのうちＡのみが、第一審判決に対して控訴を提起し、Ｂについては第一審判決が確定している場合のＢ</td><td>○</td></tr>
</table>

当事者（原告・被告）以外から話を聞くのが、証人尋問です。そのため、補助参加人や訴訟代理人は当事者ではないので、彼らから話を聞くのは証人尋問となります。

一方、法定代理人は、訴訟活動ができない当事者と同じ扱いを受けるため、その人から話を聞くのは当事者尋問となるのが基本です（ただ、実際の代理をしていない法定代理人は当事者扱いを受けません）。

上記の図の④ですが、Ｂの訴訟が確定している場合、もうＢは当事者でなくなっています。そのため、彼から話を聞くのは証人尋問になります。

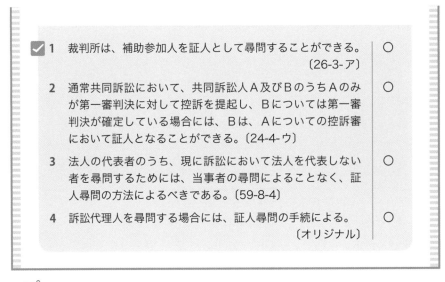

☑ 1	裁判所は、補助参加人を証人として尋問することができる。〔26-3-ア〕	○
2	通常共同訴訟において、共同訴訟人Ａ及びＢのうちＡのみが第一審判決に対して控訴を提起し、Ｂについては第一審判決が確定している場合には、Ｂは、Ａについての控訴審において証人となることができる。〔24-4-ウ〕	○
3	法人の代表者のうち、現に訴訟において法人を代表しない者を尋問するためには、当事者の尋問によることなく、証人尋問の方法によるべきである。〔59-8-4〕	○
4	訴訟代理人を尋問する場合には、証人尋問の手続による。〔オリジナル〕	○

Point

書証

文書に記載された意味内容を証拠資料にするための証拠調べをいう

物を調べる手続には、書証と検証があります。文書の内容を読むのが書証という手続で、それ以外で物を調べるのが検証です。司法書士試験では、書証ばかり出題されています。

まずは、書証の手続の開始段階を見ていきます。

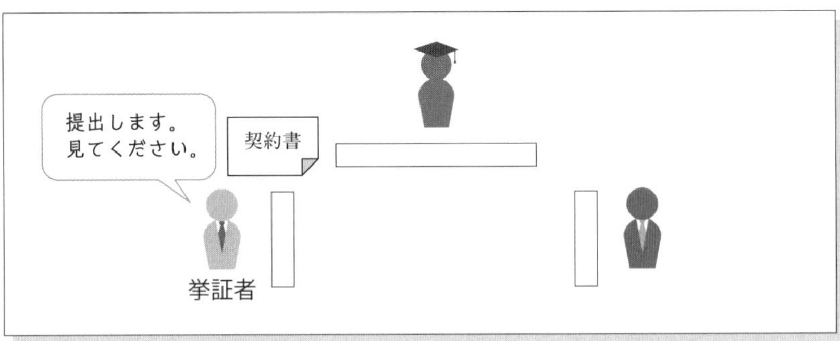

「自分が持っている契約書を読んでほしい」場合、**自分でその契約書を出して、**

証拠調べを申し立てます。

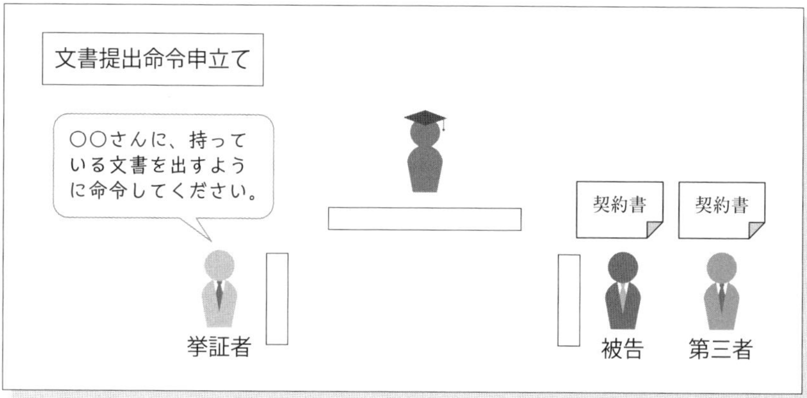

挙証者（証拠調べをしたい人だと思ってください）は、ある文書を裁判所に見てほしかったのですが、この人はその文書を持っていません（訴訟の相手方が文書を持っている場合と、訴訟とは関係ない方が文書を持っている場合があり得ます）。

自分が文書を持っていない場合、裁判所に対して「○○さんに、文書を提出するように命じてくれ」と申立てをします。

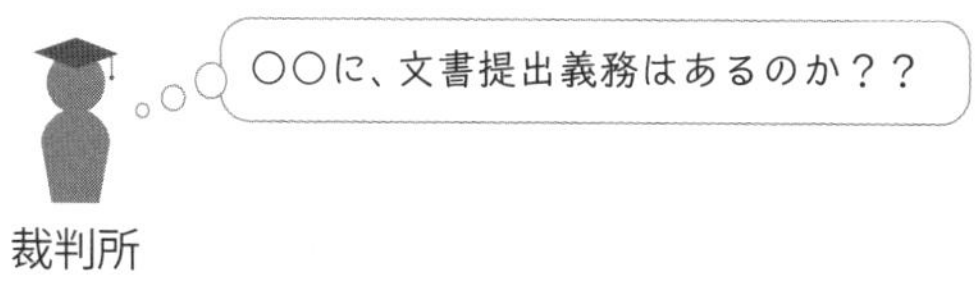

申立てを受けた裁判官は、**その文書を持っている人に、提出義務があるかどうかを審査します。**

これで到達！  合格ゾーン

- □ 文書提出命令の申立ては、①文書の表示（表題・作成日時・作成者等）、②文書の趣旨（文書の内容）、③文書の所持者、④証明すべき事実、⑤文書の提出義務の原因を明らかにしてしなければならない（221）。

- □ 文書の表示又は文書の趣旨に掲げる事項を明らかにすることが著しく困難な場合には、その申立ての時には、これらの事項に代えて文書の所持者がその申立てにかかる文書を識別することができる事項を明らかにすれば足りる（222Ⅰ）。

  ★文書提出命令の申立ての際には多くの事柄を明らかにする必要があります。ただ、申立人が文書の作成にまったく関与していないため、文書の名称や作成者が正確に指摘できないような場合があります。この場合、どの文書のことを言っているのかわかるように書けばよいとして、手続を緩和しています。

223条（文書提出命令等）
2　裁判所は、第三者に対して文書の提出を命じようとする場合には、その第三者を審尋しなければならない。

不意打ちにならないよう、その方に文書提出義務があるかどうか、話を聞くようにしています（審尋という言葉は、呼び出して話を聞くぐらいのイメージです）。当事者であれば、口頭弁論の場で言い分を言う機会があるので、この条文は**訴訟に関係のない第三者に対して提出命令をする場合に使われます**。

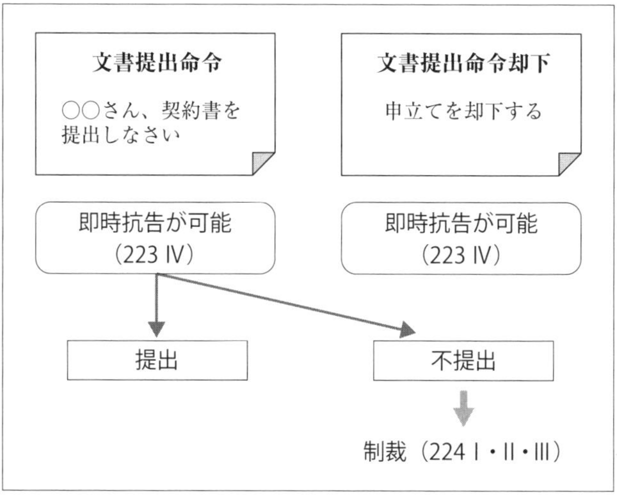

文書提出命令が出るという場合と、却下するという場合があります。

どちらも手続は、決定手続です（名前は文書提出「命令」ですが、手続は決定です)。そして、これについては、不服申立てができます。

決定については、不服申立てができないのが基本ですが、文書提出命令には絶大な力があるので、例外的に即時抗告という不服申立てを認めています。

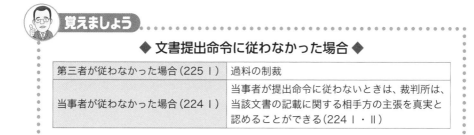

覚えましょう

◆ 文書提出命令に従わなかった場合 ◆

第三者が従わなかった場合（225 Ⅰ）	過料の制裁
当事者が従わなかった場合（224 Ⅰ）	当事者が提出命令に従わないときは、裁判所は、当該文書の記載に関する相手方の主張を真実と認めることができる（224 Ⅰ・Ⅱ）

文書提出命令が発令されたにもかかわらず、それに従わなかった場合には制裁が待っています。この制裁は、「原告から見て、被告が出さなかった場合」か、「原告・被告と関係ない人が出さなかった場合」かで結論が違います。

関係ない人が出さなかった場合は、その方に過料の制裁を科します（お金を払えという命令が出るのです)。

一方、**被告が出さなかったという場合は、真実とみなすことができます**。当事者尋問で出頭しなかった場合と同じです。

自分に不都合があるから提出しなかったんだろう、と考え強い制裁を課すのです。

この場合分けによる引っかけ問題は多いので、どっちが出さなかったら、どうなるかを意識して覚えてください。

文書提出命令

○○さん、契約書を
提出しなさい

文書送付嘱託

○○さん、契約書を
出してくれませんか？

第三者や被告が持っている場合、申立ての手法には2つあります。「契約書を出しなさい」という命令の申立てと、**「契約書を出してくれませんか」というお願いの申立て**です。

相手に文書提出義務がない場合は、お願いの申立てしかできません。

一方、相手に文書提出義務がある場合は、文書提出命令の申立てをすることになりますが、**文書送付嘱託の申立てもできます**。

相手が確実に出してくれそうな場合には、文書提出命令の審議の時間がもったいないので、文書送付嘱託の申立てをするのです。

問題を解いて確認しよう

1	文書提出命令は相手方当事者に対して発することはできるが、第三者に対して発することはできない。〔8-4-2〕	×
2	文書の所持者が訴訟当事者であるか、又は第三者であるかにかかわらず、裁判所は、文書の提出を命じようとするときは、その文書の所持者を審尋しなければならない。〔13-2-イ（4-1-4、25-4-ウ）〕	×

3	文書の提出を命じる決定に対し、当事者は即時抗告をすることができない。〔4-1-2〕	×
4	文書送付の嘱託は、文書所持者の文書提出義務の有無にかかわらず申し立てることができる。〔21-2-ウ（61-6-5）〕	○
5	第三者が文書提出命令に従わないときは、裁判所はその第三者を過料に処すことができる。〔4-1-3（21-2-イ）〕	○
6	当事者が文書提出命令に従わないときは、裁判所はその文書に関する相手方の主張を真実と認めることができる。〔8-4-3（19-3-4）〕	○
7	文書の所持者が訴訟当事者であるか、又は第三者であるかにかかわらず、文書の所持者が文書提出命令に従わないときは、裁判所は、その文書の記載に関する申立人の主張を真実と認めることができる。〔13-2-ウ〕	×

×肢のヒトコト解説

1 文書提出命令は、第三者に対しても発することが可能です。

2 第三者のときだけ、審尋の機会を与える必要があります。

3 決定ですが、例外的に不服申立てができます。

7 真実とみなすことができるのは、当事者が文書を提出しない場合です。

2周目はここまで押さえよう

◆ 文書提出命令の申立てに関する決定への不服申立て ◆

不服申立ての理由	不服申立ての可否
文書提出義務の存否に関するものを理由とする場合	即時抗告が可能（注）
証拠調べの必要性を欠くことを理由とする文書提出命令の申立てを却下する決定に対して、その必要性があることを理由とする場合	独立の不服申立てをすることはできない（最決平12.3.10）

（注）文書提出命令の申立てについての決定に対しては、文書の提出を命じられた所持者及び申立てを却下された申立人以外の者は抗告の利益を有せず、本案事件の当事者であっても、即時抗告をすることはできない（最決平12.12.14）。

「○○さん、文書を出しなさい」「文書提出命令はしません」といった文書提出命令についての決定に対して、「その判断はオカシイ」と不服を申立てることができるでしょうか。

この判断形式は決定です。決定であれば、本来、独立した不服申立てはできないのですが、文書提出命令については即時抗告できるという条文が設けられているため、認められます。

ただし、それは不服の理由次第で変わります。
「文書提出義務がないのに、なぜ、文書提出命令を出したんだ」という不服であれば、認められますが、「この文書を調べる必要性はないはずだ」という不服申立ては認められないのです。

また、Aさんに文書提出命令が出たときに、不服申立てができるのは、Aさんのみです。他の方は不服を言うメリットがないため、仮に当事者であってもA以外の者には、不服申立てを認めていません。

1	文書の提出を命じる決定に対し、当事者は即時抗告をすることができない。〔4-1-2〕	×
2	証拠調べの必要性を欠くことを理由として文書提出命令の申立てを却下する決定に対しては、その必要性があることを理由として独立に不服の申立てをすることはできない。〔25-4-オ（令3-4-オ）〕	○
3	文書提出命令が申し立てられた場合において、文書の所持者である第三者に対してされた文書提出命令に対し、本案訴訟の被告は即時抗告をすることができる。〔30-3-オ改題〕	×

一部提出

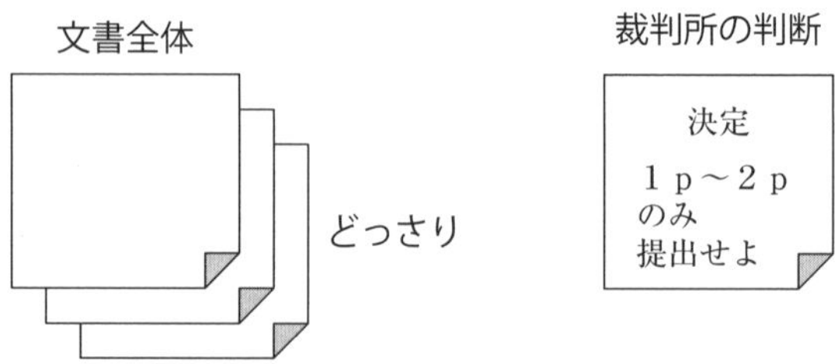

必ずしも、文書全体がその訴訟に関するものとは言えない場合があります。例えば、医療過誤訴訟において、今回の原告以外の他の患者の記載があったとしても、それは不要でしょう。

このように、「文書に取り調べる必要がないと認める部分があるとき」「提出の義務があると認めることができない部分があるとき」は、「その部分を除いて、提出を命ずることができる」ようにしています。

☑ 1 裁判所は、文書提出命令の申立てに係る文書の一部に提出の義務があると認めることができない部分がある場合には、その部分以外の部分につき当該申立てを理由があると認めるときであっても、当該申立ての全部を却下しなければならない。〔30-3-エ〕 ×

これで到達！ 合格ゾーン

- ☐ 不動産登記記録や戸籍等の謄抄本などのように、当事者が法令によって文書の正本又は謄本の交付を求めることができる場合には、文書送付の嘱託を申し立てることはできない（226但書）。〔23-5-ウ〕

  ★「登記事項証明書について、文章送付嘱託をお願いしたい」、こういう申立てはできません。こんなことをしなくても法務局に行けば取れるものだからです。

- ☐ ビデオテープの所持者にその送付を嘱託することができる。〔23-5-オ〕（231）

  ★文書もビデオテープも、裁判官が視覚又は聴覚によってその内容を認識できることから、ビデオテープの取り調べは、文書の証拠調べの条文を使います。

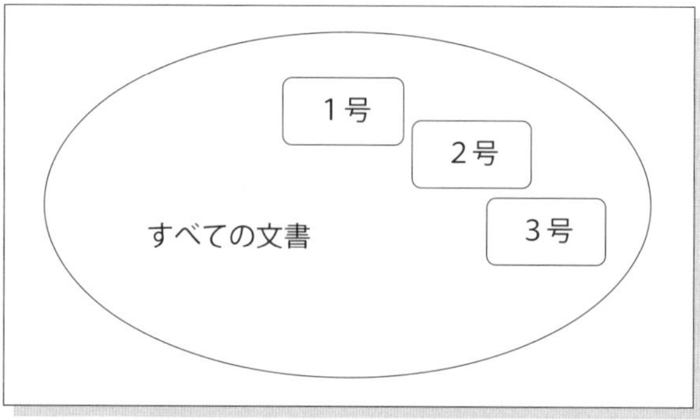

では、次にどのようなときに文書提出義務があるかを見てみましょう。220条1号から3号には、**文書提出義務がある場合が規定されています。**

1号 当事者が訴訟において引用した文書を自ら所持するとき
2号 挙証者が文書の所持者に対しその引渡し又は閲覧を求めることができるとき
3号 文書が挙証者の利益のために作成され、又は挙証者と文書の所持者との間の法律関係について作成されたとき

「契約書によれば、金100万円貸し付けたとなっています」と原告が陳述した場合の契約書は、上記の1号にあたります。**原告が使った文書は、被告でも使えるように提出義務を課している**のです。

「債務者が弁済した時の借用証書」は上記の2号にあたります。債務者が弁済すれば、債務者は債権者に借用証書を要求できます（民487)。**債権者は実体法上、引き渡す義務があるので、訴訟においても渡す義務を課している**のです。

承諾書・受取書・委任状・遺言書・契約書、などは上記の3号にあたります。**当事者の法律関係を示している文書は、提出する義務**があります。

以上が1号から3号なのですが、実はそこまで重要ではありません。次の図を見てください。

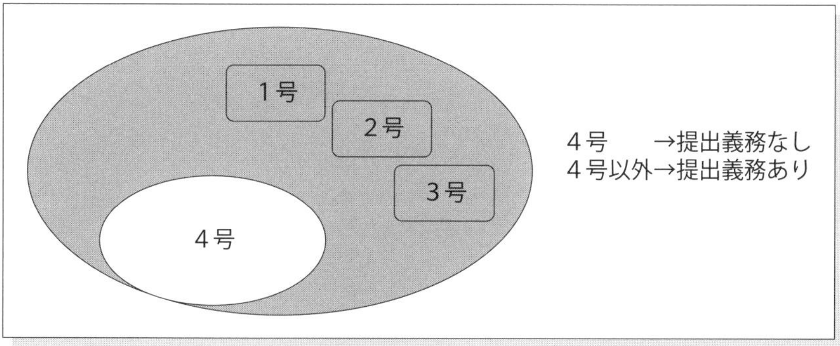

文書の所持者は、原則として提出義務があります。先ほど説明した1号〜3号に該当していなくても提出義務があるのです。

220条には**4号もあり、ここに該当した場合には提出義務がなくなります**。つまり、意識して覚えるべきなのは4号なのです。

	インカメラ手続
4号イ 文書の所持者又は文書の所持者と196条各号の関係を有する者についての同条に規定する事項が記載されている文書	○
4号ロ 公務員の職務上の秘密に関する文書でその提出により公共の利益を害する又は公務の遂行に著しい支障を生ずるおそれのあるもの	○
4号ハ 197条1項2号に規定する事実又は同項3号に規定する事項で黙秘の義務が免除されていないものが記載されている文書	○
4号ニ 専ら文書の所持者の利用に供するための文書	○
4号ホ 刑事事件に係る訴訟に関する書類若しくは少年の保護事件の記録又はこれらの事件において押収されている文書	×

4号のイは、分かりづらいのですが、「**その文書が出回ることによって、自分の親権者の犯罪が発覚し、有罪判決を受けるような場合**」と考えてください。さすがにこういった文書は提出したくないでしょう。

次に、**外交・防衛等の秘密文書は４号のロ**にあたります。こういった文書が出回ることによって、公務の妨害になる場合は提出義務がなくなります。

これで到達！ 合格ゾーン

□ 公務員の職務上の秘密に関する文書について、文書提出命令の申立てがあった場合には、原則として、裁判所は監督官庁（衆議院・参議院・内閣）の意見を聴取しなければならない（223Ⅲ・Ⅴ）。

★申立てに係る文書の記載が公務員の職務上の秘密にあたるか否かを、最もよく知りうる立場にあるため、意見を聴くように条文化しています。

□ 監督官庁が、高度の公益にかかわること（223Ⅳ①②）を理由として、当該文書が220条４号ロに掲げる文書に該当する旨の意見を述べた場合には、その意見について相当の理由があると認めるに足りない場合に限り、その提出を命ずることができる（223Ⅳ）。

★監督官庁が「〇〇という理由から、これは職務上の秘密にあたります。よって提出をしません」と意見をいったとしても、それだけでは通しません。その監督官庁の意見に対して裁判所が妥当かどうかを判断して、提出命令を出すかどうかを決めるのです。

４号ハは、「医師・弁護士等が職務上知りえた秘密で黙秘すべき事実が記載されている文書」「営業上の秘密が記載されている文書（仕入先・仕入原価等）」といった**秘密が載っている文書**と思ってください。

４号ニは、極めて個人的な文書で、**外部に開示されることは予定していないもの**が該当します。例えば、個人の日記や、会社の稟議書などです。

以上の文章は、インカメラ手続というものが採用されています。

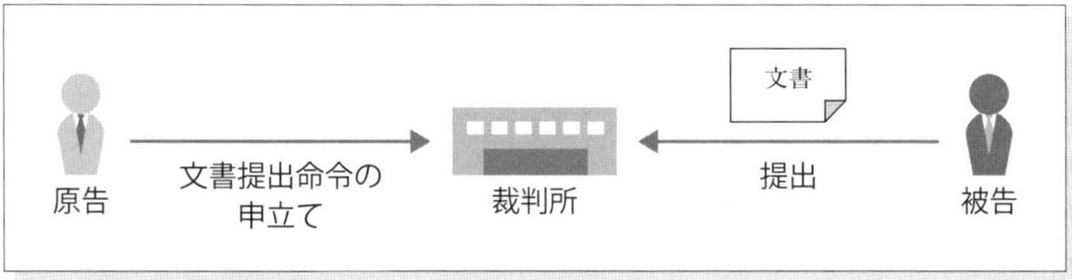

裁判所は、文書提出命令の申立てに係る文書が220条4号イからニまでに掲げる文書のいずれかに該当するかどうかの判断をするため必要があると認めるときは、**文書の所持者にその提示をさせることができます**。

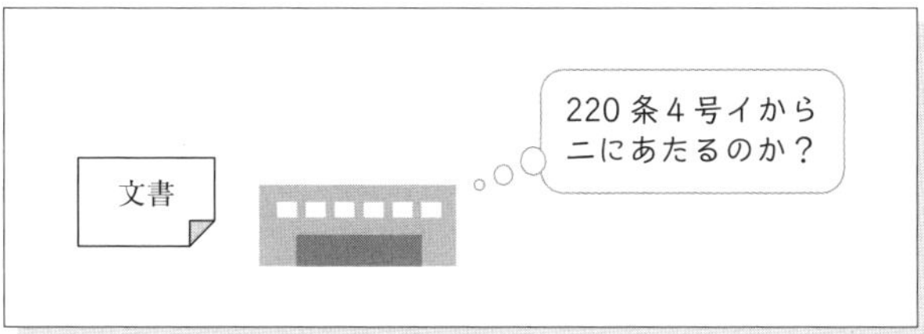

例えば、**身内の犯罪が発覚するような文書であった場合、相手方に見せたくないでしょう。**そこで、220条4号イからニの文書にあたっているかどうかを、裁判所は他の人に開示させることなく、判断する仕組みを取っているのです（これをインカメラ手続と呼びます）。

ただ、**4号のすべてがこの手続をとるわけではありません。4号ホの「刑事事件にかかる訴訟に関する書類若しくは少年の保護事件の記録又はこれらの事件において押収されている文書」はこの手続を取りません**。

これは、**4号ホに該当するかどうかはすぐに判断できるため**です（極論、その文書の表紙でわかるでしょう）。

問題を解いて確認しよう

1	当事者が訴訟において引用した文書を自ら所持するときは、裁判所は相手方の申立てにより、その文書の提出を命じることができる。〔4-1-1〕	○
2	挙証者が文書の所持者に対して閲覧請求権を有する場合には、裁判所は挙証者の申立てにより、その文書の提出を命じることができる。〔4-1-5〕	○
3	文書が挙証者と文書の所持者との間の法律関係について作成された場合、文書の所持者は、その提出を拒むことができない。〔オリジナル〕	○
4	専ら文書の所持者の利用に供するための文書（国又は地方公共団体が所持する文書にあっては、公務員が組織的に用いるものを除く。）は、挙証者と当該文書の所持者との間の法律関係について作成された文書として、文書提出義務の対象となることはない。〔25-4-ア〕	○
5	裁判所は、文書提出命令の申立てに係る文書が刑事事件に係る訴訟に関する書類に該当するかどうかの判断をするため必要があると認めるときは、文書の所持者にその提示をさせることができる。〔26-3-ウ〕	×

×肢のヒトコト解説

5　インカメラ手続の出題です。４号ホについては、この手続は行われません。

◆ 形式的証拠力・文書の実質的証拠力 ◆

形式的証拠力	当該文書が、挙証者の主張する特定人の思想表明として作成されたと認められることをいう。
文書の実質的証拠力	特定人の意思や認識などの意味内容を表現する真正の文書の記載内容が、要証事実の証明にどれだけ役立つかをいう。これは、裁判官の自由心証によって決まる。

誰がその文書を作っているのかが分かる状態にならないと、文書の証拠調べはできません。

誰が作っているか分かる状態、これを「形式的証拠力がある」といったりします。

一方、実質的証拠力という言葉もあります。**その文書が、どれだけ証拠として役立つか**、これが実質的証拠力という言葉のニュアンスです。

	公文書	私文書
成立の真正の証明	原則として証明必要（228 Ⅰ）	原則として証明必要（228 Ⅰ）
成立の真正の推定	文書の方式及び趣旨により公務員が職務上作成したものと認めるべきときは、真正に成立した公文書と推定される（228 Ⅱ）	本人又はその代理人の署名又は押印があるときは、真正に成立したものと推定される（228Ⅳ）

文書の証拠調べをするためには、前提として「この文書は●●が作りました」と証明する必要があります。

ただ、**推定規定があって、証明を楽にしています**。

私文書については、**署名や判子の押印があれば、その人が作ったんだろう**と扱ってくれます。

公文書は**「文書の方式及び趣旨により公務員が職務上作成したものと認めるべきときは、真正に成立した公文書と推定される」と規定**していて、その意味は「いつも通りの形式で作っている（いつもの住民票のフォーマットで作っている。いつもの印鑑証明書のフォーマットで作られている）のであれば、公文書と推定する」と思っておけばいいでしょう。

ちなみに、いつものフォーマットで作っていても、怪しいなと思ったら、その文書を作ったところに問合せができるので（228条3項）、このような推定規定があっても問題はありません。

問題を解いて確認しよう

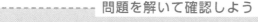

1 教授：文書については、その成立が真正であることを証明しなければならないとされていますが、成立の真正とは、どのようなことをいうのでしょうか。
学生：文書が作成者の意思に基づいて作成されたことを意味します。〔オリジナル〕 ○

2 教授：それでは、成立の真正が証明されると、どうなるのでしょうか。
学生：いわゆる形式的証拠力が認められることになるので、実質的証拠力、すなわち、文書の内容が真実であるという推定が働くことになります。〔オリジナル〕 ×

3 教授：公文書の成立の真正については、特別の規定があるでしょうか。
学生：公文書については、その方式及び趣旨によって公務員が職務上作成したと認められれば、真正に成立した公文書と推定される旨の規定があります。〔オリジナル〕 ○

×肢のヒトコト解説

2 形式的証拠力があったとしても、実質的証拠力があるとは限りません（誰が作った文書かが分かっても、その文書が信用できるかどうかは別問題です）。

これで到達！ 合格ゾーン

□ 文書の成立の真否は、筆跡又は印影の対照によっても証明することができる（229 Ⅰ）。〔19-3-3〕

★誰が文章を作ったかを証明する際に、その文章の筆跡を使って「この筆跡は〇〇さんのものです。よって、その人が書きました」と証明したり、それに押されている押印から「この印鑑は〇〇さんのものです。よって、その人が書きました。」と証明することができます

Point

証拠保全
あらかじめ証拠調べをしておかなければその証拠を使用することが困難となる事情があると認めるとき行う証拠調べ（234）
※　証人尋問・鑑定・当事者尋問・書証・検証の全てが証拠保全可能

交通事故が起きた場合には、いち早く現場検証をすべきです（雨などが降れば現場のブレーキ痕などは消える可能性があります）。こういった場合でも「争点を整理→証拠調べ」という手順を取っていたら間に合わない恐れがあります。

このように、あらかじめ証拠調べをしておかなければその証拠を使用することが困難となる事情があると認める場合には、「**とりあえず、証拠調べだけ先にや**

っておく」ことが可能となっています。これが証拠保全です。

この証拠保全は、「証人が死にそうだから、先に尋問をやっておこう」「医者にカルテを改ざんさせられそうだから、先に書証で中身を見ておこう」といった形で、**どんな証拠調べでも証拠保全手続は採用できます。**

また、訴えを起こした後に証拠保全の申立てができるだけでなく、「この後、訴訟をする予定ですが、とりあえず、証拠保全だけしてくれませんか」と**訴えを起こす前に証拠保全の申立てをすることも可能**です。

証拠保全の申立て	→	決定	→	証拠調べ	→	本訴訟へ
（職権でも可能）				（相手を呼ばないこともある）		（再尋問も可能）

証拠保全は通常申立てによって行われますが、「これは証拠がなくなりそうだ。先に調べます」と職権で開始することも可能です。

その後、証拠保全をするかどうかを決定したうえで、証拠調べをし、その後、本訴訟に内容を持っていって訴訟資料にします。

この証拠調べは、本来相手側当事者も呼び出して行うべきですが、**急速を要する場合には、呼び出さずに証拠調べをする**ことも認めています。

ちなみに、証拠保全の手続において尋問をした証人について、**当事者が口頭弁論における尋問の申出をしたときは、再尋問をする**ことになっています。

（急いで行った尋問も、後日、冷静になって口頭弁論の場でもう一度尋問できるのです）。

問題を解いて確認しよう

1	裁判所は、あらかじめ証拠調べをしておかなければその証拠を使用することが困難となる事情があると認めるときは、申立てにより、証拠保全の決定をすることができる。〔令2-4-ア〕	○
2	証拠保全の手続においては、当事者尋問を行うことができない。〔令2-4-イ〕	×
3	文書については証拠保全の申立てをすることができる。〔8-4-5〕	○
4	証拠保全の申立ては、訴えの提起後においてもすることができる。〔21-2-オ〕	○
5	裁判所は、必要があると認めるときは、訴訟の係属中、職権で、証拠保全の決定をすることができる。〔11-3-1〕	○
6	証拠保全の手続において尋問をした証人について、再度、当事者が口頭弁論における尋問の申出をした場合には、裁判所は、その申出を却下しなければならない。〔令2-4-オ〕	×
7	裁判所は、急速を要する場合には、証拠保全の手続における証拠調べの期日に相手方を呼び出さずに証拠調べをすることができる。〔令2-4-エ〕	○

×肢のヒトコト解説

2 証拠保全においては、どんな証拠調べも可能です。

6 再尋問が必要となります。

これで到達！ 合格ゾーン

□ 証拠保全の決定に対しては、不服を申し立てることができない（238）。〔令2-4-ウ〕

□ 証拠保全の申立てを却下した決定に対しては、抗告をすることができる（328 Ⅰ）。〔11-3-3〕

★「証拠保全をしてほしい」と申し立たところ、却下された場合は不服申立てができますが、受理された場合には不服申し立てができません。この不服申立てを審理して時間がとられたら、証拠がなくなる可能性が更に高まるからです。

第3節 自由心証主義

247条（自由心証主義）
　裁判所は、判決をするに当たり、口頭弁論の全趣旨及び証拠調べの結果をしん酌して、自由な心証により、事実についての主張を真実と認めるべきか否かを判断する。

自由心証主義
→　裁判官は、何を証拠にしてもいい
　　裁判官は、証拠をどのように判断してもいい

私は、自由心証主義を上記のように理解しています。

例えば、弁済があったと主張したら向こうが否定をした場合、その弁済について証拠調べをすることになります。

この場合、**当事者は何を証拠にしてもいい**し、裁判官はその**証拠をどのように判断しても構いません。**

この自由心証主義の内容を、細かく見ていきます。

覚えましょう

自由心証主義
①証拠方法の無制限

証拠方法というのはやり方という意味ではなく、調べる対象です。**証拠方法の**

無制限とは、何でも調べられますよということを意味します。

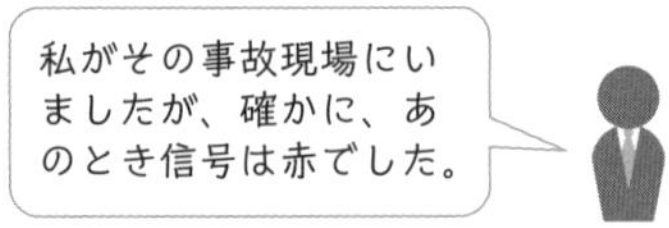

私がその事故現場にいましたが、確かに、あのとき信号は赤でした。

ある証人がこんな発言をした場合、この人はその現場にいたんでしょう。これは、その人が体験したことを発言してもらっています。

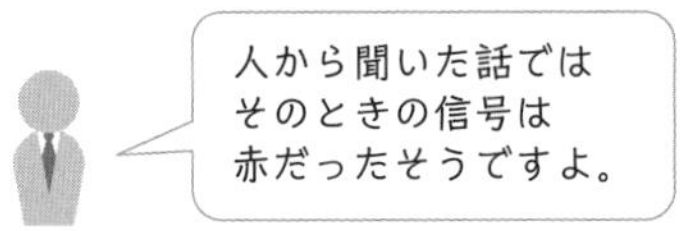

人から聞いた話ではそのときの信号は赤だったそうですよ。

このような発言をした場合、その人自身は見ていません。その人自身が見ていない、人から聞いたものを伝える。これを伝聞証拠といいます。

何でも証拠にできるため、こういった伝聞証拠も証拠にすることができます（ただ、どれだけ信用力があるかどうかは別物ですが…）。

覚えましょう

自由心証主義
②証拠力の自由評価
③間接事実の自由評価
④弁論の全趣旨の斟酌

②証拠力の自由評価

証人がどんな発言をしようとも、契約書が何枚出ようとも、事実があるかどうかは裁判官の印象に任せます。大昔（しかも、外国の話ですが）、証人が３人ＹＥＳといったら、その事実はあると認定しなさいとしているところもありました。

今の日本の裁判官は証人が３人ＹＥＳと言っていても、「あやしい」と思えば、その事実をＮＯと判断できます。

③間接事実の自由評価

前に説明した、状況証拠というものです。

この状況証拠は、証拠と対等の立場にあります。証拠がないときの補充的な扱いではなく、対等な立場です。

④弁論の全趣旨の斟酌

Point

弁論の全趣旨

当事者又は代理人の弁論内容・態度・攻撃防御方法の提出の有無又は時期等口頭弁論にあらわれた一切の資料・状況

例）証拠調べをしても、その結果よりも弁論の全趣旨を重視して事実認定をしてもよい。

例えば、「弁済したという証拠がいっぱいある、状況証拠もそろっている」状態でも、発言の仕方や態度を見る限り、どう見ても弁済の事実はないと確信をした場合、弁済の事実はないと判断することもできます。

問題を解いて確認しよう

1	自由心証主義の下では、反対尋問を経ない伝聞証言には証拠能力が認められない。〔13-3-エ（17-1-5)〕	×
2	自由心証主義の下では、弁論の全趣旨のみで事実認定をすることも許される。〔13-3-ウ（17-1-1)〕	○

×肢のヒトコト解説

1　伝聞証拠であっても、証拠能力は認められています。

第5編 訴訟の終了

訴訟が終わる場面は、大きく分けて、裁判所が判決を出して終わる場合と、当事者の行為で終わらせるという場合があります。毎年、1問から2問は出題される分野です。しっかり時間を取って読むようにしてください。

～紛争が解決するのが何よりですから、当事者間の和解が優先します～

第1章 当事者の行為による終了

令和7年本試験は ここが狙われる！

当事者の意思で訴訟を終わらせる方法には
訴えの取下げ：原告から訴訟を取り下げる行為
請求の放棄、認諾：ギブアップすること
和解：示談すること　があります。
特に取下げと、請求の放棄・認諾の比較がよく出題されます。

Point

訴えの取下げ

審判の申立てを撤回する旨の裁判所に対する原告の意思表示

これは「訴訟をなかったことにしてくれ」という、原告の申立てです。
いつまで、この行為ができるかが頻繁に出題されます。

覚えましょう

訴えの取下げができる時期
訴え提起後終局判決の確定に至るまで（261 Ⅰ）

意識するのは、確定という文字です。**判決が出るまでではなく、固まるまで取り下げることができる**のです。

そもそも、この訴えの取下げというのは、

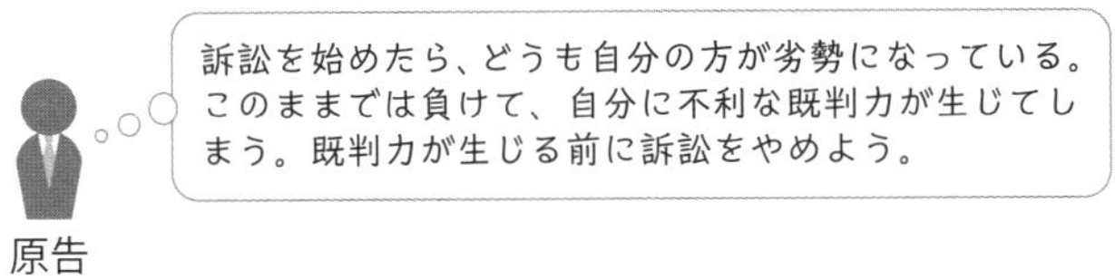

訴訟を始めたら、どうも自分の方が劣勢になっている。このままでは負けて、自分に不利な既判力が生じてしまう。既判力が生じる前に訴訟をやめよう。
原告

というような場合に行うのです。

既判力が出る前にやめようという原告の意思を尊重して、訴えの取下げは判決の確定までできるとされています。

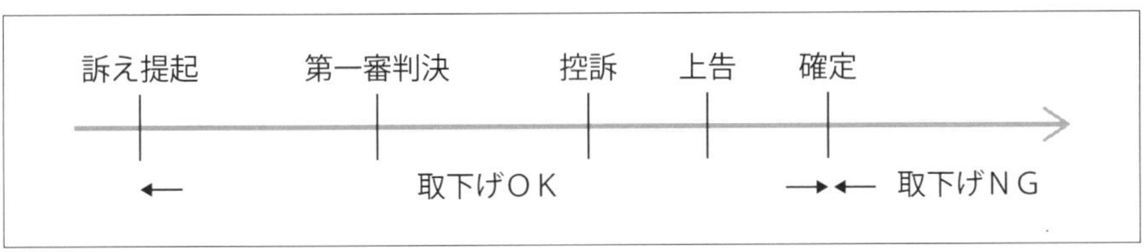

上の図でいうと、訴えを起こした後、第一審の判決が出ても、取下げができますし、控訴上告しても、取下げはできます。

一方、判決が確定すると既判力が生じるため、もう取り下げることはできません。

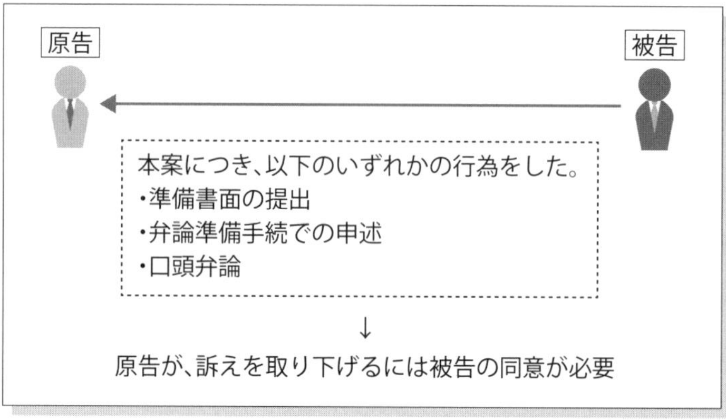

原告が訴えを取り下げる場合、**被告に取り下げていいですかと同意を求める必要は、基本ありません**。

ただ、上の図のような被告が反論した状況だと変わります。**被告が反論した場合は、被告のＯＫがないと取下げができません**。

被告が反論したのはなぜでしょう。訴訟に勝って、自分に有利な既判力が欲しいからです。

取り下げられれば、訴訟はなかったことになるので、既判力は生まれません。**既判力が欲しい被告に酷なため、反論した被告のＯＫがなければ取下げができない**としました。

原則	書面によることを要する（261 Ⅲ本文）
例外 口頭による取下げ （261 Ⅲ但）	口頭弁論、弁論準備手続又は和解の期日における取下げであること

取下げは、取下書という紙を作って行います。証拠を残すために、書面でやることを要求しているのです。

ただ、口頭弁論の最中であれば、口頭で取り下げることもできます。この場合は、**取り下げる旨が口頭弁論調書に書かれ、証拠として残るから問題ありません**。

Point

訴え取下げの効果

① 訴訟係属の遡及的消滅（262 Ⅰ）

② 再訴の禁止（262 Ⅱ）

→ 本案について終局判決があった後に訴えを取り下げた者は（原告は）同一の訴えを提起できない。

これが訴え取下げの効果です。

①訴えの取下げには遡及効があり、**訴訟は初めから全くなかった**ことになります（民事訴訟で、遡及効が生じるのは珍しいケースです）。

②裁判所が判決を言い渡した後に取り下げたら、どうなるでしょう。訴訟は初めからなかったことになるので、作った判決もなかったことになります。

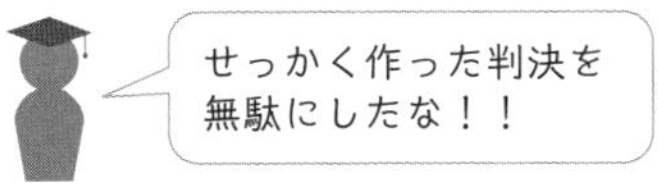

裁判官

これは判決を作った裁判官は、せっかく作ったのになかったことにされたため、カチンときますよね。

そこで、**本案の判決後に取り下げた者に「もう同じ内容で訴えるな」という再訴禁止効という制裁**を課したのです。

覚えましょう

訴えの取下げ　～時期による要件・効果の比較～

	訴え提起	訴状送達	被告本案の準備書面提出	被告本案の弁論	本案判決言渡し	控訴提起	本案判決言渡し	判決確定
取下げの可否 ○＝できる　×＝できない	○	○	○	○	○	○	○	×
被告の同意 ○＝必要　×＝不要	×	×	○	○	○	○	○	
再訴禁止効 ○＝ある　×＝ない	×	×	×	×	○	○	○	

論点とその基準を今一度確認していきましょう。

訴えの取下げは、いつまでできるのでしょう。これは、既判力が生じる確定までできます。

被告の同意はいつから必要になるのでしょう。これは、向こうが反論してきたら、**既判力への期待を保護するため**に、同意が必要になります。

最後に、再訴禁止効はいつ生じるのでしょう。判決が出た後に取り下げると、**判決が無駄になる制裁を科した**のでした。

上の図を見ながら、この論点を確認してください。

問題を解いて確認しよう

1	控訴審においては、控訴の取下げをすることはできるが、訴えの取下げをすることはできない。〔9-5-4（26-5-ア）〕	×
2	第一審原告は、自ら控訴した後に、訴えを取り下げることはできない。〔6-4-2（4-4-1）〕	×
3	被告が第1回口頭弁論期日に出頭した場合には、答弁書その他の準備書面を提出せず、弁論せずに退廷したときであっても、原告がその後に訴えを取り下げるには、被告の同意を得なければならない。〔9-5-2（20-4-エ）〕	×
4	被告が本案について準備書面を提出した後においては、訴えの取下げは、被告の同意がなければ効力を生じない。〔元-3-5（22-5-エ）〕	○
5	訴えの取下げは、書面でしなければ、効力を生じない。〔9-5-3（57-2-イ、61-5-ア）〕	×
6	原告が訴えの取下げをしたのが第一審の終局判決を受ける前であれば、後に同一の訴えを提起することも許される。〔9-5-1（4-4-4、20-4-ウ）〕	○

×肢のヒトコト解説

1 確定するまで取り下げることができます。

2 控訴をすれば、判決が確定しないため、取り下げることが可能です。

3 まったく反論していないため、同意がなくても取下げができます。

5 口頭弁論期日では、口頭で可能です。

2周目はここまで押さえよう

◆ 再訴禁止の要件と効果 ◆

要件	①本案の終局判決後に訴えを取り下げたこと ②再訴が前訴と同一であること
効果	原告再訴が禁止される。

例えば、「訴えを却下する」という判決があったのちに、原告が控訴し、その後「訴訟要件を備えたあとに訴える」ために、取り下げました。

この後、彼の再訴を禁止すべきでしょうか。

これは特段問題ないでしょう。判決であっても訴え却下判決であれば、そこまで裁判所の負担は大きくなく、上記のような行為を禁じる制裁をかける必要はないものと思われます。

そのため、再訴禁止は「本案の」判決が出された後に取り下げた場合に生じるとしました（本案の判決というのは、訴訟物についての判決のことです）。

また、下記のような事例ではどうでしょう。
①第一審で本案判決
②控訴審において「第一審判決を取り消す。○○の事情を踏まえて、今一度、第一審からやり直すこと」という判決が出る
③やり直しの第一審において、原告が取り下げる

この事例では再訴の禁止は生じません。控訴審で第一審判決が取り消されたため、「本案判決後に取り下げる」という要件を満たさないためです。

最後に、「本案判決後に訴えを取り下げた」場合に、既判力を求めた被告が訴える行為は禁じられるでしょうか。

制裁を科すのは、訴えを取り下げた原告です。そのため、被告から同じ訴訟物で訴えることは可能です。

☑ 1	本案について第一審の終局判決があり、当該終局判決が控訴審で取り消されて差し戻された場合において、原告が差戻し後の第一審において終局判決があるまでに訴えを取り下げたときは、その原告は同一の訴えを提起することができる。〔26-5-オ〕	○
2	訴えを却下した判決の後に当該訴えを取り下げた場合には、原告は、同一の訴えを提起することができない。〔16-2-エ〕	×
3	本案の終局判決後に訴えを取り下げた場合には、当事者双方とも同一の訴訟物について訴えを提起することはできない。〔62-1-4〕	× 被告は可

◆同意と通知◆

- 相手方の同意必要（261Ⅳ）
  - 取下げを書面でした場合 ―― その書面を相手方に送達
  - 取下げを口頭でした場合 ―― 相手方出席：送達不要／相手方欠席：調書の謄本を送達
- 相手方の同意不要 ―― 書記官から相手方に通知（規162Ⅱ）

訴えの取下げは、原告の単独行為ですが、それはどうやって相手に知らされるのでしょう。

相手が応戦して、訴えの取下げに相手の同意がいる場合は、取下書を相手に送達します。厳格な手続を使って確実に知らせようとしているのです。

ただ、期日において、相手が出頭している場合は、別途知らせる必要はないので、送達はしません（相手が欠席している場合は、相手に調書の謄本を送達します）。

一方、まだ相手が応戦していない場合は、単純に「原告は取り下げた」ことを伝えればよく、送達手続は不要です。

1	相手方が本案について準備書面を提出し、弁論準備手続において申述をし、又は口頭弁論をした後、書面による訴えの取下げがあった場合には、裁判所は、その書面を相手方に送達しなければならない。〔4-4-2〕	○
2	訴えの取下げを口頭弁論の期日において口頭でする場合には、相手方がその期日に出頭していることを要する。〔29-3-ア〕	×

これで到達！ 合格ゾーン

□ 詐欺脅迫等明らかに刑事上罰すべき他人の行為により訴えの取下げがなされるに至ったときは、訴えの取下げは無効である（最判昭46.6.25）。〔26-5-イ〕

★訴訟行為は、行為者の意思の瑕疵によって、直ちに無効になることはないのですが、上記のような刑事事件になるような行為であれば話は別です。

Point

請求の放棄　：　原告が自らの請求に理由がないことを認める陳述

請求の認諾　：　被告が原告の請求に理由のあることを認める陳述

これは訴訟中にギブアップする行為です。

請求という文字を訴訟物と置き換えてみてください。原告が出してきた訴訟物を認めるのが被告のギブアップ、原告が出した訴訟物を捨てるのが原告のギブアップです。

覚えましょう

◆ 訴えの取下げ、請求の放棄・認諾の比較 ◆

		訴えの取下げ	請求の放棄・認諾
方式	原則	書面によることを要する（261 Ⅲ本文）	口頭弁論・弁論準備手続・和解の期日に出頭して行う（266 Ⅰ）
	例外	口頭による取下げ（261 Ⅲ但書） 〈要件〉 口頭弁論、弁論準備手続又は和解の期日における取下げであること	放棄・認諾をする旨の書面を提出した当事者が上記期日に欠席した場合 →裁判所又は受命裁判官又は受託裁判官は、放棄・認諾の陳述があったものとみなすことができる（266 Ⅱ）
条件を付けること		不可	不可
相手方の同意		被告が本案について準備書面の提出・弁論準備手続での申述・口頭弁論のいずれかをした後は必要	不要

効果	①	訴訟係属の遡及的消滅（262 Ⅰ）	訴訟の終了
	②	再訴禁止（262 Ⅱ）	
	③		確定判決と同一の効力（267）
控訴審において行った場合		第一審の判決は、その効力を失う	第一審の判決は、その効力を失う

これは取下げと、ギブアップの図表になっています。

方式

ギブアップの場合、**原則は出頭して口頭で伝える必要がありますが、書面を提出して出頭しないという方法も認められています**。

「ギブアップを相手の面前で言いたくない」という場合は、書面を提出することになります。

条件を付けること

「君が○○をしたら、自分は訴えを取り下げてもいいよ」という意思表示、**取下げに条件を付けることは認められません**。

条件が成就すると訴訟が終了し、条件が成就しないと訴訟が終了しないこととなり、**訴訟関係が不安定になるため**です。

そのため、「君が○○をしたら、自分はギブアップしてもいいよ」と**請求の放棄・認諾に条件をつけるのも同様に認められません**。

相手方の同意

ギブアップをするのに、**「ギブアップしてもいいですか」と相手の同意をとる必要はありません**。ギブアップによって、相手の勝ちになるため、相手に不利益はないからです。

効果

ギブアップをすると、訴訟が終わります。そして、その**ギブアップには、確定**

判決と同じ力が生じます。そのため、請求の認諾のあった場合、強制執行も可能になります。

控訴審で行った場合

例えば控訴審で判決が出て、それが固まったら第一審判決は失効します。

それと同じで、**控訴審で請求の放棄認諾をすると、それが確定判決扱いになるため、第一審判決が失効する**のです。

問題を解いて確認しよう

1	請求の放棄又は認諾をする旨の書面を提出した当事者が口頭弁論期日に出頭しないときは、裁判所は、その旨の陳述をしたものとみなすことができる。〔16-2-ウ（26-2-エ）〕	○
2	被告が本案について準備書面を提出した場合には、訴えの取下げも、請求の放棄も、被告の同意を得なければ、その効力を生じない。〔22-5-エ（元-3-5）〕	×
3	請求の放棄をするには相手方の同意を要する。〔3-3-2〕	×
4	訴えの取下げがあると、訴訟係属は、遡及的に消滅するが、請求の放棄がされても、訴訟係属は、遡及的には消滅しない。〔22-5-オ〕	○
5	訴えの取下げがあった部分については、最初から訴訟の係属がなかったことになる。〔4-4-5〕	○
6	控訴審において、第一審の原告が訴えを取り下げた場合、第一審判決は効力を失うが、第一審の原告が請求の放棄をした場合には、第一審判決の内容が確定する。〔オリジナル〕	×
7	請求の放棄には、条件を付することはできないが、請求の認諾は、原告が一定の財産上の給付をすることを条件にすることができる。〔22-5-イ〕	×

×肢のヒトコト解説

2, 3　請求の放棄をする場合、相手の同意は不要です。

6　請求の放棄をすれば、それが確定判決扱いになるので、第一審判決は失効します。

7　請求の放棄、請求の認諾、どちらにも条件は付けられません

89条（和解の試み等）
1　裁判所は、訴訟がいかなる程度にあるかを問わず、和解を試み、又は受命裁判官若しくは受託裁判官に和解を試みさせることができる。

①　判決言渡し後確定前に和解をすることができる。
②　最高裁（上告審）において和解をすることができる。

和解というのは、仲直りというよりも、示談というイメージがいいでしょう。「斉藤は田中に20万円払う、これで紛争は終わりにしよう」という紛争を終わりにする合意のことを、和解といいます。

ポイントは、**訴訟がいかなる程度にあるかを問わずできる**という点です。

そのため、判決の後に和解をすることもできます。

また、裁判所が「和解をしたらどう？」ということを積極的に勧めてきます。そして、現実の訴訟では、第1回口頭弁論の冒頭で、「和解する気はありませんか」ということを聞いてきます。

これはなぜかというと、**判決より、和解の方が履行されやすい**からです。

一方的に「被告は原告に60万円払え」と言われる判決より、お互いの間で、「では、自分は君に60万円払おう」と決めたほうが、そのあと履行がされやすいということから、裁判所は積極的に和解を勧めてくるのです。

Point

和解の効果

①　訴訟の終了
②　確定判決と同一の効力を有する。

和解をすることによって、その訴訟が終わります。そして、その和解には、確定判決と同じ力があるので、和解内容を履行しなければ、それを使って強制執行することも可能です。

問題を解いて確認しよう

1	和解は口頭弁論期日においてもすることができる。〔8-1-5〕	○
2	裁判所は、口頭弁論の終結後、判決の言渡しまでの間においても、和解を試みることができる。〔11-5-3〕	○
3	たとえ、判決が言い渡された後であっても、その確定前であれば、訴訟上の和解をすることができる。〔58-7-4〕	○
4	事件が最高裁判所に係属するときでも、訴訟上の和解をすることができる。〔58-7-3〕	○

〈和解の種類〉

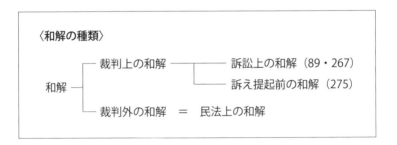

和解
- 裁判上の和解
  - 訴訟上の和解（89・267）
  - 訴え提起前の和解（275）
- 裁判外の和解　＝　民法上の和解

和解には、裁判所を使う和解と裁判所を使わない和解があります。裁判所を使わない和解が民法上の和解契約というものです。

一方、裁判所を使う和解にも、訴訟中にやるタイプと、訴訟を起こす前にやるタイプがあります。先ほど説明したのは、訴訟中に行う和解です。

ここからは、訴訟を起こす前の和解というものを説明します。イメージは、「**訴えを起こす前に、和解にチャレンジする**」という感じです。

訴え提起前の和解　全体像

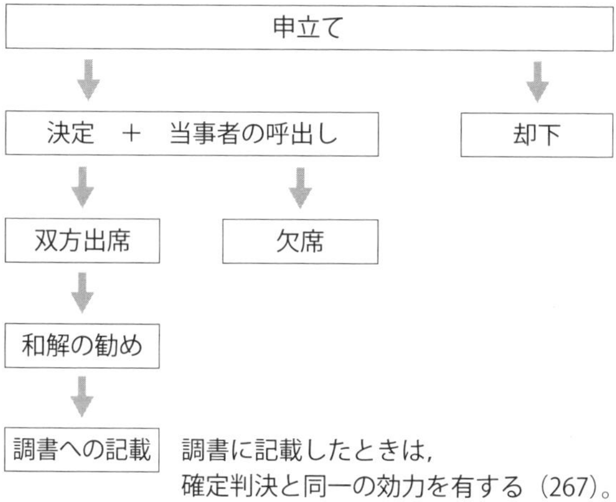

もめごとが起きていて、どちらかが申立てをします。「田中さんと和解をしたいんだけど呼び出してほしい」と、申し立てるのです。

その後、裁判所が田中さんに「斉藤さんが、あなたの紛争に示談したいと言っているので、裁判所に来てください」と呼び出します。

そしてお互いが来て話し合って示談の交渉をするのです。

ここで示談がまとまれば、先ほどと同じ、確定判決と同一の力が生じます。一方、話がまとまらなければ、訴訟になります。

ちなみに、呼び出したけど来なかった場合は、**もう１回呼び出すということもできるし、また、手続を終わらせることもできます**。これは裁判所側の裁量です。

覚えましょう

◆ 訴え提起前の和解 ◆

方式	書面又は口頭で(規１Ｉ)、以下の３つを表示してする(275 Ｉ) ①　請求の趣旨 ②　請求の原因 ③　争いの実情
管轄	訴額にかかわらず相手方の普通裁判籍所在地の簡裁(275 Ｉ)

この訴え提起前の和解を申し立てる時に、何を伝える必要があるのでしょう(通常の訴訟を起こす時と比べて、1つ増えているのに気付くでしょうか)。

争いの実情という言葉があります。

裁判所が間に入って、いろいろ話を聞きます。そのため、形式的な請求の趣旨、請求の原因にこだわらず、あったことを伝えてほしい、それぐらいの感覚でいいでしょう。

次に管轄ですが、**相手方の普通裁判籍という点がポイントです。相手を呼び出すので、相手方が来やすいところを管轄にしています。**

そして、**簡裁に限定**しています(訴額が140万円を超えていても、簡裁です)。簡裁は日本に数多くあるため、相手側が行きやすくなるように簡裁で行うことにしているのです。

問題を解いて確認しよう

1	訴え提起前の和解が調い、これが調書に記載されたときは、この調書の記載は、確定判決と同一の効力を有する。〔17-5-オ〕	○
2	訴え提起前の和解の申立てに当たっては、請求の趣旨及び原因を表示するだけでなく、当事者間の争いの実情も表示する必要がある。〔17-5-イ〕	○
3	民事上の争いについては、当事者は、争いの実情のみを表示して、相手方の普通裁判籍の所在地を管轄する簡易裁判所に和解の申立てをすることができる。〔オリジナル〕	×

4	民事上の争いについては、当事者は、請求の趣旨及び原因並びに争いの実情を表示して、自己の普通裁判籍の所在地を管轄する簡易裁判所又は地方裁判所に和解の申立てをすることができる。〔11-5-1〕	×
5	訴え提起前の和解の申立ては、140万円を超える金銭の支払を内容とするものであっても、簡易裁判所に対してすることができる。〔8-5-1〕	○
6	訴え提起前の和解の期日に当事者双方が出頭しなかったときは、期日が続行されることはなく、和解が調わないものとみなされて事件が終了する。〔17-5-ウ（29-3-エ）〕	×

×肢のヒトコト解説

3 請求の趣旨、請求の原因も表示する必要があります。

4 自己の普通裁判籍ではなく、相手方の普通裁判籍の簡易裁判所になります。

6 期日を続行して、もう1回呼び出すこともできます。

2周目はここまで押さえよう

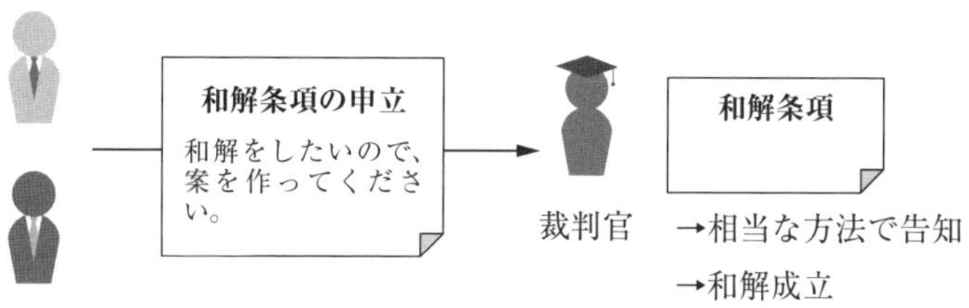

当事者間では訴訟状態になっていますが、和解をして終わらせたい状態です。ただ、お互いで内容を決めようと思っても、なかなか話がまとまらない場合、上記の「裁判所が定める和解条項」の制度を使います。

これは共同で「和解をしたいので、案を作ってください。」と申立てをし、裁判所が内容を決めて告知をすることで和解が成立するという制度です（この告知は口頭弁論期日で行う必要はありません）。

これは告知をするだけで効力が生じる（和解内容について承諾は不要）という威力が強いものなので、そもそも共同で申立てをすることを要件にしています。

☑ **1** 裁判所は、当事者の一方の申立てがあるときは、事件の解決のために適当な和解条項を定めることができる。〔11-5-4〕 ×

2 裁判所は、当事者の共同の申立てがあるときは、事件の解決のために適当な和解条項を定めることができるが、その和解条項の定めは、口頭弁論、弁論準備手続又は和解の期日に出頭した当事者双方に対する告知によってしなければならない。〔29-3-イ〕 ×

これで到達！  合格ゾーン

□ 口頭弁論の期日で訴訟上の和解が成立した場合において、錯誤による取消しを理由に当該和解の効力を争う当事者は、口頭弁論の期日の指定の申立てをすることができる（大決昭6.4.22参照）。〔31-5-エ〕

★和解によって訴訟が終了しますが、その和解が取り消されたことにより、訴訟は復活します。ただ、相手や裁判所は訴訟が終わっていると考えているので、「錯誤があったので、第４回口頭弁論を開いてください」という申立てをすることになります。

～判決で得られる既判力は、あくまでも裁判の範囲だけになります～

第2章 終局判決による訴訟の終了

令和7年本試験は
ここが狙われる!

判決で訴訟が終了する場面について見ていきます。
論点としては、①判決ができるまでの手続　②判決を直す手続　③判決の効力である既判力とその応用論点があります。
①②は暗記の要素が強く、③は理解の要素が強いところです。③の部分は特に時間をかけて読むようにしましょう。

250条（判決の発効）
判決は、言渡しによってその効力を生ずる。

252条（言渡しの方式）
判決の言渡しは、判決書の原本に基づいてする。

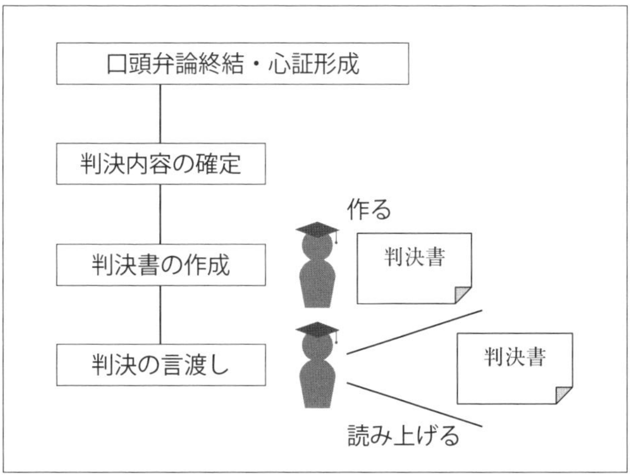

上記には、判決ができるまでの流れが載っています。

口頭弁論が終了した後、裁判官が判決内容を決め、判決書というものを作ります。その後、判決書を法廷で読み上げます。

この読み上げる行為を**言渡しといい、これによって判決は効力を持ちます**（単なる紙から、判決書となります）。

言渡しの手続について、復習をしましょう。

Point

① 当事者の在廷は不要である（251Ⅱ）
② 中断中も可能
③ 口頭弁論に関与し、判決書に署名捺印した裁判官の立会は不要である

お互いが欠席していたり、訴訟が中断中で準備ができない状態でも、言渡しは可能です。

判決の言渡しでは、当事者は聞くだけですし、また、判決内容は後で知らされます。**できるだけ早く訴訟を終了**させるため、欠席中でも中断中でも言渡しはできるとしました。

そして、この判決の言渡し自体は、口頭弁論に関与していない裁判官がやっても構いませんでした（**直接主義の論点**です）。

254条（言渡しの方式の特則）
1 次に掲げる場合において、原告の請求を認容するときは、判決の言渡しは、第252条の規定にかかわらず、判決書の原本に基づかないですることができる。

判決の言渡しは、判決書を作って読み上げることによって行いますが、場合によっては**判決書を作らずに、すぐに言渡しをしていい場合があります**。

ここで判決内容自体は、裁判所書記官が調書にまとめます。その調書に記録するということから、調書判決と呼ばれています。

このような判決書を作らずに言渡しをする場合が、2つあります。

> **254条（言渡しの方式の特則）**
> 1① 被告が口頭弁論において原告の主張した事実を争わず、その他何らの防御の方法をも提出しない場合

相手側が、こっちの言い分を認めて全く争っていない場合です。

戦いになっていないのです。

この状態であれば、勝訴する方に待たせるのも申し訳ないので、**判決書を作成せずに、すぐに判決を言い渡してしまう**のです。

> **254条 （言渡しの方式の特則）**
> 1② 被告が公示送達による呼出しを受けたにもかかわらず口頭弁論の期日に出頭しない場合（被告の提出した準備書面が口頭弁論において陳述されたものとみなされた場合を除く。）

これは「公示送達で呼び出す→欠席する」という状態になった場合です。ここで、もう1回呼び出しても、おそらく来ないでしょう。

これも戦いになっていないので、**判決書を作らずに、すぐに言い渡すことにしています**。

問題を解いて確認しよう

1	判決は、言渡しによって効力を生ずる。〔7-2-2（63-1-3）〕	○
2	原告及び被告の双方が口頭弁論期日に欠席した場合、裁判所は、判決の言渡しをすることができない。〔オリジナル〕	×
3	口頭弁論が終結した後に訴訟手続が中断した場合には、裁判所は、中断中であっても、判決の言渡しをすることができる。〔22-3-ア（63-4-2、24-5-ア）〕	○
4	判決は、判決書を作成した裁判官以外の裁判官が言い渡すことができる。〔63-1-2〕	○
5	判決の言渡しは、その基本となる口頭弁論に関与した裁判官以外の裁判官はすることができない。〔オリジナル〕	×

6 被告が口頭弁論において原告の主張した事実を争わず、その他何らの防御の方法をも提出しない場合において、原告の請求を認容するときは、判決の言渡しは、判決書の原本に基づかないですることができる。〔24-5-イ〕 ○

7 少額訴訟以外において、被告が公示送達による呼出しを受けた場合であって、口頭弁論の期日に出頭せず、かつ、準備書面も提出していないときは、原告の請求を認容する判決の言渡しは、判決書の原本に基づかないですることができる。〔オリジナル〕 ○

×肢のヒトコト解説

2 双方が欠席しても判決の言渡しは可能です。

5 言渡しは、口頭弁論に関与していない裁判官も可能です。

〈終局判決〉

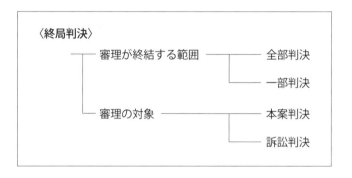

- 審理が終結する範囲
  - 全部判決
  - 一部判決
- 審理の対象
  - 本案判決
  - 訴訟判決

判決には、全部を判断するか、何を判断するかで種類（用語）がいろいろあります。

まず、訴訟物がいくつかあって、**訴訟物の全部を判断する場合を、全部判決といい、訴訟物の一部分だけ判断する場合を、一部判決と呼びます**。この一部判決をした場合には、その部分だけ控訴上告をすることが可能です。それによって、一部の訴訟物は第一審に、一部の訴訟物は控訴審・上告審に行くということも起きます。**訴訟がバラバラになる**のです。

これで到達！  合格ゾーン

- [ ] 一部判決をするか否かは、裁判所の裁量に任されている（243Ⅱ）。

★一部判決をし、それに対して控訴が行われると審判が二手にわかれることになり、かえって不便・不経済な事態も生じることがあります。そのため、一部判決は義務ではなく、裁判所の裁量に任せているのです。

何を判断するかでも、分類できます。**訴訟物を判断した場合を本案判決といい、訴訟要件がない場合、訴訟物を判断せずに門前払いするのを訴訟判決、訴え却下判決**と呼びます。

第1節　判決の効力

覚えましょう

自己拘束力（自縛性）
裁判所は、いったん言い渡した判決を撤回したり変更したりすることは許されない。

判決の力には、自己拘束力というものがあります。

判決を言い渡した裁判官も縛られて、言い渡した内容を変えたり、言渡しをやっぱりやめたなんてことは言えなくなるのです。

ただし、**間違っていたものを直すことは可能**です。

判決書	← 間違っていた パターン①）誤植・計算ミス パターン②）法令違反

間違いには2パターンあります。誤植レベルの間違いと、法令違反です。

法令違反というのは、事実認定は合っているのですが、例えば借地借家法に当てはめて判断すべきことを、民法に当てはめて判断してしまったというような場合を指します。こういった間違いは、直すことができます。

ただ直すと言っても、手で書き加えて直すことは認められず、裁判をしないと直すことができません。

その裁判の形式ですが、**誤植レベルであれば決定で直せます**が、**法令のミス、こんな重大なことをした場合は、判決をしないと直せません**。

覚えましょう

		更正決定(257)	変更判決(256)
対象		計算違い、誤記その他これらに類する明白な誤り	判決の法令違反
裁判の種類		決定	判決
時期		いつでもできる	言渡し後1週間以内であり判決が未確定
手続	開始	申立て又は職権による	常に職権による
	審理	口頭弁論を開くか否かは裁判所の裁量にゆだねられる(87 Ⅰ但書)	口頭弁論を開くことはできない

時期のところを見てください。

更正については、いつでもでき、判決確定後でも可能です。判決登記を依頼されたときに、たまにですが、その判決書に載っている不動産の表示が間違っている場合があります。そのままでは判決登記ができないので、裁判所に行って直してもらうことになるのです。

一方、判決の変更は短い時間しか認められません。「借地借家法に当てはめるべきことを民法に当てはめて判決が出された」 そんなことをされたら、当事者は控訴することを考えるはずです。

変更判決
→　間違いに気付いたら、当事者が控訴する前に、直そう

こういう発想のもとに、制度設計されていると思われます。

そのため、**判決が確定してしまえば、もう直す必要はありませんし、言渡しから1週間過ぎてしまえば、当事者は控訴の準備をある程度しているので、もう直せません。**

次に、手続面を比較していきます。

更正については、こちらから申し立ててやってもらうこともあるし、裁判所のほうが気付いてやってくれるということもあります。一方、判決の法令違反があった場合、**当事者側は控訴という形で不服申立てを行う**ので、当事者に変更判決の申立権を認めていません。

次に口頭弁論を開くかどうかを比較すると、更正決定は決定手続なので、口頭弁論を開くかどうかは自由です。

一方、**変更判決は判決手続なので、本来は口頭弁論が必要なはずですが、それを不要としています。**

口頭弁論というのは、事実認定をする場です。**この変更判決では、扱う事実は変わりません。**法令のあてはめを変えるだけなので、口頭弁論は開かないのです。

これで到達！ 合格ゾーン

☐ 変更判決に対しては、控訴・上告をすることができる（変更部分とそれ以外の部分から成る1個の判決に対して行う）。

★判決に対しては控訴・上告できるという原則どおりです。もともとの判決と変更判決で1つの判決という扱いになっていることに注意をしてください。

☐ 更正決定により不利益を受けた当事者は、即時抗告をすることができる（257 Ⅱ）。ただし、判決に控訴があった場合は、即時抗告ができなくなる（257 Ⅱ但書）。

★控訴があれば、更正決定の当否も控訴審の審判の中で判断されるため、別途、即時抗告で判断させる必要はありません。

問題を解いて確認しよう

1	裁判所は、判決に法令の違反があることを発見したときは、判決が確定した後であっても、変更の判決をすることができる。〔24-5-エ〕	×
2	判決に計算違いのような明白な誤りがあるときは、裁判所は、いつでも更正決定をすることができる。〔7-2-4〕	○
3	裁判所は、判決に計算違い、誤記その他これらに類する明白な誤りがあるときは、当事者による申立てがない場合であっても、更正決定をすることができる。〔24-5-オ（14-4-ウ、令3-5-オ）〕	○
4	判決の更正は、裁判所の職権のみならず、当事者の申立てに基づいてすることもできる。〔オリジナル〕	○
5	裁判所は、判決に法令の違反があることを理由に判決の変更をするには、口頭弁論を経なければならない。〔オリジナル〕	×

×肢のヒトコト解説

1　確定すれば、判決の変更はできません。

5　事実認定をしないので、口頭弁論を開くことができません。

Point

既判力

確定した終局判決において示された訴訟物たる権利関係についての判断が、それ以後、当事者間の法律関係を律する規準として通用する効力（確定判決に生じる拘束力ともいう）。

→　当事者と後訴裁判所を拘束

既判力というのは「法的に決まりにする」という力で、**当事者とその後の裁判所を縛ります**。

「裁判所を縛る」とは、どういうことかを説明します。

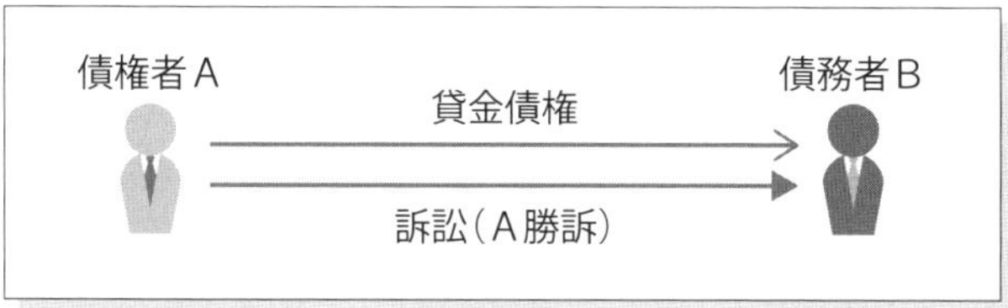

Point

敗訴した者から、「債務不存在確認訴訟」が提起された場合
→ 「口頭弁論終結時に債権があった」ことを前提に審理

① 弁済など消滅原因あり → 請求認容判決
② 上記のような事情なし → 請求棄却判決

※ 訴え却下判決になるわけではない

Aが貸金債権を使って訴えて、勝訴し、判決が確定して既判力が付きました。

この後、Bが債務不存在確認訴訟を起こした場合、後訴の裁判所は前訴の判断、つまり**貸金債権があったということを前提に審理をします**。

これが後訴の裁判所を縛るという意味です。**前訴の判断を前提に、審理する**ということです。

ちなみに、後訴でB側が「そのあと払ったんだ」と主張して認められれば、B側が勝てます。

気を付けてほしいのは、

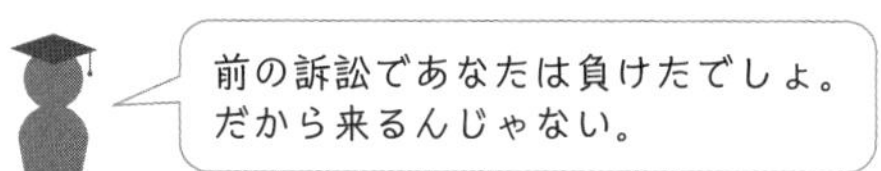

前の訴訟であなたは負けたでしょ。
だから来るんじゃない。

裁判官

というような訴え却下になるわけではない点です。もしBから「判決後に弁済した」という主張があれば、Bが勝つ可能性はあります。

◆既判力に関する論点◆

当事者による援用が必要か	既判力は、矛盾・抵触する判決がされるのを防ぐという目的の下に、後訴裁判所の判断への拘束力として高度の公益的な性格を持つため、当事者が既判力を援用しない場合であっても、裁判所は職権で、その存在を考慮することができる。
既判力と抵触する判決	既判力と抵触する判決は当然に無効ではなく、判決が確定する前であれば当事者は上訴で争うことができる（306）。また、判決が確定した場合であっても再審の訴えで取消しを求めることができる（338 Ⅰ ⑩・342 Ⅲ）。

今の例でいうと、後訴で当事者から「この訴訟物については、前に訴訟をやっていて、既判力が付いているんです。貸金債権があることを前提に審理してください」と言う必要はありません。**裁判所側が職権で調べてくれます**。

また、前訴の判断を無視して判決を下したとしても、**判決は無効とはなりません**。控訴・上告の手続を取って、争うことになります（確定した場合は、再審をすることも可能です）。

問題を解いて確認しよう

1	訴訟の当事者が既判力を援用していない場合、裁判所が職権で既判力を考慮することは可能である。〔21-4-オ改題〕	○
2	当事者が前訴の既判力を援用しなかった結果、後訴の裁判所が誤って既判力に抵触する判断をした場合には、当該判決は、無効となる。〔25-5-エ〕	×
3	土地の所有権確認の訴えを提起して敗訴した者が、再度、同じ土地の所有権確認の訴えを提起した場合には、前訴の口頭弁論終結後の事情を主張しているときであっても、前訴判決の既判力により、後訴は不適法な訴えとして却下される。〔25-5-オ〕	×

×肢のヒトコト解説

2 既判力を無視した判決も有効で、その後、控訴・上告又は再審ができることになります。

3 既判力がついている内容を、敗訴した方から訴えても、前訴の口頭弁論終結後の事情を主張しているときは、訴え却下になるわけではありません。

これで到達！  合格ゾーン

- [ ] ＡがＢに対して甲土地上の乙建物の所有権確認訴訟を提起し、Ａが勝訴してその判決が確定した後に、ＢがＡに対して甲土地の所有権に基づき、乙建物を収去して甲土地を明け渡すことを求める訴えを提起した。この場合において、Ａは、その建物収去土地明渡請求訴訟において、Ｂに対し、その建物所有権確認訴訟の事実審口頭弁論終結の時より前に乙建物を第三者に譲渡していた事実を主張して、自分が乙建物の所有者ではないと主張することは許されない。〔29-4-ア〕

★既判力は、通常は前訴判決の勝訴当事者に有利に働くものですが、勝訴当事者の不利に働くこともあります。上記の例のように、建物について原告の所有権を確認する判決が確定した後に、今度は被告となった前訴原告は、自己が建物所有者であることを否認することはできなくなります。このように既判力が勝訴者の有利にも不利にも作用することを、既判力の双面性といいます。

既判力を考える視点

いつの時点の、どの権利（関係）について、誰が　拘束されるか

いつの時点の	どの権利（関係）について	誰が
↓	↓	↓
時的限界	物的限界	人的限界

既判力の対象を分析するときに、見るポイントが3つあります。

何を決めたのか、いつの時点のことなのか、そして、誰について決めたことになるのかの3点です。

ここからは、この3点をそれぞれ見ていきます。まずはいつの時点のことが法的に決まるのか、という点から行きましょう。

時的限界	
意義	既判力を生ずる裁判所の判断が、どの時点における権利関係の存否に関するものであるかという問題
結論	事実審の口頭弁論終結時（民執35 Ⅱ）

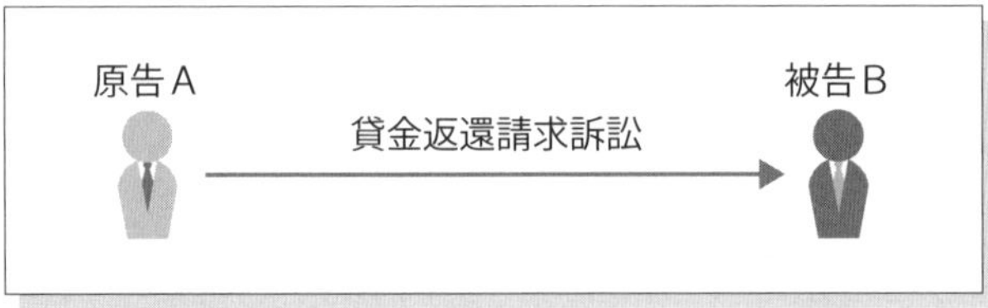

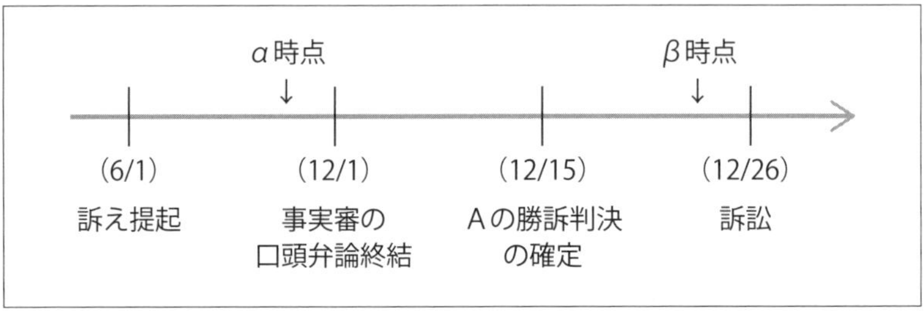

例えばこの訴訟で、12月15日に判決が確定した場合、**訴訟物の貸金債権が12月1日時点であったことが法的に決まりになります。**

裁判官は口頭弁論終結の時までの事実関係をもとに判断をするので、その時点において債権があったということを決めてくれます。もうこれに反するような主張はすることができません。

例えば、この後12月26日に、この債権についてまた訴訟が行われました。債務者側の言い分は、払っているから債務はないということです。

ただ、その言い分が通る場合と、通らない場合があります。

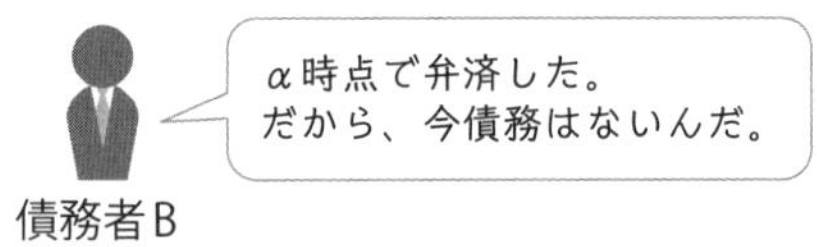

α時点で弁済した。
だから、今債務はないんだ。
債務者B

債務者のこの主張は通りません。

もし上のαの時点で払ったというのであれば、口頭弁論終結時点では債権がなかったということになります。

すると**前の訴訟の判断と矛盾してしまいます。**

口頭弁論終結前に債権があったということは決まっているので、それを覆すよ

うな主張は出せません。

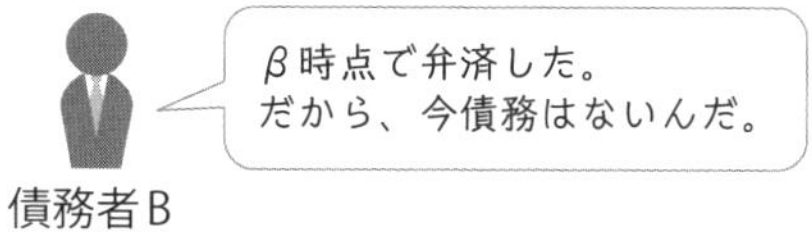

β時点で弁済した。
だから、今債務はないんだ。
債務者B

これは前の既判力に矛盾することにはなりません。12月１日時点で債権があって、そのあと払ったんだというのは、前の訴訟の結論と矛盾することにならないので、この主張はＯＫです。

Point

遮断効（失権効）

当事者は後訴で既判力ある判断を争うために標準時以前に存した事由を主張することが許されず、当事者がそのような事由を主張しても裁判所はそれを排斥しなければならない。このような既判力の作用を遮断効という。

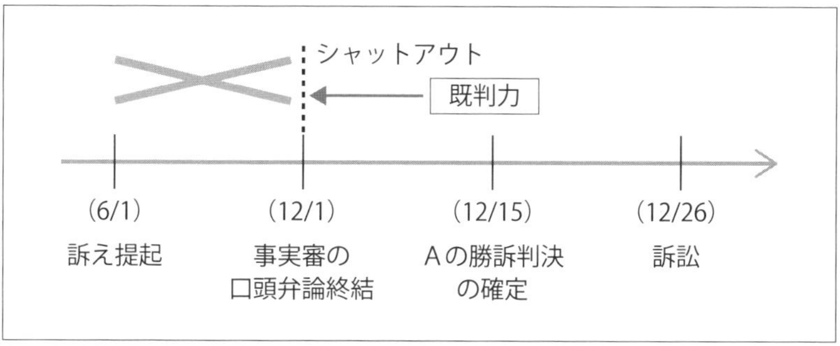

判決が確定すると、結局、**口頭弁論終結時点の前に主張できたことは、次の訴訟で言えなくなります。**

この主張できなくする力のことを、遮断効といいます。

当事者側は、不満を持つかもしれません。

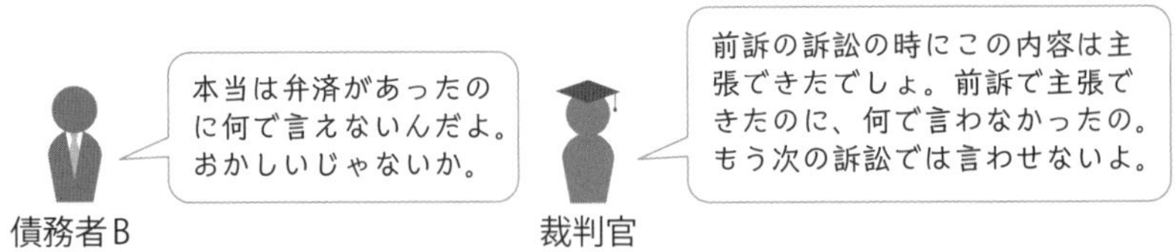

本当は弁済があったのに何で言えないんだよ。おかしいじゃないか。
債務者B
前訴の訴訟の時にこの内容は主張できたでしょ。前訴で主張できたのに、何で言わなかったの。もう次の訴訟では言わせないよ。
裁判官

このように、**前の訴訟で言わなかったことによる自己責任を取らせている**のです。

遮断効の問題
→　口頭弁論前の事由か、
口頭弁論終結後の事由かを見極めること

ちなみに、「口頭弁論終結後に払った」、**これは前訴で主張できた内容ではないため、後訴で主張ができます**。

抗弁の種類	遮断効の有無 肯定＝後訴で主張することはできない 否定＝後訴で主張することができる
時効援用権	肯定（大判昭14.3.29）
取消権	肯定（最判昭55.10.23）
解除権	肯定（最判昭54.10.23）
相殺権	否定（最判昭40.4.2）
建物買取請求権	否定（最判平7.12.15）

口頭弁論終結前に、上の図表の「抗弁の種類」ということが主張できたのに、主張しないまま訴訟が終わり、既判力が付きました。その後、後訴でこれらを主張できないのが原則です。

ただ、例外として主張できるものは2つあります。そのうちの、**相殺は本試験で非常によく出ますので、覚えましょう**。

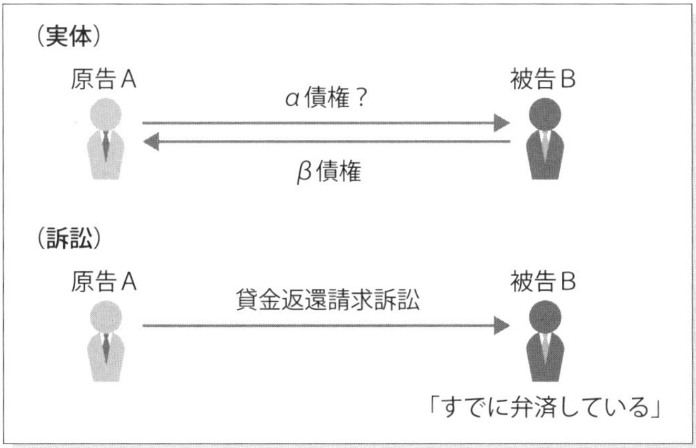

今、AからBに債権があり、BからAにも債権があるという状態です。

AがBをα債権で訴えました。B側は、払ったということを主張していますが、相殺を主張していません。Bは、このα債権は弁済してなくなったと考えているため、払ったということだけ主張していました。

ただ、この訴訟はAが勝ち、貸金債権があるということが決まりました。

そこで今度、BがAを訴え返しました。強制執行されるのは嫌だから、相殺するということを主張したのです。

相殺は前訴でも言えた内容ですが、後訴で主張することを認めています。

Bにとって、前訴で相殺を使おうとするというのは、実質α債権が残っていることを認めることになります。

つまり、**相殺をするのは実質相手の言い分を認めることになってしまうため、前訴では相殺と主張していなかった**のです。

これはしょうがないだろうということで、後訴での相殺の主張を認めることにしました。

問題を解いて確認しよう

Aが、Bとの間の自動車の売買契約（以下「本件売買契約」という。）に基づき、Bに対し、代金300万円の支払を求める訴え（以下「前訴」という。）を提起したところ、A勝訴の判決が確定したが、その後に、Bが、Aに対し、300万円の代金債務の不存在確認を求める訴え（以下「後訴」という。）を提起した。

1	Bが後訴において「本件売買契約に基づく300万円の代金債務は、前訴の口頭弁論の終結後に弁済した。」旨の主張をすることは、判例の趣旨に照らして前訴の判決の既判力に抵触しない。〔13-4-ア〕	○
2	Bが後訴において「本件売買契約は、その目的物である自動車が買い受けたいと思っていたものとは違っており、錯誤に基づき締結したものであるから、これを取り消す。」旨の主張をすることは、判例の趣旨に照らして前訴の判決の既判力に抵触しない。〔13-4-イ〕	×
3	Bが後訴において「本件売買契約に基づく300万円の代金債務については、前訴の口頭弁論の終結前に消滅時効が完成していたから、この消滅時効を援用する。」旨の主張をすることは、判例の趣旨に照らして前訴の判決の既判力に抵触しない。〔13-4-エ〕	×
4	Bが後訴において「本件売買契約は、Aの強迫に基づき締結したものであるから、これを取り消す。」旨の主張をすることは、判例の趣旨に照らして前訴の判決の既判力に抵触しない。〔13-4-ウ〕	×
5	Bが後訴において「本件売買契約の締結前に発生したBのAに対する貸金債権300万円をもって、本件売買契約に基づく300万円の代金債務と相殺する。」旨の主張をすることは、判例の趣旨に照らして前訴の判決の既判力に抵触しない。〔13-4-オ〕	○

×肢のヒトコト解説

2~4　前訴の口頭弁論終結前の事由なので（前訴で主張しようと思えば主張できる内容です）、遮断効により後訴では主張できなくなります。

Point

物的限界

訴訟では、裁判所が様々な事実・権利について認定する。その中のどの部分について既判力が生じるのか。

→既判力は判決主文中の訴訟物についての判断に限って生ずる。

どこについて既判力が付くのか、何が法的に決まるのかという話です。

裁判では**いろんな権利を認定しますが、法的に決まるのは、訴訟物だけです**。

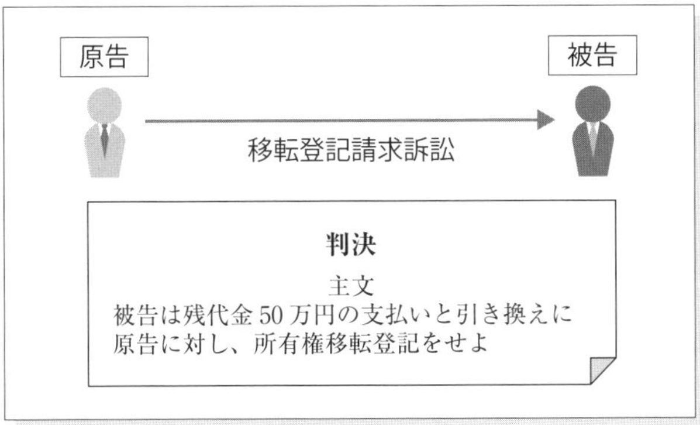

原告は被告に対し、移転登記請求訴訟を提起しました。「自分が所有権を持っている、だから登記をよこせ」と訴えたところ、上記のような判決が出ています。

この場合、裁判ではいろんなことを認定しています。

原告に所有権があること、原告に移転登記請求権があること、また、原告は被告に50万円の債務を負っているということ等です。

このようなことを判断しますが、**法的に決まるのは、登記請求権があることだけ**です。

裁判ではいろんなことを決めますが、**拘束をかけるところはできるだけ少なくしたいという発想から**、訴訟のメインテーマである訴訟物についてだけ既判力をつけることにしました。

> AのBに対する甲建物の所有権確認訴訟における訴訟物は、Aによる甲建物の所有権の主張であるから、裁判所がAの請求を棄却する判決を下し、その判決が確定したときは、Aが甲建物につき所有権を有しないことにのみ既判力が生ずる(114 I)。
>
> 
>

この場合の**訴訟物はAの所有権なので、Aの所有権があるかないか、それだけが法的に決まります**。

この訴訟で、「Bに所有権がある、よって、Aに所有権がない」ということを判断しても、既判力が付く（法的に決まる）のは、Aの所有権がないということだけです。

だから、Bは反訴を起こして、Bの所有権も訴訟物にするのです。

> 不法行為に基づく損害賠償請求の訴えで敗訴した原告は、再度同じ事件について債務不履行に基づく損害賠償請求の訴えを提起することができ、この債務不履行に基づく損害賠償請求の主張は、既判力によって排斥されない(請求権競合説)。
>
> 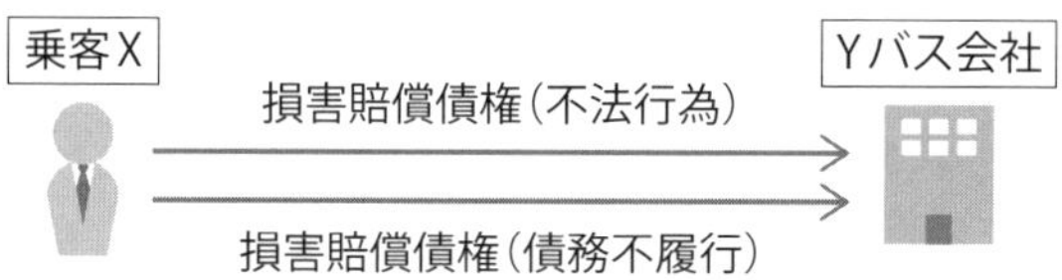
>

上記のとおり、XはYに対し、2つの債権を持っています。

ここでXが不法行為で訴えたのであれば、訴訟物は不法行為に基づく損害賠償請求権です。そのため、既判力は、この損害賠償請求権の方だけに付き、債務不履行による損害賠償請求権の方には付きません。

問題を解いて確認しよう

1	所有権に基づく抹消登記手続請求を認容した確定判決は、その理由中で原告の所有権の存在を認定していても、所有権の存否について既判力を有しない。〔25-5-ウ（令2-5-イ）〕	○
2	AがBに対して、甲家屋につき所有権に基づく家屋明渡請求訴訟を提起し、裁判所がAに所有権がないことを理由にAの請求を棄却する判決を下し、その判決が確定したときは、Aに所有権がないことについて、既判力を生ずる。〔オリジナル〕	×
3	AがBに対して、不法行為に基づく損害賠償請求訴訟を提起し、裁判所がAの請求を棄却する判決を下し、その判決が確定したときでも、後訴におけるAのBに対する、同一事件についての債務不履行に基づく損害賠償請求の主張は、既判力によって排斥されない。〔オリジナル〕	○

×肢のヒトコト解説

2　訴訟物は、家屋明渡請求権（物権的返還請求権）なので、そこについてのみ既判力がつきます。

2周目はここまで押さえよう

α債権1,000万円のうち200万円

A ──────→ B

一部であることを明示して請求した場合、その訴訟の訴訟物は一部だけになります。例えば、上記の事例で判決が確定すると、200万円の部分について既判力が付きます。

では、この事例で、「まったく債権はない」という判断がされた場合を考えてみましょう。

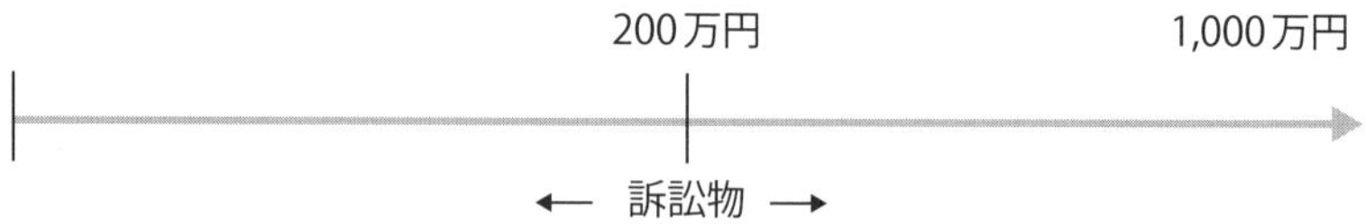

判断	不存在	不存在
既判力	あり	なし
後訴を提起した場合	不存在として認定される	どう判断されるか不明

訴訟物になっていない部分は、「不存在」と認定されても、既判力がつかないので、後訴が起こされた場合、「存在する」という認定がされる可能性も、「不存在」という認定がされる可能性もあります。

理屈上はこうなりますが、第一審で勝訴した被告側は納得できないでしょう。

被告 「よかった。債務がないと認定された。」

このように安心しているためです。

そこで、判例は次のように判示しました。

> 一個の金銭債権の明示的数量的な一部請求を全部又は一部棄却する判決は、債権全部にわたる審理の結果、当該債権がまったく存在せず又は請求額に満たない額しか現存しないから、後に残部として請求し得る部分はないとの判断を示すものであり、当該判決確定後の残部請求は、実質的には前訴の蒸返しであり、当該債権の全部につき紛争が解決されたとの被告の合理的期待を裏切るものとして、特段の事情のない限り、信義則に反し許されない(最判平10.6.12)。

☑ **1** Aは、Bに対して有する1,000万円の貸金債権のうちの一部の請求であることを明示して、Bに対し、200万円の支払を求める訴えを提起した。Aの請求を全部棄却するとの判決が確定した後、Aが貸金債権の残部である800万円の支払を求めて訴えを提起することは、特段の事情がない限り、信義則に反して許されない。〔24-2-ウ〕 ○

判決内容
×「Bは80万支払え」
○「Bは200万支払え」

Aはとりあえず200万が欲しく、上記のように400万のうち200万払えと訴えたところ、被告から別債権（120万）で相殺することを主張され、それが認められました。

この場合、120万の相殺によって、α債権のどの部分が削られるのでしょう。

①　訴訟物の200万の部分を削った場合には、「Bは80万支払え」という判決になり、
②　訴訟物ではない200万の部分を削った場合には、「Bは200万支払え」という判決になります。

もし①の判決が出されたら、200万欲しているAは、また訴えを起こすことになります。
判例は、訴訟の1回的解決を重視して、訴訟物ではないところから120万削り、Aの望み通り、「Bは200万支払え」という判決を下すことにしています（外側説）。

☑ **1**　Aは、Bに対して有する1,000万円の貸金債権のうちの一部の請求であることを明示して、Bに対し、200万円の支払を求める訴えを提起した。BがAに対して有する120万円の売買代金債権を自働債権として相殺の抗弁を主張した場合において、裁判所が、審理の結果、AのBに対する貸金債権は400万円の限度で残存しており、かつ、Bの相殺の抗弁に理由があると認めたときは、裁判所は、Aの請求につき、80万円を超える額の支払を命ずる判決をしてはならない。〔24-2-エ〕	×

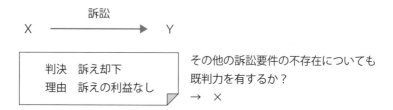

訴え却下判決における既判力
訴えの利益、当事者適格の欠缺や、仲裁合意の存在等、訴え却下の理由となった個々の訴訟要件の不存在について既判力が生じる（最判平22.7.16等）

X	訴訟 →	Y

判決　訴え却下
理由　訴えの利益なし

その他の訴訟要件の不存在についても既判力を有するか？
→　×

訴え却下判決に、既判力が生じるでしょうか。
例えば、訴えの利益があるかどうかについて争いになり、裁判所が「訴えの利益がない」と判断し、その訴え却下判決が確定したとします。

ここで、この判決に既判力がないと、後訴が起こされたときにまた「訴えの利益があるか」という内容で論争が起きてしまいます。
同じ論争の蒸し返しを防ぐために、訴え却下判決にも既判力を認める必要があるため、訴え却下判決にも既判力が認められます。

ただ、既判力が認められるのは今回認定した訴訟要件についてのみです。上記の例であれば訴えの利益については既判力を持ちますが、他の訴訟要件（例えば当事者能力など）について既判力はつきません。

また、その時点で訴訟要件がなかっただけなので、後日、訴訟要件を満たしたうえで訴訟することは何の問題もありません。

☑ 1	訴えを却下した確定判決がその理由において訴えの利益を欠くものと判断している場合には、当該確定判決は、当該訴えに係るその他の訴訟要件の不存在についても既判力を有する。〔令2-5-エ〕	×
2	裁判所がある訴訟要件を欠くことを理由に訴えを却下する判決を言い渡し、その判決が確定した場合には、その後当該訴訟要件が具備されたときであっても、同一の訴えを提起することはできない。〔26-4-ア〕	×

114条（既判力の範囲）
2　相殺のために主張した請求の成立又は不成立の判断は、相殺をもって対抗した額について既判力を有する。

既判力は訴訟物に付くのが原則ですが、上記はその例外にあたる条文です。次の事例を見てください。

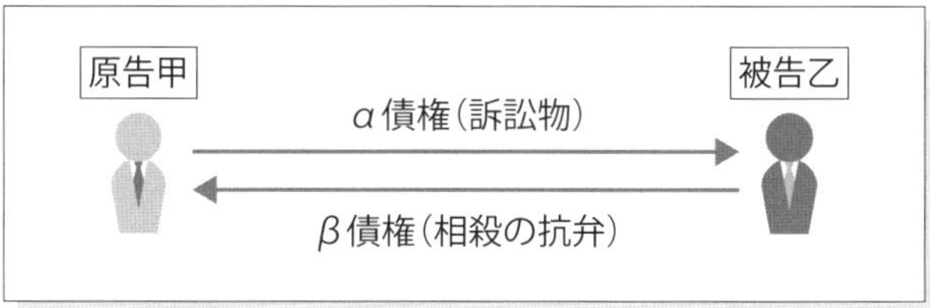

原告が被告にα債権で訴えました（訴訟物は、α債権です）。この訴訟中、乙がβ債権で相殺の意思表示をしました。すると、αとβの金額が同じであれば、民法上、両方の債権は消えます。

この訴訟の判決が確定すると、既判力はどの権利に付くのでしょう。

Point

裁判所が相殺の抗弁を認めて、請求棄却判決が確定した場合
α債権（訴訟物）→（存在していたが）不存在に既判力
β債権（相殺の抗弁）→（存在していたが）不存在に既判力

訴訟物のαには「相殺で消された結果『債権は存在しない』」いう事に既判力が付きます。

問題はβの方です。ここで既判力が付かないと、乙はこのβ債権を請求して、その金額を取ることができます。**その結果、β債権を二度行使したことになってしまいます**（相殺で1回、訴訟で1回で合計2回です）。

そこで、「**相殺は、訴訟物にはならないけど、既判力が付く**」**という決まりにした**のです。

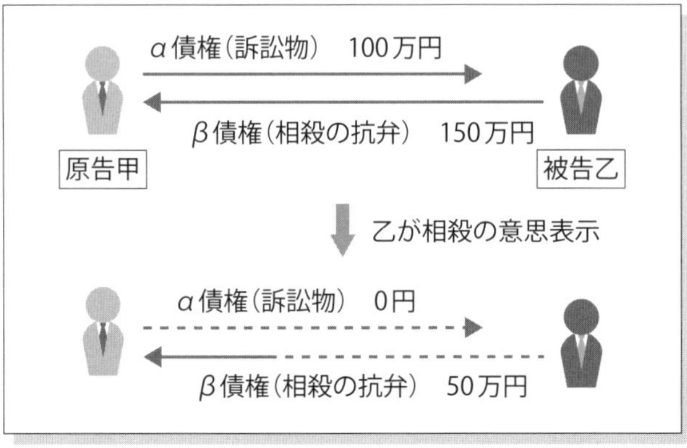

金額に差があった場合は、どこに既判力が付くでしょう。

相殺によって、訴訟物は全部なくなり、β債権は100万円だけなくなります。この場合、**既判力が付くのは、対等な部分の金額100万円だけ**です。

条文を見てください。「対抗した額」という文言が、このことを表しています。

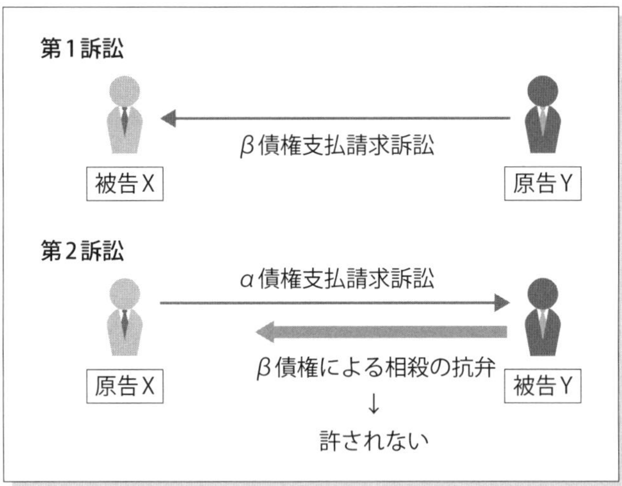

YがXに対して、β債権で訴えていました。この訴訟中にもう1個別の訴訟が行われ、XがYに対し、αで訴えています。

ここで、**第2訴訟において、Yがβで相殺することを主張しても、裁判所はその主張を受け付けません。**

第1訴訟で既判力は、ＸＹ間においてβ債権に付きます。一方、第2訴訟では、ＸＹにおいて、訴訟物のα債権とβ債権について既判力が付きます。

このままでは、**「ＸＹについてβ債権」の部分について、既判力がぶつかってしまいます**。

この事例は、以前に学習した二重起訴の趣旨に該当することになり、Ｙからの相殺は許さないのです。

問題を解いて確認しよう

1	相殺の抗弁に対する判断の既判力は、被告の反対債権につき、訴求債権と対当額の部分に限って及ぶ。〔オリジナル〕	○
2	ＡがＢに対して、貸金返還請求訴訟を提起した場合において、Ａの100万円の請求に対してＢが50万円の反対債権をもって相殺する旨の抗弁を主張したが、当該反対債権が不存在であるとして、この抗弁が排斥され、裁判所が100万円の支払を命ずる判決を下し、それが確定したときは、Ｂは、Ａに対してその反対債権の請求をすることはできない。〔オリジナル〕	○
3	ＡがＢに対して提起した貸金返還請求訴訟の係属中に、別訴において、Ａが同一の貸金返還請求権を自働債権として相殺の抗弁を主張する場合にも、重複起訴の禁止の趣旨は妥当し、当該抗弁を主張することはできない。〔12-2-エ〕	○

覚えましょう

◆ 主観的範囲 ◆

原則	既判力は原告・被告間にだけ及ぶ（115 Ⅰ①）
例外	①　口頭弁論終結後の承継人（115 Ⅰ③） ②　請求の目的物の所持人（115 Ⅰ④） ③　訴訟担当の場合の利益帰属主体（115 Ⅰ②） ④　訴訟脱退者（48）

既判力は誰を拘束するのかという論点です。既判力は、戦っている原告・被告のみを拘束するのが原則です。**それ以外の他人は戦っていませんから、既判力という拘束を与えるべきではありません**。

ただ、例外が4人います。③については、以前説明したことがあります。
次の図を見てください。

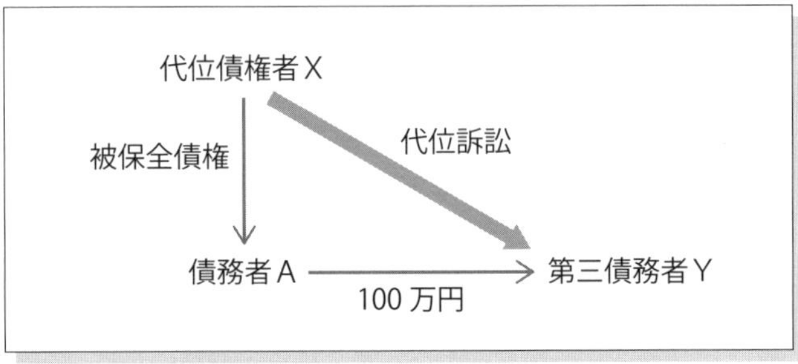

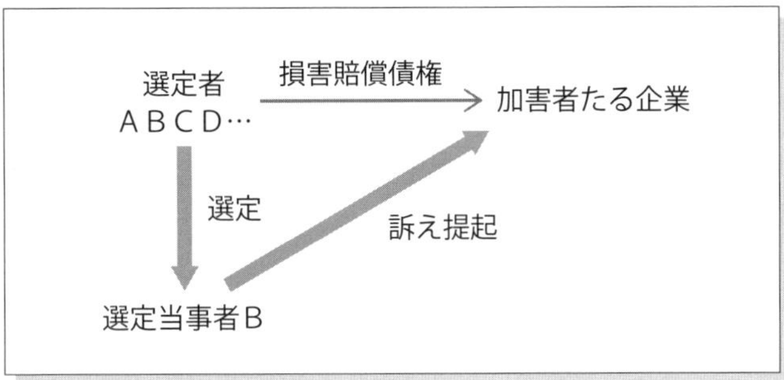

上の図ではA、下の図では選定者にも既判力が付きます（すでに学習しています）。

②を説明します。次の図を見てください。

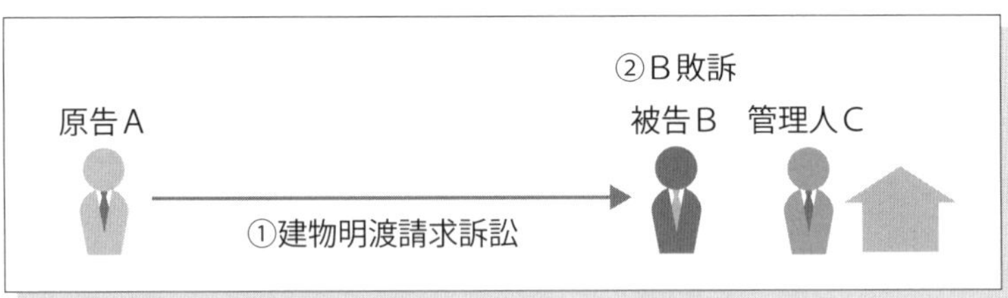

AがBに対し、建物を渡せと訴え、Aが勝訴しました。
AB間において明渡請求権があるというのは決まります。Bに明け渡す義務があることが法的に決まるのです。

ただ、この物を今持っているのはCでした。Cはこの物を頼まれて管理していたのです。

ここで、**Cには「物を持っている」というだけで、既判力がやってきます**。Cには物を明け渡す義務が生じるのです。

ちなみに、**このCが賃借人だったら、既判力は付きません**。賃借人には、**お金を払ってまで使いたいという固有の利益があるため**、目的物の所持人とは扱いません。

最後に、先ほどの図の①「口頭弁論終結後の承継人」を説明します。次の図を見てください。

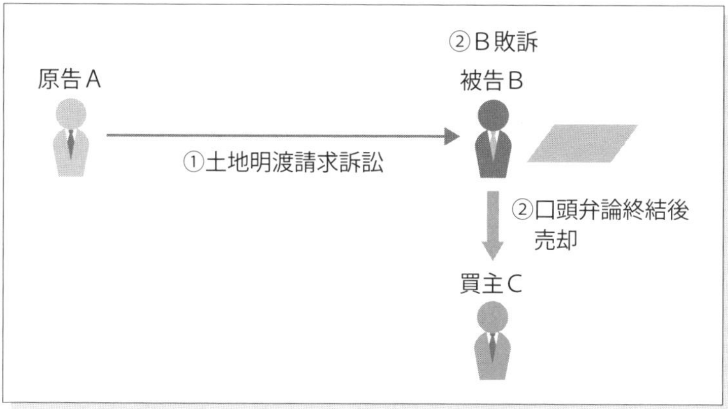

AがBを訴えていたところ、Bがこの物件を売ってしまいました。

売ったのが**口頭弁論の最中だったら、Aは、Cを被告として引きずり込んで、既判力を及ぼします**。

一方、口頭弁論が終わった後だと、もう被告に引きずり込むことはできません。

この場合は、115条1項3号を理由に既判力が追いかけます。

口頭弁論終結後に、被告になる人が変わる
→　既判力が追いかける

このように考えましょう。

以上で、既判力の話は終了です。

問題を解いて確認しよう

1	選定当事者を選定した者には、確定判決の効力は及ばない。〔62-4-5〕	×
2	別荘の明渡請求訴訟について、その別荘の管理人には、確定判決の効力は及ばない。〔62-4-2〕	×
3	甲建物の所有者Aがその建物の不法占拠者Bに対して甲建物の明渡請求訴訟を提起し、その勝訴判決が確定した場合、事実審の口頭弁論終結前にBから甲建物を賃借しているCに対しても既判力が及ぶ。〔オリジナル〕	×
4	土地の所有者Aが、その土地を不法占拠して建物を所有しているBに対して建物収去土地明渡請求訴訟を提起し、その勝訴の判決が確定した場合において、その事実審の口頭弁論終結後にBがCに対して建物を譲渡した場合、この判決の効力はCに対しても及ぶ。〔8-2-4〕	○

×肢のヒトコト解説

1　選定者にも既判力が生じます。

2　物をもっているだけで、「請求の目的物の所持人」と扱われ、既判力が生じます。

3　賃借人は物を持っていても、固有の利益があるため、請求の目的物の所持人とは扱われません。

2周目はここまで押さえよう

例えば、訴状を送達するには費用が掛かりますが、その費用は原告がとりあえず出しておきます。
また、被告が証人を呼んだ場合には、証人の交通費などは被告が出しておきます。

では、この訴訟で原告が勝訴した場合、訴状の送達の手数料はどうするのが妥当でしょう。
被告のせいで、訴訟になった以上、被告がそのお金を払うべきです。

こういった費用（訴訟費用と呼びます）は、基本的には「当事者が自腹を切っておいて、後で敗訴者から取る」という仕組みになっているのです。

ただ、勝訴者でも費用負担をする場合もあります（63条訴訟を遅滞させた場合など）。
誰が負担をするのかをはっきりさせるため、判決の中で負担者を宣言することにしているのです。

判　決

第１　被告は、原告に対し、金100万円を支払え。
第２　訴訟費用は、被告の負担とする。
第３　この判決は、仮に執行することができる。

判決では、誰が負担するかを決めますが、（上記の事例の場合）原告は被告にいくら請求できるのかについては、このあと裁判所書記官が決めることになっています。
（裁判所は法的判断を行って、細かい事務作業は裁判所書記官に任せていると思いましょう。）

ちなみに訴訟が和解で終わる場合、訴訟費用はどうなるのでしょう。和解の中で「○○が○○円負担する」と決めている場合はそれに従いますが、何も決めない場合もあります。

その場合は、各自負担、つまり自腹を切った分は相手に請求できないで終わりにすることになっています。

☑ 1	当事者が裁判上の和解をした場合において、和解の費用について特別の定めをしなかったときは、裁判所は、申立てにより又は職権で、和解費用の負担の裁判をしなければならない。〔11-5-5〕	×
2	裁判所は、事件を完結する裁判において、職権で、その審級における訴訟費用の全部についてその負担の裁判をするとともに、その額を定めなければならない。〔29-2-オ〕	×
3	勝訴の当事者がその責めに帰すべき事由により訴訟を遅滞させた場合には、裁判所は、その勝訴の当事者に遅滞によって生じた訴訟費用の全部又は一部を負担させることができる。〔29-2-イ〕	○

MEMO

第6編 複雑訴訟形態

今までは、原告1人・被告1人・訴訟物1つを基本形として見てきました。

ここからは、原告・被告が複数になる場合、訴訟物が複数になる場合を見ていきます。学問的には難しいところですが、受験的には覚えてしまえば点数が取れるという部分です。

しっかりとした理解を突き詰めるのではなく、暗記をメインにすることをお勧めします。

～裁判所に手間を掛けるだけの意味があれば、反訴したり追加したりできます～

第1章 複数請求訴訟

これからは、訴訟物を後から増やす場面を見ていきます。
これには、原告が増やすケースと被告が増やすケースがあります。まずは被告が訴訟物を増やすケースからいきましょう。

第1節 反訴

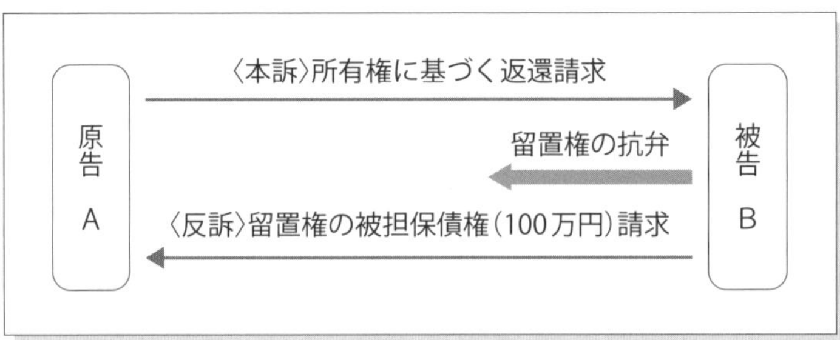

ＡがＢに対し物を渡せと訴えました。

ここでＢが、「何言っているんだ、お金を払え。払わんと渡さんぞ。」と留置権を使って言い返し、それに付け加え、「この際だから、お金を払うことも求めます」と訴え返しました。

このように**同じ訴訟内で訴え返すことを、反訴と呼びます**。

留置権の抗弁を出すことによって、今の訴訟の防御にはなりますが、自分の持っている債権は訴訟物にはなりません。そこで、訴訟物にして既判力を付けるために、Ｂは自分の持っている債権で、訴え返すのです。

このような反訴を起こすには、いくつかの要件をクリアする必要があります。

覚えましょう

①反訴請求が本訴請求又はこれに対する被告の防御方法と関連すること（146 Ⅰ）

今の本訴と完全に無関係な債権では、反訴は起こせません。それなら別の訴訟をするべきです。

今回Ｂは、自分の防御の方法として留置権を主張し、この被担保債権で訴え返しています。こういった攻撃の方法に絡んだ債権、防御の方法に絡んだ権利でなければ、反訴を認められません。

覚えましょう

②反訴の提起により著しく訴訟手続を遅滞させないこと（146 Ⅰ②）

例えば、口頭弁論終わり間際で、反訴をされた場合、訴訟手続が終わるのが遅れるでしょう。こういった反訴を認めたくないため課した要件です。

覚えましょう

③本訴が事実審に係属し、口頭弁論終結前であること（146Ⅰ）

本訴がなければ、反訴は起こせません。訴えられてもいないのに、反訴を起こすことはできません。

そして反訴は、口頭弁論終結前に起こす必要があります。

反訴を起こすことにより、新たな訴訟物を出します。**その新たな訴訟物についての事実認定が必要になるため、事実認定ができる口頭弁論の最中にやる必要がある**のです。

覚えましょう

④反訴請求が他の裁判所の専属管轄に属さないこと（146Ⅰ①）

もし今の本訴が東京で、反訴の管轄が大阪にしかなくても、東京で反訴を起こせます。ただし、大阪が専属管轄だったら反訴は起こせません。

管轄がなくても反訴を起こすことはできる、ただし専属管轄には反することができないと覚えておきましょう。

覚えましょう

◆ 反訴と相手方の同意 ◆

(論点) 反訴を提起するときに相手方の同意が必要か		
原則		不要
控訴審で反訴を提起する場合	原則	必要（300Ⅰ）
	例外	相手方が異議を述べずに反訴の本案について弁論したとき（300Ⅱ）

反訴を起こす時に、相手のＯＫがいるでしょうか。

つまり「君を訴えたいんだけど、いいかな？」とそんな同意がいるでしょうか

(いるわけないですね)。

ただ、控訴審で反訴を起こす場合には、同意が必要になります。次の図を見てください。

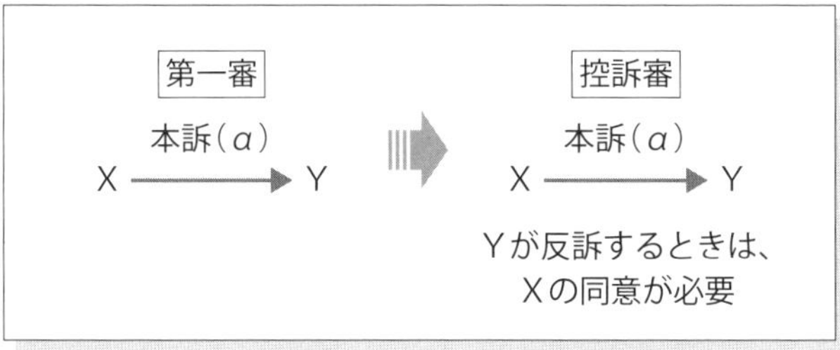

原告がαで訴えて、第一審が終わり、控訴審でα債権の審理をしています。控訴審のタイミングでYが反訴をする場合は、Xの同意が必要です。

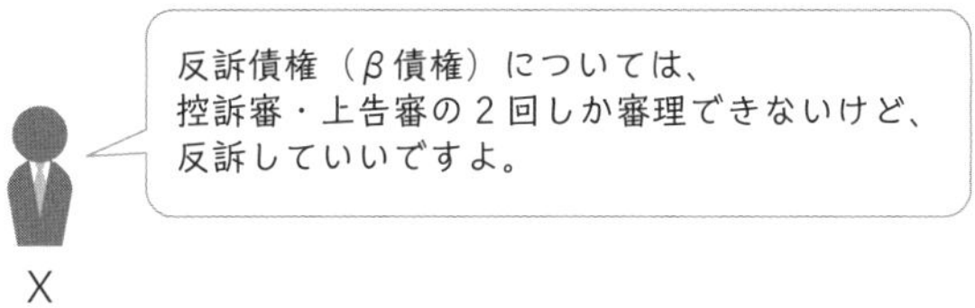

反訴債権(β債権)については、
控訴審・上告審の2回しか審理できないけど、
反訴していいですよ。
X

もしここで控訴審でβの反訴が行われた場合、βの審理は、控訴審と上告審の2回しかできないことになります。

本来三審制ということで3回戦えるチャンスがあるはずなのに、控訴審で反訴をされると、Xが**βについて、戦えるチャンスが2回になってしまいます**。そこで、Xの同意が必要としました。

ちなみに、X側が反訴について反論してきたのであれば、**これは、黙示の同意となり**、反訴が許されることになります。

覚えましょう

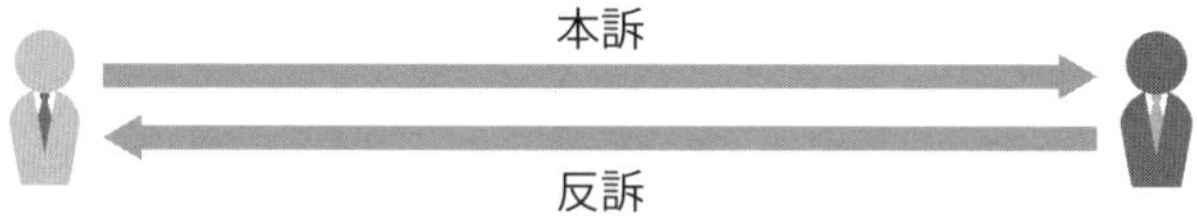

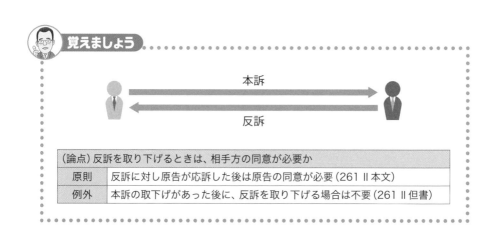

(論点) 反訴を取り下げるときは、相手方の同意が必要か	
原則	反訴に対し原告が応訴した後は原告の同意が必要 (261 Ⅱ本文)
例外	本訴の取下げがあった後に、反訴を取り下げる場合は不要 (261 Ⅱ但書)

本訴と反訴があり、原告が反訴について反論しています。この状況で、被告が反訴を取り下げるときは、原告のＯＫが要るのでしょうか。

基本は必要です。**反訴も訴えなので、訴えの取下げのルールを使います**。

原告が反論しているということは、反訴について自分に有利な既判力が欲しいという反論をしているため、取り下げるには、原告のＯＫが必要になります。

ただ、**事前に本訴の取下げがあった場合は同意は不要**です。

まず先に**本訴が取り下げられても、反訴は残る**ということを覚えてください。本訴がなければ、反訴は起こすことはできませんが、本訴がなくなったとしても、**本訴と反訴は別個独立の訴訟**なので、反訴は残ります。

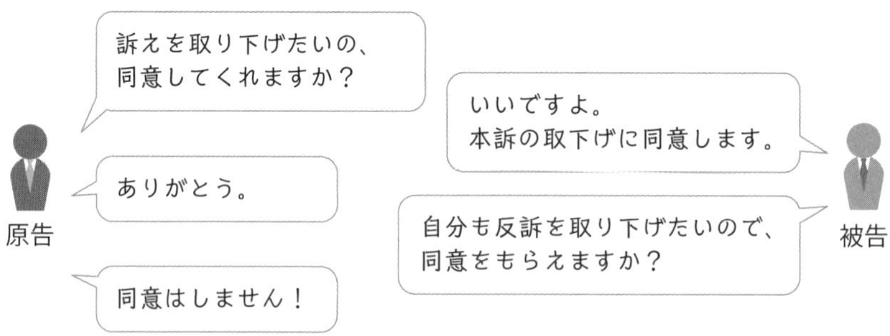

ここで、原告が本訴を取り下げているということは、その時に被告の同意をも

らっているはずです。この状況で、被告が反訴を取り下げる時に原告の同意が要るとしたら、原告は「同意なんかしないよ」と言いかねません。

自分の取下げには同意をもらっておいて、いざ自分の場合は、同意しない…

これは卑怯でしょう。

また、原告が本訴を取り下げているということは、**訴訟をやめたいと思っているはず**です。ここで反訴がなくなれば、完全に訴訟がなくなって、原告の意に沿います。こういったことも、同意が要らない理由となっています。

問題を解いて確認しよう

1	反訴の提起は、事実審の口頭弁論の終結に至るまで、することができる。〔17-2-ウ改題〕	○
2	反訴は、その目的である請求が本訴の目的である請求又はこれに対する防御の方法と関連する場合に限り、提起することができる。〔5-1-4（61-4-1）〕	○
3	反訴は、相手方当事者の同意がある場合に限り、提起することができる。〔9-1-4〕	×
4	控訴審においても、相手方の同意があるときは、反訴を提起することができる。〔16-1-ウ改題（57-4-オ、61-4-3、3-3-3、5-1-3、17-2-オ、28-5-イ）〕	○
5	反訴は、その請求が本訴の係属する裁判所の管轄に属さない場合であっても、請求と本訴が関連し、かつ、他の裁判所の専属管轄に属さないものであるときは、提起することができる。〔9-1-1〕	○
6	反訴の提起後に本訴の取下げがあったときは、反訴は、初めから係属しなかったものとみなされる。〔9-1-5（61-4-2、20-2-オ）〕	×
7	本訴が取り下げられた場合において、反訴を取り下げるためには、相手方の同意を要する。〔3-3-5（57-1-4、26-5-エ）〕	×

×肢のヒトコト解説

3 控訴審で反訴を起こす場合でなければ、相手の同意は要りません。

6 本訴が取り下げられても、反訴は残ります。

7 本訴の取下げ後の反訴の取下げでは、相手の同意は不要です。

第2節 訴えの変更

これは、原告側から訴訟物を増やすという訴訟行為です。

次の図を見てください。

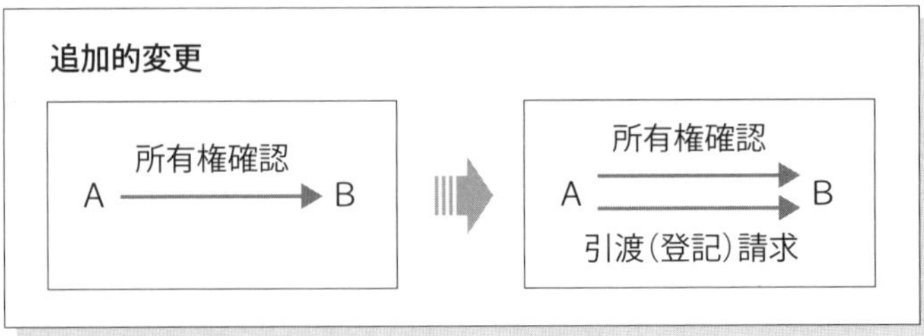

所有権確認訴訟を起こしました。それに加えて、その土地を渡せだとか、登記をしろだとかを付け加えることができます。訴訟物が今までAの所有権だけだったのが、引渡請求権、登記請求権も追加されます。

このように、訴訟物を増やしていくというのが、追加的変更です。

訴え変更には、もう1つパターンがあります。

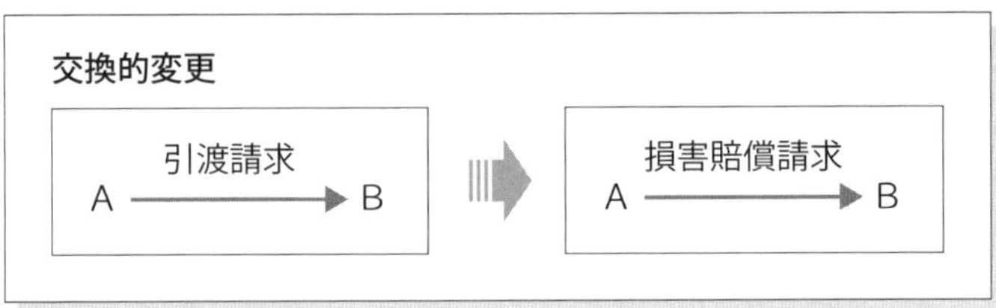

訴訟物をチェンジするというイメージです。上記では、物を渡せと請求していましたが、その物が壊れてなくなっていたので、損害賠償をしろと切り替えています。

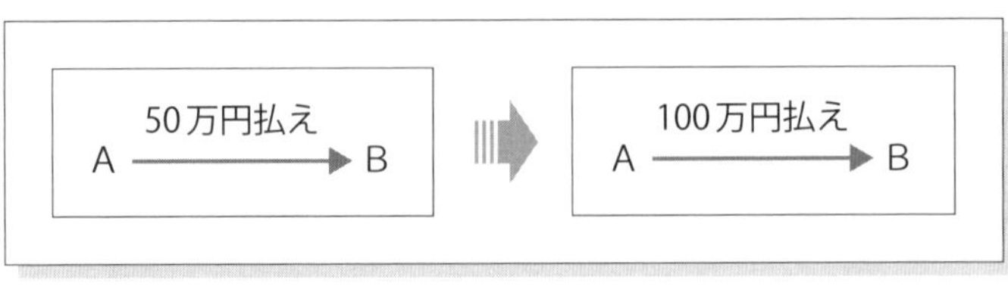

また、今までは100万円のうち50万円払えだったのを100万円全部払えと切り替える場合も、訴訟物をチェンジしています。

このように訴訟物を増やしたり、変えたりするのを、訴えの変更といいます。その要件を次の図表でまとめました。

◆ 要件の比較 ◆

反訴	訴えの変更
①反訴請求が本訴請求又はこれに対する被告の防御方法と関連すること(146 I)	①請求の基礎に変更がないこと
②反訴の提起により著しく訴訟手続を遅滞させないこと(146 I②)	②著しく訴訟手続を遅滞させないこと
③本訴が事実審に係属し、口頭弁論終結前であること(146 I)	③事実審の口頭弁論終結前であること
④反訴請求が他の裁判所の専属管轄に属さないこと(146 I①)	④新請求が他の裁判所の専属管轄に属さないこと

訴えの変更と反訴の要件は、ほとんど同じで、違う点が①です。

訴えの変更は、請求の基礎に変更がないことが要求されます。これは、**訴訟資料が流用できるという意味です**。

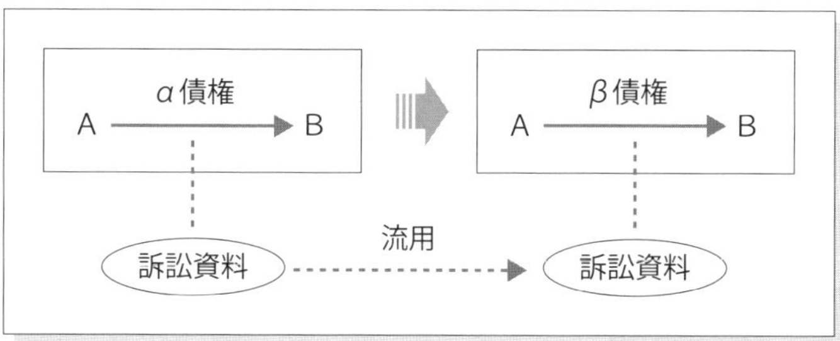

今までα債権について調べていた情報を、新しいβ債権の審理にも流用できる。これが要件です。

例えば先ほどの「100万円のうち50万円払え」から「100万円全部払え」という例えは、まさに情報を流用できますよね。

Point

「請求の基礎に変更がないこと」の要件を満たしていなくても、以下の①or②の場合には、訴えの変更が認められる。

① 被告が同意した場合

② 被告が異議なく変更後の訴えに応訴した場合

流用できるという要件は、全く関係ないものを出されたら、**相手が迷惑をするために課した要件**です。

そのため、相手側がＯＫを出した場合は、この要件は無視できます。

これと比較してほしい要件があります。

Point

② 著しく訴訟手続を遅滞させないこと

→ 被告の同意を得ても、訴訟手続を遅滞させる訴えの変更は許されない

これは公益的な要件として要求されているので、相手の同意があったとしても、著しく訴訟手続を遅滞させる訴えの変更は許されません。

覚えましょう

	反訴	訴えの変更
控訴審で行う場合、相手方の同意が必要か	必要（300Ⅰ）	不要 （最判昭29.2.26）

控訴審で反訴する場合は、相手の同意が要るという論点がありました。控訴審で、訴えの変更をした場合はどうでしょう。

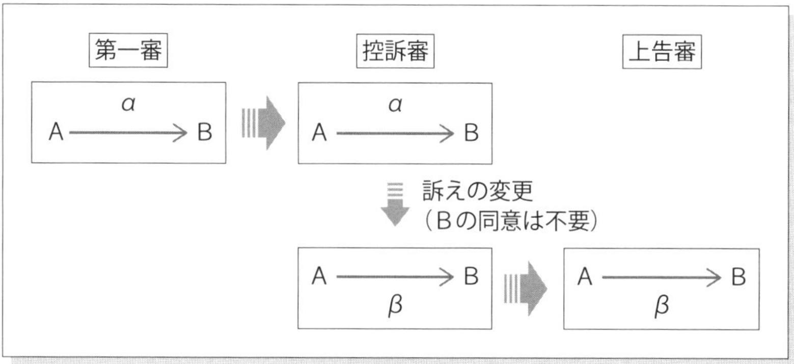

控訴審からβに切り替えると、βの審理は2回しかしていないように見えますが、実は3回の審理ができています。**第一審でαを調べているところで、βを調べたことにもなっています**。これは、訴え変更では訴訟資料が流用できるため、αを調べているというのは、実質βを調べたと同じことになります。

結局βは一審、控訴審、上告審で**3回調べることになるので、相手の三審の利益を害しません**。そのため、控訴審で訴えを変更する場合でも、相手の同意は不要になります。

	反訴	訴えの変更
少額訴訟での可否	不可（369）	可

少額訴訟とは、一日で審理を終えて、その日に判決まで持ち帰ってもらうという制度です（後に説明します）。これは、非常に急いでいる訴訟のパターンです。

そのため、訴訟物が追加される反訴は認められませんが、訴えの変更は認められます。**訴えの変更は調べる内容が流用できるため、訴訟遅延につながらない**からです。

問題を解いて確認しよう

次の記述は、訴えの変更又は反訴の提起のどちら（又は両方）に当てはまるかを述べよ。〔17-2改題〕

1	少額訴訟においても、することができる。	訴えの変更
2	事実審の口頭弁論の終結に至るまで、することができる。	両方に該当する

3	訴訟手続を著しく遅滞させることとなるときは、することができない。	両方に該当する
4	控訴審においては、相手方の同意がある場合に限り、することができる。	反訴の提起

2周目はここまで押さえよう

◆ 方式面の比較 ◆

	訴えの変更	反訴
地方裁判所	①請求の趣旨を変更する場合 書面ですることを要する（143 Ⅱ） ②請求原因のみを変更する場合 必ずしも書面ですることを要しない	反訴状を提出することを要する（146 Ⅲ・134 Ⅰ）
簡易裁判所	請求の趣旨を変更する場合であっても、書面ですることを要しない(271)	口頭で反訴を提起することもできる(146 Ⅲ・271)

反訴、訴え変更ともに、訴えの規定を準用しています。そのため、地裁で反訴を提起する場合は、書面で行う必要がありますが、簡裁では口頭の提起も認められます。

ただ、訴え変更の場合には、請求の趣旨（自分の欲しい判決部分）が変わるかどうかで異なります。「物を引き渡せ」から「損害賠償として100万払え」と欲しい判決内容が変わる場合には書面が必要ですが、欲しい判決が同じ場合には、口頭で手続をとることも認められています。

☑ 1	地方裁判所において、訴えの変更として請求の原因のみを変更するときであっても、書面によってすることを要する。〔オリジナル〕	×
2	簡易裁判所においてする場合を除き、請求又は請求の原因の変更は、書面でしなければならない。〔14-2-エ〕	×
3	簡易裁判所における請求の変更は、口頭ですることができる。〔令3-3-ア〕	○

～複数参加の共同訴訟はさまざまありますが、矛盾しない判決が大切です～

第2章 多数当事者訴訟

ここからは、人が複数化するケースです。まずは、原告が複数化するケース、被告が複数化するケースから説明していきます。
理解も必要ですが、結局はまとめた図表をしっかり覚えているかどうかで勝負が決まるところです。

第1節 共同訴訟

種類		別々に訴えを提起してよいか	判決は各々別になってよいか
通常共同訴訟		○	○
必要的共同訴訟	固有必要的共同訴訟	×	×（合一確定の要請）
	類似必要的共同訴訟	○	

当事者が複数化するのにもいくつかパターンがありますが、図表の中の通常共同訴訟というものから説明をしていきましょう。

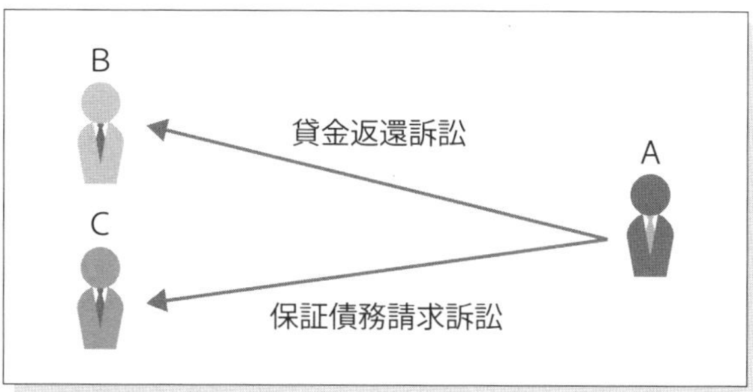

債権者が債務者と保証人に対し、支払請求訴訟を起こしています。
被告は債務者と保証人の共同被告という状態ですが、実はこの2人はタッグを

組んでいる状態ではないのです。

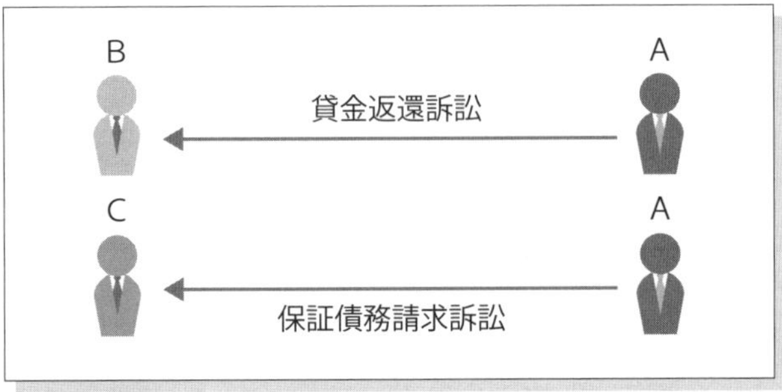

本来であれば、AからBの訴訟と、AからCの訴訟が別々にできます。別々にできる訴訟を単にまとめてやっているだけと考えてください。

通常共同訴訟
→　バラバラの訴訟が２つある

こういう観点で処理していきましょう。

Point

Ｂは勝訴し、Ｃは敗訴するという判決は許されるか。
→　許される（合一確定は要求されない）

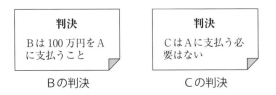

判決 Bは100万円をAに支払うこと	**判決** CはAに支払う必要はない
Ｂの判決	Ｃの判決

被告のうちBは負けるけど、Cが勝つということは許されます。

実体上「主債務者は払え、保証人は払わなくていい」ということはあり得ますね。例えば、保証人が検索の抗弁権や、催告の抗弁を出した場合です。

そのため、**共同被告の片方が勝訴して、片方が敗訴する、判決内容が統一されないことがあります**（合一確定を要求されない、と表現されます）。

> ＡＢ間で自白がなされた。これはＣにも影響するのか。
> →　ＡＢ間で自白がなされた場合、ＡＣ間に全く影響しない。
>
> Ｃは弁済を主張しているが、Ｂはしていない。この場合Ｂに対する請求について、その弁済の事実を認定してよいか。
> →　ＡＣのみで主張された主要事実をＡＢで認定するのは許されない。

これも、別個独立という観点で考えてください。ＡＢ間で起きたことは、ＡＣ間には影響しません。

> Ｂが提出した証拠をＣの主張する事実認定に用いてよいか。
> →　証拠共通の原則だけは認めるのが判例である。
> 　　ＡＢ訴訟でなされた証拠調べから得られた訴訟資料を、ＡＣ訴訟における事実認定に用いてもよい。

ここだけ例外です。**証拠だけは絶対的な効力があります**。

もしＡＢ間で出した証拠を、ＡＣの間で使えないとしたらどうなるでしょうか。Ｃが同じ証拠調べを申し立てて、また証拠調べをすることになります。

同じ証拠調べを何回も何回もやる羽目になります。**同じ証拠調べを何回やっても、裁判官の印象が変わるわけありません**。

そのため、証拠調べだけは絶対効として処理します。

問題を解いて確認しよう

Ａが、被告Ｂに対しては貸金の返還を、被告Ｃに対しては保証債務の履行を、それぞれ求めている共同訴訟という事例で答えよ。

1	ＡのＢに対する請求をＢが認諾しても、Ｃが共に認諾しない限り、Ｂの認諾の効力は生じない。〔14-3-イ〕	×

2	ＢがＡに対する弁済を主張したときは、Ｃがその弁済の主張をしなくても、裁判所は、ＡのＣに対する請求において、その弁済の事実を認定することができる。〔14-3-ウ〕	×
3	Ｂに中断事由が生じたときは、ＡＢ間の訴訟手続は中断するが、ＡＣ間の訴訟手続は中断しない。〔14-3-ア〕	○
4	裁判所は、Ｃの申出により採用して取り調べた証人の証言を、Ｂが援用しなくても、ＡのＢに対する請求において事実認定の資料とすることができる。〔14-3-エ〕	○

×肢のヒトコト解説

1　Ｂの請求の認諾は、Ｃに影響を与えません。ただ、Ｂについては請求の認諾になります。

2　Ｂの弁済の主張は、Ｂについてだけ効力が認められます。

2周目はここまで押さえよう

（同時審判の申出がある共同訴訟）

共同被告の一方に対する訴訟の目的である権利と共同被告の他方に対する訴訟の目的である権利とが法律上併存し得ない関係にある場合において、原告の申出があったときは、弁論及び裁判は、分離しないでしなければならない(41)。

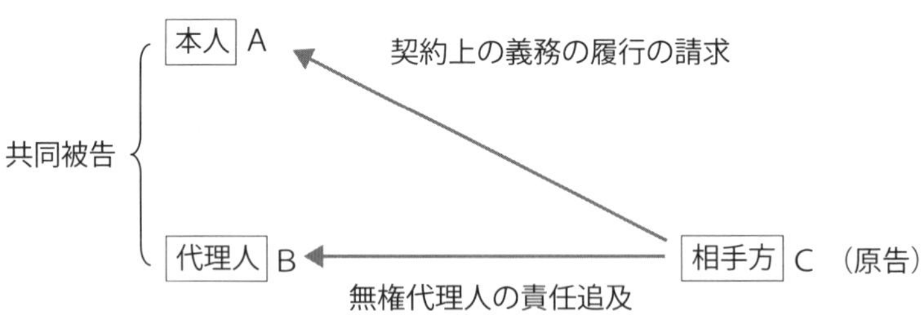

　無権代理の被害を受けたＣは、無権代理人Ｂに対して117条の責任追及をしたところ、Ｂは代理権があることを主張して拒否しています。一方、本人Ａは無権代理と主張してＣの請求を拒否しています。

そこで、CはAとBを訴えました。この訴訟は通常共同訴訟なので、訴訟が分離される危険があります。ここでCは「この２つは同時審判をしてください。弁論の分離をしないで結論を出してください」と申出をすることができます。

この申出があると弁論の分離ができなくなります。

ポイントは、「法律上併存し得ない関係にある場合」に「原告の申出があった」ときは、この手続が取れるということ、そして効果は、弁論の分離が禁止される点にあります。

1	同時審判の申出のある共同訴訟において、被告の一方が期日に欠席し、擬制自白が成立する場合、裁判所は弁論を分離してその被告についてのみ原告勝訴の判決をすることができる。〔20-2-ア〕	×
2	共同被告の一方に対する訴訟の目的である権利と共同被告の他方に対する訴訟の目的である権利とが法律上併存し得ない関係にある場合には、裁判所は、矛盾抵触する判断を避けるため、原告の申出がなくても、弁論及び裁判を分離することができない。〔22-2-オ〕	×

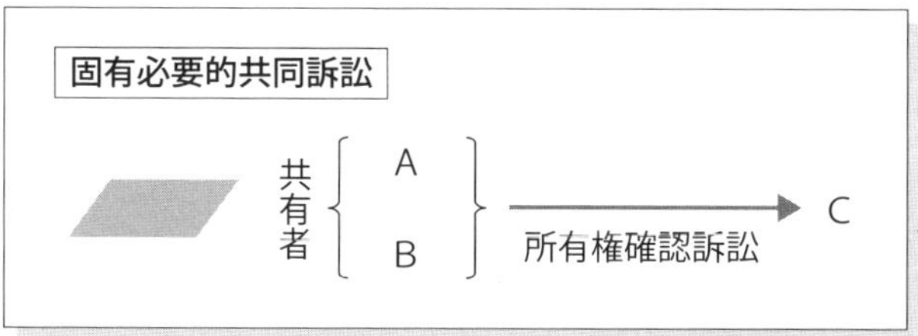

例えばＡＢが共有している不動産に対し、Ｃが自分のものだと争っているため、ＡＢ側がＣに対し、所有権確認訴訟を起こした場合で考えてみましょう。

この場合、**合一確定の要請があります。ＡとＢの判決は同じにすべき**です。

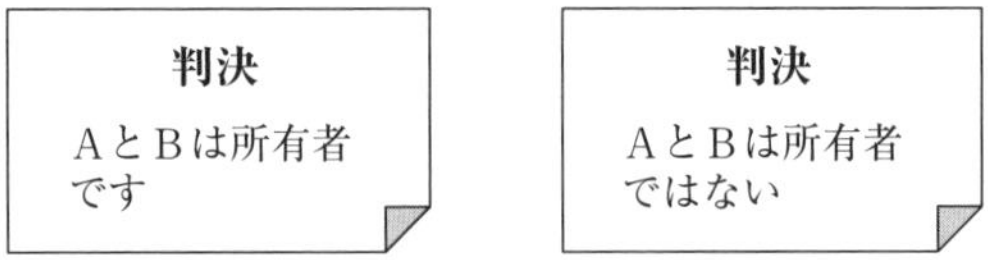
判決
AとBは所有者です
判決
AとBは所有者ではない

Aの判決　　Bの判決

上記のように、**人ごとによって判決が違うと、訳がわからなくなります**。そういったものは、必要的共同訴訟の扱いを受けます。

この必要的共同訴訟という扱いを受けると、次の40条の適用を受けます。

40条（必要的共同訴訟）
1　訴訟の目的が共同訴訟人の全員について合一にのみ確定すべき場合には、その一人の訴訟行為は、全員の利益においてのみその効力を生ずる。
2　前項に規定する場合には、共同訴訟人の一人に対する相手方の訴訟行為は、全員に対してその効力を生ずる。
3　第一項に規定する場合において、共同訴訟人の一人について訴訟手続の中断又は中止の原因があるときは、その中断又は中止は、全員についてその効力を生ずる。

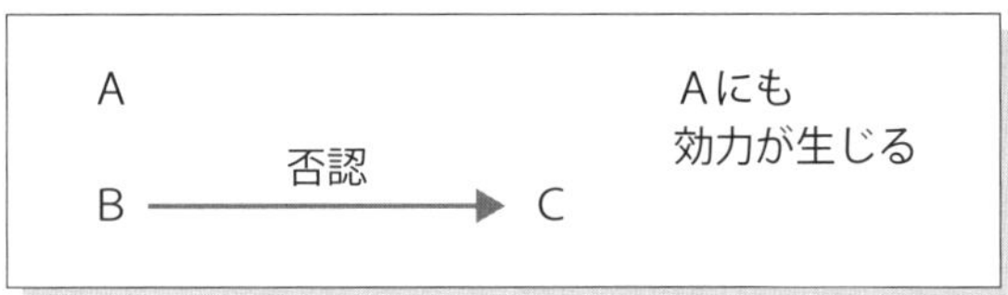
A
Aにも
効力が生じる
否認
B
C

例えば、BがCに対して否認をしたとします。Bだけ否認していても、Aも否認したと扱います。

ＡＢ同じ判決にするには、ＡＢ同じ情報にしないとできません。

例えば、Bは否認しているけど、Aは否認していないでは、作られる判決が変わってくる可能性があります。

ＡＢの判決に使うための情報を同じにしないと、ＡＢの判決が同じにならなくなります。そこで、**Bだけにあった情報は、Bだけに生じるという結論にはせずに、全員に生じるか、全く生じないかどちらかにする必要がある**のです。

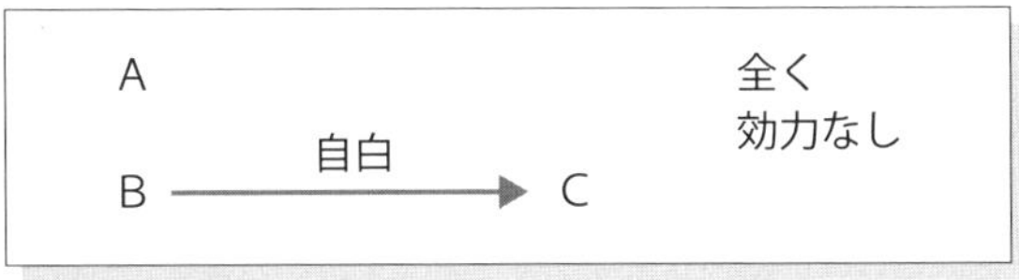

ＡＢ側でＢが自白という不利な行為をしてしまいました。

これに関しては全く効力が生じません。有利なことはみんなに効力が生じるけど、**不利なことは全く効力が生じません（Ｂ自身についても生じません）**。

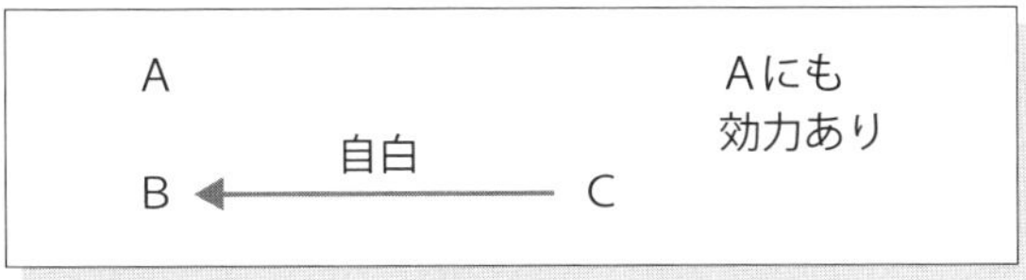

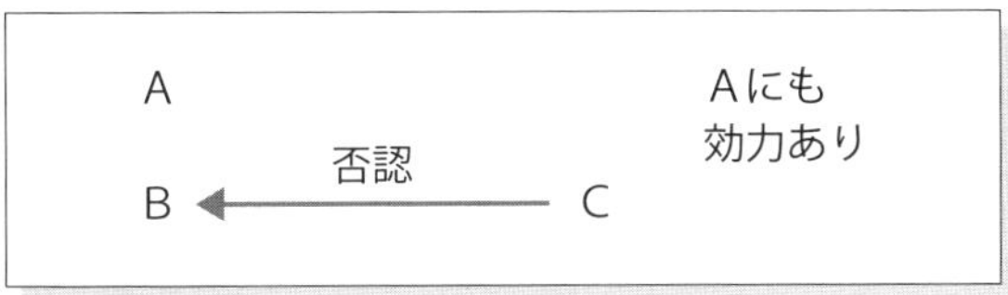

次にＡＢ側が行為を受けたという場合を考えましょう。

例えば、ＡＢのうちの一人が休んだ場合、どちらの処理がいいのでしょう。

①
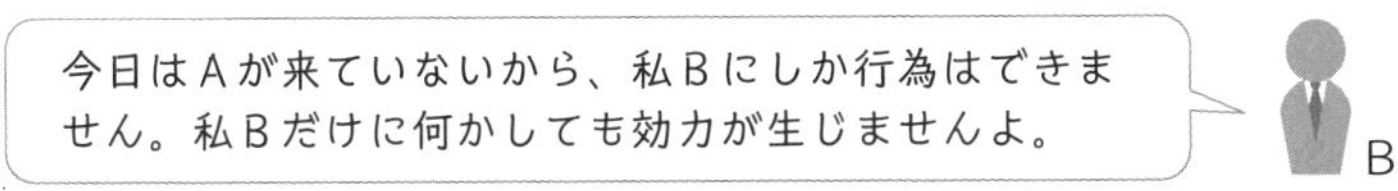

今日はＡが来ていないから、私Ｂにしか行為はできません。私Ｂだけに何かしても効力が生じませんよ。
B

②
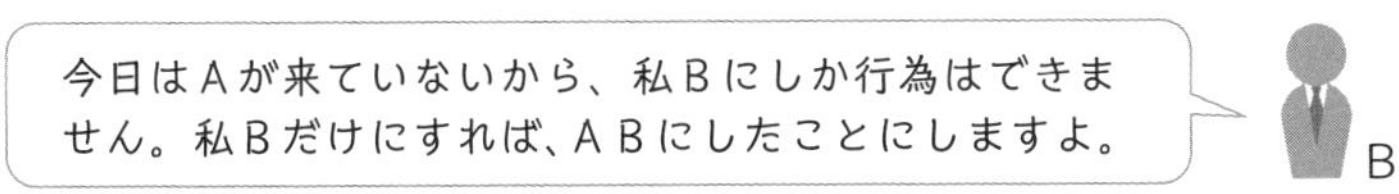

今日はＡが来ていないから、私Ｂにしか行為はできません。私Ｂだけにすれば、ＡＢにしたことにしますよ。
B

①だったら、Ｃは何もできなくなりますね。

そのため、**訴訟行為を受けたケースに関しては、有利なことであれ、不利なことであれ、全員に効力が生じることにしたのです**。

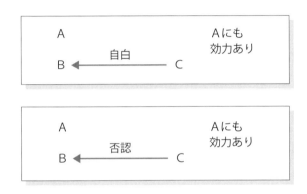

A　　　　　　　　　　Aも
　　　　　　　　　　　中断する
B　　　　　　　　C
→中断事由

Bにだけ中断事由が起きました。
この場合、訴訟を完全に中断にしてしまうのがいいのか、それでも中断がないとして訴訟を続ければいいのでしょうか。

さすがに、**B側が何もできないのに勝手に進めるのはBにとって酷**なので、**全く訴訟手続を進めない**ことにしました。

以上が40条の解説となります。

Point

類似必要的共同訴訟
関係当事者全員が揃わなくても、原告適格・被告適格が認められるが、共同訴訟とした場合には、合一確定のため40条を適用する。

必要的共同訴訟という点は先ほどと同じで、合一確定の要請があります。
だから40条の適用を受けるのですが、固有必要的共同訴訟と違いがあります。

初めから全員を揃える必要があるかどうかという点です。

Ex　株主総会決議取消しの訴え
X会社の株主総会の決議に取消原因が存している。この場合、株主ABC、取締役DEF、監査役GHIは、それぞれ単独で、又は全員が共同原告となって、あるいは一部の者が集まって共同原告となって、Xを被告として株主総会決議取消訴訟を提起しうる。
→　共同原告となった場合、合一確定が要請される。そのため、40条の適用がある。

株主総会決議取消しの訴えは、株主や役員たちが起こすことができます。

株主の判決	取締役の判決
判決 決議は取消しです	**判決** 決議は取り消しません

上記のような判決が出ると混乱してしまうので、決議はみんなにとって「取消しにする」か、「取消しにしない」かを決める必要があります（合一確定の要請です）。

ただ、初めから全員揃えて訴えることができるでしょうか。

初めから株主全員揃えて訴えなさい、役員も全員揃えて訴えなさい、これは無理ですね。

そこで、全員揃わなくても、訴訟を起こせるとしました。

では、ここまでやった制度を図表で比較していきましょう。

覚えましょう

	通常共同訴訟	必要的共同訴訟	
		類似必要的共同訴訟	固有必要的共同訴訟
合一確定の要請の有無	なし	あり	
当事者適格	全員揃わなくても認められる		全員揃って初めて認められる
弁論の分離の可否	可	不可	
一部判決の可否	可	不可	

合一確定の要請の有無　当事者適格

通常共同訴訟と必要的共同訴訟の違いは、同じ判決にするかどうかという点です。そして、必要的共同訴訟の中の2つの違いは、初めから全員揃える必要があるかという点にあります。

固有必要的共同訴訟で、全員を揃えなければ、訴え却下判決が出ます。

通常共同訴訟はもともとバラバラなので、初めから全員揃わなくても、訴訟は可能です。

弁論の分離の可否

弁論の分離というのは、訴訟中に別々の訴訟に分けてしまうという制度をいいます（通常は担当裁判官も変わります）。

これは通常共同訴訟では許されます。もともと別個独立なので、ばらして構いません。

ただ、必要的共同訴訟では、これを認めて**裁判を別々にすると「結論の違う判決が出る」可能性があります**。そのため、必要的共同訴訟では、弁論の分離は認めません。

一部判決の可否

これを認めると、「ある原告の分だけ判決を下し、その人が控訴して、控訴審に行く。ある原告が控訴審に行き、ある原告は、まだ第一審の状態にある」という状態になります。

これは、必要的共同訴訟では認めません。裁判所が別々になるので、**結論の違う判決が出る可能性がある**からです。

問題を解いて確認しよう

1	固有必要的共同訴訟と類似必要的共同訴訟のいずれにおいても共同して訴え、又は訴えられなければならない。〔8-3-2〕	×
2	通常共同訴訟と必要的共同訴訟のいずれにおいても弁論を分離できない。〔8-3-1（20-2-エ、22-2-オ）〕	×
3	必要的共同訴訟において、共同訴訟人の一人について訴訟手続の中断原因があるときは、その中断は、他の共同訴訟人についても効力を生ずる。〔22-2-エ（59-7-2、25-1-エ）〕	○

4	通常共同訴訟においては、共同訴訟人の一人が提出した証拠は、それが他の共同訴訟人に不利なものである場合には、当該共同訴訟人に異議がないときに限り、当該共同訴訟人との関係でも証拠となる。〔22-2-ア（8-3-4、20-2-イ）〕	×
5	必要的共同訴訟において、共同訴訟人の一人に対する相手方の訴訟行為は、他の共同訴訟人に対しても効力を生ずる。〔22-2-ウ〕	○

×肢のヒトコト解説

1 類似必要的共同訴訟では、共同して訴える（訴えられる）ことは不要です。

2 必要的共同訴訟では、弁論を分離できません。

4 証拠については絶対効なので、他の共同訴訟人との間でも証拠資料として使えます。

これで到達！  **合格ゾーン**

□ 固有必要的共同訴訟において、共同訴訟人となるべき者の全員が共同して訴えを提起しなかった場合、共同訴訟人となるべきその余の者は共同訴訟参加をして原告となることができる（大判昭9.7.31）。〔20-2-ウ〕

★本来ＡＢＣＤが原告にするべき固有必要的共同訴訟を、ＡＢＣのみで訴えを起こし、訴訟をしていました。その後、Ｄも原告になることが判明した場合、訴えを却下するのではなく、Ｄが原告に参加して、この欠陥を直すことを認めています。

第2節 補助参加訴訟

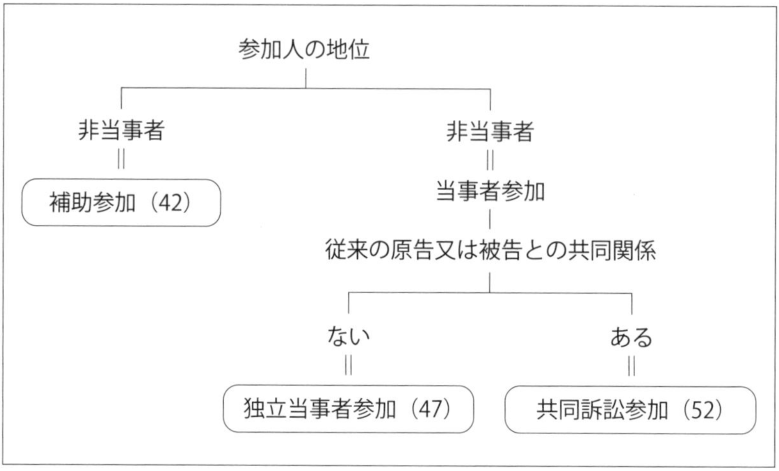

ここからは、後から訴訟に入ってくるパターンを見ていきます。

大きく分けると、当事者として後から入ってくるというパターンと、助っ人で入ってくるというパターンに分かれます。

当事者として入ってくるパターンについては、今の原告・被告とタッグを組むか組まないかで制度が分かれます。

一方、助っ人で入ってくるという補助参加という制度ですが、これが最も出題の多い論点です。

Point

補助参加

他人間に係属中の訴訟の結果について利害関係を有する第三者が、当事者の一方を勝訴させることによって自己の利益を守るために訴訟に参加する形態（42）。補助参加人が勝訴させようとする当事者を被参加人と呼ぶ。

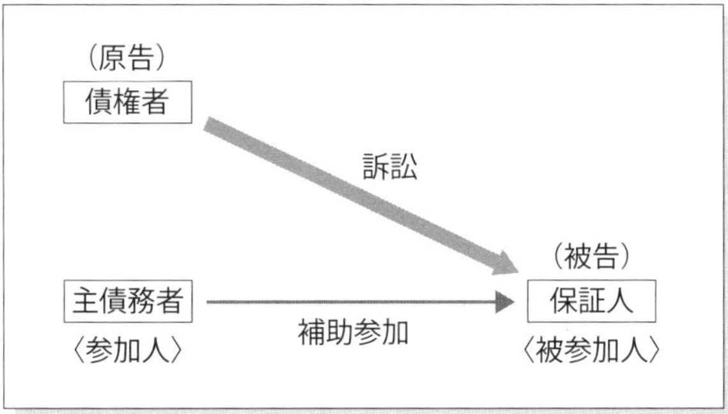

債権者は保証人を訴えていましたが、主債務者は安心しています。もう時効が完成しているから、勝てる訴訟だと思っていたのです。

しかし、どうも保証人がそれに気付いていないようです。

このままでは、「保証人が負ける→保証人は債権者に払うことになる→払ったら、自分のところに求償権の行使に来る」ことになり、自分が法的に不利になる可能性があります。

そこで、主債務者はこの訴訟に助っ人で入って、保証人が使えた時効の主張を代わりに行います。

こういう制度を補助参加と呼びます。

まずは、主債務者がこの訴訟に入っていくまでの手続を見ていきましょう。

43条（補助参加の申出）

1　補助参加の申出は、参加の趣旨及び理由を明らかにして、補助参加により訴訟行為をすべき裁判所にしなければならない。

44条（補助参加についての異議等）

1　当事者が補助参加について異議を述べたときは、裁判所は、補助参加の許否について、決定で、裁判をする。この場合においては、補助参加人は、参加の理由を疎明しなければならない。

2　前項の異議は、当事者がこれを述べないで弁論をし、又は弁論準備手続において申述をした後は、述べることができない。

3　第一項の裁判に対しては、即時抗告をすることができる。

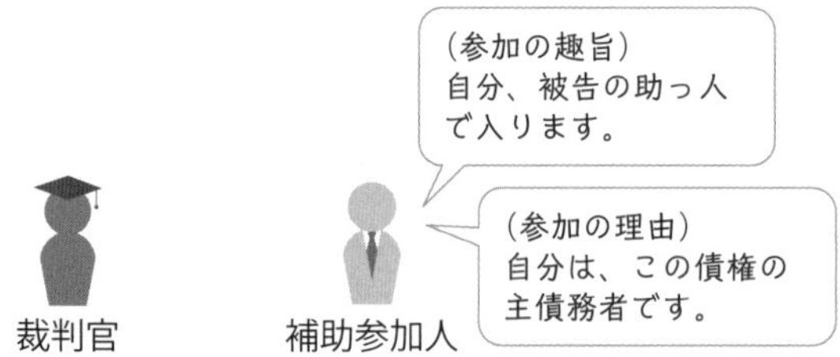

まず「私入ります」と参加申出をします。

このとき、参加の趣旨と参加の理由ということを明らかにします。**参加の理由とは、法的利害関係のこと**で、この事例では、「自分は主債務者で、保証人が負けると法的不利益を受けるのです」ということを指します。

それを主張した上で、**お互いから何の文句もなければ、すぐに助っ人の地位がもらえます**。

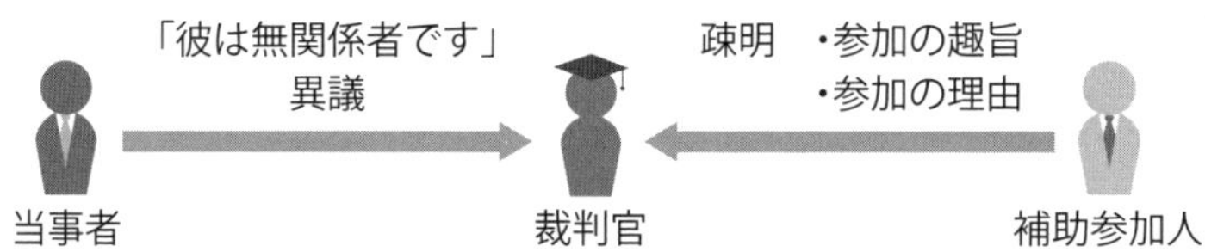

一方、今の原告・被告から異議が出てきた場合は、裁判に入ります。入っていいかどうかを決める、裁判（決定手続）をするのです。

この決定手続においては、自分が主債務者であることを、裁判官に説得することになります。

その説得のレベルは、疎明です（44条1項に規定されています）。

証明という文言と比較してください。証明というのは確信まで持っていくことで、疎明というのは何となくそうだろうなと思わせることです。ここでは証明までは要らず、何となくそうだなと思わせればＯＫです。

ここまでの流れを、次の図でまとめておきます。

この流れは重要なので、覚えるようにしてください。

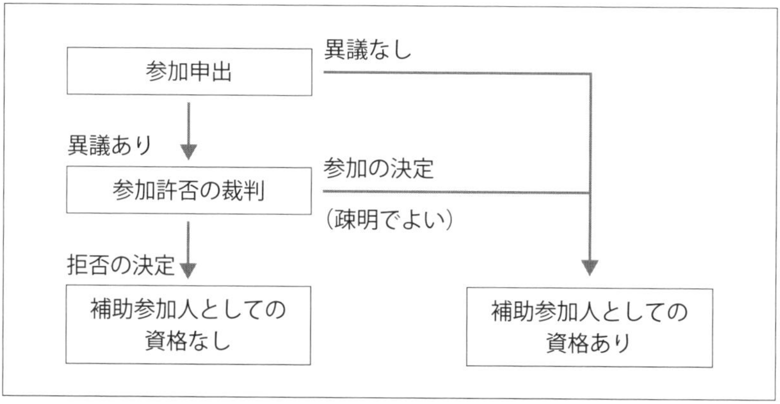

では次に、補助参加人という助っ人は、何ができて何ができないのかを見ていきましょう。

補助参加人のできる訴訟行為	できない訴訟行為
①　攻撃防御方法の提出	①　時機に後れた攻撃防御方法の提出
②　異議申立て	②　被参加人が自白の撤回（取消し）が可能なとき以外の自白の撤回
③　上訴	③　被参加人の放棄した上訴提起
④　再審	④　上訴取下
⑤　被参加人を勝訴させるに必要な一切の訴訟行為	⑤　訴えの取下げ
	⑥　請求の放棄・認諾、訴訟上の和解
	⑦　上訴権の放棄
	⑧　訴えの変更・反訴提起

補助参加人は**本人が持っている武器を代わりに使う**と考えてください。そのため、本人が主張できた内容や、証拠調べの申立てができます（これが①の攻撃防御方法の提出にあたります）。

また、再審という、確定した判決をひっくり返す手続まで可能です。

一方、**本人が既にできなくなっていることはもうできません**。

例えば上の図表の、できない訴訟行為の①②③です。これは、本人が使えない武器なので、助っ人も使えません。

また、**本人を勝たせる行為ではない行為も認められません**（上の図表のできない訴訟行為④から⑦です）。また参加人は、あくまでも今の訴訟物について、勝たせる行為を認めているため、**訴訟物を変えるということは認められません**（図表のできない訴訟行為⑧です）。

問題を解いて確認しよう

1	補助参加の申出は、参加の趣旨及び理由を明らかにして、補助参加により訴訟行為をすべき裁判所にしなければならない。〔21-3-イ（23-2-イ、27-2-ア）〕	○
2	裁判所は、当事者が補助参加について異議を述べない限り、補助参加の許否について、決定で、裁判をすることを要しない。〔オリジナル〕	○
3	当事者は、参加について異議を述べないで弁論をしたときは、異議を述べる権利を失う。〔5-4-5（21-3-ウ）〕	○
4	補助参加の申出人は、当事者が参加につき異議を述べない場合には、参加の理由を疎明することを要しない。〔5-4-2〕	○
5	補助参加人は、被参加人が自白した事実について争うことはできない。〔オリジナル〕	○
6	被参加人が提出すれば、時機に後れたものとして却下されることになる攻撃防御方法を、補助参加人が提出することはできる。〔23-2-オ改題〕	×
7	補助参加人は、上訴の提起をすることはできるが、訴えの変更や反訴の提起をすることはできない。〔21-3-エ（5-1-1、23-2-ウ）〕	○
8	補助参加人は、自己が参加した訴訟について、再審の訴えを提起することができない。〔オリジナル〕	×

×肢のヒトコト解説

6　被参加人ができない行為は、参加人もできません。

8　参加人は、再審の手続まで取れます。

2周目はここまで押さえよう

◆参加的効力◆

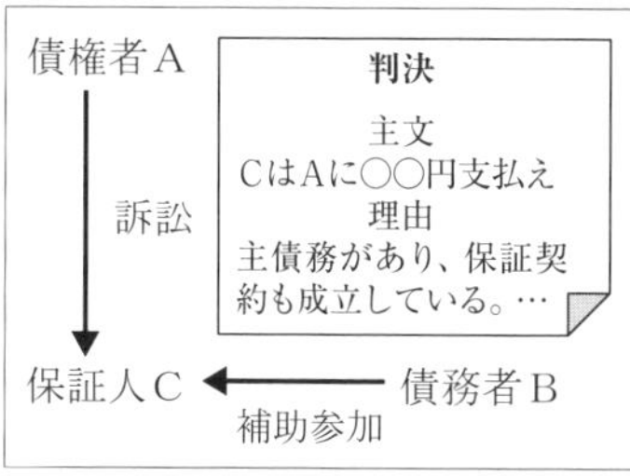

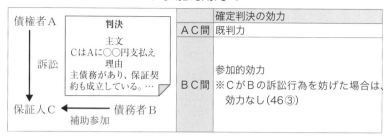

	確定判決の効力
ＡＣ間	既判力
ＢＣ間	参加的効力 ※ＣがＢの訴訟行為を妨げた場合は、効力なし（46③）

ＡＣ訴訟にＢが補助参加しましたが、ＢＣ側は敗訴し判決が確定しました。
この場合、Ｃは既判力を受けることになりますが、参加したＢも「保証債務がある、主債務がある」という内容に拘束されます。

被告ではないとしても、戦って負けたＢもペナルティを受けるべきだからです。ただ、もしＣがＢの訴訟行為を邪魔していた場合には、戦って負けたわけではないので、この拘束はおきません。

◆訴訟告知の効果◆

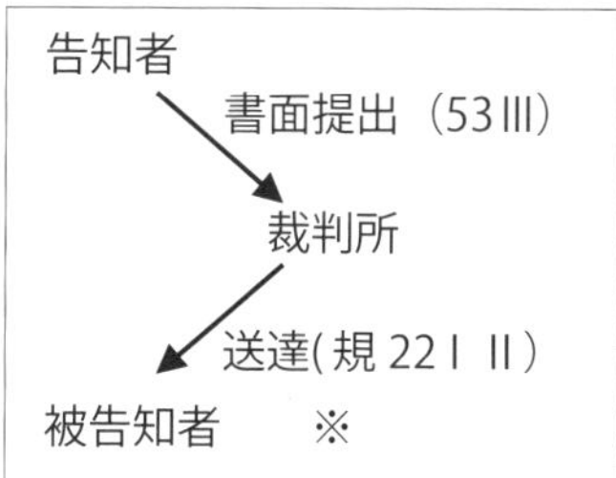

行為・論点	処理
被告知者の訴訟参加する義務	×
告知者の訴訟の判決の効力	被告知者は、参加的効力を受ける（53Ⅳ）

※告知者から、被告知者へ直接送付するわけではない

たとえば、保証人が訴えられた場合に、裁判所を通じて「訴えられたので、参加してください」と伝えることができます。これが訴訟告知という制度です（上記の図のとおり、裁判所を通じて、相手に知らされます）。

知らされた相手（被告知者）は、訴訟に参加する義務はありません（参加するかどうかを答える義務もありません）。ただ、参加しないまま告知者が負けた場合には、その被告知者は参加的効力の拘束を受けてしまいます（戦って負けても参加的効力、参加しなくても参加的効力を受けるのなら、参加する方に動くだろうという配慮の規定です）。

1	補助参加に係る訴訟の裁判は、被参加人が補助参加人の訴訟行為を妨げた場合においても、補助参加人に対してその効力を有する。〔27-2-オ〕	×
2	訴訟告知を受けた者が告知を受けた訴訟に補助参加しなかった場合には、当該訴訟の裁判の効力は、その者には及ばない。〔21-3-オ〕	×
3	当事者は、訴訟告知をするに際し、訴訟告知の理由及び訴訟の程度を記載した書面を、訴訟告知を受ける者に直接送付しなければならない。〔令4-1-イ〕	×
4	訴訟告知を受けた者は、訴訟告知をした当事者に対し、訴訟告知の書面を受領したときから相当の期間内に訴訟に参加するか否かを回答する義務を負わない。〔令4-1-ウ〕	○

第3節 独立当事者参加

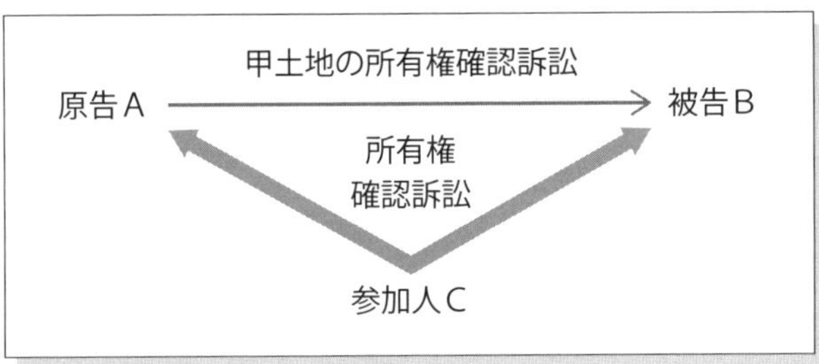

ある土地をめぐって、AとBで所有権確認訴訟が行われています。

それを知ったCさんは「あの土地はAとBのものじゃない。俺のものだ」と、この訴訟に殴りこみをかけます。

ここで訴訟に入っていくのですが、この場合、どっちともタッグを組むことはなく、ABC三人とも敵状態となります。

このように、**後から入ってくるけどタッグを組まない、こういった参加の仕方**

を独立当事者参加といいます。ただ、参加した者は当事者の扱いになるので、既判力が及びます。

二当事者間の行為が他の１人に不利益をもたらす場合	当該二当事者間でも効力を生じない(40Ⅰ準用)。
１人が１人に対してした訴訟行為(不利益をもたらさない場合)	当然他の１人にもしたことになる(40Ⅱ準用)。
１人につき中断・中止の事由が生じた場合	全訴訟手続が停止される(40Ⅲ準用)。

この訴訟においては、40条の適用があります。

例えば、ＣがＢに主張した内容がＣＢ間にしか効力がないと、ＣＢの情報と、ＣＡの情報が違ってきます。そうすると「判決　所有者は、ＣＢ間ではＢ」、「判決　所有者はＣＡ間ではＡ」ともなりかねません。

他にも、Ｃが主張したことについてＢは自白して、Ａは自白していない。これでＢについて自白扱い、Ａは自白扱いしなければ、ＣＢとＣＡでは、情報が変わります。情報が変われば、出てくる判決も変わってくる危険があるのです。このように、**合一確定が要請される**ので、必要的共同訴訟の条文の40条を使うのです。

終局判決
全請求につき、矛盾のないものでなければならない。 ①　弁論の分離・一部判決はできない。 ②　原告・被告・参加人の三当事者を判決の名宛人とする１個の終局判決のみが許される(最判昭43.4.12)

訴訟の分離や一部判決があると、裁判官が変わります。裁判官が変われば、「ＡＢ間では所有者はＡ」「ＡＣ間では所有者はＣ」と**結論の異なる判決が出る危険性があるので、訴訟の分離や一部判決は認めません**。

訴訟脱退	
主体	従来の原告又は被告
要件	相手方の承諾を得ること
効果	判決の効力は脱退者に及ぶ

実はCが出てきたタイミングで、ABは抜けることができるのです。

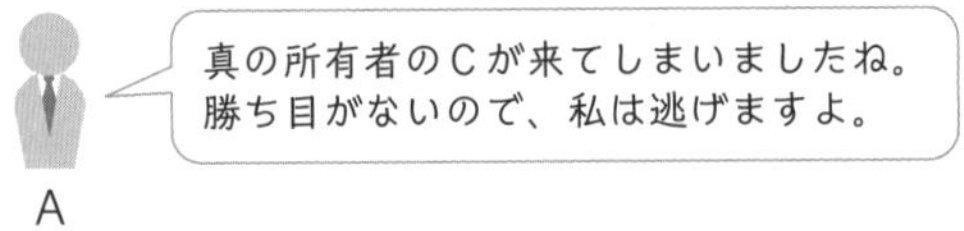

真の所有者のCが来てしまいましたね。
勝ち目がないので、私は逃げますよ。
A

こういう感じで、抜けることができるのです。ただし、一度戦い始めた以上、**相手のOKがないと抜けることはできません**。また、抜けたとしても、彼には既判力が及びます（**逃げても既判力は追いかける**のです）。

問題を解いて確認しよう

1	独立当事者参加があった訴訟において、裁判所は、一部判決をすることはできない。〔オリジナル〕	○
2	独立当事者参加をした者がある場合において、当事者の一人について訴訟手続の中断の原因があるときは、その中断は、全員についてその効力を生ずる。〔25-1-エ（59-7-2、22-2-エ）〕	○
3	訴訟から脱退した者には、確定判決の効力は及ばない。〔62-4-4〕	×

×肢のヒトコト解説

3　脱退者にも既判力が及びます。

2周目はここまで押さえよう

	独立当事者参加	補助参加
参加の方式①	参加の趣旨及び理由を明らかにすること（47Ⅳ・43Ⅰ）	参加の趣旨及び理由を明らかにすること（43Ⅰ）
参加の方式②	書面（47Ⅱ）	書面又は口頭
参加の許される時期	事実審係属中（判例）	判決確定後でも可

独立当事者参加、補助参加ともに、参加する際には「参加の趣旨及び理由」を明らかにして行います。

ただ、独立当事者参加は書面で行う必要があるのに対し、補助参加は急いで緊急にやる必要がある場合（かつ既判力を受けるわけではない）があることから、口頭でもできるようになっています。

そして、独立当事者参加では、新しい訴訟物が出てくるので、その訴訟物の事実認定ができる第一審、控訴審まで可能とされています。

一方、補助参加人は再審（確定した判決をひっくり返す制度）まで起こせます。そのため、判決確定後でも、補助参加が認められています。

☑ 1	補助参加の申出は、口頭でもすることができる。〔5-4-1（61-5-ウ）〕	○
2	独立当事者参加の申出においては、参加の趣旨だけでなく、その理由も、明らかにしなければならない。〔25-1-イ〕	○
3	独立当事者参加の申出は、第一審の口頭弁論終結の時までにしなければならない。〔25-1-ウ〕	×
4	補助参加は、参加する他人間の訴訟が控訴審に係属中であってもすることができるが、上告審においてはすることができない。〔21-3-ア〕	×

第4節 訴訟承継

Point

訴訟係属中に実体関係が変動したことに基づき、従前の当事者に代わって第三者が訴訟当事者の地位を承継すること。

→ 当然承継・申立受継の２種類がある

原告が変わること・被告が変わることを訴訟承継と呼びます。この言葉は意識して覚えておきましょう。

訴訟承継には２つの種類があります。

当然承継
一定の承継原因（相続・合併等）が生じれば、当然に当事者の変更すなわち訴訟承継が発生する場合

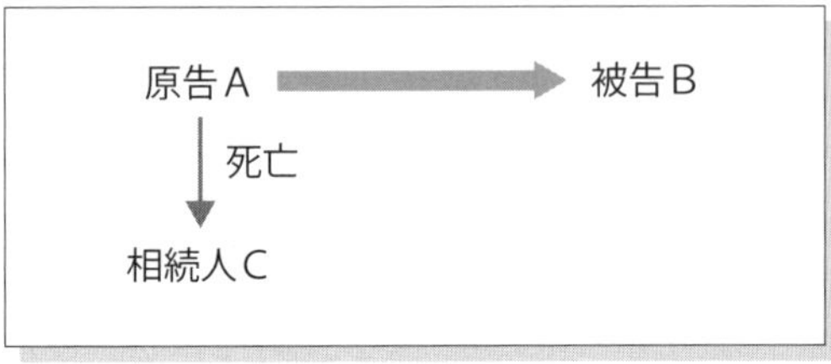

原告が死亡すれば、原告という立場が相続人に引き継がれます。**手続なしで、Cは原告になります**。

手続なしで、原告の立場、被告の立場が変わるのを当然承継と呼びます（相続・合併があった場合と思っていいでしょう）。

申立受継
当事者の申立てにより承継が生じる場合であり、参加承継と引受承継がある。訴訟物たる権利等が移転した場合に生じやすい。

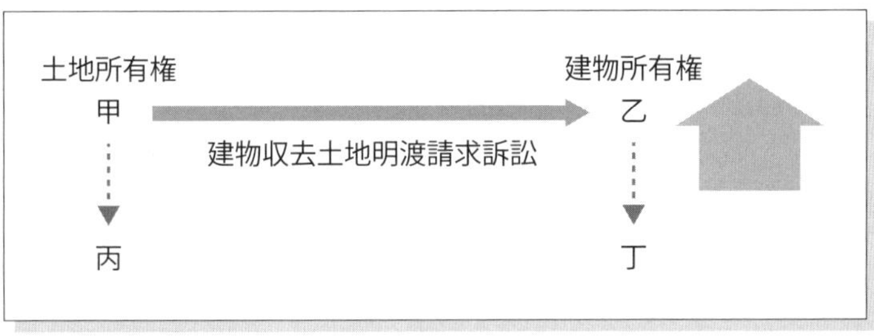

甲が乙に対し、建物を壊して自分の土地を返せと訴えました。ここで甲は土地を丙に売り、乙は建物を丁に売っています。だから原告となるのは、丙に代わるべきだし、被告となるべきものは、丁に代わるべきです。

相続や合併と違って、売買があった場合は、自動的に原告・被告は変わらず、手続を踏む必要があります。

参加承継（49）
訴訟の口頭弁論終結前に、甲が土地を丙に譲渡した。
→　丙はこの訴訟に独立当事者参加する。
→　甲は訴訟から脱退する。

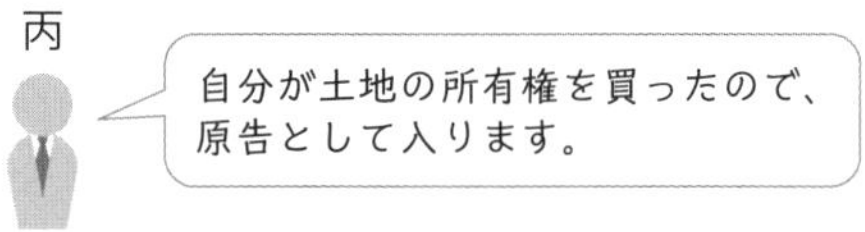

丙
自分が土地の所有権を買ったので、
原告として入ります。

まず、丙がこの訴訟に入ってきます。すると、原告は、甲・丙という状態になります。

それから、甲がこの訴訟から抜けます（脱退といいます）。

すると、原告は丙だけになり、原告のチェンジが完了します。

引受承継（50）
訴訟の口頭弁論終結前に、乙が建物を丁に譲渡した。
→　甲は裁判所に、丁に訴訟を引き受けさせたい旨の申立てをして、裁判所は丁に訴訟を引き受けるように命令をする。
→　乙は訴訟から脱退する。

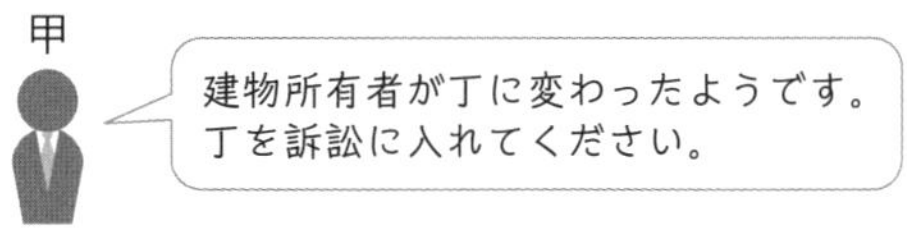

甲
建物所有者が丁に変わったようです。
丁を訴訟に入れてください。

上記のように甲側が、丁をこの訴訟に引きずり込みます。

すると被告は乙・丁になり、その後に、乙が抜けます。これによって被告は丁だけになります。

このような手続を踏むことによって、原告・被告を変えるのです。

訴訟脱退
参加があった場合は、前主である原告又は被告は相手方の承諾を得て脱退が可能（51・48、50Ⅲ） →　既判力

参加承継も引受承継も、最後は脱退行為が入ります。そのため、相手のＯＫが

いるし、なお且つ、既判力は追いかけることになります。

訴訟承継の効果
新当事者は、承継時点での前主の訴訟状態上の地位を引継ぎ、有利・不利を問わず、それに拘束される。

訴訟承継をした場合は、**原告の立場・被告の立場がそっくり引き継がれます**。

有利不利を問わず、引き継がれます。例えば前の原告が、自白をしていたのであれば、自分も自白扱いされるのです。

問題を解いて確認しよう

1	参加承継によって新たに原告となった者は、従前の原告で訴訟から脱退した者が自白した事実に反する主張をすることができる。〔15-4-オ〕	×
2	当事者が死亡した場合において、その相続人が訴訟手続を受け継いだときは、既にされていた訴訟行為は、その相続人の利益となる限度においてのみその効力を生ずる。〔25-2-ウ〕	×
3	参加承継においては参加があれば被承継人は相手方の承諾を得ずに訴訟から脱退できるが、引受承継においては引受決定がされても、被承継人が訴訟から脱退するには相手方の承諾が必要である。〔オリジナル〕	×
4	訴訟の係属中、第三者がその訴訟の目的である義務の全部又は一部を承継したときは、裁判所は、当事者の申立てにより、決定で、その第三者に訴訟を引き受けさせることができる。〔15-4-イ〕	○

×肢のヒトコト解説

1, 2 訴訟承継では、前主の立場を有利不利問わず、完全に引き継ぎます。

3 参加承継・引受承継のどちらの場合でも、脱退する場合は相手の同意が必要です。

MEMO

第7編 簡易裁判所

～簡易裁判所は、けっこう簡便的でやさしい裁判のやり方になっています～

簡易裁判所は地方裁判所の手続を、一部分緩くしています。どういった部分を緩めているのかを下の図表でまとめています。
ほとんどを説明していますので、読んでみてピンとこなかったものは、前のページに戻って確認してください。

	地方裁判所	簡易裁判所
事物管轄	①訴額が140万円を超える事件（裁24①） ②訴額が140万円以下の不動産事件（同上）	訴額が140万円以下の事件（裁33Ⅰ①）
訴訟代理人	弁護士に限る（54Ⅰ本文）	裁判所の許可を得れば非弁護士でもよい（54Ⅰ但書）
起訴の方法	訴状の提出に限る（134Ⅰ）	口頭起訴・起訴の擬制あり（271・273）
請求の特定	請求の趣旨及び原因を訴状に記載してする（134Ⅱ②）	請求の原因に代えて、紛争の要点を明らかにすれば足りる（272）
準備書面	必要（161Ⅰ）	原則：不要（276Ⅰ） 例外：相手方が準備しなければ陳述できない事項については準備書面の提出又は相手方への通知が必要（276Ⅱ）
欠席当事者の陳述擬制	一方当事者欠席の場合で、かつ最初の期日に限り可能（158）	一方当事者の欠席につき最初の期日・続行期日とも擬制可（158・277）
尋問に代わる書面提出	証人尋問　→　可 当事者尋問　→　不可	証人尋問　→　可 当事者尋問　→　可
和解の手続	司法委員の参与制度なし	司法委員の参与制度あり（279Ⅰ）（任意）

ここでは、上の図表の内容の2か所を説明します。

請求の特定

本来、訴状には、請求の趣旨と請求の原因を書きます。ただ、**簡易裁判所では、弁護士を使わずに訴訟活動をしている人も多いため、**請求の原因という形式にはこだわらず、どういったトラブルになっているのか、それが分かればいいですよとしています。

和解の手続

司法委員という民間人を交えて、和解手続を行うことができます。

民間人の知識・常識を踏まえて、妥当なラインで示談をするということを狙っているのです。

問題を解いて確認しよう

1	簡易裁判所においては、裁判所の許可を得れば、弁護士以外の者も訴訟代理人となることができる。〔3-2-1〕	○
2	簡易裁判所においては、訴えの提起は、訴状を裁判所に提出して行わなければならない。〔オリジナル〕	×
3	簡易裁判所においては、相手方が準備しなければ、陳述できない事項については、準備書面の提出に代えて、口頭弁論期日前に直接相手方にこれを通知することができる。〔3-2-2〕	○
4	簡易裁判所の訴訟手続においては、原告又は被告が口頭弁論の続行期日に欠席しても、その者が提出した準備書面を陳述したものとみなすことができる。〔18-1-ア〕	○
5	簡易裁判所は、必要があると認めるときは、和解を試みるについて司法委員に補助をさせ、又は司法委員を審理に立ち会わせて事件につきその意見を聴くことができる。〔30-4-オ改題〕	○
6	簡易裁判所は、相当と認めるときは、証人尋問に代えて証人に尋問事項に関する陳述を記載した書面を提出させることができる。〔16-3-ウ改題（3-2-4）〕	○

×肢のヒトコト解説

2　口頭で起訴することが可能です。

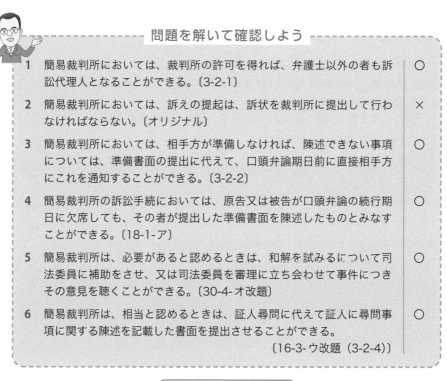

第8編 上訴

司法書士の代理権の範囲ではないので、出題の少ないところです。ただ、近年引き続き出題されているところもあるので、学習からは外せません。

メリハリをつけて、学習しましょう。

～上訴は裁判所決定手続によって控訴・上告や抗告・再抗告とあります～

第1章 意義

上級の裁判所に新たな裁判を求める不服申立てのことを上訴といいます。
ここでは上訴のイメージと、上訴のパターンを押さえるようにしましょう。

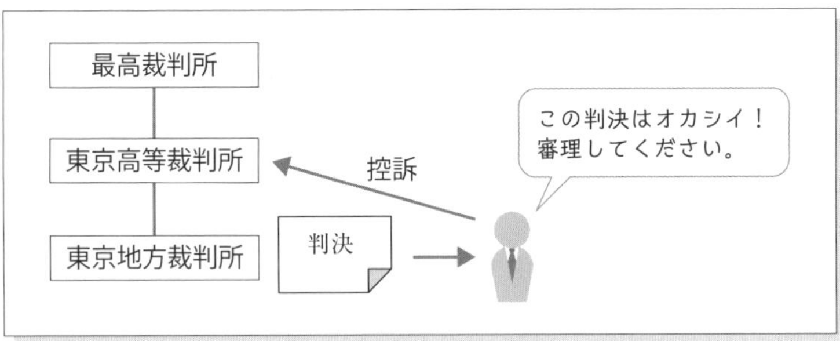

東京地方裁判所から判決を受けました。この**判決に不満があった場合、控訴**をして、東京高裁に審理してもらいます。

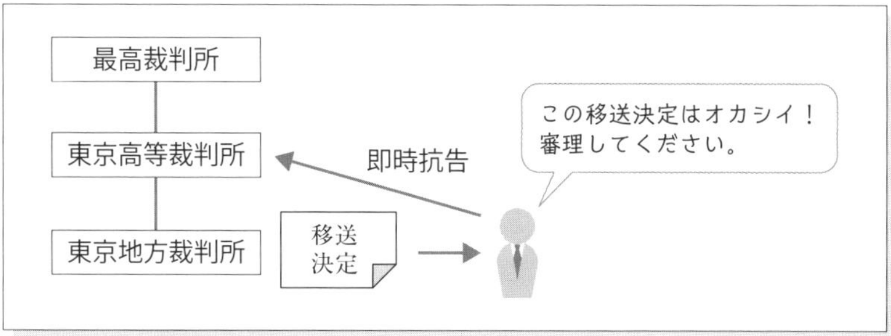

東京地裁での審理中に、移送決定が出されました。この**移送決定に不満があった場合、即時抗告という手続**を踏んで、移送決定が正しいかどうかを高等裁判所に見てもらいます。

このように上の裁判所に判断を仰ぐことを上訴といいます。この上訴の仕方には、控訴（上告）と抗告（再抗告）があります。

Point

終局判決に対する不服申立て　→　控訴・上告
決定・命令に対する不服申立て　→　抗告・再抗告（即時抗告）

どんな裁判に対する不満を述べるのかで、手続が異なります。

判決に対する不満であれば、控訴（2回目は上告）、一方**決定・命令についての文句は、抗告（2回目は再抗告）**となります。

これと比較してほしい概念があります。

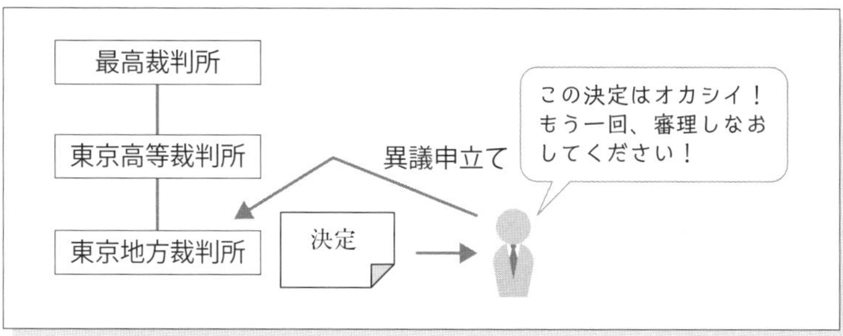

東京地裁から決定を受けました。これに不満があって、異議申立てをしています。

異議というのは、同じ裁判所に対して、やり直せという手続のことを指します。上にあげずに、今の裁判所でやり直してもらうのです。

不服申立てでも、上級裁判所にあげる不服申立てと、同じ裁判所にやり直してもらう手続があることを理解しましょう。

～地裁判決に不服があったら、控訴するかは慎重にかつ期日内で考えます～

第2章 控訴

上訴の中の出題のメインは、この控訴です。
① どういうときに控訴ができるのか
② 控訴をするときの手続はどうなっているか
③ 控訴を取り下げる要件は何か
④ 控訴での審判の範囲はどこまでか
こういったことを学習します。

控訴が認められる場合

本案の申立て　　＞　　判決

自分が欲しい判決よりも、実際にもらった判決が小さい場合に、控訴が認められます。次の図を見てください。

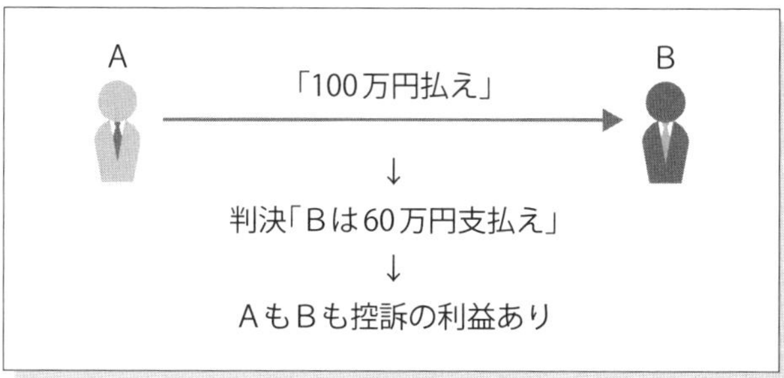

A
B
「100万円払え」
↓
判決「Bは60万円支払え」
↓
AもBも控訴の利益あり

Aが100万円払えと訴えたところ、「60万円払え」という判決が出ました。

Aが欲しかった判決より、もらった判決の方が小さいのでAは控訴できます。

またBは、「1円も払う気はない」という本案の申立てをしているのが通常なので、**この判決はBの申立てより小さい（不満がある内容）**ため、Bも控訴ができます。

問題を解いて確認しよう

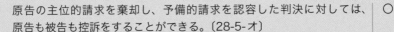

1　原告の主位的請求を棄却し、予備的請求を認容した判決に対しては、原告も被告も控訴をすることができる。〔28-5-オ〕	○
2　被告は、訴えを却下した判決に対しては、請求棄却の申立てをしている場合でも、控訴を提起することはできない。〔58-4-1〕	×

×肢のヒトコト解説

2　請求棄却判決より、訴え却下判決の方が被告の利益は小さいので控訴が認められます。

控訴権が認められない場合
① 不控訴の合意をした場合
② 控訴権が消滅した場合
・控訴権の放棄（284）
・控訴期間の徒過（285）
控訴期間　＝　原則として判決の送達があった日から２週間

先ほどのような事例でも、控訴が認められない場合があります。

例えば、もともと**控訴しないという約束をしている場合や、控訴権がなくなっている場合**です。控訴権がなくなる場合とは、控訴権を放棄した場合と、控訴できる期間を過ぎた場合です。

では、控訴はいつまでできるかを見ましょう。

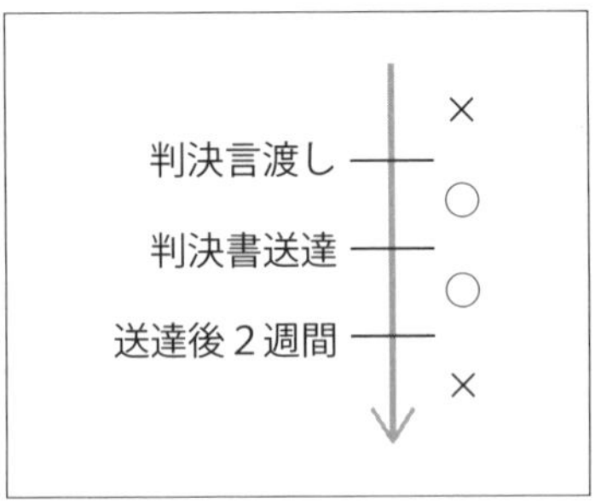

当事者は、いつ判決内容を知るのでしょう。言渡しの時といいたいところです

が、判決の言渡しは、中断中や、欠席していても行われます。**当事者が判決内容を確実に知るのは、送達の時**です。

そのため、**送達から2週間経つまでは控訴ができるとしました。**

では、控訴はいつからできるのでしょう。

判決内容を知ったら、その時点から控訴ができます。判決内容は言渡しにより知りますから、**判決の言渡しから控訴は可能です**（さすがに言い渡す前から控訴はできません）。

では、控訴はどういう手続で行うかを説明します。

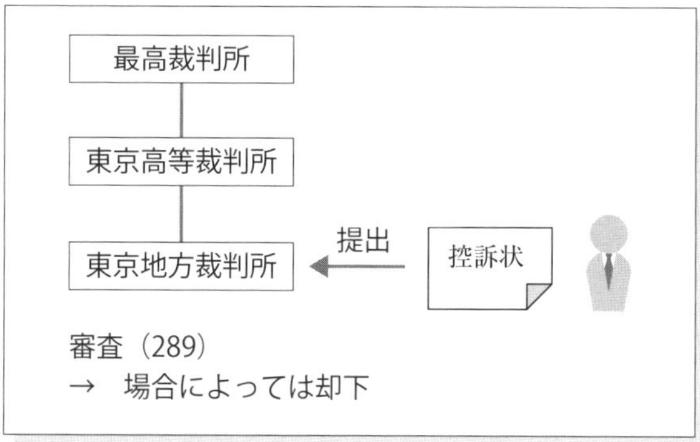

控訴審の審理は、東京高裁でやりますが、控訴状の紙は、東京地裁に出します。

これは、**東京地裁にチェックをさせるため**です。

控訴状は東京地裁に提出し、東京地裁は控訴の形式面などをチェックします。ここで、おかしなことがあれば、東京地裁で控訴を却下します。**上級審に無駄なことをさせないよう、おかしな控訴は地方裁判所の方で止めてしまう**のです。

問題を解いて確認しよう

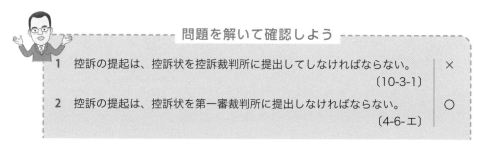

1	控訴の提起は、控訴状を控訴裁判所に提出してしなければならない。〔10-3-1〕	×
2	控訴の提起は、控訴状を第一審裁判所に提出しなければならない。〔4-6-エ〕	○

3　第一審判決が判決書の原本に基づいて言い渡されたときは、控訴の提起は、判決書の送達を受けた日から２週間の不変期間内に、控訴状を第一審裁判所に提出してしなければならない。〔令4-5-イ（7-2-5）〕　○

×肢のヒトコト解説

1　第一審裁判所に提出します。

２周目はここまで押さえよう

論点／控訴が却下される場面	却下する機関	却下の裁判形式
控訴が不適法で、その不備を補正することができないことが明らかな場合（287 Ⅰ）	第一審裁判所	決定
第一審裁判所が却下しなかった場合でも、控訴が不適法で、その不備を補正することができない場合（290）	控訴裁判所	判決

控訴が却下される場面が２つあります。１つは、控訴状が第一審に出されたところで、第一審裁判所がこれはダメだと却下する場面です。この場合は決定で却下します（第一審が終わっているので、判決を出す必要はありません）。

もう１つの場面は、本当は却下されるべき内容の控訴だったのに、第一審裁判所が気づけず、控訴審が始まった後に控訴裁判所が気づいて却下する場面です。控訴審が始まっているため、判決がなければ訴訟を終了することはできません。

☑ 1　控訴が不適法でその不備を補正することができないことが明らかであるときは、控訴裁判所が、決定で、控訴を却下しなければならない。〔オリジナル〕　×

2　控訴が不適法でその不備を補正することができないときは、控訴裁判所は、口頭弁論を経ないで、決定で、控訴を棄却することができる。〔28-5-ア〕　×

これで到達！ 合格ゾーン

□ 控訴をする権利は、第一審裁判所が判決を言い渡す前にあらかじめ放棄することはできない。〔令4-5-ア（6-4-4）〕

★控訴権を放棄したときは、当該時点で判決が確定することになります。ただ、これは控訴権が発生するまではすることができません。

Point

控訴提起の効力

① 移審の効力

② 判決確定の防止

控訴をすると、上級審に移るだけでなく、**確定を防ぐ効果が生じます**。判決が出て、控訴期間が過ぎれば、確定になってしまいます。そこで、**控訴することによって、確定するのを止める**のです。

だったら、控訴を取り下げたらどうなるでしょう。控訴したから判決は固まらずに済んだのですから、**控訴を取り下げれば、判決は確定する**ことになります。

では、その控訴の取下げの手続を見ていきましょう（次の図表の、右側に注目してください）。

		控訴の取下げ	控訴における訴えの取下げ
効果		控訴審の訴訟係属の遡及的消滅 （292 Ⅱ・262 Ⅰ） ↓ 控訴期間の徒過により第一審判決確定	訴訟係属の遡及的消滅 （262 Ⅰ） ↓ 第一審判決失効
要件	相手方の同意	不要	相手方が本案について準備書面の提出等をした後は必要 （261 Ⅱ）
	時期	控訴審の終局判決（言渡し）があるまで （292 Ⅰ）	判決が確定するまで （261 Ⅰ）

控訴を取り下げる時、相手の同意は不要です。控訴を取り下げれば、相手にとって有利な判決内容が確定することになるためです。

また、**控訴の取下げは、判決が言い渡されるまでできます**。

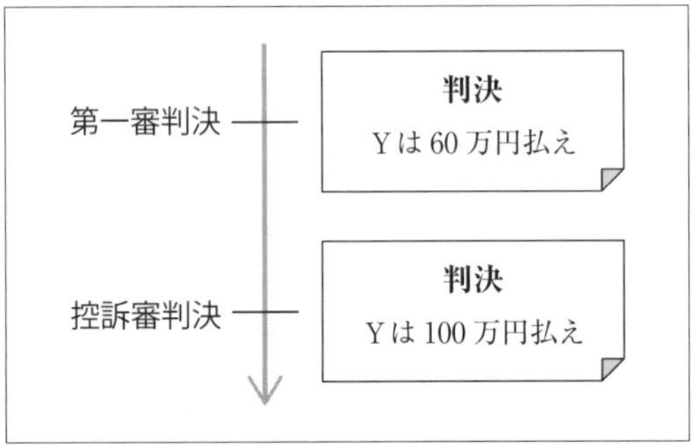

控訴審で判決が出ると、もう控訴の取下げはできません。

判決が出たあとでも、控訴の取下げができるとしたら、控訴審の判断を見た上で、

控訴審の判断がよければ取り下げず、

第一審の方がよかったら控訴審を取り下げる

というように、**判決の選択ができてしまいます**。そこで、控訴審で判決が出たら、もう取下げできないとしたのです。

一方、先ほどの図表の右側を見てください。

控訴になっても、**原告は、訴えそのものを取り下げることもできます**。これにより、**訴訟自体がなかったことになります**。

第一審判決もなかったことになるので、**第一審の判決は失効します**（判決を無駄にしていますから、再訴禁止という制裁はやってきます）。

訴えを取り下げると、既判力が生まれなくなるので、相手が反論してきたあとは、**相手の同意が必要になります**。

そして、訴えの取下げは、確定するまで可能です。

このように、控訴の取下げと訴えの取下げは、効果・要件の結論が全く違いますので、意識して覚えてください。

問題を解いて確認しよう

1	控訴の取下げをするには、相手方の同意を得ることを要しない。〔10-3-4（3-3-1）〕	○
2	第一審で敗訴した原告が控訴した後、控訴を取り下げたときは、第一審判決も遡及して失効する。〔62-1-2〕	×
3	第一審原告は、自ら控訴した後に、訴えを取り下げることはできない。〔6-4-2（4-4-1）〕	×

×肢のヒトコト解説

2　控訴を取り下げると、第一審判決が確定します。

3　控訴をした後でも、訴えを取り下げることは可能です。

これで到達！ 合格ゾーン

□ 被控訴人が附帯控訴をしているときでも、その同意を得ずに控訴を取り下げることができる。〔58-1-1、28-5-ウ〕

★控訴が取り下げられると、附帯控訴もなくなるので、被控訴人の同意が必要と思うところですが、293条2項但書により、被控訴人の起こした附帯控訴は、控訴の要件を備えるものは残ることになっており、控訴の取下げは被控訴人の不利益に働くことがないので、同意は不要です。

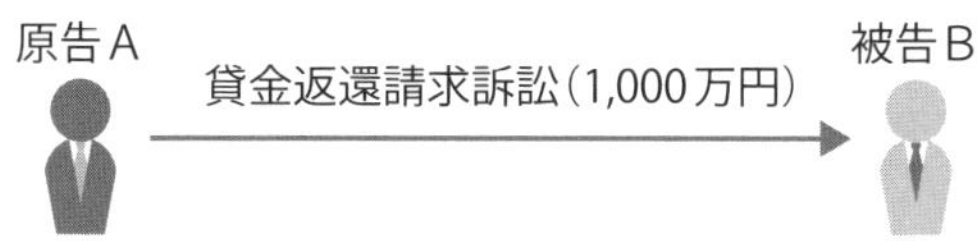

①第一審判決「被告BはAに金700万円を払え」（Aの一部勝訴判決）
②Aが控訴
控訴裁判所は、いかなる範囲で、判決を出すことができるのか。

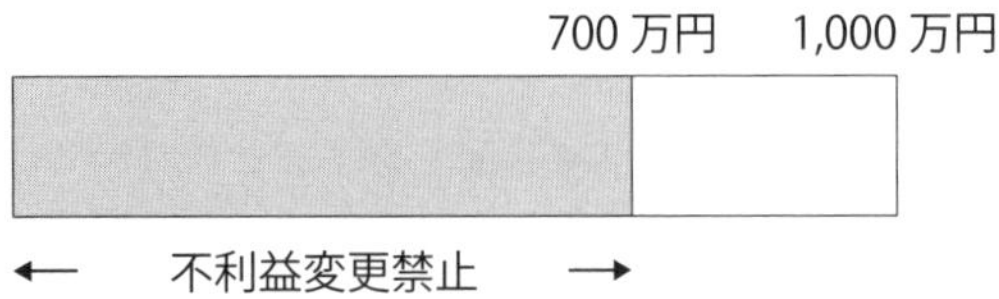

今回の控訴事件では、0円から700万円の範囲の判決は出せません。「**第一審判決よりは、悪い判決にはしない**」という不利益変更の禁止という原則があるからです。そのため、Aが控訴したときに出される判決は、700万円以上になります。

被告がどんなに頑張っても、被告は700万円以上の支払いを命じられるのでは、被告は面白くありません。

また、そもそも被告が控訴した場合には、不利益変更禁止から出てくる判決は「0円～700万円」になったはずです。

このままでは、**先に控訴したもの勝ちになってしまいます**。そこでAが控訴した場合、Bは、次のような申立てができるとしました。

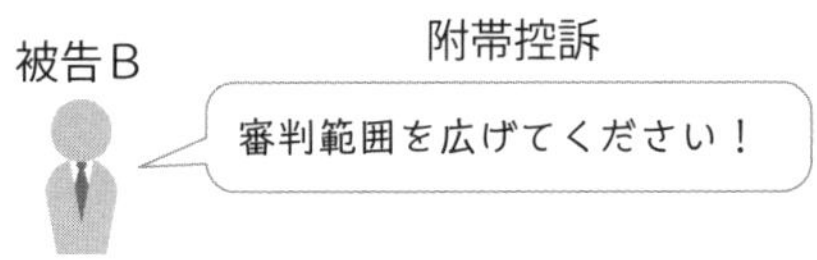

この申立てを附帯控訴といいます。

この手続をとると不利益変更禁止がふっ飛ばされ、控訴審で下せる判決は0円から1,000万円になります。

附帯控訴という字を使っていますが、実質は控訴ではありません。審判範囲を広げてくれという申立てです。

◆ 附帯控訴 ◆

主体	被控訴人 → 自己の控訴権を放棄した被控訴人であっても、附帯控訴をすることができる(293 I)。
時期	控訴審の口頭弁論終結まで → 被控訴人自身の控訴期間(285)が経過した後に附帯控訴をすることはできる(293 I)。

控訴ではないため、控訴のルールに従う必要はありません。

そのため、**控訴権を放棄していても、控訴期間が経過していても、附帯控訴をすることができます。**

問題を解いて確認しよう

1	被控訴人は、控訴権を放棄・喪失した後であっても、控訴審の口頭弁論の終結に至るまで、附帯控訴をすることができる。〔10-3-5（令4-5-エ）〕	○
2	被控訴人は口頭弁論の終結に至るまで附帯控訴をすることができるが、自ら控訴権を放棄した場合には、附帯控訴をすることはできない。〔オリジナル〕	×
3	附帯控訴は、被控訴人の控訴権が消滅した後は、することができない。〔6-4-3〕	×

×肢のヒトコト解説

2 控訴権を放棄していても、附帯控訴をすることができます。

3 控訴期間が経過していても、附帯控訴をすることができます。

第3章 再審

近年になって出題がされている論点です。深入りはしてはいけませんが、まったくやらないのもNGです。
まずは、過去の出題に沿った部分を学習しましょう。

Point

再審

確定した終局判決に対して、その訴訟手続に重大な瑕疵があったことや、その判断の基礎資料に異常な欠陥があったことを理由にして、判決を取り消し、事件について再度の審判を行うことを、判決をした裁判所に対して求める非常の不服申立方法

判決が確定すると、よほどのことがないとひっくり返ることはありません。

そのよほどのことがあった場合が、この再審の場面です。

具体的には、下記のような事情があった場合には、確定した裁判をひっくり返すことができます。

◆ 再審事由 ◆

①	法律に従って判決裁判所を構成しなかったこと
②	法律により判決に関与することができない裁判官が判決に関与したこと
③	法定代理権、訴訟代理権又は代理人が訴訟行為をするのに必要な授権を欠いたこと
④	判決に関与した裁判官が事件について職務に関する罪を犯したこと
⑤	刑事上罰すべき他人の行為により、自白をするに至ったこと又は判決に影響を及ぼすべき攻撃若しくは防御の方法を提出することを妨げられたこと
⑥	判決の証拠となった文書その他の物件が偽造又は変造されたものであったこと
⑦	証人、鑑定人、通訳人又は宣誓した当事者若しくは法定代理人の虚偽の陳述が判決の証拠となったこと
⑧	判決の基礎となった民事若しくは刑事の判決その他の裁判又は行政処分が後の裁判又は行政処分により変更されたこと
⑨	判決に影響を及ぼすべき重要な事項について判断の遺脱があったこと
⑩	不服の申立てに係る判決が前に確定した判決と抵触すること

どれもこれも、通常は起きないような事柄です。

この再審事由は、特に③と⑩を意識して覚えてください。

例）

③　判決確定後、その訴訟では代理権のない人が勝手に代理をしていたことが判明した。ここで、本人に既判力が付くのはおかしいので、再審を起こして否定する。

⑩　今回と同じ事件がすでに起こされていて、それに気づかないまま判決が下された（しかも、その２つの判決の内容が矛盾していた）。このままでは、法的な処理に混乱が起きてしまうので、再審を起こして否定する。

論点①　再審の対象
①　確定した終局判決 ②　即時抗告をもって不服を申し立てることができる決定又は命令で確定したもの(349)

裁判には、判決・決定・命令があります。再審は確定した判決をひっくり返すだけでなく、一定の**確定した決定・命令であってもひっくり返すことが可能**です。

論点②　期間制限	
出訴期間	判決確定後再審事由を知った日から30日の不変期間内（342 Ⅰ）かつ判決確定後5年以内(342 Ⅱ)。
除斥期間	判決確定後に再審の事由が発生したときは、5年の期間は発生の時から起算される。
例外	代理権の欠缺（338 Ⅰ③前段）及び確定判決の既判力の抵触（338 Ⅰ⑩）は期間制限なし(342 Ⅲ)。

確定した判決をひっくり返すことは、今までの権利関係を大きく変えてしまいます。これがいつまでたってもできるとなると、周りに大迷惑になるので、一定の期間制限を設けています。

ただ、ある重大な再審事由については期間制限を設けていません。それが、先ほど説明した**代理権の欠缺（338 Ⅰ③前段）及び確定判決の既判力の抵触（338 Ⅰ⑩）を理由とした再審**の場合です。

これは、**あまりにも再審事由の重大さが強いので、いつまでたっても再審の訴**

えを起こせるようにしています

論点③　当事者	
原告	確定判決の既判力を受け、これに不服の利益を有する者 （本試験の出題例）口頭弁論終結後の承継人（最判昭46.6.3）。
被告	原則として確定判決の勝訴当事者か、その者が死亡した後は一般承継人である。

再審の訴えを起こせるのは、今の判決で迷惑を受けている人です。具体的には、その判決で**既判力を受けている人が再審の訴えを起こせます**。

例えば、口頭弁論終結後の承継人は既判力が及ぶので、再審の訴えを起こせます。

では、再審の訴えを起こしたあとの手続の流れを説明します。

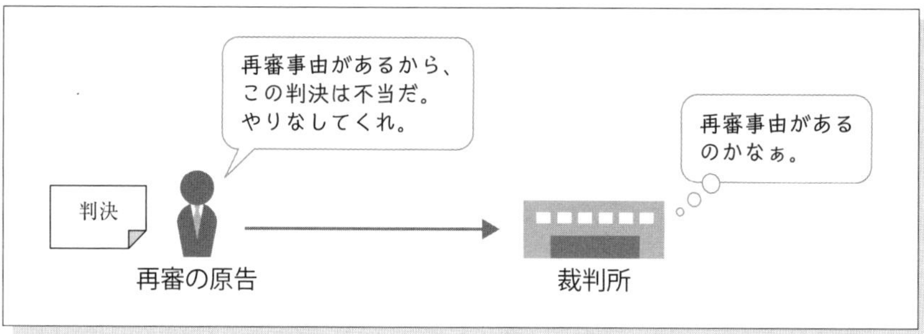

まず、審査するのは判決内容が正しいかどうかではなく、再審事由があるかないかです。

再審原告は、再審事由を主張し、裁判所もその内容があるかどうかを審査します。

再審事由あり　→　相手方審尋　→　再審開始決定（346 Ⅰ）
再審事由なし　　　　　　　　　→　再審請求棄却（345 Ⅱ）

裁判所は再審事由がないと分かれば、再審請求を棄却すればいいのですが、再

審事由があると判断しても、すぐさま再審決定はできません。

再審決定をする場合には、**相手方を呼び出して審尋する（話を聞く）必要がある**のです。**確定判決を取り消す可能性のある判断なので、それを無断で行うのは相手に迷惑になる**からです。

一方、**再審請求を棄却するのであれば、相手に迷惑になりませんから、相手方を審尋する必要はありません。**

再審決定がされれば、今の判決が正しいかどうかの審査に入ります。

原判決が不当　→　原判決取消　＋　新しい判決
原判決が正当　→　再審請求の棄却（←却下）

ここで、裁判官が「この判決は間違っているぞ」という判断をすれば、今の判決を取り消して、新しい判決を作ります。

一方、**「再審事由はあったけど、この判決の内容は間違っていないな」という判断をした場合は、再審請求を却下するのではなく、再審請求を棄却する**判断をします。

再審の手続は以上です。次ページに手続の流れをまとめましたので、こちらで整理をしてください。

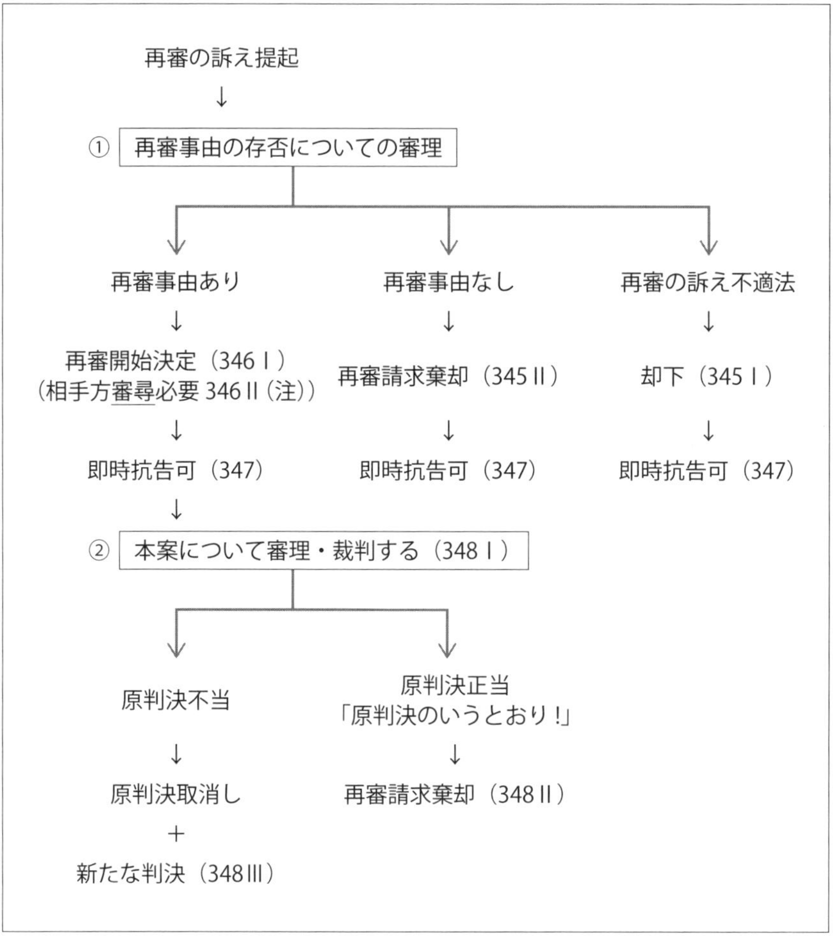

（注）再審請求を棄却する場合には、審尋は不要である。

問題を解いて確認しよう

1	不服の申立てに係る判決が前に確定した判決と抵触することを再審事由とする場合には、再審期間の制限がある。〔30-5-ア〕	×
2	確定した訴状却下命令に対しては、再審の申立てをすることができる。〔30-5-エ〕	○
3	口頭弁論終結後の承継人として確定判決の効力を受ける者は、再審の訴えの原告適格を有する。〔26-4-オ〕	○

4	裁判所は、決定で再審の請求を棄却する場合には、相手方を審尋しなければならない。〔30-5-ウ〕	×
5	裁判所は、再審開始の決定が確定した場合において、判決を正当とするときは、再審の請求を却下しなければならない。〔30-5-オ〕	×

×肢のヒトコト解説

1 確定判決の既判力の抵触（338 Ⅰ⑩）には期間制限が設けられていません。

4 再審請求を棄却する場合には、審尋は不要です。

5 この場合は、再審請求の棄却することになります。門前払いである却下になるわけではありません。

第9編 略式訴訟手続

これから見る3つの制度は、簡易に債務名義を与える手続です。少額訴訟と支払督促が特に出題の多いところです。

ただ、単純知識が多いところで、記憶に残りにくいという難点があります。問題を解くことで記憶を定着させるようにしましょう。

～60万円までの訴訟は、かなり簡単にかつ迅速に出来る方法があります～

第1章 少額訴訟

簡易迅速に訴訟を行う手続です。どういった点を省略して（制限して）、訴訟を早く終わらせようとしているのかを意識しましょう。

Point

簡易裁判所において、訴訟の目的の価額が60万円以下の金銭の支払の請求を目的とする訴訟においては、少額訴訟の手続も選択できる（368 I）。

↓ この訴訟では、

簡易裁判所の手続よりも、簡易迅速に判決を下す。

↓ そのため

特別の事情がある場合を除き、最初にすべき期日において、審理を完了しなければならない（370 I）（一期日審理の原則）。

金額が低い紛争については、普通の簡易裁判所の手続より、もっと早くに判決をあげよう、**口頭弁論は1日、そしてその日に判決を持って帰れる**ようにしたのが、この少額訴訟です。

368条（少額訴訟の要件等）
1　簡易裁判所においては、訴訟の目的の価額が60万円以下の金銭の支払の請求を目的とする訴えについて、少額訴訟による審理及び裁判を求めることができる。ただし、同一の簡易裁判所において同一の年に最高裁判所規則で定める回数を超えてこれを求めることができない。

民事訴訟規則　223条（少額訴訟を求め得る回数）
法第368条（少額訴訟の要件等）第1項ただし書の最高裁判所規則で定める回数は、10回とする。

少額訴訟は10回までという回数制限が設けられています。

回数制限を設けないと、この制度が貸金業者に独占されてしまい、一般人が使えなくなるおそれがあるのです。

368条（少額訴訟の要件等）
2　少額訴訟による審理及び裁判を求める旨の申述は、訴えの提起の際にしなければならない。

金額が60万円以下であれば、自動的に少額訴訟になるわけではなく、少額訴訟でやらせてほしいと頼んだ場合に、少額訴訟となります。

原告		被告
訴え提起の際に少額訴訟による手続を求めるか、通常訴訟によるかは、まず原告が選択できる（368Ⅱ）。	⇒	少額訴訟を通常訴訟へ移行させる旨の申述をすることができる。

金額が低い場合、原告が、通常訴訟にするか、少額訴訟にするかを決めて訴状を出します。それに対して被告側は申立てができます。

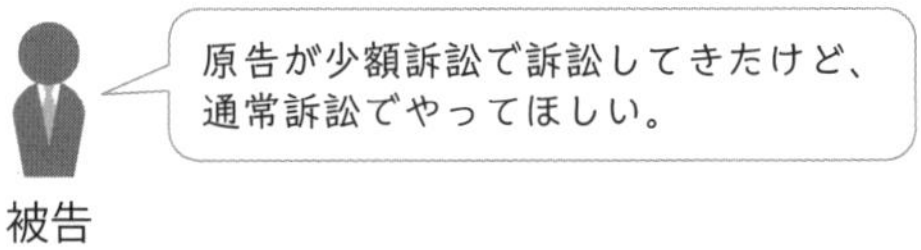

原告が少額訴訟で訴訟してきたけど、
通常訴訟でやってほしい。
被告

つまり、**少額訴訟にするかどうかは、原告・被告の両方に選択権がある**ということです。

ちなみに、被告が通常訴訟に移行させる申述をする際には、**原告の同意は不要です**。被告の意思だけで、移行しやすくしているのです。

次は、審理の面の条文を見ていきます。ここでは、1日で終わりにするため、いろんな特別ルールが用意されています。

371条（証拠調べの制限）
証拠調べは、即時に取り調べることができる証拠に限りすることができる。

372条（証人等の尋問）
3　裁判所は、相当と認めるときは、最高裁判所規則で定めるところにより、裁判所及び当事者双方と証人とが音声の送受信により同時に通話をすることができる方法によって、証人を尋問することができる。

この**条文のポイントは、「即時に」というところ**です。すぐに調べられる証拠しか、証拠調べができないのです。

そのため、文書送付嘱託・文書提出命令のように、次の期日が必要になるものはできません。

また証人尋問も、呼出しが必要になると、次の期日が必要になるため、認められません。証人はその場にいる方、もしくは電話で参加してもらう場合しか認めません。

369条（反訴の禁止）
少額訴訟においては、反訴を提起することができない。

反訴を起こされると、別の訴訟物がやってきます。すると、**訴訟が1日で終わ**

らなくなる可能性があるので認めません。一方、訴えの変更については、調べる資料は今までのものが流用できるので、認められています。

> **374条（判決の言渡し）**
> 1　判決の言渡しは、相当でないと認める場合を除き、口頭弁論の終結後直ちにする。
> 2　前項の場合には、判決の言渡しは、判決書の原本に基づかないですることができる。この場合においては、第254条第2項及び第255条の規定を準用する。

少額訴訟は1日で口頭弁論が終わり、その日に判決を持ち帰れるという制度です。そのため、**判決文を作る時間が取れない**ため、判決文を作らずに判決を言い渡す、調書判決の手続をとります。

> **376条（仮執行の宣言）**
> 1　請求を認容する判決については、裁判所は、職権で、担保を立てて、又は立てないで仮執行をすることができることを宣言しなければならない。

仮執行の宣言とは何なのか、から説明します。

判決
被告は50万円支払え
この判決は仮に執行できる
→　控訴があっても、
この判決で強制執行○

判決が出た段階では、強制執行はできず、確定しないと強制執行ができません。例えば、控訴がされれば、確定しないので強制執行ができません。

ただ、上記の判決のように、「仮に執行できる」という文言が入っている場合は、控訴されても強制執行は可能です。このように、不服申立てがされても、強制執行を可能にする制度が、仮執行宣言です。

一般論としては、判決に仮執行宣言を付けるかどうかは、裁判官の裁量です。

ただ、**少額訴訟においては、仮執行宣言をつけるのは必須**となっています。**早く民事執行までやって、処理をしてもらいたい**ため、異議を言ったとしても、強制執行できるとしたのです。

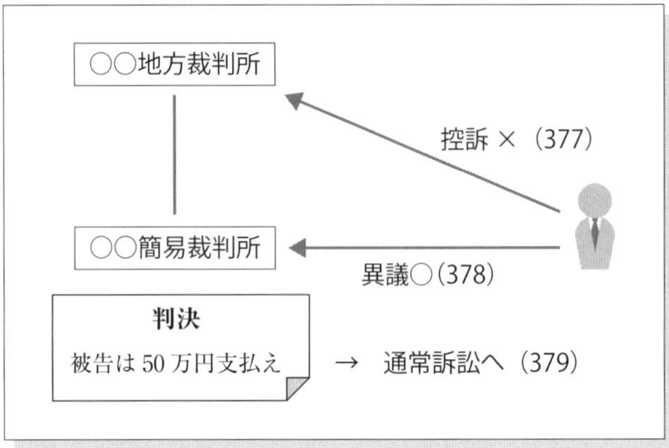

少額訴訟の判決が出た場合の不服申立ての話です。

「上に上げる」という控訴ができず、「やり直せ」という異議を認めています。このやり直せという異議を申し立てると、「少額訴訟手続から、通常訴訟に移行」することになります。

今まで、証拠調べの制限などが入っていましたが、そういうものがない通常の簡裁訴訟になるのです。

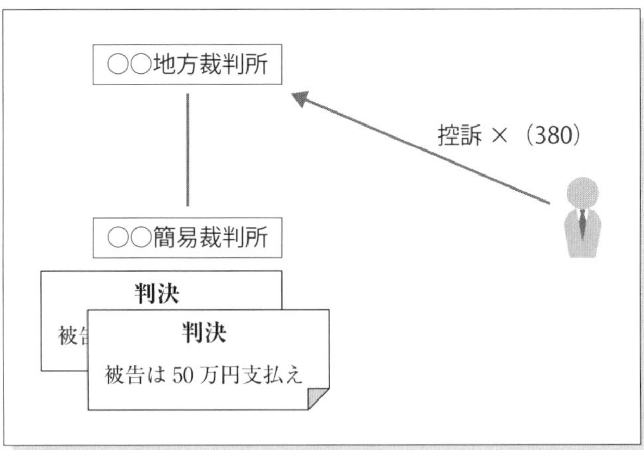

通常の簡裁訴訟をした後に、もう1回判決が出ました。**これについては、不服が言えません。**

少額訴訟は、一審制です。三審制にすると、控訴・上告によって、手続は延長されてしまいます。簡易迅速という趣旨のもと、一審制にしているのです。

そのため、三審制で戦いたければ、訴えられた段階で移行の申立てをしておく必要があります。

問題を解いて確認しよう

1	訴訟の目的の価額が60万円以下の金銭の支払の請求を目的とする訴えについては、少額訴訟による審理及び裁判を求めることができる。〔13-5-ア〕	○
2	同一の原告が、同一の簡易裁判所において、同一の年に10回目となる少額訴訟による審判を求めることはできる。〔オリジナル〕	○
3	少額訴訟において、反訴の提起をすることができる。〔17-2-ア改題（19-5-ア、21-5-エ）〕	×
4	少額訴訟においては、即時に取り調べることができる証拠に限り、証拠調べをすることができる。〔13-5-ウ〕	○
5	少額訴訟において、証拠調べの申出があった場合には在廷している証人の尋問をすることができる。〔14-5-5改題（19-5-イ）〕	○
6	少額訴訟においては、判決書の原本に基づかないで判決の言渡しをすることができる。〔13-5-エ（24-5-ウ）〕	○
7	少額訴訟の終局判決に対しても、控訴をすることができる。〔13-5-オ〕	×
8	少額訴訟の当事者は、少額訴訟の終局判決に対して、適法な異議を申し立てた場合における、異議後の終局判決に対しては、控訴をすることができる。〔オリジナル〕	×
9	少額訴訟において、請求を認容するときは、仮執行をすることができることを宣言しなければならない。〔19-5-ウ改題〕	○
10	少額訴訟を通常の手続に移行させる旨の申述には、相手方の同意を要する。〔16-1-オ（19-5-オ）〕	×

×肢のヒトコト解説

3 一期日で終わらせるため、反訴を認めていません。

7 控訴ができず、異議を申し立てることになります。

8 一審で終わらせるため、控訴を認めていません。

10 通常訴訟に移行させる申述には、原告の同意は不要です。

2周目はここまで押さえよう

> 次に掲げる場合には、裁判所は、訴訟を通常の手続により審理及び裁判をする旨の決定をしなければならない。
> ① 年10回を超えて少額訴訟による審理及び裁判を求めたとき。
> ② 第368条第3項の規定によってすべき届出を相当の期間を定めて命じた場合において、その届出がないとき。
> ③ 公示送達によらなければ被告に対する最初にすべき口頭弁論の期日の呼出しをすることができないとき。
> ④ 少額訴訟により審理及び裁判をするのを相当でないと認めるとき。

少額訴訟を提起した場合でも、裁判所の職権によって通常訴訟に行われてしまう場合があります。

例えば、少額訴訟は年10回を超えてはできませんが、これを超えて少額訴訟を提起した場合には通常訴訟で行うという宣言がされるのです（上記の①)。

また、被告を呼び出すには公示送達しか方法がない場合も同じ処理がされます（上記の③)。

少額訴訟は1日で審理が終わりです。公示送達では気づけないまま、その審理に欠席することになってしまうでしょう。

そのため、この場合も、通常訴訟で審理されることになるのです。

☑ 1	原告が同一の簡易裁判所において同一の年に少額訴訟による審理及び判決を求めることができる回数の制限を超えてこれを求めた場合には、裁判所は、職権で、訴訟を通常の手続により審理及び裁判する旨の決定をする。〔21-5-ウ〕	○
2	原告が訴え提起の際に少額訴訟による審理及び裁判を求める旨の申述をした場合において、被告の住所等の送達をすべき場所が知れないため、公示送達によらなければ被告に対する最初にすべき口頭弁論の期日の呼出をすることができないときは、裁判所は、訴訟を通常の手続により審理及び裁判をする旨の決定をしなければならない。〔21-5-ア〕	○

～手形訴訟というあまり聞き慣れない訴訟形式も簡易なものの１つです～

第2章 手形訴訟

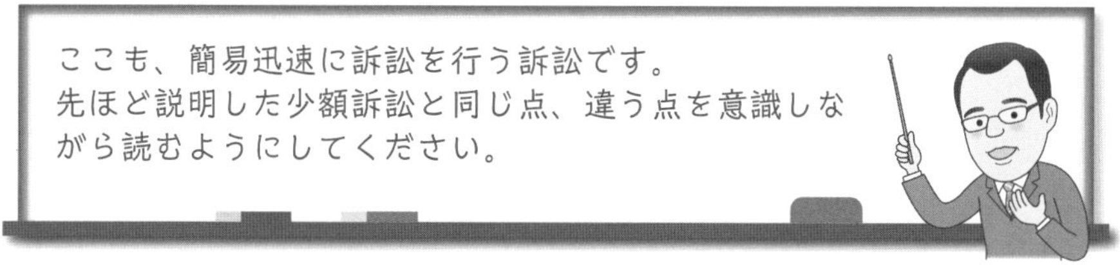

ここも、簡易迅速に訴訟を行う訴訟です。
先ほど説明した少額訴訟と同じ点、違う点を意識しながら読むようにしてください。

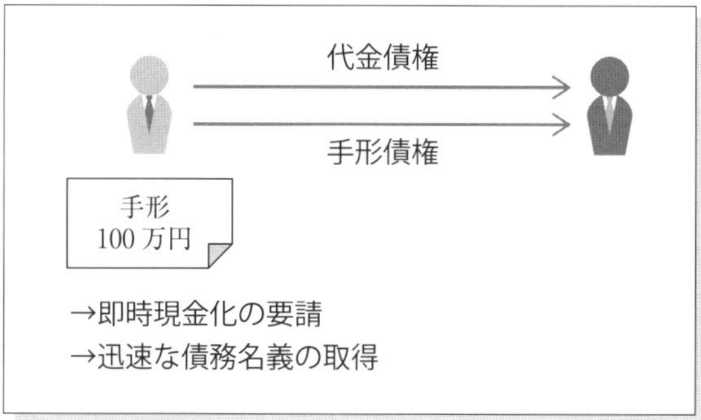

代金債権を請求したところ、債務者が「今は払えない。手形でいいか」と言ってきたので、債権者はそれを了承し、手形をもらいました。
この方は、代金債権とは別個に、手形債権というのを持ちます。

この手形債権を持つ人は、実体上、非常に強くなっています。**訴訟でも、手形を持っている人が勝ちやすくなるよう**、手形訴訟という制度が用意されています。

この手形訴訟は、先ほど見た少額訴訟との比較が、よく出題されます。

	手形訴訟	少額訴訟
請求適格	手形による金銭の支払の請求及びこれに附帯する法定利率による損害賠償の請求(350 Ⅰ)	訴訟の目的の価額が60万円以下の金銭の支払の請求(368 Ⅰ)
管轄	通常訴訟と同じ(ただし、5②)	簡易裁判所(368 Ⅰ)
反訴	不可(356・369)	
証拠調べ	挙証者自身が所持する文書を提出してする書証(352 Ⅰ) →一定の内容の場合は、当事者尋問ができる(352 Ⅲ)	即時に取り調べることができる証拠に限られる(371)
通常訴訟への移行の申立て	・原告が ・被告の承諾を要しないで ・通常手続に移行させる旨の申述可(353)	・被告が ・原告の承諾を要しないで ・通常手続に移行させる旨の申述可(373 Ⅰ)
仮執行宣言	必要的(259 Ⅱ・376)	

請求適格・管轄

お金しかできないという点は共通ですが、手形訴訟の方は金額の縛りがありません。そのため、手形訴訟は簡易裁判所とは限らず、金額が大きければ、地方裁判所で行います。

反訴

手形も少額訴訟も口頭弁論は1回で終わりにするというルールがあるため、反訴は認めません。

証拠調べ

手形訴訟は、「書証」と「当事者尋問」の証拠調べしかできません。証人尋問などは認められていません。

一方、少額訴訟では、**即時に調べられるのであれば、何でも調べることができます**。

通常訴訟への移行の申立て

通常訴訟への移行を、どちらから申立てができるかが違います。

手形訴訟は、手形を持っている人間が勝ちやすくなるという制度のため、手形を持っている**原告から移行の申立てができます**。例えば、訴訟をしたところ、

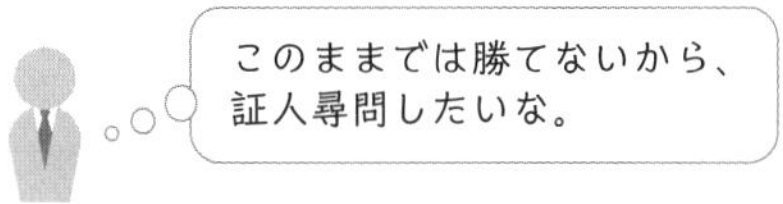

このままでは勝てないから、
証人尋問したいな。

と考えた場合は、原告が移行の申立てをするのです。**被告側からはできません**。

仮執行宣言

　これはどちらの制度も必要的です。手形には、即時現金化という要請があるので、不服が言われても、強制執行できるようにしているのです。

◆ 手形訴訟の判決と、不服申立て ◆

手形判決の種類		不服申立て
認容判決 棄却判決	（本案判決）	異議（357） →通常手続による審理が続行される （357・361）
訴え却下の判決 （訴訟判決）	一般の訴訟要件の欠缺による訴え却下の判決	控訴・上告 （356但）
	請求の全部又は一部が手形訴訟の適格を有しないことによる訴え却下の判決	できない

　手形訴訟の判決に対して、どういう不服申立てができるかを見ていきます。

　ここでの本案判決とは、「○○円払いなさい」「払わなくていい」 手形債権の有り無しについて判断をした場合の判決です。

　この場合は、控訴ではなく、異議の形で不服申立てをします。**異議をした場合は、少額訴訟と同じく、通常手続による審理でやり直します**。

　一方、訴え却下判決に対しては、控訴・上告をすることができます。

　ただ、**訴えの却下の理由が、「手形訴訟の適格がない」場合は、控訴ができません**。例えば、手形訴訟を申し立てたときに、「手形訴訟をお願いしたい。所有権移転登記を求める」という訴訟があった場合です。手形訴訟ではできないようなことを持ってきた場合は、控訴・上告は認めず、通常訴訟でやり直せとしています。

問題を解いて確認しよう

1	手形訴訟においても、反訴を提起することができる。〔4-5-1（63-2-4、19-5-ア）〕	×
2	手形訴訟において、当事者が手形振出しの原因関係に関する事実についての証人尋問につき証拠調べの申立てをした場合、証拠調べを行うことができる。〔10-5-1（19-5-イ）〕	×
3	請求が手形訴訟による審理及び裁判をすることができないものであることを理由として、訴えを却下した判決に対しては、控訴することができる。〔6-5-5（元-6-3）〕	×
4	手形訴訟の被告は、請求を認容する判決に対し、その判決をした裁判所に異議を申し立てることができる。〔63-2-5〕	○
5	原告の請求を棄却した手形訴訟の終局判決に対しては、控訴をすることができる。〔4-5-5〕	×
6	手形による金銭の支払請求を認容する手形判決については、職権で仮執行宣言を付さなければならない。〔4-5-4（19-5-ウ）〕	○
7	手形訴訟の被告は、原告の承諾を得ないで通常訴訟への移行を申し立てることができる。〔元-6-2〕	×
8	手形訴訟において、原告が訴訟を通常の手続に移行させる申述をするには、被告の承諾を得なければならない。〔6-5-1（63-2-2、19-5-オ）〕	×

×肢のヒトコト解説

1　一期日で終わらせるため、反訴を認めていません。

2　手形訴訟では、証人尋問は許されません。

3　手形訴訟の要件を満たさないことを理由とした訴え却下判決に対しては、控訴ができません。

5　異議の申立てができるのであって、控訴ではありません。

7　移行の申立ては原告のみ可能です。

8　移行するには相手の同意は不要です。

～簡易裁判所の書記官に、催促状の作成・送付をお願いできます～

第3章 督促手続

簡易迅速に債務名義がとれる手続の3つ目になります。
ただ、この制度は訴訟ではありません。
「30万円払うように」という督促状を送る手続です。
そのため、今までの2つの制度とは頭の使い方が変わってきます。

①「金を借りていない」 ②「金を借りたが、もう払った」 ③「金を借りてまだ払っていない。お金がないから払えない」

貸したお金を払わないと言った場合、相手方の言い分には色々ありますが、一般的には③が多いでしょう。

この③は貸金債権があるかないかという揉め事ではありません。

こういった法的トラブルになっていないものについては、早く債務名義をあげよう、「手紙を2回送ったら、債務名義にしてあげよう」これが督促手続です。

訴訟なしで債務名義がつくれる制度です（訴訟ではないため、原告・被告という言葉を使わず、当事者は、債権者・債務者という言葉で表現されます）。

382条（支払督促の要件）
　金銭その他の代替物又は有価証券の一定の数量の給付を目的とする請求については、裁判所書記官は、債権者の申立てにより、支払督促を発することができる。ただし、日本において公示送達によらないでこれを送達することができる場合に限る。

お金に限っていない点が、ポイントです。

「金を払え」という督促状も作れるし、「テレビ10台渡せ」「株券を10枚渡せ」という督促状も作ってくれます（代替物＝不特定物と思って結構です）。

（ちなみに、請求の金額に制限はありません。簡裁の手続ですが、140万円を超えても問題ありません。）

383条（支払督促の申立て）
1　支払督促の申立ては、債務者の普通裁判籍の所在地を管轄する簡易裁判所の裁判所書記官に対してする。

この手続は、簡裁の書記官が処理をします。法的な判断というよりも、事務手続の要素が強いので、裁判官を使いません。

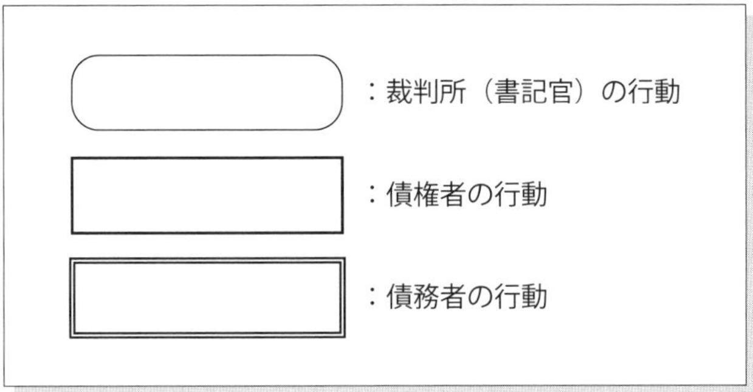

手続の流れを見ていきます。これから多くの図を載せますが、それぞれ誰の行動かということをわかりやすくするため、誰の行動かによってブロックの形を変えています。

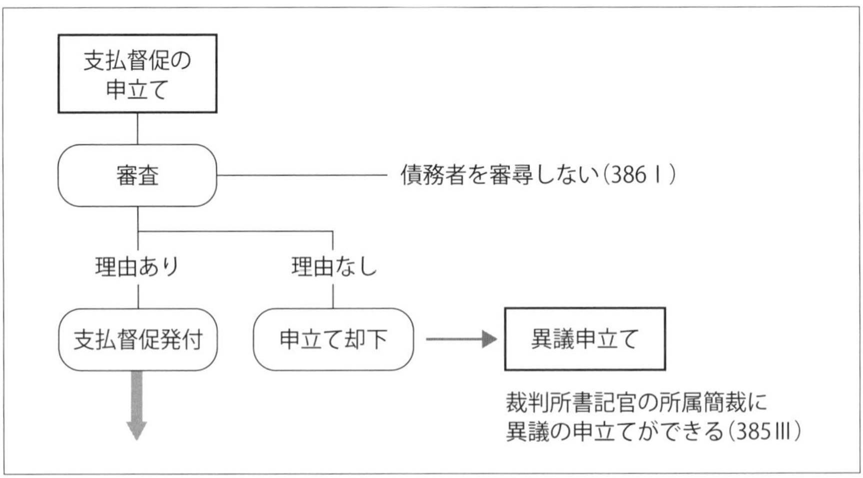

債権者が「督促状を作ってくれ」と申し立て、裁判所側が「督促状を作っていいかどうか」を審理をします。

ここの審理については、**債務者を呼んで話を聴くことはしません**。あとで話を聴くタイミングがあるので、この段階では、債権者の申立てだけを見て、審理をします。

それを見て、債権者の言い分があるかどうかを判断して、言い分がないと考えた場合は、申立てを却下します。そのとき債権者は、

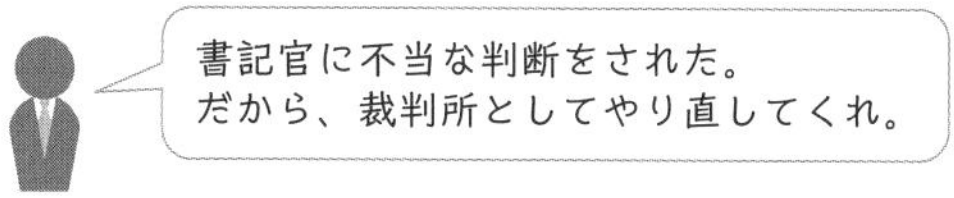

書記官に不当な判断をされた。
だから、裁判所としてやり直してくれ。

債権者

と**異議の申立てができます**。

一方、債権者の言い分がある場合は、督促状を作ってくれます。督促状を作った場合の手続を、続けて見ていきましょう。

債務者に送達

支払督促

債務者は、債権者に
40 万円支払え

○○簡易裁判所
書記官　○○

①債権者には支払督促を発した旨を通知する（規234 II）
②日本において公示送達によらず送達できることを要する（382但書）
③支払督促の効力発生（388 II）

お金を払いなさいという督促状が作られ、債務者に送達されます。

ここで、債務者が不服を申し立てないと債務名義を作られるため、厳格な手続を使って伝えるのです。

その送達をしようとしても、公示送達しか方法がない場合、この手続は取れません。

この制度は、相手に強い不利益を与えることになるため、相手がまず気付けない、公示送達ではやらないことになっているのです。

ちなみに、債権者側には「送ったよ」ということを連絡するだけで送達手続はとりません。このタイミングでは債務名義にはならないので、**債権者には送達という厳格な手続をとらないのです**。

そして、支払督促は送った時に、効力が出ます。判決は言渡しの時に効力が出ましたが、支払督促は送った時に効力が出るのです。

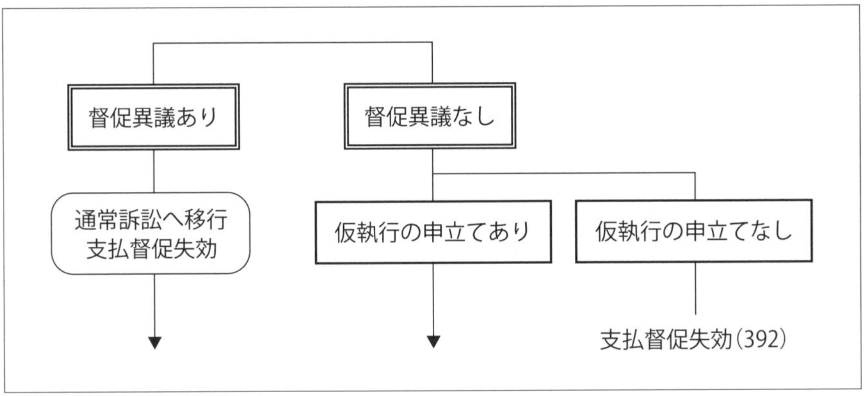

督促状が送達された債務者が、督促状を見て

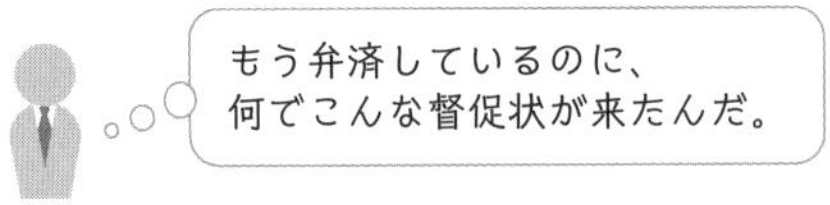

と思う場合があるでしょう。この場合は、督促異議という手続をとり、「もう返済しています。この督促状はおかしいです」と申し立てます。

すると、これは法的トラブルと扱われ、**通常訴訟を行うことになります。督促手続は終了し、この手続では債務名義は作られません**。

一方、こういった異議を言わなかった場合、債権者側は、仮執行宣言の申立てができます。

「督促状を送ってもらったんだけどやっぱり払ってくれない。だから、仮執行宣言を付けて、もう1回督促状を送ってほしい」という申立てをするのです。

一方、仮執行宣言の申立てをしてこないというルートもあります。

債権者も、債務者も何も言ってこないということは、弁済等がされて終わったのでしょう。

仮執行宣言の申立てができる時から30日間何も言ってこなかったら、万事解決したと考えて、支払督促は失効することにしています。

では、仮執行宣言の申立てがあった場合の手続をみましょう。

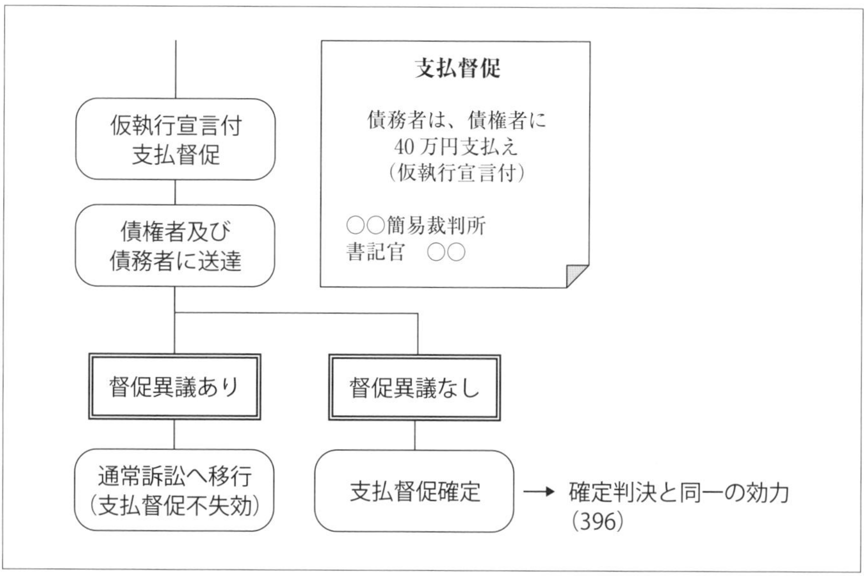

仮執行宣言付支払督促という督促状が作られ、送達しますが、今回は**債務者だけでなく債権者にも送達が行われます。**

債権者は、この督促状を使って、強制執行ができます。この督促状は債務名義

になるので、厳格な手続をとって、債権者に渡すのです。

一方、債務者は督促異議を申し立てることができ、**通常訴訟になりますが、支払督促の効力は失効しません。**

督促状には、仮執行宣言が付いているため、不服申立てをしても債務名義になってしまうのです。

なんで初めの支払督促のときに、督促異議をしないで、
今更言ってきたんですか！
あなたにはペナルティを課します

これは、怠け者に対するペナルティです。債務者は、1回目の督促の時点で督促異議が言えたのに申し立てなかったのです。**こういった怠け者へのペナルティとして、支払督促の効力は失効せず、強制執行を受けさせることにしました。**

一方、督促異議がなかった場合は、支払督促は確定して、確定判決と同じ力になります。

ただ確定判決と同じ力といっても、**既判力は認めず、執行力しかありません。裁判をしているわけではない**ので、既判力までは認めないのです。

問題を解いて確認しよう

1	有価証券の一定の数量の給付を目的とする請求については、支払督促を発することができない。〔7-5-1〕	×
2	支払督促を発することができるのは、一定額の金銭の給付を目的とする請求に限られる。〔元-5-1〕	×
3	支払督促は、我が国において公示送達によらずに債務者に対する支払督促の送達をすることができる場合でなければ、発することができない。〔3-4-ウ（16-5-オ）〕	○
4	支払督促は、債権者に送達することを要しない。〔5-6-エ（3-4-エ）〕	○

5	支払督促に仮執行宣言が付される前に債務者が督促異議を申し立てたときは、支払督促は、その督促異議の範囲内において効力を失う。〔元-5-5〕	○
6	支払督促に仮執行の宣言が付された後に、支払督促に対し適法な督促異議の申立てがあったときには、支払督促はその督促異議の範囲内において効力を失う。〔57-8-5〕	×
7	仮執行宣言を付した支払督促に対して適法な督促異議があったときは、その支払督促に基づいて強制執行をすることができない。〔7-5-5〕	×
8	仮執行の宣言を付した支払督促に対し督促異議の申立てがされないときは、支払督促は、既判力を有する。〔16-5-エ〕	×
9	支払督促の申立ての審理において必要があると認めるときは、債務者を審尋することができる。〔7-5-3（16-5-ウ、元-5-4、12-5-ウ）〕	×
10	債権者が仮執行の宣言の申立てをすることができる時から30日以内に仮執行の宣言の申立てをしなかったときは、支払督促は、効力を失う。〔5-6-ウ（16-5-イ）〕	○

×肢のヒトコト解説

1 「有価証券を渡せ」という督促状も作ってくれます。

2 代替物、有価証券を対象にした督促状も作ってくれます。

6 仮執行の宣言後の督促異議は、支払督促の確定を阻止するのみで、その効力を失わせません。

7 仮執行宣言が付いた支払督促に異議申立てをしても、支払督促の効力は残ります。

8 執行力はありますが、既判力は生じません。

9 審尋をすることはできません。

2周目はここまで押さえよう

◆支払督促の申立ての方式◆

	論点	結論
申立ての方式	書面(384・134 I)	○
	口頭	○
	電子情報処理組織(オンライン)を用いた申立て	指定簡易裁判所の書記官に対しては、○(397)
記載事項	申立ての趣旨及び原因を記載	○ (384・134)
	申立ての趣旨及び紛争の要点を明らかにすること	× (272条の準用不可)

この支払督促の申立ては、書面でも口頭でも可能です。そして、指定簡易裁判所においては、この手続自体、すべてオンラインで行うことができます。

次に、記載事項ですが、ここでは簡裁手続の特則が使えません。本来、簡裁であれば、「申立ての趣旨及び紛争の要点を明らかにする」ことで足りるはずですが、この条文を、支払督促では準用していないのです。

書面だけでのやり取りになるので、詳しくしっかり記載させていると思っておけばいいでしょう。

1	支払督促の申立ては、口頭でもすることができる。〔3-4-ア(57-2-エ)〕	○
2	電子情報処理組織を用いて督促手続を取り扱う裁判所として最高裁判所規則で定める簡易裁判所の裁判所書記官に対して、電子情報処理組織を用いて支払督促の申立てをすることができる。〔オリジナル〕	○
3	支払督促の申立書には、請求の趣旨及び原因を記載しなければならず、請求の原因に代えて紛争の要点を明らかにすることで足りるものではない。〔20-5-ア〕	○
4	支払督促の申立てにおいては、当事者、法定代理人並びに請求の趣旨及び原因を明らかにしなければならない。〔29-5-イ〕	○

◆ 支払督促申立て却下 ◆

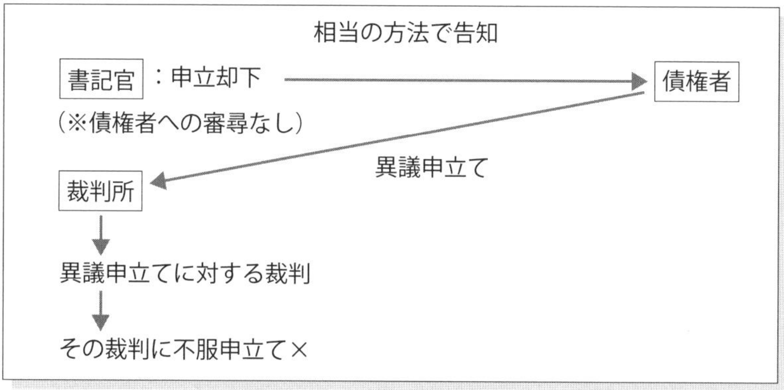

支払督促の申立てをしたところ、要件を欠いている・請求に理由がないことが明らかなときは、申立ては却下されます。その際、債権者を審尋することはありません（書面だけで審理しているためです）。

そして、申立却下は債権者に知らせるのですが、これは急いで行うため、送達という形式ではなく、相当の方法で告知すればよいとなっています。

債権者がこの申立却下に不服がある場合は、書記官の所属する裁判所に「審理をしなおしてください」という形で異議申立てを行います（その審級で審理しなおしてもらうため、異議手続になります。即時抗告という上級審にあげる手続ではありません）。

裁判所は、異議申立てを受けて支払督促をするかどうかを決める裁判をしますが、ここの結論については文句はつけられません。もし、却下された場合には、通常訴訟を起こすしかないのです。

☑ 1	支払督促の申立ての趣旨から請求に理由がないことが明らかな場合には、裁判所書記官は、債権者を審尋した上で、その申立てを却下しなければならない。〔20-5-イ〕	×
2	支払督促の申立てを却下する処分は、相当と認める方法で告知することによって、その効力を生ずる。〔29-5-ウ〕	○
3	支払督促の申立てを却下する処分に対しては、即時抗告をすることができる。〔元-5-3〕	×

4 支払督促の申立てを却下した処分に対する異議申立てを却下した裁判に対しては、即時抗告をすることができる。〔16-5-ア〕 ×

◆督促異議の要件◆

申立時期	債権者による仮執行の申立てがある場合	支払督促の送達から仮執行宣言付支払督促送達後2週間経過（支払督促確定）まで（393）
	債権者による仮執行の申立てがない場合	支払督促の送達から44日経過（支払督促失効）まで（391Ⅰ・392）
理由を付すること		不要

支払督促があった場合の督促異議（債権がないことについての不服申立て）は、いつまで認められるのでしょうか。

支払督促の送達を受けてから、督促異議をすることが可能で、仮執行宣言付支払督促送達後2週間経過まで行うことができます。

（ただし、債権者による仮執行の申立てがないため、支払督促が失効してしまった場合は、もう督促異議をする必要はありません。）

そして、この督促異議の申立てでは、

「○○の理由があるから、オカシイ」という理由をつける必要もありません。急いで異議を述べる必要があるため、単に督促異議をするという意思を伝えればいいとしているのです。

1 債務者が支払督促の送達を受けた日から2週間以内に督促異議の申立てをせず、仮執行の宣言がされた後であっても、債務者は、仮執行の宣言を付した支払督促の送達を受けた日から2週間の不変期間内であれば、督促異議の申立てをすることができる。〔12-5-エ〕 ○

2 支払督促に対する督促異議の申立てには、理由を付することを要しない。〔61-3-5〕 ○

◆ 督促異議の申立てによる訴訟への移行 ◆

いつの時点で	どこに訴えたことになるか
支払督促の申立ての時	簡易裁判所又はその所在地を管轄する地方裁判所

督促異議がされると通常訴訟に移行しますが、それは督促異議の時点ではなく、そもそもの支払督促の申立てのときに訴えがあったものとされます(時効の完成猶予は、支払督促の申立てのタイミングで生じるのです)。

そして、どこに訴えたことになるかは、請求金額次第です。それが140万円以下であれば、その手続をしている簡裁で行いますが、140万円を超えれば、手続を取っている場所の地裁で行われます。

1	適法な督促異議の申立てがあったときは、督促異議に係る請求については、督促異議の申立ての時に、訴えの提起があったものとみなされる。〔20-5-オ〕	×
2	支払督促に対し適法な督促異議の申立てがあったときは、これを発した簡易裁判所に訴えの提起があったものとみなされる。〔5-6-オ(3-4-オ、12-5-オ)〕	×
3	適法な督促異議の申立てがあったときは、督促異議に係る請求については、その目的の価額にかかわらず、支払督促を発した裁判所書記官の所属する簡易裁判所に訴えの提起があったものとみなされる。〔令5-5-オ〕	×

MEMO

根本正次のリアル実況中継

司法書士

合格ゾーン テキスト

民事訴訟法・民事執行法・民事保全法（民事執行法）

まるわかりWeb講義

著者、根本正次による、科目導入部分のまるわかり Web 講義！

科目導入部分は、根本講師と共に読んで行こう！
初学者の方は、最初に視聴することをおすすめします。

- ◆二次元コードを読み込んで、アンケートにお答えいただくと、ご案内のメールを送信させて頂きます。
- ◆「まるわかりWeb講義」は各科目の「第1編・第1章」のみとなります。２編以降にはございません。
- ◆一度アンケートにお答えいただくと、全ての科目の「まるわかりWeb講義」が視聴できます。
- ◆応募期限・動画の視聴開始日・終了日については、専用サイトにてご案内いたします。
- ◆本書カバー折り返し部分にもご案内がございます。

第1編 総則

まるわかりWeb講義

ここからは、民事執行法に法律が変わります。

出題数は1問となっているのですが、学問分野が非常に広いところです。出題数を考えれば、時間をかけずにコンパクトに学習すべきところです。

～訴訟で勝ったら権利確定。そして最後の詰めの一手が民事執行です～

第1章 民事執行法の全体構造

この科目では、民事執行法という、確定した権利を実現する手続を学習します。
詳細な検討の前に、まずは制度の大枠・制度の種類を説明していきます。

第1節 民事執行概説

法律関係	民法	→	民事訴訟法	→	民事執行法
権利義務関係	決定	→	確定	→	実現

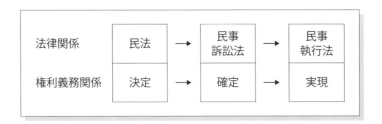

民法のルールにより、どんな権利があるかというのが決まります。
そして次に、民事訴訟を使うと、その権利があることが確定します。
そして最後に、民事執行手続を使って、その権利を実現していきます。

これを具体例で説明します。

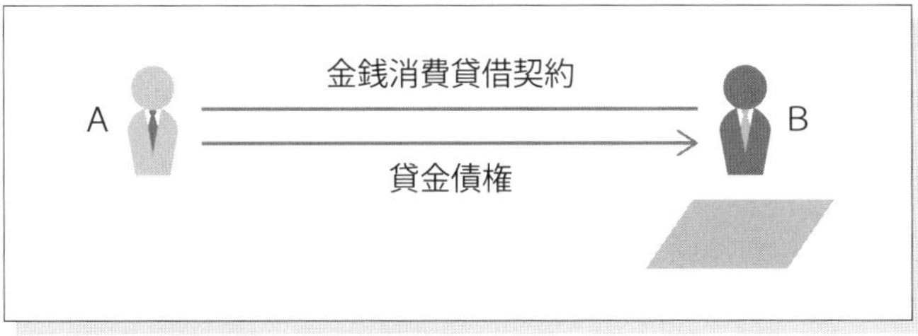

ＡＢ間で、借金の契約をし、貸金債権が発生しています（民法のルールで、権利が発生しています）。

ただここでＢが、この貸金債権を履行しようとしないので、Ａは、訴えて判決をとりました。

判決

ＢはＡに金100万円
支払え

この判決によって、ＡがＢに対し貸金債権を持っているのが確定します。

ここでＢが払ってくれれば問題ありませんが、払ってくれなければ、強制力を使います。

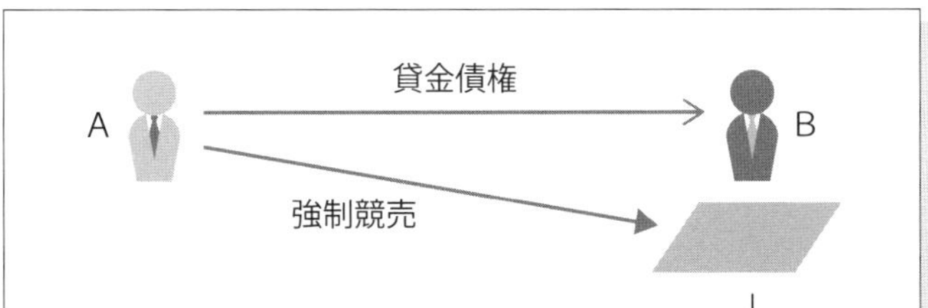

ここでは、ＡはＢの持っている土地を強制競売にかけたようです。

この場合、Ｂの意思を無視して、土地を競売（オークションのようなイメージ）にかけることができます。それにより、誰かが落札して、お金を払います。そのお金は、Aに行くようになっています。

これによって、Bが貸金債権を履行したという状態になりました。

この科目では、前記のような権利を強制的に実現する手続を学習します。

Point

民事執行一覧

- 強制執行：相手に対する債権（給付請求権）を実現する。
- 担保権の実行としての競売：抵当権などの担保権の実行をする。

民事執行には、一般債権者が行うものと、担保権者が行うものがあります。
一般債権者が行う手続を、更に分類します。

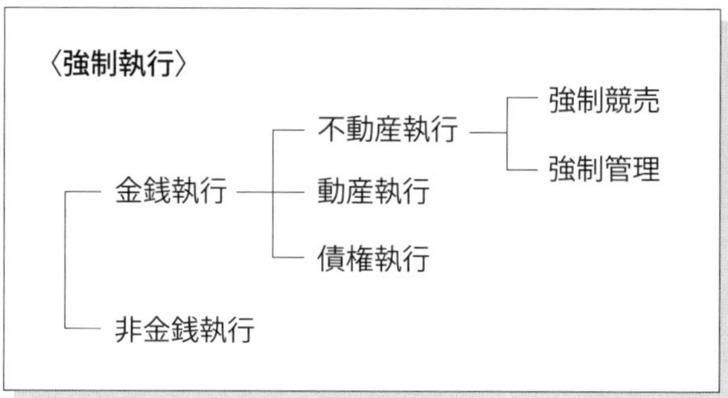

持っている債権が金銭債権か、それ以外かで分かれます。
「貸金債権・代金債権を持っていて、それを実現したい」つまり、**お金が欲しい場合を、金銭執行と呼びます。**

それ以外にも、「引渡債権を実現したい」「明渡請求権を実現したい」、「物権的請求権を実現したい」いう非金銭執行というものもあります。

金銭執行のところを見てください。ここからの枝分かれは、債務者のどのような財産を狙うかによって分かれています。不動産を狙った場合は、更に、強制競売と強制管理とに分かれます。

強制競売は売っぱらう、強制管理は無理やり貸すと思ってください。不動産についてては売り払うだけでなく、人に無理やり貸して賃料をとるという手法もとれます。

そして、**この2つは、併用ができます**。

不動産を売っぱらうのには結構な時間を要します。その間、不動産を遊ばせておくのはもったいないので、誰かに貸して賃料をとることが認められています。

第2節 司法書士試験における民事執行法

Point

午後の部　択一　35問中1問

※　費用対効果が悪い科目

※　難易度の高低が激しい出題

この試験では、民事執行法は1問しか出ません。

条文数を見てもらうとわかりますが、相当な条文数があるのに、出題数は1問です。

費用対効果が非常に悪い科目です。

そして、難易度が低い年もあれば、これは解けないなという年も結構あります。

よく出るところのオーソドックスな論点をしっかりやっておく。
それ以外が出題されたら、賭けに出る

この科目の学習に時間をかけすぎず、
他の科目の学習に時間をかける

短期合格を目指すのであれば、上記のようなスタンスでこの科目に取り組むべきです。

本書では、民事執行の手続の中でも、司法書士試験で頻繁に出題されているものに絞って説明をしていきます。

MEMO

第2編 強制執行

ここからは、強制執行（一般債権者が行う強制執行手続）を見ていきます。この編では、強制執行の中でも、特に出題が多い「不動産を競売して換価代金を回収する手続」を見ていきます。

他の手続の基本ともなるところなので、時間をかけて読むようにしてください。

～強制執行には許可証が必要です。その許可証を「債務名義」といいます～

第1章 強制執行の開始

金銭執行であれ、非金銭執行であれ、手続の初めの部分は共通しています。この章ではその共通部分を説明していきます。

第1節 債務名義

Point

債務名義：強制執行手続前に作成された、債権者の給付請求権の存在及び範囲を公証する文書（22条）

一般債権者が強制執行をするには、絶対に必要な書類があります。**債務名義というもので、強制執行の許可証と思ってください。**

民事執行というのは、確定した権利を実現する手続です。法は、**権利を確定する手続と、実現という手続を分けることにしました。**

頭脳労働と肉体労働は分けた方が効率的だということです。頭脳労働を行うのが受訴裁判所、実現手続を行うのが執行裁判所です。

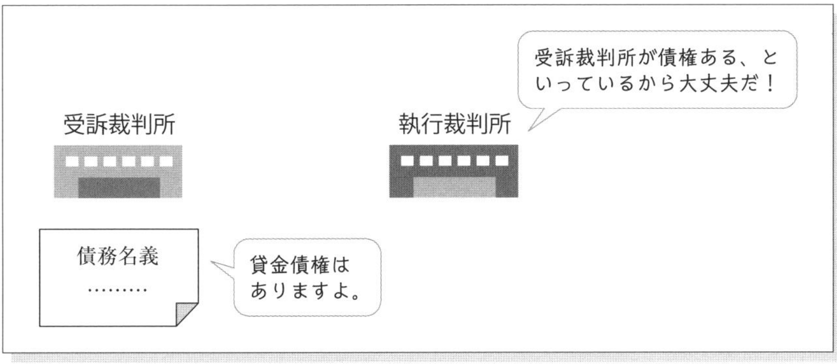

頭脳労働を行う裁判所（受訴裁判所）が債務名義を作ります。例えば判決です。この債務名義を執行裁判所の方に持っていくのです。

執行裁判所は、それを見て、権利関係の判断はせずに、実現する手続だけを行います。

こういった権利があることを認める書類、これを債務名義と呼びます。

では、どんなものが、債務名義（強制執行の許可書）となるのでしょうか。

確定判決（22①）	〈要件〉 給付判決であること
仮執行宣言付判決（22②）	

判決は基本的には確定していないと債務名義になりませんが、確定していなくても、債務名義になるものがあります。

仮執行宣言が付いていた場合です。**仮執行宣言が付いていれば、控訴されて確定していない状態でも強制執行ができます**。

ただ、どんな判決でも強制執行ができるわけではなく、**強制執行ができるのは給付判決だけ**です。確認判決などでは債務名義になりません。

抗告によらなければ不服申立てができないもの（22③）	〈具体例の一部〉 不動産の引渡命令（83 Ⅰ）

決定など、**判決以外でも債務名義になるものがあります**。ここに載っている不動産引渡命令というのは、また後に説明します。

外国裁判所の判決（22⑥）	確定した執行判決（24）を得ること
仲裁判断（22⑥の2）	確定した執行決定（仲裁45 Ⅰ但書）を得ること

海外で判決をもらった場合、日本の司法のチェックが必要です。日本で判決をもらわないと、海外の判決は使えません。

また、仲裁人に判断してもらった場合、これも日本の司法のチェックが入っていないため、チェックが必要になります。

仮執行宣言付支払督促（22④）

裁判所書記官が作ったものでも債務名義になるものがあります。これが民事訴訟の最後でやった督促状です。2回目の督促状が債務名義になります。

確定判決と同一の効力を有するもの（22⑦）	〈具体例〉 a　和解調書 b　認諾調書（民訴267） c　民事調停事件において成立した合意に係る調書

これらは、確定判決と同じ力があるため、これらを使って強制執行も可能です。

執行証書（22⑤）	〈要件〉 a　公証人の作成した公正証書であること b　債権の内容 ・金銭の一定の額の支払 ・代替物の給付 ・有価証券の一定数量の給付

ここまでの書類は、すべて裁判所が関与していましたが、公正証書を作っていた場合には、**裁判所を関与させずに債務名義になります**。

> **金銭消費貸借契約書**
>
> AはBに100万円を貸す
> （公正証書）

例えば、借金の契約を公正証書で作っていた場合、この紙が債務名義になり、裁判なしで債務名義となるのです。迅速という点では優れていますが、権利を確定しないで強制執行をするため、後日「実は債権はなかったはずだ」と、**紛争が起きやすい債務名義でもあります。そこで、権利の内容に縛りをかけました**。

次の契約書を見てください。

> **売買契約書**
>
> Bはテレビ10台を
> Aに売り渡す
> （公正証書）

○

この契約に基づいて、テレビを10台渡さなければ、これは債務名義となり、Bから無理やりテレビ10台を奪うことができます。もし、テレビを10台奪った後に、実は引渡権利がないとわかったらどうすればいいでしょう。

Aは同じタイプのテレビを10台買って、Bに渡すことになります。

このように、**「後で原状回復できるもの」に限って債務名義になる**ことを認めています。

売買契約書

Bは甲土地を
Aに売り渡す

（公正証書）

×

この内容に従って、甲土地をAに強制的に移す
→　後日、売買契約が無効と発覚する
→　土地をAから取り返そうと手続をとる
→　Aはこの土地を他人に売却していた……
甲土地は1つしかないから、どこかから買ってきて返すことはできませんね。

こういった特定物の給付に関しては、執行証書は使えません。
公正証書が債務名義になるのは、金銭や、代替物（不特定物と思って結構です）、または有価証券を渡せといった内容に限られます。

公正証書

AはBからお金を借りました
（金額が載っていない）

上記のような金額が載っていない公正証書は、債務名義になるのでしょうか。これが債務名義になるとしたら、**執行裁判所はいくら債務者から徴収ができるか、分かりません。**

公正証書が執行証書として債務名義となるためには、**公正証書に請求権の金額・数量が明記されている必要があります**（ただ、公正証書に金額が載っていなくても、金額が算定できれば問題ありません）。

問題を解いて確認しよう

1	債権の存在を確認する旨を宣言した確定判決は、債務名義になる。〔オリジナル〕	×
2	確定した執行判決のある外国裁判所の判決は、債務名義になる。〔オリジナル〕	○
3	確定した執行決定のない仲裁判断は、債務名義になる。〔オリジナル〕	×
4	仮執行の宣言を付した支払督促は、債務名義になる。〔27-7-2(62-7-1)〕	○
5	特定の動産の引渡しを目的とする請求について公証人が作成した公正証書で、債務者が直ちに強制執行に服する旨の陳述が記載されているものは、債務名義になる。〔27-7-4（62-7-4)〕	×
6	裁判上の和解調書は、債務名義になる。〔オリジナル〕	○
7	金銭の支払を目的とする請求について公証人が作成した公正証書で、債務者が直ちに強制執行に服する旨の陳述が記載されている（ただし、その支払の額が明記されておらず、かつ、公正証書の記載から一定の数額を確認、算定することができない場合）ものは、債務名義にならない。〔31-7-2改題〕	○
8	教授：それでは、債務名義に該当する判決は、確定判決以外にもありますか。 学生：はい。例えば、仮執行の宣言を付した判決は債務名義に該当します。〔令2-7-イ〕	○
9	民事調停事件において当事者間に成立した合意に係る調書の記載は、債務名義になる。〔27-7-5、31-7-1〕	○

×肢のヒトコト解説

1　確認判決では債務名義になりません。

3　執行決定がなければ、債務名義になりません。

5　特定物の引渡しを内容にする場合は、執行証書では債務名義になりません。

第2節 執行文

> **判決**
>
> 原告　A
> 被告　B
>
> 主文
>
> 1　被告は原告に対して金 5000 万円及びこれに対する令和○年 1 月 7 日から支払済みまでの年 3 割の割合による金員を支払え
>
> 〜
>
> AはBに対し、この債務名義により強制執行をすることができる。
>
> 東京地方裁判所民事第 5 部
> 裁判所書記官　　荒井利久

上記の判決の末尾に載っている「AはBに対し、この債務名義により強制執行をすることができる」という部分、これが執行文というもので、**イメージはGOサイン**です。

どんな判決でも、強制執行ができるわけではありません。

例えば、判決でも確認判決は強制執行ができません。また、判決が出ていても、控訴・上告されていれば、強制執行はできません（仮執行宣言付判決を除きます）。

このように、**判決があっても、強制執行できるかどうかはわからない**ので、「強制執行できるかどうか、作ったところにチェックをさせる。そして、大丈夫であれば、GOサインをもらう」という仕組みを作りました。これが、執行文という制度です。

覚えましょう

債務名義の種類	付与機関
原則	事件の記録の存する裁判所の裁判所書記官
執行証書	その原本を所持する公証人

どこに執行文を付与してもらうか、つまり、債務名義をどこにチェックをさせるのかというと、これは**債務名義を作ったところ**です。

債務名義は、裁判所が関与して作るので、「受訴」裁判所の書記官が執行文を作ります（過去には「執行裁判所の書記官が執行文を作る」→×という出題があります）。

ただし、執行証書は裁判所が関与していないため、裁判所に内容がわかりません。これは、**作った公証人にチェックをしてもらいます**。

覚えましょう

以下の例外にあたる場合以外は、執行文は必要（25）
①　少額訴訟における確定判決（25 Ⅰ但）
②　仮執行の宣言を付した少額訴訟の判決（25 Ⅰ但）
③　仮執行の宣言を付した支払督促
④　仮差押え・仮処分命令（民保43 Ⅰ）

債務名義はチェックを受ける必要がありますが、ここに載っている4つはチェックが入りません。**すべて共通するのが、迅速に行う手続**という点です（④は後に説明します）。

権利の確定を迅速に行う場合は、実現手続も迅速に行うべきです。そこで、執行文というチェックも不要にしています。

問題を解いて確認しよう

1	強制競売の申立てをする債権者は、強制競売の執行裁判所の裁判所書記官に対し、執行文の付与の申立てをしなければならない。〔16-7-ア〕	×
2	執行証書についての執行文は、その原本を保存する公証人が付与する。〔元-8-2（30-7-ア）〕	○
3	少額訴訟における確定判決に表示された当事者に対し、その正本に基づいて強制執行の申立てをする場合には、執行文の付与を受ける必要がない。〔16-7-イ〕	○
4	仮執行の宣言を付した支払督促により、これに表示された当事者に対し、又はその者のために強制執行をするには、執行文の付与を受けることを要しない。〔元-8-4（57-7-2、20-5-エ、令4-7-イ）〕	○

×肢のヒトコト解説

1　執行裁判所ではなく、受訴裁判所の裁判所書記官が行います。

執行文付与の要件
(1) 債務名義が有効に存在すること（有効性）
(2) 債務名義が執行可能であること（可能性）
(3) 債務名義の執行力が現存すること（現存性）

ここに載っているのは、強制執行をするために債務名義にチェックする内容です。ここに載っている3つが、すべてに共通するチェック事項ですが、この試験では全く出ないので、軽く読み飛ばしてください。

確認判決だったらダメ（(2) に該当します）、確定していないとダメ（(3) に該当します）、というぐらいで結構です。

債務名義によっては、チェックする内容が増えることがあります。次の図を見てください。

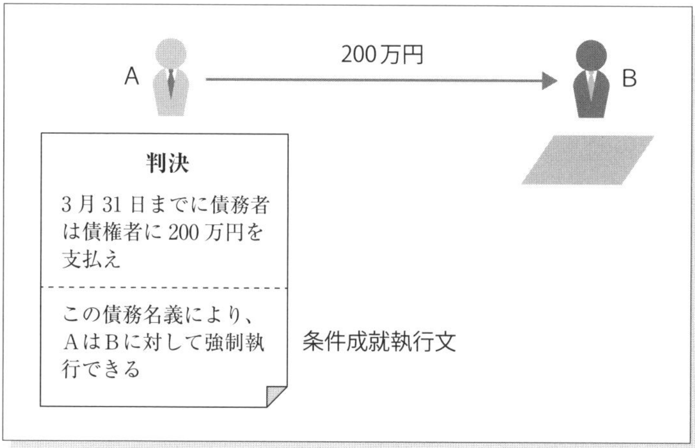

この判決には、条件が付いています。こういった条件が付いている場合、条件が成就するまでは強制執行を認めるべきではありません。

そこで、**条件が成就したら、受訴裁判所に持っていってGOサインを入れてもらいます**。こういったものを、条件成就執行文といいます。

ただ、どんな条件でも、条件を成就させてからGOサインをもらうというわけではありません。

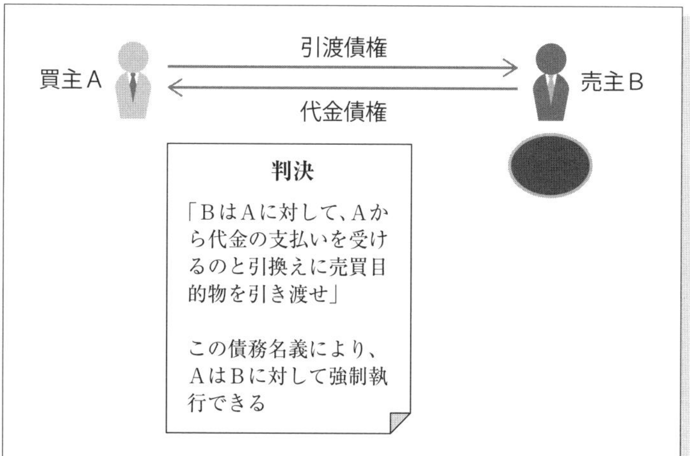

前述のように、反対給付をしなければ強制執行ができないというような場合は、**条件を成就させなくても、GOサインがもらえます**。

ただし、反対給付をしないと、その後の手続に入れません（後に説明します）。

ここは良く出題されているところなので、意識しておいてください。

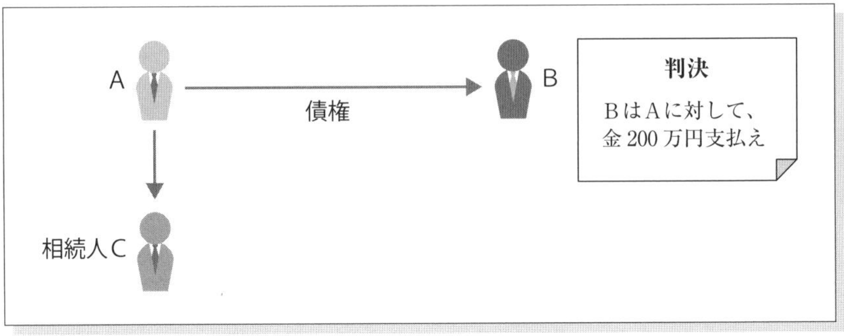

Aが訴訟で勝った後に死亡して、Cが相続しました。

Aは強制執行ができる立場です。包括承継によって、その地位がCに降りますから、Cは、強制執行できる立場にあります。

ただ、**Cはこの債務名義を使えません**。

債務名義というのは許可書です。この事例では**AからBへの許可書になっているため、執行裁判所はAからBへの強制執行なら行ってくれます**。

Cからの強制執行はやってくれません。

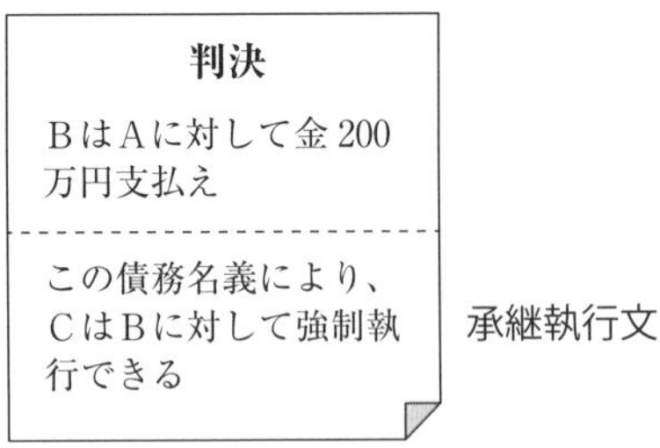

この場合、Cは、受訴裁判所にこれと戸籍を持っていきます。そして、上記のようにCが使えるようGOサインを入れてもらうのです。

これでCが債務名義を使うことができます。

こういった執行文のことを、承継執行文といいます。

債務名義の当事者＝現実の執行者
とならないと強制執行はさせない

これはかなり重要な公式です。

債務名義に載っている人と現実に強制執行手続をする人、これが違うと強制執行は行わないようになっています。そのため、ここが一致しないときは、承継執行文をとって一致させるのです。

問題を解いて確認しよう

1	「被告は原告に対し金100万円を支払え」との確定判決に基づいて強制競売の申立てをする場合において、債務者が死亡しているときは、債権者は、承継執行文の付与を受けなければならない。〔55-1-2〕	○
2	債務者の給付が反対給付と引換えにすべきものである場合には、債権者は、反対給付又はその提供のあったことを証明しなければ、執行文の付与を受けることができない。〔16-7-エ（元-8-1、令4-7-オ）〕	×
3	請求が債権者の証明すべき事実の到来にかかる場合には、執行文は、債権者がその事実の到来したことを証する文書を提出したときに限り、付与することができる。〔元-8-5（30-7-ウ）〕	○
4	差押えは、承継執行文の付与を受ければ、債務名義に表示された当事者の承継人の財産に対してもすることができる。〔17-7-イ改題〕	○

×肢のヒトコト解説

2　反対給付をしなくても、執行文をとるところまでは手続が進められます。

2周目はここまで押さえよう

◆執行文の再度付与◆

① 債権の完全な弁済を得るため執行文の付された債務名義の正本が数通必要であるとき	→	執行文は、更に付与することができる。
② 滅失したとき	→	執行文は、更に付与することができる。

一度、「強制執行していいよ」という執行文を付与された債務名義に、もう一度執行文を付与してもらうことができるでしょうか。

通常は、一度「強制執行していいよ」とOKをもらったので、何度もそれをもらう必要はないはずです。

ただ、「ある不動産に強制執行をしたが回収できなかった」ため、他の不動産に強制執行をしようとしている場合は、また「強制執行していいよ」というOKをもらう必要があります。

また、もらった執行文をなくしてしまった（不届きもの）の場合も、またもらうことになります。

1 執行文は、債権の完全な弁済を得るため執行文の付された債務名義の正本が数通必要であるとき又はこれが滅失したときに限り、更に付与することができる。〔16-7-ウ（元-8-3、30-7-エ）〕 ○

◆執行文の付与をめぐる救済手段◆

債権者	債務者
執行文付与申立て却下に対する異議申立て (32) ※付与すべきであるのに付与されない場合	執行文付与に対する異議申立て (32)(注) ※付与すべきでないのに付与された場合
執行文付与の訴え (33)	執行文付与に対する異議の訴え (34)(注) ※条件成就執行文・承継執行文が条件成就、又は承継の事実がないのに執行文が出てしまった場合

（注）条件成就・承継の事実については、33条・34条の執行文付与の訴え・執行文付与に対する異議の訴えだけでなく、32条で異議の対象になる。ただし、異議申立てを先に行わなければならないという制約はなく、いきなり異議の訴えを提起しても可。

執行文の付与の申立てをしたのですが、不当に却下されてしまいました。要件をクリアしているのに、却下された場合は、債権者は不服申立てができます。

この不服申立て形式は異議、つまり、やり直せというものになります。

具体的には、執行文の判断をした裁判所書記官の所属する裁判所に「書記官に不当に却下されたので、審理しなおしてください」と申し立てるのです。

また、執行文を付与すべきでないのに、付与された場合には、債務者の方が「書記官が不当に執行文を付与したので、審理しなおしてください」と異議を申し立てることができます。

この場合は、異議申立てだけでなく、訴えを起こすことができます。訴えを起こすと判決手続で処理されるので、時間がかかりますが、既判力が付きます。

結局、既判力はいらないけど早くやってほしいのか（異議）、時間がかかってもいいから既判力が欲しいのか（訴え）で、取るべき不服申立てを選べるのです。

☑ 1	裁判所書記官がした執行文の付与を拒絶する処分に対しては、その裁判所書記官の所属する裁判所に異議の申立てをすることができる。〔16-7-オ〕	○
2	執行文の付与の申立てに関する処分に対しては、異議の申立てをすることができない。〔30-7-オ〕	×
3	条件成就執行文の付与について、その条件成就に異議のある債務者は、執行文付与に対する異議の申立てをすることなく、直ちに執行文付与に対する異議の訴えを提起することができる。〔17-6-ア〕	○

第3節 執行開始の要件

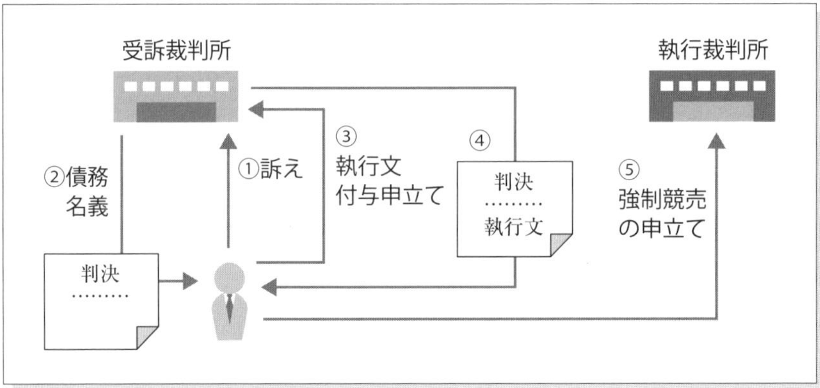

今までの手続を、まとめていきましょう。

民事執行したければ、まず権利を確定させる必要があるため、訴えて債務名義をもらいます。これが許可書になります。

ただこの許可書があったとしても、これだけでは執行裁判所に行くことができず、GOサインをもらう必要があります。

受訴裁判所の書記官は、ここでいろんなことをチェックして、大丈夫であれば執行文を付与します。執行文が付与された債務名義が手に入ると、執行裁判所に申立てができるようになります。

この後、**執行裁判所でも強制執行をしていいかどうかのチェックはします**。次の図を見てください。

執行裁判所	執行開始の要件を調査

↓

執行裁判所	開始決定　又は　却下決定

↓

当事者	執行抗告　又は　執行異議

執行文付与の要件	執行開始の要件
① 債務名義が有効に存在すること ② 債務名義が執行可能であること ③ 債務名義の執行力が現存すること ④ 条件成就執行文で条件が成就していることの証明(27 Ⅰ) ⑤ 承継執行文で承継が生じていることの証明(27 Ⅱ)	① 反対給付の証明(31 Ⅰ) ② 債務名義の正本等の送達(29前段) ③ 執行文及び証明書等の送達(29後段) ④ 請求が確定期限の到来に係る場合において、確定期限が到来していること(30 Ⅰ) ⑤ 立担保の証明(30 Ⅱ参照)

左側は、受訴裁判所の書記官がチェックする内容で、これを満たさないと執行文は付与されません。

右側は、執行裁判所がチェックする内容で、これを満たさないと**執行文は付与されても、競売開始決定がでない**ことになります。

右側に共通するのが、チェックが容易という点です。執行裁判所は複雑な判断はしませんが、「届いたかどうか」「確定期限が到来したかどうか」など、チェックが容易なものは行うのです（執行開始の要件は、特に①②④を意識しておいてください）。

こういった5つのことをチェックして、執行裁判所は、開始決定か却下決定を出します。

ちなみにこの開始決定・却下決定が不当だと考えた場合は、当事者は、文句をつけられます。

決定には本来不服が言えないはずですが、民事執行法では、不服申立てができる場合があります。

不服の方法には、**抗告という形で上に上げる**ものと、**異議という形でやり直せ**というものの2つがあります。

以上が強制執行手続の共通項で、金銭執行であれ、非金銭執行であれ、初めに要求される手続です。

問題を解いて確認しよう

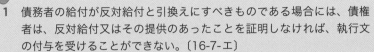

1	債務者の給付が反対給付と引換えにすべきものである場合には、債権者は、反対給付又はその提供のあったことを証明しなければ、執行文の付与を受けることができない。〔16-7-エ〕	×
2	請求が確定期限の到来に係る場合においては、執行文は、その期限の到来後に限り、付与することができる。〔30-7-イ〕	×

ヒトコト解説

1　反対給付は、執行開始の要件のため、満たしていなくても執行文は付与されます

2　確定期限の到来は、執行開始の要件のため、満たしていなくても執行文は付与されます。

2周目はここまで押さえよう

◆ 民事執行法の管轄（強制競売開始の申立て）◆

	執行機関	
不動産執行	不動産の所在地を管轄する地方裁判所（44 Ⅰ）（注1）	
動産執行	動産の所在地を管轄する地方裁判所の執行官（122、執行官4）	
債権執行	①1次的	債務者の普通裁判籍の所在地を管轄する地方裁判所（144 Ⅰ前段）
	②2次的 （普通裁判籍がない場合）	第三債務者の普通裁判籍の所在地を管轄する地方裁判所（144 Ⅱ）

（注1）参考
　不動産の共有持分、登記された地上権及び永小作権並びにこれらの権利の共有持分（43 Ⅱ）については、その登記をすべき地を管轄する地方裁判所（44 Ⅰ）

　民事執行の管轄は、基本「物の所在地の地方裁判所」と考えてください（そのため、民事執行は、司法書士の代理権の範囲外になるのが原則です）。

　ただ、債権執行の場合、債権は目に見えないものなので、債務者の普通裁判籍を基本とします（債務者に普通裁判籍がない場合は、第三債務者の普通裁判籍になります）。

☑ 1	金銭債権についての不動産執行の執行機関は、執行裁判所及び執行官である。〔3-6-4〕	×
2	債務者の普通裁判籍の住所地を管轄する地方裁判所は、不動産に関する執行裁判所となり得る。〔2-1-1〕	×
3	不動産に対する強制執行については、その所在地を管轄する地方裁判所のほか、債務者の普通裁判籍の所在地を管轄する地方裁判所が、執行裁判所として管轄する。〔令3-7-ア〕	×
4	債務者の普通裁判籍の住所地を管轄する地方裁判所は、動産執行についての執行裁判所となり得る。〔2-1-3〕	×
5	金銭債権に対する強制執行は、債権者の普通裁判籍の所在地を管轄する地方裁判所が管轄する。〔8-6-1〕	×
6	債務者の普通裁判籍の住所地を管轄する地方裁判所は、債権に対する強制執行の執行裁判所となり得る。〔2-1-4〕	○

第2章 不動産執行（不動産の強制競売）

ここからは各論に入ります。強制執行手続の中でも一番多く出るものは、不動産執行です。その中でも不動産を売っぱらうという強制競売手続を見ていきます。

第1節 差押え

令和5年（ヌ）第1991号

強　制　競　売　開　始　決　定

当事者　　　別紙目録のとおり
請求債権　　別紙目録のとおり

債権者の申立により、上記債権の弁済にあてるため、別紙請求債権目録記載の執行力のある債務名義の正本に基づき、債務者の所有する別紙目録記載の不動産について、強制競売の手続を開始し、債権者のためにこれを差し押さえる。

令和5年12月26日
東京地方裁判所民事第○部
裁判官　　荻原慶久　　㊞

執行裁判所に持っていって、強制競売の開始決定をもらったようです。この開始決定では、差し押さえるという宣言をしてくれます。

この決定については、文句がつけられます。

覚えましょう

・競売開始決定に対しては執行異議ができるにとどまる（11条1項）
・競売申立却下決定に対しては、執行抗告ができる執行開始の要件を満たしているのに**却下決定がでた場合は、執行抗告**、上に上げるということができます。

一方、執行開始の要件を満たしていないのに**開始決定が出た場合は、執行異議**、やり直せということができます。
却下決定のように、上級審に上げることができません。

開始決定後にも、まだ色々な裁判をやるので、その時に不満をいうことができます。そのため、この段階では上に上げることを認めなかったのです。

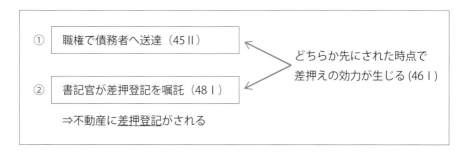

① 職権で債務者へ送達（45 II）
② 書記官が差押登記を嘱託（48 I）
⇒不動産に差押登記がされる

どちらか先にされた時点で差押えの効力が生じる（46 I）

開始決定が出た後は、債務者に「あなた強制執行されたよ」ということを伝えます。また、差し押さえたことを、登記簿に記録します。

差押えは、この**2つの手続の、どちらか早い時点で力が生じます**。
（実務的には、差押登記が入ったのを確認して、債務者に通知をします。これが逆だと、債務者が気付いて登記が入ってなければ、債務者は不動産を売ってしまう可能性があるためです）。

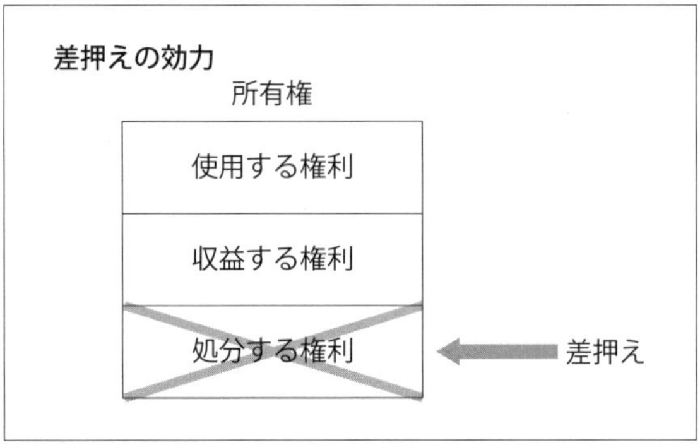

差押えをすると、所有権の権能のうち、**処分権がなくなります**。

たとえば、差し押えられた土地を売ってしまった場合はどうなるのでしょうか。

結論からいうと、**売買契約は当事者間では有効ですが、債権者が行う競売手続の中では売買されたことは一切無視**されてしまいます。
つまり、売買しようが、担保権を設定しようが、賃貸しようがそういうことは競売手続の中ではなかったことになるのです。

そのため、最終的に買受人が決まり所有権を取得した場合に、その人に対して「私が先に買っているんです」「そこには、私が担保権を設定しています」「私は賃借権を設定しています」ということを主張することができません。

債務者に処分権はなくなりますが、使用収益権は残るため、**債務者はいまだ使うことができます**。
競売手続は長くかかるので、その間使えないというのは勿体ないため、使うことは認めているのです。
ただ、債務者側がまともに使用収益するとは限りません。
最悪、価値を下げるような行動に出始める可能性があります。

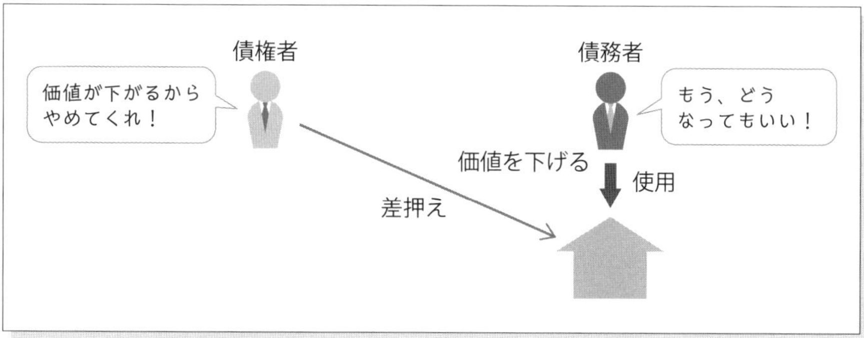

例えば、家を壊し始めたり、また、怖いお兄さんに貸したりすれば、債権者は「価値が下がってしまうから、やめてほしい」と思うでしょう。

この場合、保全処分という手続がとれます。

裁判所に申し立てて、価値を下げる行為をやめさせたり、もしくは不動産を取り上げることもできます。

具体的に何ができるかは試験では問われません。この保全処分はいつからできるかが、頻繁に問われます。

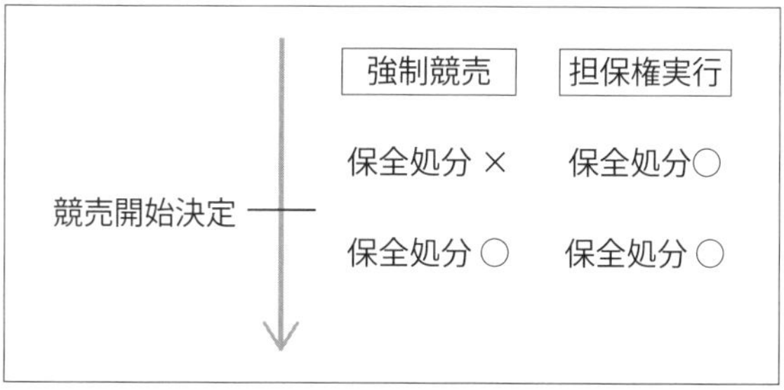

強制競売手続の場合、**開始決定が出るまでは保全処分ができません**。開始決定が出ても、**差し押さえるまでは、その物件に強い法的利害がない**ので、保全処分を認めないのです。

もしこれが抵当権者だったらどうでしょう。

抵当権者であれば、競売手続を始める前からその建物に、抵当権という法的権利を持っています。**法的利害関係は既に持っているので、開始決定前から保全処**

分をすることが可能です。

問題を解いて確認しよう

1	不動産の強制競売の開始決定に対しては、執行抗告をすることができる。〔5-7-1（63-8-3）〕	×
2	強制競売の申立てを却下する裁判に対しては、執行異議を申し立てることができる。〔19-7-イ〕	×
3	強制競売の開始決定が債務者に送達される前に、差押えの登記がされたときは、差押えの効力は、当該登記がされた時に生ずる。〔19-7-エ〕	○
4	不動産の強制競売において、差押えは、債務者が通常の用法に従って不動産を使用し、又は収益することを妨げない。〔5-7-3（3-6-5）〕	○
5	強制競売の開始決定前においては、債務者が当該不動産について価格減少行為をするときであっても、当該行為を禁止し、又は一定の行為を命ずる保全処分をすることはできない。〔19-7-ウ〕	○
6	開始決定前の保全処分の制度は、担保権の実行としての不動産競売にはあるが、不動産の強制競売にはない。〔11-6-イ（23-7-エ）〕	○
7	強制競売の開始決定がされた不動産について、差押えの登記後に抵当権の設定の登記をすることも可能であるが、その抵当権を有する債権者は、当該競売手続において配当を受けることができない。〔21-7-ウ〕	○

×肢のヒトコト解説

1　開始決定に対する不服申立ては、執行異議です。

2　却下決定に対する不服申立ては、執行抗告です。

第2節 債権者の競合

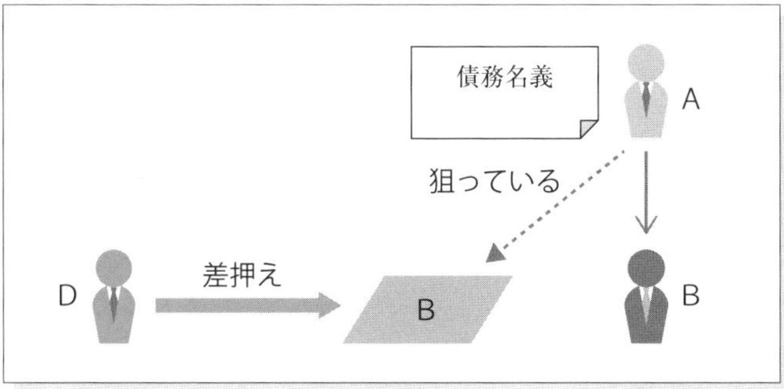

AがBにお金を貸していて、Bの不動産に強制執行しようと考えていました。訴訟で勝って債務名義を取得し、Bの不動産を差し押さえようと思い登記簿をとったら、先にDが差し押さえていました（Dによる、強制執行事件が始まっていたのです）。

ここで、Aにとれる手は2つあります。

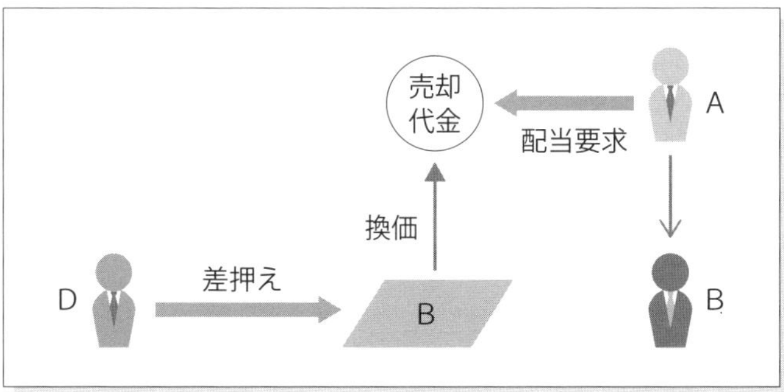

Dが差し押さえることによって、この不動産は換価手続に入ります。誰かが買って、お金が裁判所に納入されます。そのお金に対して、Aが、**「自分もBの債権者だから、配当をくれ」と要求する**ことができます（これを配当要求と呼びます）。

もう1つの手が、次の図です。

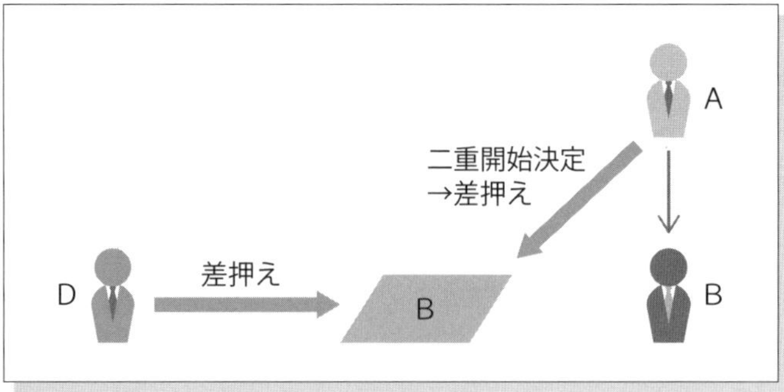

A自身も競売の申立てをするのです。

差押えが入っている物件に、もう1回競売の申立てをした場合、**さらに開始決定が出ます。これを二重開始決定と呼びます**。

この場合、Aもこの不動産を差し押さえている状態になります（不動産登記簿を見ると、差押えが2つ入っている状態になります）。

この後、Dの事件として手続を進行し、換価代金からAは配当が受けられます。つまり、**配当要求した場合と変わりません**。

ただ、Dが差押えを取り下げた場合の処理が大きく異なります。

競売手続の多くは、途中で取り下げられて終わります。

「競売を受けて、債務者がびっくりしてお金を払う。そこで、債権者が取り下げる」ということが多いのです。

Aが二重に差し押さえていた場合は、**Dの差押えが取り下げられても、Aの事件として、当然に民事執行手続は続行されます**。

逆に、Aが配当要求しかしていなかった場合は、**Dが差押えを取り下げれば、**

事件は完全におしまいとなります。

このように、Dが取り下げそうか、取下げしそうもないかを考えて、配当要求にするか、競売申立てをするかを選ぶのです。

配当要求ができる者（配当要求権者　51条）
① 執行力のある債務名義の正本を有する債権者（「有名義債権者」）
② 差押登記後に仮差押えの登記をした仮差押債権者
③ 法定の文書により一般の先取特権を有することを証明した債権者

先ほど配当要求という制度を説明しましたが、どういう方が配当要求できるかを見ましょう。

不動産の強制執行については、3タイプの方が可能です。

①執行力のある債務名義の正本を有する債権者（「有名義債権者」）

一般債権者も配当要求はできますが、**債務名義が必要なのです**。お金を貸してもいないのに、「配当をくれ」という虚偽の方が出てくることを防ぐためです。

このように債務名義がないと配当要求できないのが原則ですが、債務名義がなくても配当要求できる人が2人います。仮差押えをした人と、一般先取特権者です。

②差押登記後に仮差押えの登記をした仮差押債権者

（ここは、仮差押えの説明を見たあともう1回読んでみてください。）

仮差押えの申立てのときに、債権があることを裁判官に疎明しています。そのため、債務名義はなくても、配当要求を認めます。

③法定の文書により一般の先取特権を有することを証明した債権者

一般先取特権の種類を思い出してください。その先取特権者の債権は、「日用品の売買代金債権」など金額が低いものが多いです。

その少額な一般先取特権者に、「配当要求したければ、訴訟して判決を取りなさい」と要求するのは酷です。

そのため、例えば、日用品供給の一般先取特権であれば、売上の伝票などで配当要求できるとしました。

問題を解いて確認しよう

1	強制競売の開始決定がされた不動産について強制競売の申立てがあったときは、執行裁判所は、更に強制競売の開始決定をする。〔オリジナル〕	○
2	強制競売の開始決定がされた不動産について強制競売の申立てがあったときは、執行裁判所は、更に強制競売の開始決定をするものとされているが、先の開始決定に係る強制競売の手続が取り消されたときは、執行裁判所は、後の開始決定に係る強制競売の手続も取り消さなければならない。〔21-7-ア〕	×
3	同一の財産に対する差押えの競合に関して、強制競売の開始決定がされた不動産について更に強制競売の開始決定がされた場合において、先の開始決定に係る強制競売の手続が取り消されたときは、後の強制競売の開始決定に基づいて手続が続行される。〔15-7-ア〕	○

×肢のヒトコト解説

2 二重差押えをしていれば、前の差押えが取り消されても、後の差押えに基づいて手続は続行されます。

第3節 売却条件と物件明細書

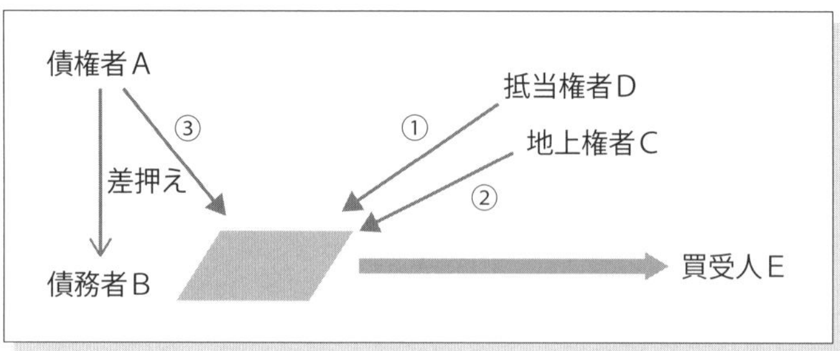

前図のような権利関係で、Aの差押後に競売が行われ、Eが買いました。
このEは、DCの権利がついた物を買うのか、消えたものを買うのでしょうか。
民事執行法は、消える権利と残る権利を規定していますが、1つ1つ押さえるよりも下記の考え方で押し切りましょう。

消滅する権利の考え方
- 金銭だけを目的とする権利
- 自分より先に消滅する権利がある場合、自分の権利は消滅する。

お金だけを目的にする権利（大抵は担保権です）は、配当をあげて消えてもらいます。
また、自分の権利より上にいる権利が消えた場合は、その自分の権利も消えるようにしています。
具体例を見ましょう。

	甲区		
①	1	所有権保存	C
②	2	所有権移転	B
④	3	差押	A

	乙区		
③	1	賃借権	E
⑤	2	抵当権設定	F
⑥	3	賃借権	G

乙区2番の抵当権は、**お金だけを目的にする権利**なので、競売手続後には消滅します。
これにより、乙区3番の賃借権も消えます。この乙区3番より前にある2番抵当権が消える以上、**民法177条で負けている乙区3番の賃借権を残すわけにはいきません**。
競売手続の後、乙区で残る権利は、1番の賃借権だけとなります。

基本的には、今の考え方で残るか消えるかを考えてください。
ただ、あまり出題されているところではないので、いろんな事例を作って考え込まないようにしてください。

そして次の条文は、本当によく出るので、これは覚えてください。

59条（売却に伴う権利の消滅等）
4　不動産の上に存する留置権……………については、買受人は、これらによつて担保される債権を弁済する責めに任ずる。

留置権は担保権という性質もありますが、占有するという側面もあります（債務者の承諾があれば、使用することも可能です）。

この留置権はお金だけを目的にしないため、残ります。**他の権利がすべて消えたとしても、留置権だけは、絶対に残る**のです。

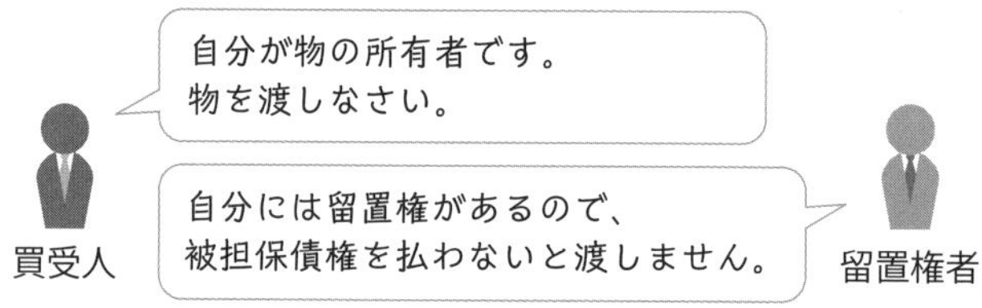

自分が物の所有者です。
物を渡しなさい。
自分には留置権があるので、
被担保債権を払わないと渡しません。
買受人
留置権者

上記のように主張して、留置権者は自己の債権の回収ができるのです。

「留置権は、最後まで生き残る」、これを講義では下記のように説明しています。

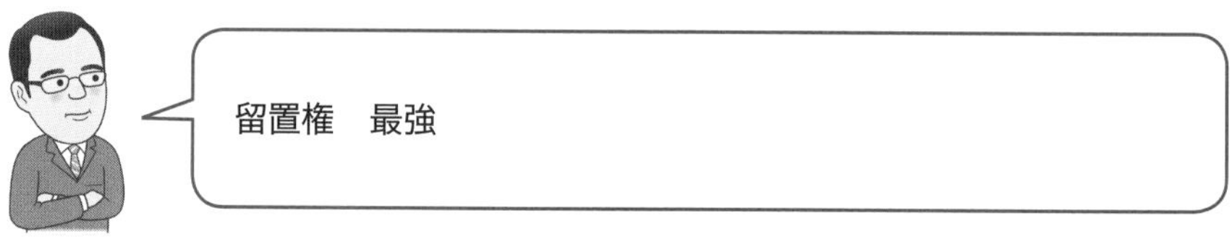

問題を解いて確認しよう

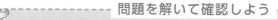

1	不動産の強制競売において、抵当権は売却により消滅しない。〔62-6-1〕	×
2	不動産の強制競売において、買受人は、利害関係を有する者の合意がなくても差押えに先立つ担保仮登記に係る権利を引き受けることになる。〔58-3-4〕	×
3	不動産の強制競売において、買受人は、不動産の上に存する留置権を引き受ける。〔9-6-1（58-3-2、62-6-3）〕	○

×肢のヒトコト解説

1, 2 お金だけを目的にする権利なので、消滅します。

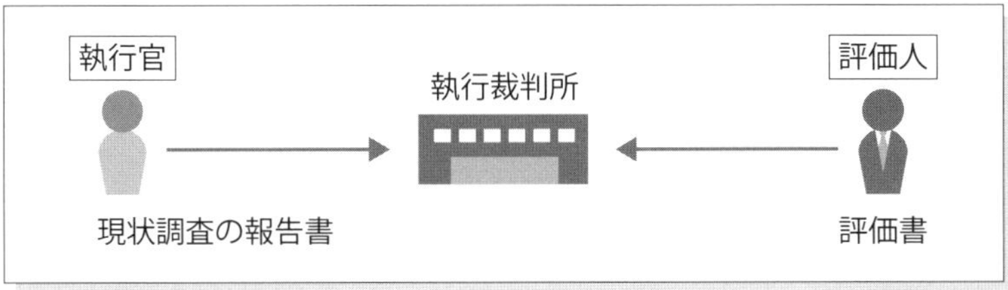

裁判所の手続に戻ります。

裁判所は競売が始まると、色々な調査を行います。執行官という方に現地の占有状態などを調べさせたり、不動産鑑定士に頼んで、その不動産の価値を調べてもらいます。

執行裁判所の調査の後に、裁判所書記官が、次のような公開手続をとります。

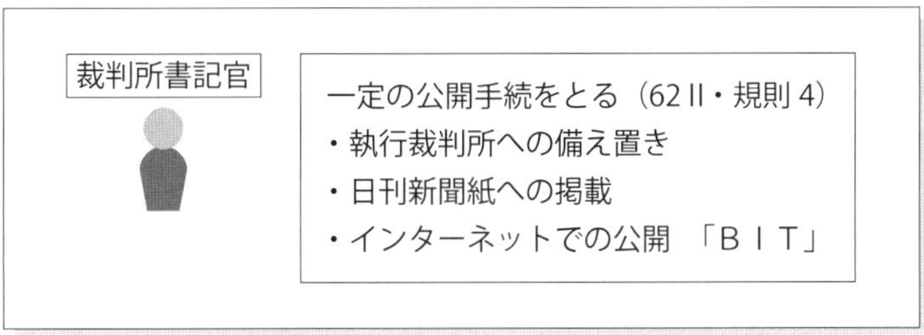

どういう物件が今競売にかかっているかということを、裁判所に置いたり、新聞に出したり、ネット上にも載せるようにしています。

「ＢＩＴ」という言葉で、ネット上で検索すれば、今どこにどういう物件が、競売にかかっているかがわかります。

第4節 不動産の売却

<table>
<tr><td colspan="11">入　札　書（期間入札）
和令5年12月26日
東京地方裁判所執行官殿</td></tr>
<tr><td colspan="2">事件番号</td><td colspan="3">令和5年（ヌ）第1991号</td><td colspan="2">物件番号</td><td colspan="4">(1)　(2)</td></tr>
<tr><td rowspan="2">入札人</td><td colspan="3">本人の
住所　氏名</td><td colspan="7">東京都文京区本郷○丁目○番
氏名　西村正登</td></tr>
<tr><td colspan="3">代理人の
住所　氏名</td><td colspan="7"></td></tr>
<tr><td>入札価額</td><td>¥</td><td>1</td><td>2</td><td>0</td><td>0</td><td>0</td><td>0</td><td>0</td><td>0</td><td>0</td></tr>
<tr><td>保証の額</td><td></td><td>¥</td><td>2</td><td>0</td><td>0</td><td>0</td><td>0</td><td>0</td><td>0</td><td>0</td></tr>
</table>

競売の公開手続を見て、買いたいと思った方は入札をします。

この入札では、いくらで買いたいかを記載し、保証金を積む必要があります。この保証金は、競売で入札できなかったら返金されます。

この入札の金額で、一番最高値を提示した方が買えることになります。ただ、この**最高値の人が絶対に買えるというわけではない**のです。

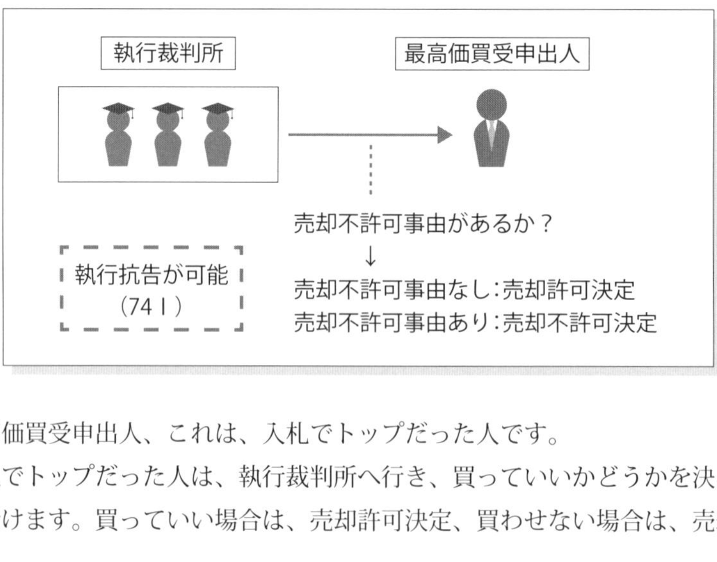

最高価買受申出人、これは、入札でトップだった人です。

入札でトップだった人は、執行裁判所へ行き、買っていいかどうかを決める裁判を受けます。買っていい場合は、売却許可決定、買わせない場合は、売却不許可決定という決定が出されます（どちらの判断についても、**不満がある人は、執行抗告**という形で文句がつけられます）。

Point

売却不許可事由（主なもの）

①　最高価買受申出人が資格・能力を有しないこと
　ex.債務者が買受人であること
②　不動産の損傷により売却不許可の申出があること
　※不動産の損傷が軽微であるときは、不可（75Ⅰ但書）
③　売却の手続に重大な誤りがあること

上記のような事情があると、売却不許可決定が出されます。
有名なものが①です。

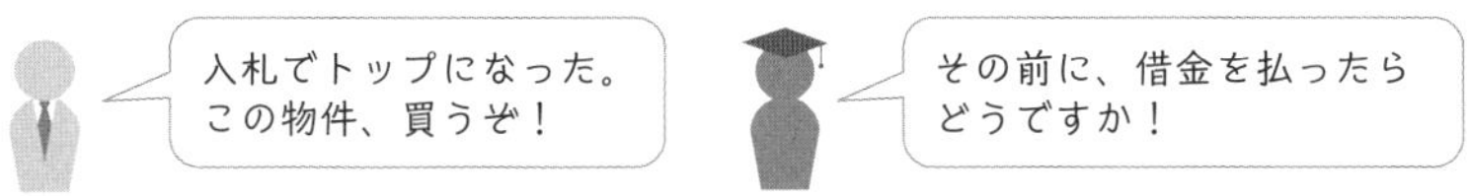

入札でトップになった。この物件、買うぞ！
その前に、借金を払ったらどうですか！

債務者

トップの入札者が債務者だったというような場合です。お金は返せないでいるのに、入札をしてトップだから買おうとしています。**買う前に借金返しなさい**……ということです。

②について

入札をしたあとに不動産が壊れていることが分かった場合、やっぱり買いたくないという申出ができます。
ただ壊れ方が軽微であれば、申出はできません（**不動産には、多少の傷がついたりするものです**）。

③について

今までの手続に重大な誤りがあった場合、この決定手続の中で主張ができます。「○○という手続違反があったらから、競売をすべてやめろ」と主張できるのです。

前記のような事由がなければ、売却許可決定が出されます。ここからは、その決定が出た後の手続を見ていきます。

売却許可決定

買受人に代金納付義務が発生

- 代金納付なし

  売却許可決定は効力を失う（80Ⅰ前段）

  → 提供した保証の返還を請求することができない（80Ⅰ後段）

- 代金納付あり

  ⅰ 不動産の取得（79）

  買受人は代金納付時に不動産を取得する

  ⅱ 法定地上権の発生（81）

  ⅲ 登記及び登記の抹消の嘱託（82）

  ⅳ 引渡命令（83）

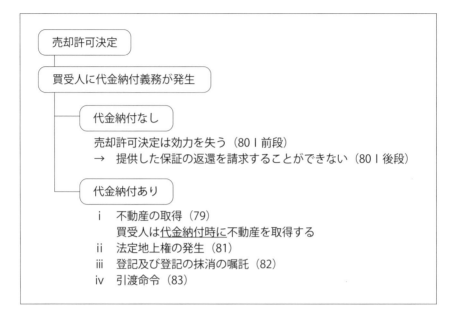

許可決定が出ると、買受人は自分が入札した金額を払う義務を負います。この場合、分割払いなどはできずに、1回で全部払う必要があります。

ここで**払わないと、許可決定は効力を失います**。ラストチャンスもあげません。しかも、**入札時に積んでいた保証金は、没収されます**（**ここまでの手続を無駄にしたことへの制裁です**）。

逆に代金納付をした場合は、色々な効果が生まれます。

例えば、所有権が移転します。民法には意思主義という建前があり、意思表示の時に物権変動が起きるとしています。民事執行手続では、その意思主義というのを採用せずに、**払った時に所有権を取得する**としています。

そして、**そのタイミングで法定地上権が成立します**。

法定地上権の要件は「土地と建物がある。同一所有である。競売で別々の所有者になる」の3つです。

建物だけ競売が行われ、代金支払いがされると建物の所有権だけ移転します。

ここで、「土地・建物が別々の所有者になる」のです。

他にも、代金納付後に裁判所が登記の嘱託をしてくれます。不動産を買ったことによる移転登記だけでなく、他にも差押登記を消したり、抵当権の登記を消す手続もやってくれるのです。

83条（引渡命令）
1　執行裁判所は、代金を納付した買受人の申立てにより、債務者又は不動産の占有者に対し、不動産を買受人に引き渡すべき旨を命ずることができる。

代金を支払ったにもかかわらず、不動産の占有者が出ていかない場合は、買受人は追い出すことができます。

この場合、**裁判所から引渡命令という債務名義をもらって追い出す**手続に入るのです。

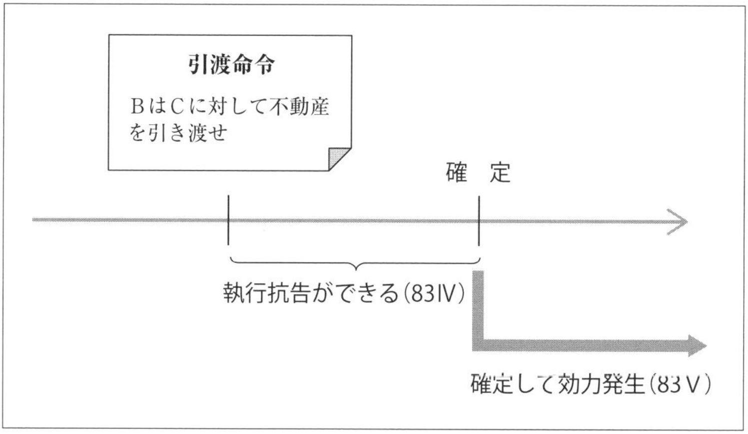

裁判所から引渡命令が発令されても、すぐには債務名義になりません。

この引渡命令が不当であれば、占有者は執行抗告という不服申立てができます。そのため、**執行抗告ができる間は、待たされます**。

執行抗告が行われず、**引渡命令が確定すると、債務名義になります**。

問題を解いて確認しよう

1	債務者は、不動産の強制競売における不動産の売却の手続において、買受けの申出をすることができない。〔5-7-5（61-2-3）〕	○
2	買受人は、売却許可決定後に自己の責めに帰することができない事由により不動産に損傷が生じた場合には、当該損傷が軽微であるときであっても、執行裁判所に対し、代金を納付する時までにその決定の取消しの申立てをすることができる。〔25-7-ウ〕	×
3	不動産の強制競売における売却不許可決定に対しては、執行抗告をすることができるが、売却許可決定に対しては、執行抗告をすることができない。〔61-2-5（63-8-1）〕	×
4	不動産の強制競売において、買受人は、売却許可決定が確定した時に不動産を取得する。〔9-6-4（61-2-1）〕	×
5	土地及びその上にある建物が債務者の所有に属する場合において、その土地又は建物の差押えがあり、強制競売におけるその売却により所有者を異にするに至ったときは、その建物について、地上権が設定されたものとみなされる。〔5-7-4〕	○
6	不動産の強制執行に関する引渡命令に対する執行抗告は許されない。〔63-8-4〕	×
7	不動産の強制競売において、売却許可決定の確定後、買受人が執行裁判所の定める期限までに代金を執行裁判所に納付しないときは、執行裁判所は、買受人に対し、代金の支払を命ずることができる。〔9-6-5〕	×

×肢のヒトコト解説

2　損傷が軽微のときは、申立てをすることができません。

3　売却許可決定、売却不許可決定のどちらに対しても執行抗告ができます。

4　代金納付時に所有権を取得します。

6　執行抗告は可能です。

7　払わなければ一発アウトで、ラストチャンスも与えられません。

2周目はここまで押さえよう

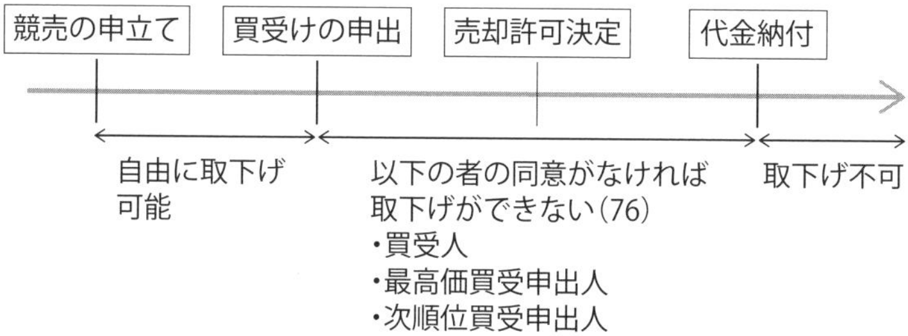

競売の取下げがいつまでできるか、どういった要件の下でできるかをまとめた図です。

訴えの取下げでは相手の同意が必要な場合がありましたが、競売の取下げでは、相手である債務者の同意は全くいりません。競売を取り下げられれば、債務者はうれしいだけなので、同意を要求する必要はないのです。

一方、買受けの申出がされた後に取下げをする場合は、同意が必要になります。取下げがされれば、競売手続がなくなってしまい、買えると思った人の期待を裏切ることになるためです。

そして、代金納付後は取下げが全くできません。代金納付により買受人は所有権を取得しているため、今更競売を取り下げることは認めないのです。

✓ 1	不動産の強制競売において、債権者は、買受けの申出があった後は、利害関係人全員の同意がなければ、強制競売の申立てを取り下げることができない。〔61-2-4〕	×
2	金銭債権についての不動産に対する強制執行において、売却許可決定がされた後には、強制競売の申立てを取り下げることはできない。〔7-6-4〕	×
3	申立債権者は、買受人が代金を納付する期限までに代金を納付しなかった場合には、次順位買受申出人がいないときであっても、当該買受人の同意を得なければ、不動産担保権の実行の申立てを取り下げることができない。〔25-7-エ〕	×

第5節 配当等の手続

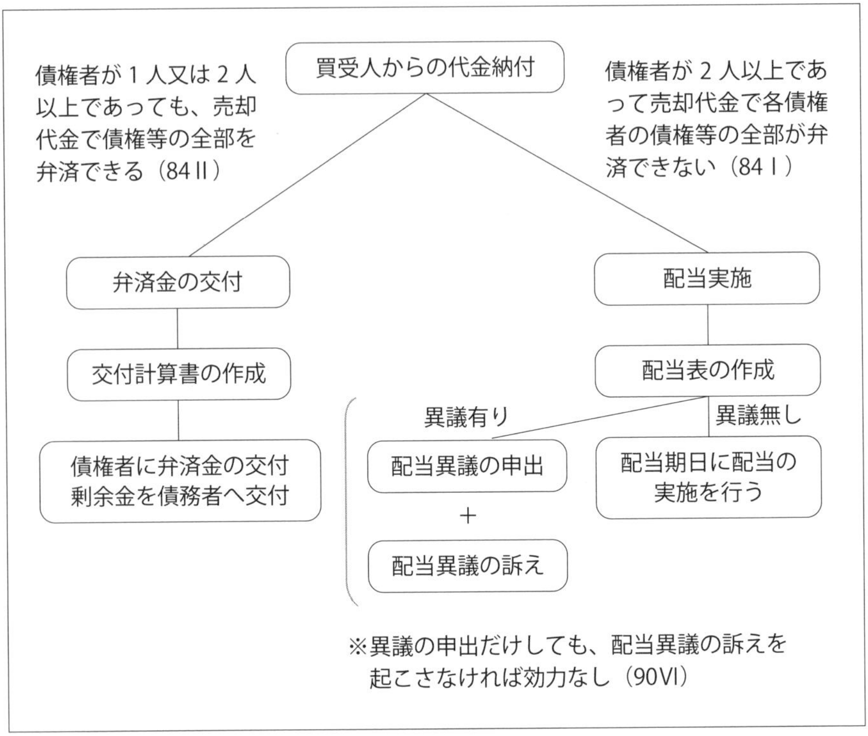

債権者がどれだけいるか、払われた代金で**債権者全員が満足できるか、満足できないかで行われる手続が異なります**。

債権者が全員、全額回収できる場合は、弁済金の交付という手続に入ります。債権者に一人ひとりの債権者の額に応じて払って、そして、余りを債務者に返して終わりです。

一方、**売却代金でみんなが満足できない場合は、配当という手続に入ります**。

この場合は、配当表というものが作られます。

これは、債権者にどれぐらいの方がいて、どういう優先順位でもらうのかといったものをまとめた表で、債権者達に渡されます。

ここで、「自分は3番抵当権だから、これしかもらえないのか。仕方ないな。」とみんなが文句を言わなければ、あとはその配当表に従って手続が進みます。

配当表
おかしいぞ、民法の規定を使えば
自分はもっと配当がもらえるはずだ。
債権者

このように思った場合は、配当異議の申出をして、後日、民事訴訟を起こすことになります。

文句を言うだけではダメで、プラス訴訟までする必要があるのです。

以上が不動産に対する強制執行手続です。

これで到達！　合格ゾーン

□ 債務者は、配当異議の訴えを提起することができる。〔26-7-エ〕

★誰の債務がどれだけ減少するのか、は債務者にとって重大事です。配当計算が間違っている場合は、債権者だけでなく、債務者も配当異議の訴えをすることができます。

□ 担保不動産競売の手続において、配当表に記載された各債権者の債権又は配当の額について不服がある場合には、債務者ではない不動産の所有者も、配当異議の申出をすることができる（最判平9.2.25）。〔23-7-オ〕

★債務者A、物上保証人Bの状態でBの不動産が競売された場合に、配当計算がおかしい場合は、AだけでなくBも配当異議の訴えをすることが認められます。

第3編 救済手段

不当な民事執行手続が行われていれば、それに対して不服を申し立てることができます。

どういった不服申立手続があり、どういう手続の下で進むのかを学んでいきましょう。

～民事執行まで行ってしまった場合の救済は、結構手続が大変です～

第1章 民事執行法上の不服申立手段

法律違反をしている民事執行手続は止めるべきです。
ただ、どの法律違反をしているかによって、
判決手続が必要になるか、
決定手続でもできるかは変わってきます。
ここでは、その全体のイメージを説明します。

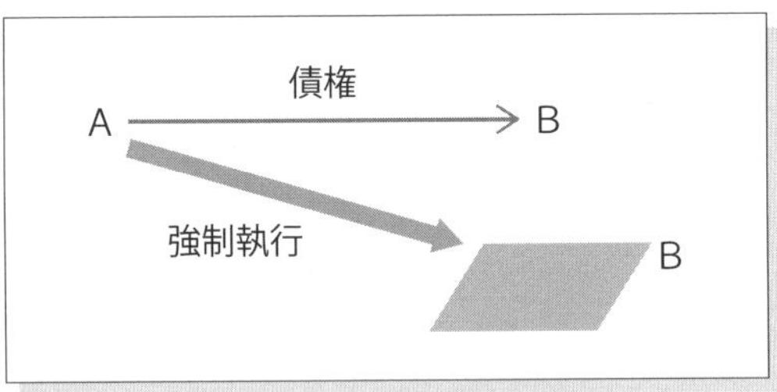

強制執行というのは、「何か債権があり、その債権を無理やり実現する」手続です。例えば、「金銭債権があって、債務者の不動産を無理やり売る」、「物権的請求権があって、物を無理やり奪う」手続です。

そのため、「Aが債権を持っていなかった」場合や、「その不動産が債務者のものではなかった」場合には、手続をとるべきではないでしょう。

また、強制競売をする要件として「債務名義を債務者に送達していること」があります。そのため、債務名義を送達していなければ、民事執行手続を取るべきではありません。

上記のような「Aが債権を持っていなかった」「その不動産が債務者のものではなかった」「債務名義を債務者に送達していない」という事情があった場合、債務者は不服申立てをすることができます。そして、**その不服申立ての審理が判決手続で行う場合と、決定手続で行う場合があります**。

> 債権が存在しない
> →　訴えて、判決手続で救済（請求異議の訴え）

債権がないのに強制執行をしようとしている、ある意味、**民法に違反する状態です**。この場合は、**民事訴訟をする必要があります**。

> Bの財産ではなかった
> →　訴えて、判決手続で救済（第三者異議の訴え）

債務者の財産以外に間違って民事執行をしてしまう、これは**債務と責任は一致すべきという、民法のルール違反になります**。この場合も、**民事訴訟をする必要があります**。

> 債務名義を送達していない
> →　決定手続で救済（執行異議・執行抗告）

債務名義を送っていなければ、競売開始決定を出してはいけません。これは民事執行法が要求しているルールです。このような**民事執行法違反の場合は、判決手続までは要求せず、決定手続で救済をします**。

民法違反か執行法違反かで、救済の方法が大分違います。
まずは、民事執行法違反について説明していきます。

第1節 違法執行に対する救済手段

決定

→ 民事執行法のルールに違反しているのでは？
→ 執行異議　又は　執行抗告

民事執行手続中に出された決定に、民事執行法に抵触する部分があれば、執行異議・執行抗告という不服申立てができます。

異議というのは、その裁判所で「やり直せ」という制度で、抗告というのは、上級の裁判所に上げて判断してもらう制度です。

	執行抗告	執行異議
適用範囲	民事執行の手続に関する裁判で、執行抗告を許す旨の特別の定めがある場合（10 I）	①執行裁判所の執行処分で、執行抗告をすることができないもの（11前段） ②執行官の執行処分及びその遅怠に対する不服申立て（11後段）

民事執行法の条文に、「この決定に対しては、執行抗告ができる」と書いてある場合しか、執行抗告はできません。条文に書いていない場合は、執行異議で不服を申し立てます。

ただ、執行抗告できる旨の条文を全部覚えるのは大変です。

そのため、受験的には次のように処理しましょう。

決定が出た場合は、執行抗告できる！

条文がなければ抗告はできないとしていますが、**あまりにも執行抗告できる条文が多い**のです。そのため、民事執行手続の決定に対しては、まず執行抗告ができると思っていいでしょう（むしろ、執行異議ができる場合を覚えた方が効率的です）。

例えば、売却許可決定、引渡命令という決定がありましたが、この決定に対しては、執行抗告ができます。

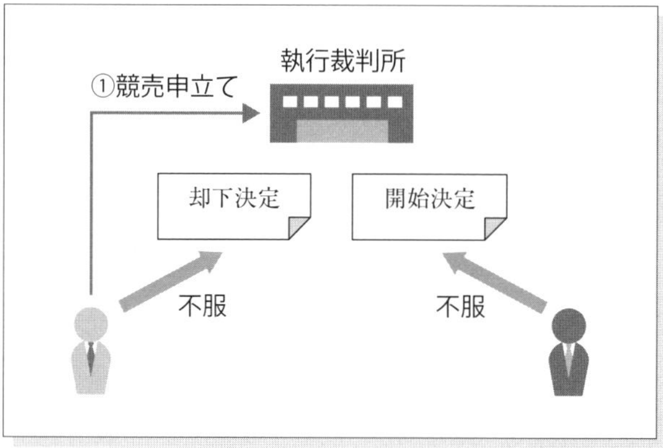

競売の申立てをした場合に、裁判所が却下決定や開始決定を出します。「開始決定の要件を満たしていないのに、開始決定が出ている」「開始決定の要件を満たしているのに、却下決定が出ている」場合には不服申立てをすることができますが、その形式が執行異議になるのか、執行抗告になるかは「競売の種類」「開始決定に対してか、却下決定に対してか」で異なります。

次の図表を見てください。

覚えましょう

	開始	却下
強制競売	執行異議	執行抗告
強制管理	執行抗告	執行抗告
動産執行	執行異議	執行異議
債権執行	執行抗告	執行抗告

執行異議のところを覚えてください。

強制競売の開始決定、動産執行（動産に競売をかけるケース）、ここはすべて執行異議という点です。

不動産強制競売の開始決定が出ても、そのあとに売却許可決定という決定手続があります。**執行抗告という強力な手続は、開始決定の段階ではなく、売却許可決定に対して行えるようにしています**。

動産執行の場合、手続をとるのは裁判所ではなく執行官となっています（後述します）。その**執行官に不満がある場合は、上級審にあげるのではなく、その執行官の所属する裁判所にやり直せと申し立てる**のです。

覚えましょう

	執行抗告	執行異議
申立期間	裁判の告知を受けた日から１週間	制限はない
申立形式	書面	原則 書面 例外 期日においては口頭○
口頭弁論	任意的口頭弁論（20）	任意的口頭弁論（20）
執行停止	なし	

上級審に上げる執行抗告は、手続が厳しくなります。それが申立期間や形式のところに現れています。

ただ、両方とも決定手続で審理するので、**任意的口頭弁論になります**。

また、この2つの手続には執行停止の力がありません。執行抗告の申立て・執行異議の申立てをするだけでは、**民事執行手続は止まらない**（不服申立てを無視して、続行する）のです。

もし、申立てだけで手続が止まるとなれば、**理由もないのに、執行抗告や執行異議の申立てをして、手続を邪魔するでしょう**。そこで、民事執行法や次の民事保全法の不服申立てには、執行停止効というものを認めないのです。

問題を解いて確認しよう

1	執行抗告・即時抗告のいずれにおいても、法令に特別の定めがある場合に限り、することができる。〔2-8-ア〕	○
2	執行裁判所の執行処分で、執行抗告することができないものに対しては、執行裁判所に執行異議を申し立てることができる。〔4-7-4〕	○
3	執行抗告の抗告の提訴期間は、原裁判の告知を受けた日から1週間である。〔2-8-イ改題〕	○
4	執行抗告及び執行異議は、執行処分を受けた日から1週間の不変期間内にしなければならない。〔22-7-イ〕	×
5	執行抗告と即時抗告のいずれにおいても、抗告は、原裁判の執行を停止する効力を有する。〔2-8-エ〕	×
6	執行抗告及び執行異議の裁判は、口頭弁論を経ないですることができる。〔22-7-エ〕	○
7	不動産の強制競売の開始決定に対しては、執行抗告をすることができる。〔5-7-1（63-8-3）〕	×
8	不動産の強制競売の申立てを却下する裁判に対しては、執行異議を申し立てることができる。〔19-7-イ〕	×
9	売却許可決定については、執行抗告をすることができないが、強制競売の開始決定については、執行抗告をすることができる。〔21-7-イ〕	×

×肢のヒトコト解説

4　執行異議には、申立期間はありません。

5　執行抗告には執行停止の力はありません。

7　執行異議になります。

8　執行抗告になります。

9　売却許可決定に対しては、執行抗告ができますが、強制競売開始決定に対しては、執行異議になります。

第2節 不当執行に対する救済手段

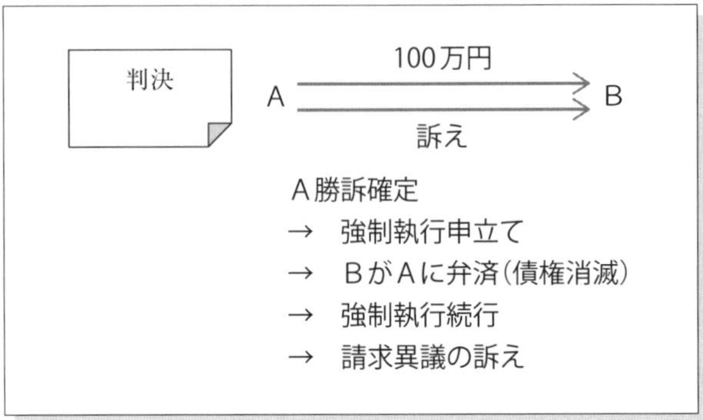

Aが民事訴訟で勝って、強制執行を始めたところ、Bが弁済したようです。ただ、Aは民事執行を続行しています。

債権がない状態で、民事執行はやるべきではありません。ここでBは、訴訟を起こします。

この訴訟でBが勝つと、判決から執行力がなくなります。「**債務名義から執行力をなくす**」、これが請求異議の訴えです。

その訴えでは、債務者は何を主張するのでしょうか。

Point

訴訟では、「債務名義に表示された請求権の不発生・変更・消滅」を債務者は主張する

→ 既判力を有する債務名義については、口頭弁論終結後のものに限る

その訴えでは、債権がなくなったこと（弁済してなくなった、相殺してなくなったなど）を主張します。

ただ、この債務名義が確定判決の場合で、「口頭弁論終結前に払っていたんだ」ということは、請求異議訴訟で主張できません。**確定判決の既判力によって、口頭弁論終結前のことは、遮断効でシャットアウトされる**からです。だから**既判力があるものについては、口頭弁論終結後のことしか言えません。**

一方、執行証書には既判力はありませんから、どのタイミングで払ったことでも主張できます。

Point

仮執行宣言付判決、仮執行宣言付支払督促（確定前）
→　請求異議の訴え　×

例えば、仮執行宣言が付いた判決が出て、債務者は控訴をしました。仮執行宣言が付いているので、控訴がされても、債権者は、強制執行を開始できます。

このときに、債務者は請求異議の訴えを起こすことはできません。**控訴で争っているんだから、そっちで戦いなさい**ということです。

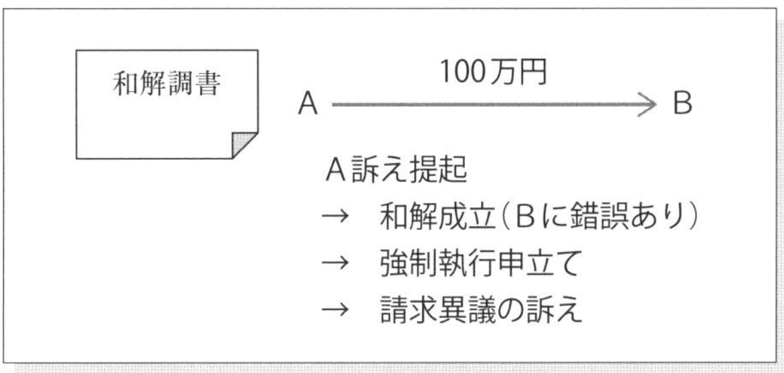

ＡＢ間に訴訟があって、示談をしました。ただ、Ｂがその示談の内容に応じないので、Ａが民事執行を始めています。

Ｂが、「この示談に、錯誤があった」ことに気付きました。この場合、Ｂは「債務名義の成立に問題がある。民事執行をやめてくれ」と訴えることができます。

「成立段階に問題がある」ことを理由にして、請求異議の訴えを起こせます。訴訟にＢが勝訴すれば、債務名義から執行力をなくすことができます。

このような手続は、いつからできるのでしょう。

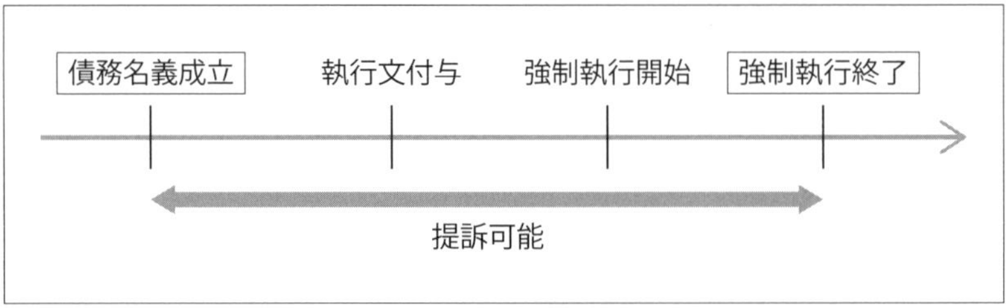

強制執行が終わってしまえば、もう訴訟する意味はありません。

一方、強制執行の始まる前はできないのかというと、実はもっと前から訴訟ができます。

債務名義ができた段階から、払ったから執行力を奪ってくれ、成立に瑕疵があるから執行力を奪ってくれと**訴えることができる**のです。

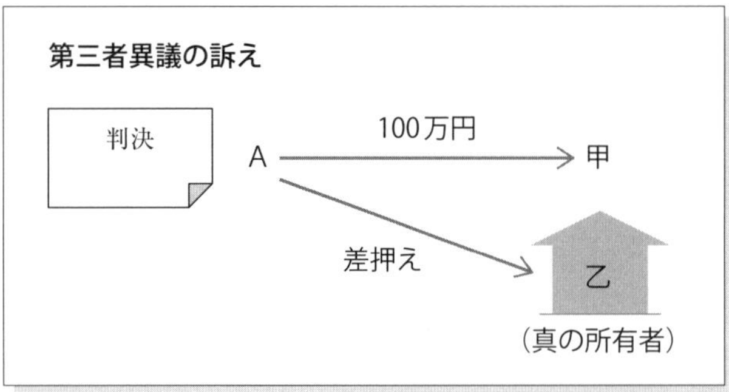

債務者は甲なので、甲の財産にしか強制執行はできないはずです。ただ、登記簿の名義がなぜか甲になっていたので、Aは間違って、この不動産に強制執行をしてしまったのです。

この場合、乙がAに対して「強制執行をやめろ」と訴えることになります。

Point

乙が勝訴した場合、
Aは、甲の他の財産に強制執行○

乙がAに勝訴しても、Aの判決から執行力はなくなりません。**この不動産への**

差押えが無効になるだけであって、Aの判決から執行力はなくなりません。

だから、乙が勝訴しても、Aは甲の別の財産に強制執行することができます。

	請求異議の訴え	第三者異議の訴え
原告	債務者	権利を侵害される第三者
口頭弁論の要否	必要的口頭弁論	必要的口頭弁論
執行停止の効力	原則としてなし	原則としてなし

別の角度でまとめた表です。原告は誰になるか、そして**判決だから、口頭弁論が必須**になるということ、また、**不服申立てをしたとしても、手続が止まらない**ということを押さえておきましょう。

問題を解いて確認しよう

1	債権者が債務者の占有する動産を差し押さえた際に、Aの所有する動産も一緒に差し押さえられてしまったため、Aが自己の所有する動産に対する強制執行は許されないと主張する場合は、第三者異議の訴えを提起する。〔10-6-ア改題〕	○
2	請求異議の訴え、第三者異議の訴えが適法に提起されたときは、当事者は、裁判所において口頭弁論をしなければならない。〔26-7-オ改題〕	○
3	債権者は、第三者異議の訴えにおいて敗訴しても、同一の債務名義に基づいて、債務者の責任財産に属する他の財産に対し、強制執行をすることができる。〔17-6-エ〕	○
4	売買代金の支払請求を認容した確定判決を債務名義として不動産に対し強制執行がされた場合、債務者は、当該売買契約を債権者の詐欺によるものとして取り消したことを理由として請求異議の訴えを提起することができる。〔14-6-エ〕	×
5	仮執行の宣言を付した判決を債務名義として不動産に対し強制執行がされた場合、債務者は、当該判決の確定前に請求異議の訴えを提起することができる。〔14-6-イ（17-6-イ、令3-7-オ）〕	×
6	公正証書を債務名義として不動産に対し強制執行がされた場合、債務者は、当該公正証書の作成後に当該公正証書に係る債務を任意に弁済したことを理由として請求異議の訴えを提起することができる。〔14-6-ア〕	○

7	公正証書を債務名義として不動産に対し強制執行がされた場合、債務者は、当該公正証書が無権代理人の嘱託に基づき作成されたものであることを理由として請求異議の訴えを提起することができる。〔14-6-オ〕	○
8	請求異議の訴えは、債権者が強制執行の申立てをしなければ、提起することができない。〔60-8-1〕	×
9	請求異議の訴えは、債務名義の正本に執行文が付与される前であっても提起することができる。〔17-6-ウ〕	○

×肢のヒトコト解説

4 口頭弁論終結前の事由なので、請求異議の訴えでは主張できません。

5 仮執行宣言がついている判決で、確定前のものに対しては控訴で争うべきです。

8 債務名義が成立してから、請求異議の訴えを起こせます。

MEMO

第4編 その他の強制執行

不動産の強制競売以外の民事執行手続を見ていきます。すべての手続が出題されるわけではなく、また出題される頻度も高くありません。

ここは、あまり考え込まずに読んでいきましょう。

～車とか家電とか、家の中でお金になる物を差し押さえることです～

第1章 動産執行

この動産執行についてはほとんど出題されず、不動産の強制競売との比較だけ押さえておけば十分です。

	不動産強制競売	動産執行
申立ての際に目的物を特定する必要	必　要	不　要

不動産強制競売の申立てをするときは、「甲建物を競売してくれ」「乙土地を競売してくれ」というように、物を特定する必要があります。

一方、動産執行の場合は、**あの動産を執行してくれと特定する必要はありません**。

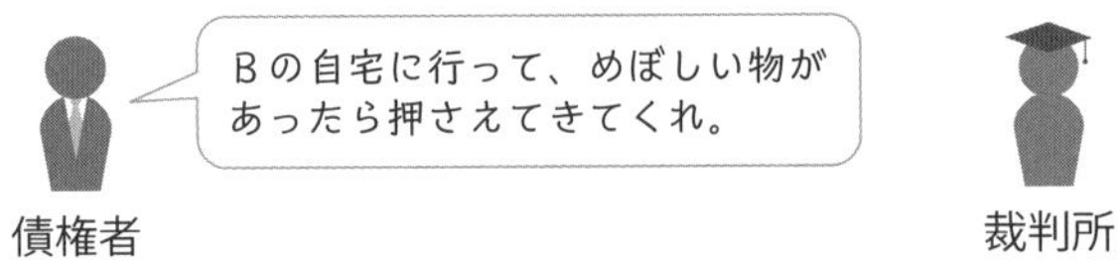

Bの自宅に行って、めぼしい物があったら押さえてきてくれ。
債権者
裁判所

このように、**申立てのときには場所を特定します**。執行官は、その場所にいって、高価な動産を探して押さえるのです。

123条（債務者の占有する動産の差押え）
1　債務者の占有する動産の差押えは、執行官がその動産を占有して行う。

動産の差押えは執行官が占有して行います。基本、動産を持って帰ります。

	不動産強制競売	動産執行
差押後に債務者が物を使用できるか	通常の用法に従ってできる（46 II）	執行官の許可があればできる（123 IV）

不動産の強制競売の場合は、差押後にも債務者に使用収益権が残っているので、債務者は使えます。

動産執行では、執行官が物を持って帰ってしまうので、債務者は使えません。ただし、許可があれば、その動産を引き続き使えます（そのとき、その動産には「差押えの貼り紙」を貼っていることが多いです）。

	不動産強制競売	動産執行
差押えられている物を更に差し押さえること	可能（47 I） →　二重開始決定がされる	禁止（125 I） →　事件は併合される（125 II）

差し押さえられた物件を、別の債権者が差押えできるのでしょうか。

不動産を二重に差し押さえることができることは先述しています。他にも、債権に対して強制執行する場合にも、他の差押えがあっても自分が差し押さえることができます。

唯一できないのが動産に対して差し押さえる場合です。この理由がかなり難しいので、丸呑みしてください。

問題を解いて確認しよう

1	強制執行の目的物が不動産であるか、又は動産であるかにかかわらず、その申立てにおいては、目的物を特定しなければならない。〔13-7-2（17-7-エ）〕	×

2	執行官は、差し押さえた動産を更に差し押さえることができる。〔元-7-4（15-7-ウ）〕	×
3	目的物を二重に差し押さえることは、不動産執行において認められるが、動産執行においては認められない。〔59-6-1〕	○
4	強制執行の目的物が不動産であるか、又は動産であるかにかかわらず、債務者は、差押物を使用することができない。〔13-7-4〕	×

×肢のヒトコト解説

1 動産の場合は、物の特定は不要です。

2 動産に対して二重に差し押さえることはできません。

4 目的物が不動産の場合、債務者は差し押さえられた物を使用できます。

これで到達！  **合格ゾーン**

☐ 動産に対する強制執行は、第三者が目的物を占有する場合でも、その第三者が提出を拒まないときは、することができる（124・123Ⅰ）。〔13-7-5〕

★債務者Aの動産が、Bの家にあったとしても、Bの家に家宅捜索して押さえることはできず、B自身が持ってきた場合のみ強制執行できます。

☐ 動産の差押えは、差押債権者の債権及び執行費用の弁済に必要な限度を超えてすることができない。〔元-7-3、59-6-2（13-7-3）〕

★債権額100万、手続費用20万とした場合、120万まで動産を押さえたら終了となり、それ以上は押さえることはできません。

☐ 執行官は、差し押さえた動産について相当な方法による売却の実施をしてもなお売却の見込みがないときは、差押えを取り消すことができる。〔元-7-2〕

★差押えをして持って帰ったところ、その動産が売れそうもないとわかった場合は、差押えを取り消して、返すことを認めています。

～金銭債務の執行では、転付命令が最強ですが早くしないといけません～

第2章 債権執行

債務者が持っている債権を押さえる手続です。今までと違って、債権者・債務者以外の第三債務者という人物が出てくるのが特徴です。

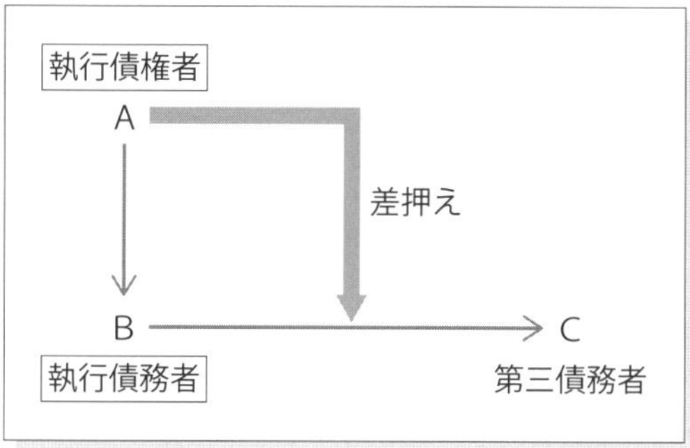

このＢＣの債権は、大抵は預金債権です。Ａが、Ｂに対してお金を貸している。Ｂが返してくれない場合、預金を見つけそれを差し押さえてしまう、これが債権執行の典型例です。

これで到達！  **合格ゾーン**

☐ 債権執行の管轄は、一次的には債務者の普通裁判籍の所在地を管轄する地方裁判所であるが、債務者に普通裁判籍がない場合には、その債権の債務者（第三債務者）の普通裁判籍の所在地を管轄する地方裁判所になる（144 Ⅱ）。

★上記の図でいえば、原則としてＢの普通裁判籍の所在地を管轄する地方裁判所になるのですが、Ｂに普通裁判籍がない場合は、Ｃの普通裁判籍の所在地を管轄する地方裁判所になります。

手続の流れを見ていきます。

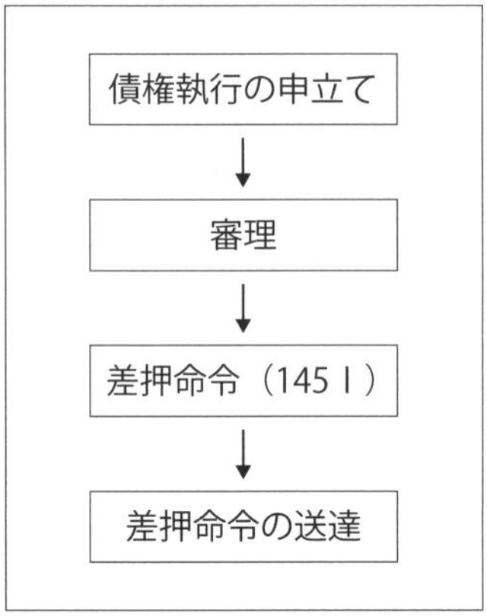

「ＢＣ債権を差し押さえたい」という申立てがあり、裁判所が調べて、差押命令を出し、それを送達で知らせるという流れになります。

この差押命令の内容を、見てみましょう。

145条（差押命令）
1　執行裁判所は、差押命令において、債務者に対し債権の取立てその他の処分を禁止し、かつ、第三債務者に対し債務者への弁済を禁止しなければならない。

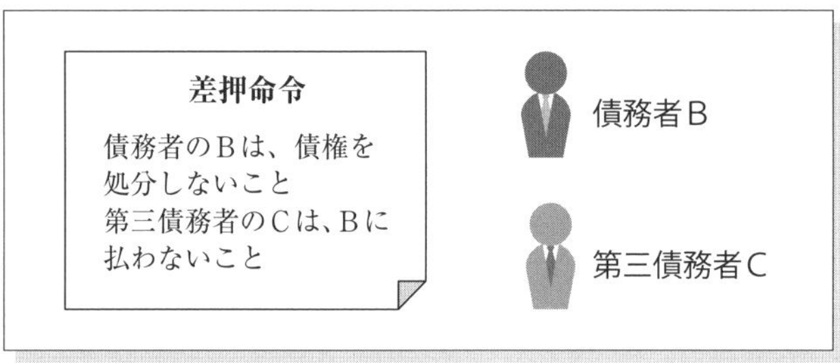

上記のように、**処分禁止命令、弁済禁止命令が出ます**。これは誰に知らせるべきでしょう。

145条（差押命令）
3　差押命令は、債務者及び第三債務者に送達しなければならない。

債務者と第三債務者に対して禁止命令が出るので、**債務者と第三債務者の両方に対して送達します**。

> **145条（差押命令）**
> 5　差押えの効力は、差押命令が第三債務者に送達された時に生ずる。

送達は債務者・第三債務者に行いますが、**効力が生じる時期は、第三債務者に送った時**になっています。

> **145条（差押命令）**
> 2　差押命令は、債務者及び第三債務者を審尋しないで発する。

これは、債権執行の審理のやり方についての条文です。差押命令は、債務者Bと第三債務者Cからは一切話を聞かずに行います。

下手に第三債務者Cに話を聞いたら、第三債務者Cに強制執行の予定がばれてしまい、債務者Bに払ってしまう可能性があります。

また債務者Bにばれたら、

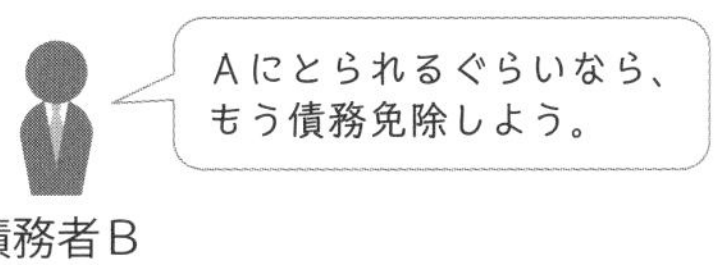

Aにとられるぐらいなら、
もう債務免除しよう。
債務者B

このように債務免除をしかねません。**下手にBやCにばれると、債権が消されるなど、強制執行ができなくなるような妨害をする恐れがある**ので、債務者、第三債務者から話を聞かずに、差押命令を出すのです。

これで到達！  **合格ゾーン**

- [ ] 差押債権者の申立てがある場合は、裁判所書記官は、差押命令を送達する際に第三債務者に対し、差押命令の送達の日から２週間以内に差押えに係る債権の存否その他の最高裁規則で定める事項について陳述すべき旨を催告しなければならない（147Ⅰ）。

★債権執行は、対象債権が現実に存在するか否か、存在するとしてもどの程度で存在するかの判断をせずにスタートするので、それを聞けるようにした条文です。

□上記の手続は、差押債権者の申立てがあって行われる。その申立ては、裁判所書記官が差押命令の送達の手続を完了するまでに執行裁判所にすれば足りる。

★この調査をするかどうかは、差押債権者の意思に任せています。送達の際に催告をする関係から、送達手続までにすることを要求しています（ただ実務では、ほとんど債権差押命令の申立てと同時にされている傾向があります）。

問題を解いて確認しよう

1	金銭債権に対する強制執行において、差押命令を発するときには、第三債務者を審尋することができる。〔8-6-4（61-8-3、3-7-1）〕	×
2	金銭債権に対する強制執行において、差押命令は、これが債務者に対して送達された時点で効力を生ずる。〔8-6-3〕	×
3	債権執行において、差押命令は、債務者及び第三債務者に送達しなければならないが、差押えの効力は、差押命令が第三債務者に送達された時に生ずる。〔56-5-1（61-8-4、3-7-2、12-6-ア）〕	○

×肢のヒトコト解説

1 第三債務者から話を聞かずに、差押命令は出されます。

2 第三債務者に送達されたときに、効力が生じます。

2周目はここまで押さえよう

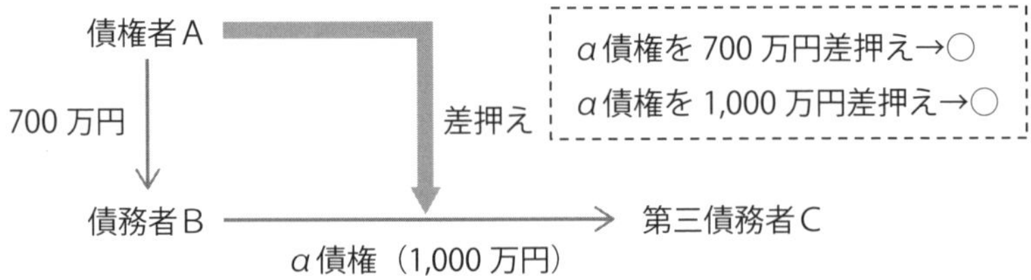

超過差押えの禁止という規制があります。ザックリ言えば、「債権回収できる以上、余分に差し押さえるな」という縛りです。

その理屈でいえば、上記の事例では、α債権を700万円しか押さえられないような気もしますが、「他の人間が差し押さえてくる」ことを想定して、1,000万円全額を押さえることを認めています。

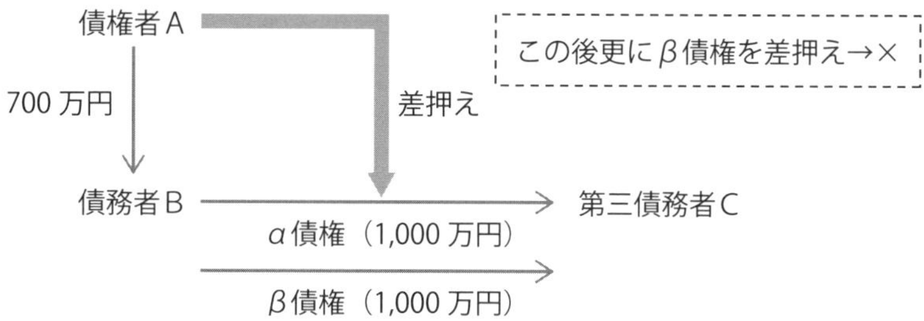

上記の事例では、Aはα債権を押さえることによって、自分の債権の回収を図れる状態になっています。

この状態で、別の債権を差し押さえることはできません。

多すぎることになっても、1本の全部を押さえる　→　○
1本で回収できる状態なのに、別の債権を押さえる　→　×
上記のように整理しておきましょう。

☑ 1	債権執行における差押債権者の債権の額が差し押さえた債権の価額に満たないときといえども、債権全額を差し押さえることができる。〔3-7-4（61-8-2、12-6-イ）〕	○
2	差し押さえるべき債権が金銭債権である場合には、差押債権者の債権額及び執行費用の額を超えて差押えをすることはできない。〔18-7-1〕	×

イメージ	論点	結論
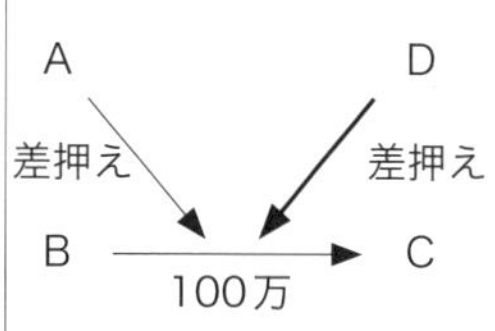	Aが60万を差し押さえる →　Dが残額を超えて差し押さえる	各（仮）差押えの効力は債権全部に及ぶ
	Aが債権全額を差し押さえる →　Dが60万を差し押さえる	一部差押えの効力は債権全部に及ぶ

100万の債権をAが60万差し押さえたあとに、Dが100万差し押さえた場合には、Aの差押えも、100万差し押さえたことに切り替わります。

それにより、ADが100万の債権について平等配当受けることにするのです。

また、Aが100万差し押さえたあとに、Dが60万差し押さえたとしても、Dの差押えは100万を対象にしているものと扱われます（理由は上記と同じです）。

☑ 1	一般債権者の甲が債権の一部について差押えをした場合であっても、他の一般債権者の乙は、当該債権の全部を更に差し押さえることができるが、その場合には、甲を債権者とする先の差押えの執行の効力は、当該債権の全部に及ぶ。〔15-7-エ〕	○
2	債権の全部が差し押さえられた場合に、その債権の一部について更に差押命令が発せられたときは、その差押えの執行の効力は、その債権の全部には及ばない。〔オリジナル〕	×

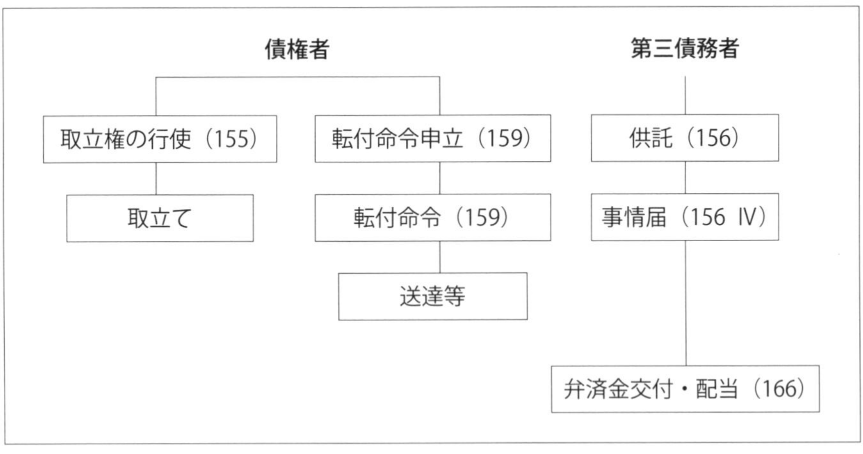

では、差し押さえた後の流れを見ていきます。

差し押さえた後、債権者側は、2つの行動がとれます（これは後に説明します）。

一方、第三債務者からも、アクションがかけられます。

供託してしまうのです。

第三債務者C自身は何の落ち度もないにもかかわらず、払えない状態になっています。そこで、この第三債務者を保護するために、債務者に払うべきものを供託して、契約関係から離脱することを認めたのです（ちなみに、この供託されたものは、裁判所の指示のもと債権者に渡されます）。

次に、債権者がとれる行動の2つを説明していきます。

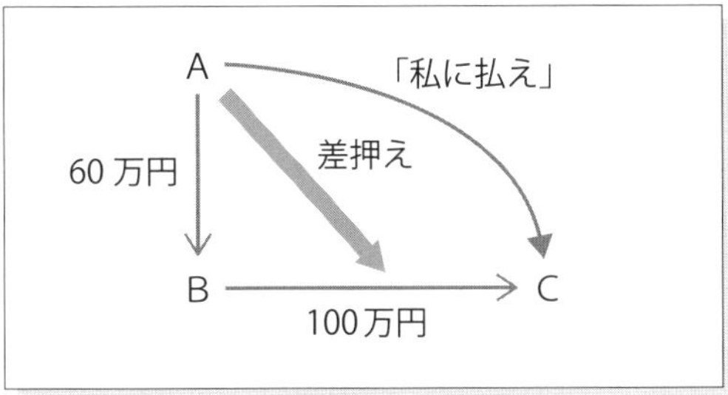

Aは、BC債権を、直接取りにいけます。Cに対して60万円払えと請求できるのです。

ここでCから60万円を取ると、権利関係は次の図のようになります。

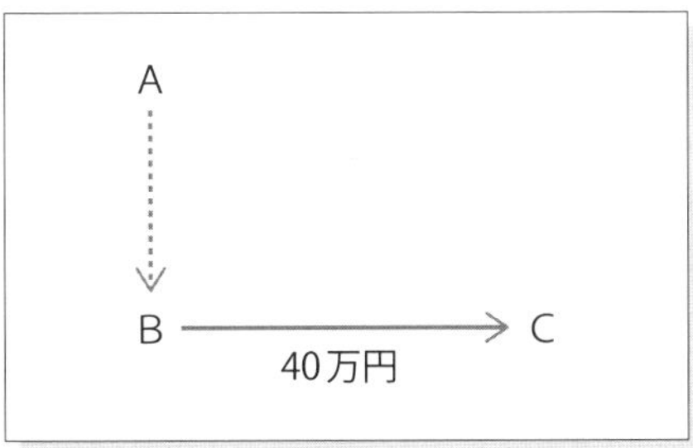

AB債権は弁済された扱いになり、BC債権が40万円に減少することになります。ちなみに、Cが無資力であれば、Cからはとれないので AB債権はそのままです。

この取立てはいつからできるか、次の条文を見てください。

155条（差押債権者の金銭債権の取立て）
1　金銭債権を差し押さえた債権者は、債務者に対して差押命令が送達された日から一週間を経過したときは、その債権を取り立てることができる。ただし、差押債権者の債権及び執行費用の額を超えて支払を受けることができない。

この差押命令には、執行抗告ができます。そのため、**執行抗告ができる期間の1週間、待ってあげることにしている**のです。この期間の部分ばかり出ますので、絶対暗記しましょう（1週間にならない例外もありますが、これは後述します）。

問題を解いて確認しよう

1	金銭債権を差し押さえた債権者は、第三債務者に対して差押命令が送達された日から1週間を経過した場合に、その債権を取り立てることができる。〔オリジナル〕	×
2	金銭債権を差し押さえた債権者は、差押命令が債務者に送達された日から1か月を経過しなければ、その債権を取り立てることができない。〔8-6-5（61-8-5）〕	×
3	金銭債権を差し押さえた債権者は、差押命令が債務者に送達されれば、直ちに、差し押さえた債権を取り立てることができる。〔18-7-3〕	×

ヒトコト解説

1　債務者に送達された日が基準になります（第三債務者に送達された日ではありません）。

2　1週間で足ります。1か月ではありません。

3　1週間は必要です。直ちにではありません。

2周目はここまで押さえよう

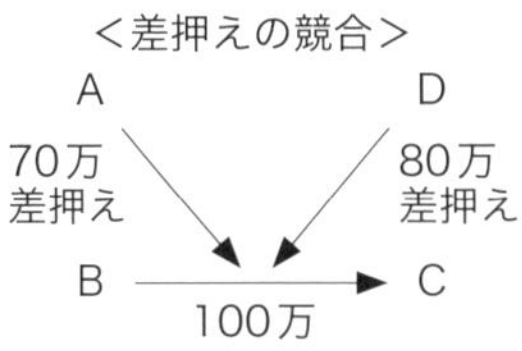

論点	結論
差押債権者は、取立ができるか	不可 →第三債務者に供託義務が課せられる（156 Ⅱ）
第三債務者が、上記の義務供託を行わないときに、差押債権者は何ができるか	取立訴訟を提起して、供託することを請求できる（157 Ⅳ参照）

１本の債権を２人以上が差押えをしていて、なおかつ、その金額が対象債権の金額を超えている状態を差押えの競合と呼びます。

上記の例の場合、Ａが優先するか、平等配当になるかは民法の規定などで決まります。誰がどれだけもらうのかは裁判所に決めてもらうことになっているため、ＡＢは取立てができない、Ｄは速やかに100万を供託し、裁判所に連絡することになっています（詳しくは供託法で学習します）。

（ちなみに、もしＤが供託しなければ、ＡＢはＤを訴えて早く供託することを求めることになります。）

☑ **1**　金銭債権を差し押さえた債権者は、他の債権者が当該金銭債権を差し押さえた場合には、第三債務者に対して取立訴訟を提起することができない。〔令3-7-ウ〕　×

2　ある債権者が金銭債権の一部を差し押さえた場合において、その残余の部分を超えて他の債権者が差押えをしたときは、いずれの差押債権者も、取立訴訟を提起することはできない。〔12-6-エ〕　×

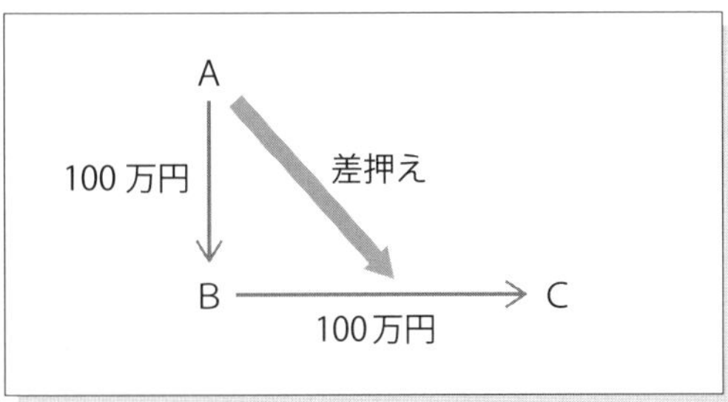

この図の状態で、Aが「ＢＣ債権を転付命令でもらいたい」と申立てをします。そして、裁判所から転付命令「独り占めしていいですよ」が出て、その命令が確定すると、権利関係は次のような図になります。

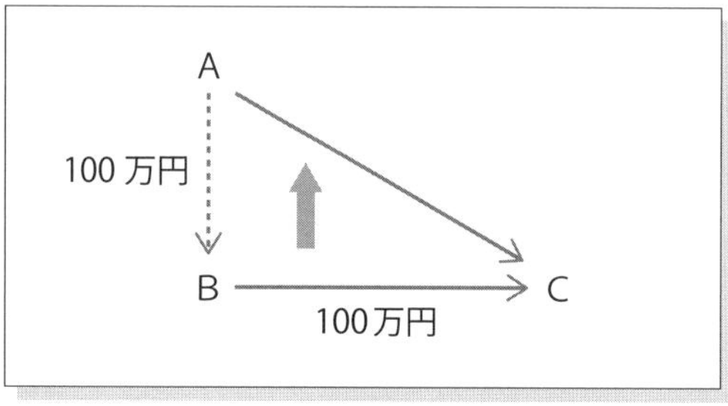

このＢＣ債権を強制的にAが奪い、その代わりにＡＢ債権が消滅します。このように「**債権を無理やり奪って、弁済扱いにする**」これを転付命令といいます。

この手続の利点は、債権を独占できる点にあります。

もし債務者Bが預金債権をもっていることを、A以外の債権者が知ったら、A以外の債権者は、その預金債権を差し押えようとするでしょう。ここで転付命令により預金債権がAのものになっていれば、A以外の債権者による差押えを防ぐことができます。

論点	結論
転付命令が発令された後、ＡＢ債権がないことがわかった場合、その転付命令は無効である	×

ＡＢ債権がなくても、**ＢＣ債権がある以上、転付命令は有効です**。ある意味、債権がない状態で弁済を受けていることになります。そのため、あとは不当利得の処理になります。

論点	結論
転付命令が発令された後、ＢＣ債権がないことがわかった場合、その転付命令は無効である	○

強制的に移転させようとしているのに、その**移転させる債権がなければ、その手続は無効**です。

論点	結論
転付命令が発令された後、Cが無資力であることがわかった場合、その転付命令は無効である	×

転付命令後にCが無資力になっても、転付命令は有効のままです。つまり、AB債権は消滅しているままになります。

そのため、Cが無資力の場合、AはBに請求できないし、Cに請求しても無駄な状態になります。

これが、転付命令を使うときのリスクです。

> **159条 (転付命令)**
> 3 転付命令が第三債務者に送達される時までに、転付命令に係る金銭債権について、他の債権者が差押え、仮差押えの執行又は配当要求をしたときは、転付命令は、その効力を生じない。

転付命令というのは、独占させる制度です。そのため、**他の人が差し押さえていると、もう独占を認めません**。

もともと差押えが付いていた場合にも転付命令は出ませんし、転付命令が出た後でも第三債務者に送達されるまでに差押えが入った場合も、転付命令による独占を認めないのです。

問題を解いて確認しよう

1	転付命令が第三債務者に送達される時までに、転付命令に係る金銭債権について他の債権者が差押えをしたときは、転付命令は、その効力を生じない。〔12-6-オ（15-7-オ）〕	○
2	転付命令の効力が生じた場合において、転付命令に係る債権が存在しなかったときは、差押債権者の債権及び執行費用が弁済されたものとみなされる効力は生じない。〔18-7-5〕	○
3	差押命令及び転付命令が確定した場合に、転付命令に係る金銭債権は存在するが、第三債務者が無資力のため差押債権者が弁済を受けることができなかったときは、差押債権者の債権及び執行費用は、その券面額で弁済されたものとみなされない。〔オリジナル〕	×

×肢のヒトコト解説

3　第三債務者が無資力になっても、転付命令は有効のままです。

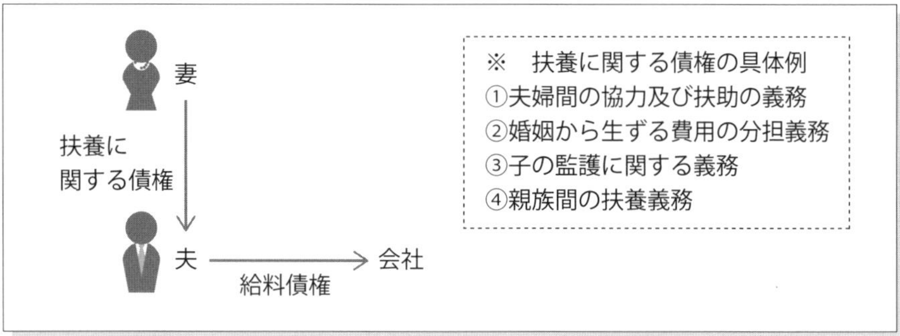

離婚時に約束していた養育費を、元夫が払いません。このときに、夫の給料債権を差し押さえようとする場合、いろいろな特例を受けられます。

Point

特例①　**差押えの範囲**
給料等の２分の１まで差し押さえることができる

給料は本来４分の１までしか、差し押さえることができませんが、扶養に関する債権に基づいての執行の場合は、２分の１も押さえることが可能になります。

Point

特例②　**直接取立ができる時期**
債務者に対して差押命令が送達された日から１週間を経過することにより取立ができる

債権に対する直接取立は、送達がされてから１週間経過後から可能です。ただ、差し押さえた債権が給料債権の場合は、話が変わります。
次の図表を見てください。

<table>
<tr><th colspan="3"></th><th>直接取立ができる時期</th></tr>
<tr><td colspan="3">原則</td><td>債務者に対して差押命令が送達された日から1週間を経過すること(155 Ⅰ)</td></tr>
<tr><td rowspan="2">例外</td><td colspan="2">差し押さえられた金銭債権が給与債権の場合</td><td>債務者に対して差押命令が送達された日から4週間を経過すること(155 Ⅱ)</td></tr>
<tr><td>再例外</td><td>差押債権者の債権に151条の2の扶養に関する債権が含まれている場合</td><td>債務者に対して差押命令が送達された日から1週間を経過すること(155 Ⅱ)</td></tr>
</table>

給料は生活をするのに重要な資金です。それが、差し押さえられた場合は、

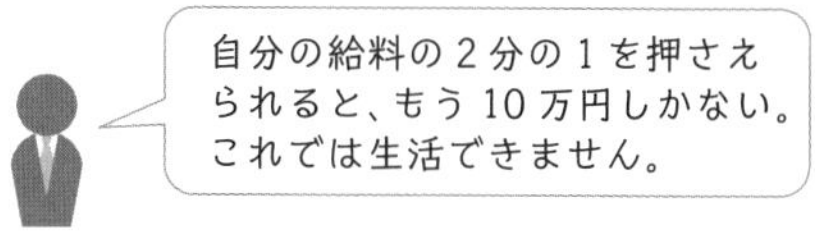

自分の給料の2分の1を押さえられると、もう10万円しかない。これでは生活できません。

と、**差押えの範囲を変えてほしいという申立てができます**(執行裁判所は、債務者及び債権者の生活の状況その他の事情を考慮して、差押命令の全部若しくは一部を取り消すことができます)。

そこで、この申立ての機会を確保するため、**給料債権を取り立てる場合には、1週間では足りず、4週間の期間を空ける**ことを要求したのです。

ただ、給料債権を押さえる場合でも、それが扶養に関する債権の場合、話は別です。

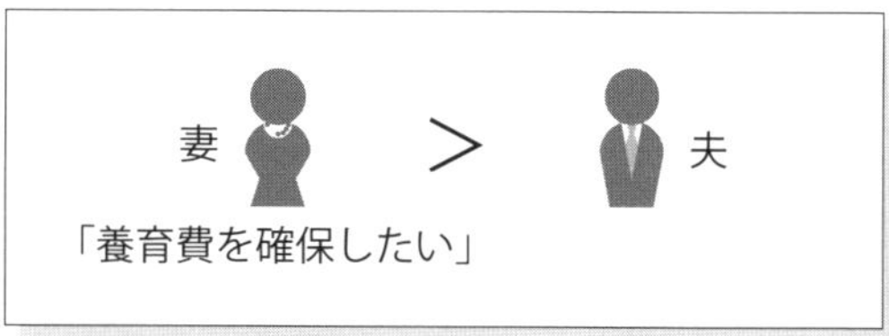

この場合は、4週間も待たず、原則通り1週間で取立てができることにしています。

Point

特例③　**期限到来前の執行**

扶養義務の**一部に不履行**があった場合

→　当該定期金債権のうち、確定期限が到来していないものについても、差押えの対象となる債権に対して債権執行を開始することができる

4月分の養育費の支払いを怠りました。この先の支払いも怠る可能性が高い状態でしょう。

ここで、支払いを怠った段階で、弁済期が来ていない5月以降の養育費の債権のために給料債権を押さえることを認めました。

弁済期が来なければ強制執行ができない、の例外にあたる規定です。

問題を解いて確認しよう

1	執行裁判所は、債務者の申立てにより、債務者及び債権者の生活の状況その他の事情を考慮して、差押命令の全部又は一部を取り消すことができる。〔28-7-エ〕	○
2	債権者が民法第766条の規定による子の監護に関する義務に係る確定期限の定めのある定期金債権を有する場合において、その一部に不履行があるときは、当該定期金のうち確定期限が到来していないものについても、債権執行を開始することができる。〔24-7-ウ改題〕	○
3	扶養のための金銭を定期に受け取るべき権利を有する債権者が扶養義務者の退職手当を差し押さえる場合、その給付の4分の3に相当する部分は、差し押さえることができない。〔24-7-オ改題〕	×

×肢のヒトコト解説

3　扶養に関する債権に基づいて行う場合は、給料債権といえども、2分の1まで差押えができます。

第3章 間接強制

近年出題が増えている分野です。
間接強制のイメージを押さえたうえで、どういったときにできるのか、できないのかを覚えていきましょう。

Point

強制執行の種類

直接強制
代替執行
間接強制

強制執行は、大きく3つのグループに分かれます。

直接強制

「無理やり○○する」という民事執行です。今まで見てきた不動産執行・動産執行・債権執行は、いずれも無理やり売っぱらうとか、無理やり取り立てるということで、この直接強制というグループに入ります。

代替執行

他の人にやってもらうという制度です。

例えば、「仕事を頼んだらやってくれない。だったら他の人にやってもらって、その経費を請求しよう」というのは、この代替執行になります。

間接強制

決定

AはBの財産管理を始めよ。管理をしない場合、1日20万円支払え。

「やらないと、1日20万円も取られるぞ」というように、**心理的圧迫をかけてやらせる方向に持っていく**やり方です。

> **172条 （間接強制）**
> 3　執行裁判所は、前2項の規定による決定をする場合には、申立ての相手方を審尋しなければならない。

心理的圧迫をかけることを勝手にはできず、審尋という形で債務者から事前に話を聞くことにしています。

> AはBに甲建物を渡せ。
> 渡さない場合、1日20万円
> 支払え。

間接強制は、どんな内容の債権でもできます。

この事例のように、建物引渡請求権を実現したいときに、直接強制という手法ではなく、間接強制の手法でも行うこともできます。

基本的には、どんな内容の債権でも間接強制ができるのですが、下記の内容の場合には、間接強制を認めません。

> AはBに20万円支払え。
> 渡さない場合、1日20万円
> 支払え。

利息制限法を考えたらめちゃくちゃですよね。とんでもない暴利になっています。

金銭債権は、原則として間接強制が使えません。ただ、1個できるものがあります。

Point

扶養義務等に係る金銭債権の執行（債務者が支払能力を欠くために弁済することができないときなどを除く）（167の15・167の16）
→　間接強制○

前章で説明しましたが、養育費の債権など、扶養に関する債権は、手厚く保護しようとしています。これは金銭債権ですが、間接強制することを認めています。

問題を解いて確認しよう

1	金銭債権についての強制執行は、間接強制の方法によることができない。〔20-7-イ（29-7-ア）〕	×
2	不動産の引渡しについての強制執行は、間接強制の方法によることができる。〔20-7-ア〕	○
3	動産の引渡しについての強制執行は、債権者の申立てがあれば、間接強制の方法により行うことができる。〔オリジナル〕	○
4	不作為を目的とする債務についての強制執行は、代替執行の方法によることができる場合には、間接強制の方法によることはできない。〔29-7-オ〕	×
5	不作為を目的とする債務で代替執行ができないものについては、間接強制の方法により、強制執行を行うことができる。〔令3-7-エ〕	○

×肢のヒトコト解説

1　扶養に関する債権であれば、間接強制の方法によることができます。

4　このような場合でも、間接強制を使うことが可能です。

2周目はここまで押さえよう

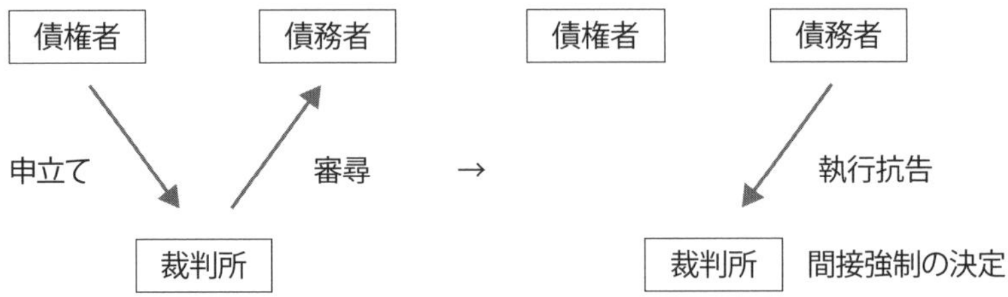

間接強制が実施されるとは、相手に心理的な圧力をかけるものになります。精神的なプレッシャーという相当きつい効力があるため、間接強制が実施されるまでには多くの規制をかけています。

その1つは、必ず債務者を審尋する、ということです。裁判所は債務者を呼び出して言い分を聴くようにしているのです（何も知らないまま、間接強制がされることはないということです）。

また、間接強制の決定が出されたとしてもすぐに効力は出ません。法律上の不備があれば、債務者は執行抗告という形式で不服を申立てできるようにしています。

1	判例の趣旨に照らすと、間接強制決定をするには、相手方を審尋しなければならない。〔20-7-エ〕	○
2	執行裁判所は、相当と認めるときは、申立ての相手方を審尋しないで、間接強制決定をすることができる。〔29-7-ウ〕	×
3	間接強制決定に対しては、執行抗告をすることができる。〔29-7-エ〕	○

	事例1	事例2
状況	損害額 100万円 間接強制で得られたもの 40万円	損害額 100万円 間接強制で得られたもの 140万円
処理	60万円請求することができる	40万円を返還する必要はない

2日間、財産管理をしてもらえなかったため、1つの債権の時効が完成してしまい、100万円の損害が出ました。

2日間の間接強制金は40万円だったとします。
この場合は、あと60万円請求できます（間接強制金で我慢しなさい、というわけではないのです）。

一方、もし今の事例で、間接強制金が140万円となっていた場合は、140万円丸々受け取ることができますし、40万円を返す必要はありません。「遅れたら、1日20万円」という決定を債務者は知っているので、問題ないのです。

	問題	解答
☑ 1	判例の趣旨に照らすと、間接強制決定により支払われた金銭は、債務不履行による損害賠償債務の弁済に充当されない。〔20-7-オ〕	×
2	間接強制の方法により行われる強制執行において、債権者は、債務不履行により生じた損害の額が、支払われた金銭の額を超える場合でも、別途損害賠償請求をすることはできない。〔オリジナル〕	×

これで到達！ 合格ゾーン

☐ 事情の変更があったときは、執行裁判所は、申立てにより、間接強制決定を変更することができる（172 Ⅱ）。〔29-7-イ〕

★1日20万払えという圧迫をかけても、なかなか履行してくれない場合には、「1日30万払えに変えてほしい」と内容の変更を求めることができます。

～担保を取っていた不動産に強制執行をかける手続は割と楽です～

第4章 担保権の実行

学問的には動産に対する担保権の実行、債権に対する担保権の実行などもあるのですが、この試験では不動産に対する担保権の実行しか出題されていません。
一般債権者が行う場合との比較を押さえておけば十分でしょう。

Point

担保権の実行

原則として、不動産執行に関する規定が準用される（188）。

不動産に対する担保権の実行手続は、不動産の強制競売手続を準用しています。例えば二重開始決定ができる、留置権は競売後も残るなど、ほとんどの手続は、不動産の強制競売手続を流用しています。

ただ、違ってくる点もいくつかあります。

	不動産の強制競売	担保権の実行としての不動産競売
開始決定前の保全処分	規定なし	あり

これは以前に説明しています。担保権者は法的利害関係があるので、開始決定前から保全処分ができます。

	不動産の強制競売	担保権の実行としての不動産競売
債務名義	必要（22）	不要 ↓ 担保権の存在を証する文書（181 Ⅰ）

不動産強制競売は債務名義がないとできませんが、**担保権の実行は債務名義なしでできます**。具体的には登記簿をとって、それを提出することによって始めることができるのです。

Point

抵当権が消滅しているのに、担保権を実行し、開始決定がでる
→　執行異議の申立てができる（182）

「抵当権もないのに、担保権を実行する」、これはだめですよね。民法に違反するので、請求異議の訴えをすべきところです。

ただ、**担保権の実行では執行異議でいいとしています**。

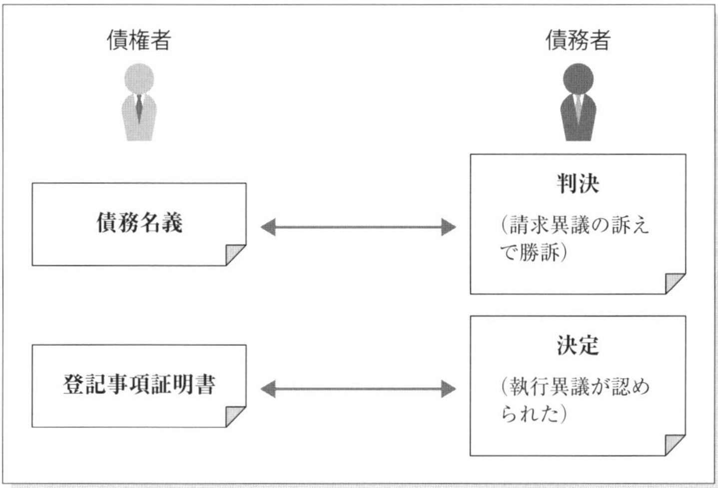

債権者は債務名義をもって強制競売を始めます。その債務名義の執行力をなくしたければ、債務者側は、請求異議の訴え、訴訟をしなければ覆すことはできません。

一方、担保権の実行の場合は、債権者は債務名義を提出していません。

債権者が債務名義を持ってこないのに**債務者に判決手続を要求するのはバランスが取れません**。そこで、決定手続で救済できるよう執行異議による不服申立てを認めたのです。

問題を解いて確認しよう

1	抵当権の実行としての競売の開始決定がされた不動産については、他の抵当権に基づく競売の申立てがされた場合であっても、更に競売の開始決定をすることができない。〔6-6-3（23-7-ア）〕	×
2	抵当権の実行としての競売は、債務名義が提出されたときに限り、開始される。〔6-6-2〕	×
3	担保権の実行としての不動産競売は、債務名義はなくとも担保権の登記に関する登記事項証明書の提出があれば開始されるが、不動産の強制競売は、債務名義により行われる。〔11-6-ア〕	○
4	開始決定に対する執行異議の申立ては、担保権の実行としての不動産競売では担保権の不存在又は消滅を理由としてすることができるが、不動産の強制競売では請求権の不存在又は消滅を理由としてすることはできない。〔11-6-エ（6-6-4、23-7-イ）〕	○
5	不動産を目的とする担保権の実行としての競売がされた場合、債務者は、当該担保権の被担保債権が時効により消滅したことを理由として請求異議の訴えを提起することができる。〔14-6-ウ〕	×
6	担保不動産について不動産の所有者が不動産の価格を減少させ、又は減少させるおそれがある行為をしていた場合には、当該不動産の担保権者は、担保不動産競売の申立てをした後に限り、当該行為を禁止することを命ずる保全処分の申立てをすることができる。〔23-7-エ〕	×

×肢のヒトコト解説

1　二重開始決定ができるという点は、通常の不動産競売と同じです。

2　担保権実行は、債務名義なしで開始できます。

5　担保権が消滅した場合の不服申立ては、執行異議になります。

6　担保不動産競売開始決定前であっても、特に必要があるときは、当該不動産につき担保不動産競売の申立てをしようとする者の申立てにより、買受人が代金を納付するまでの間、当該行為を禁止することを命ずることができます。

第5章 財産開示制度

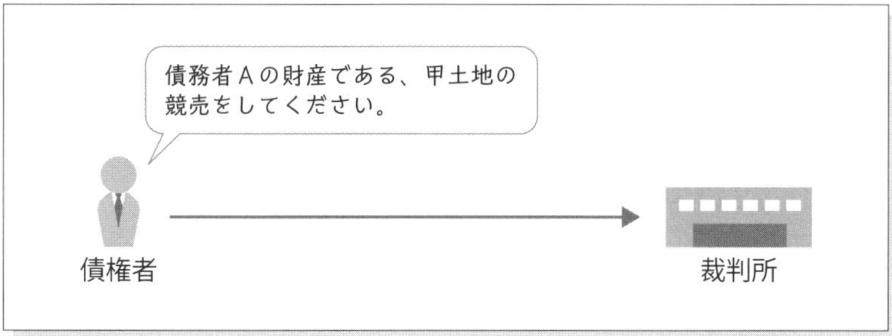

民事執行の手続をするときは、原則として「この財産を強制執行してください」と目的物を特定する必要があります（動産執行は例外です）。

すると、債務名義を持っていても、どこに財産があるかを知らない債権者は民事執行手続をとることができないのです。

そういうときに活用するのが、財産開示制度です。

前ページのように、債務者を裁判所に呼び出し、宣誓をさせたうえで持っている財産を尋ねることができるのです。

これが、財産開示制度です。

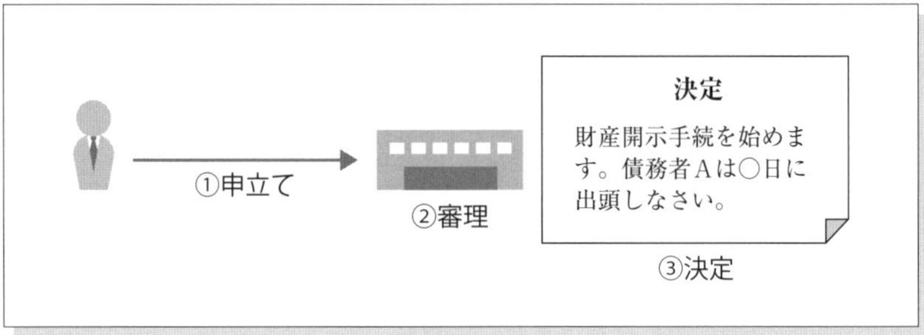

手続としては、債務者を呼び出すまでの手続と、呼び出して財産を聞き出す手続に分離できます。

まずは、呼び出すまでの手続を見ていきましょう。

申立権者

① 執行力のある債務名義の正本を有する金銭債権の債権者

② 債務者の財産について一般の先取特権を有することを証する文書を提出した債権者

他人の財産を聞き出すのを無制限に認めては、プライバシー上の問題があります。そこで、様々な規制をかけています。

1つは、**債務名義がない債権者は申立てができない**という規制です（一般先取特権は例外です）。

これは、本当に債権者であることがわからない状態で、人のプライバシーを侵害するのは望ましくないことからの規制です。

ただ、**債務名義であれば、どのような債務名義でも構いません**。例えば、仮執行宣言付判決のように後でひっくり返る可能性のある債務名義でも可能です。

実施要件
① 強制執行又は担保権実行による配当等の手続（申立ての日より6か月以上前に終了したものを除く。）において、申立人が債権の完済を受けられなかったとき
又は
② 知れている財産に対して執行をしても、申立人が債権の完済を受けられないことの疎明があったとき

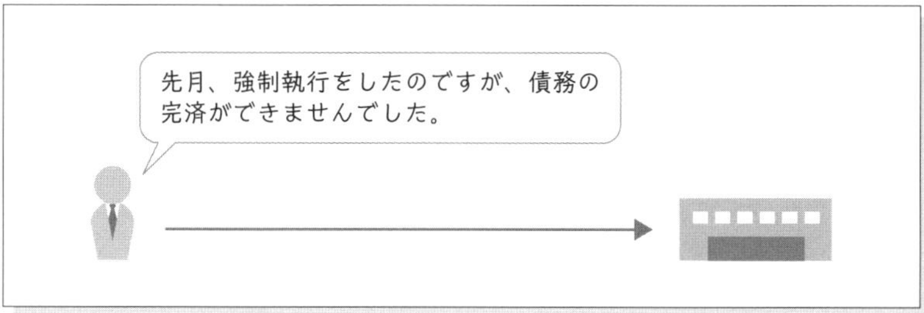

上記のように、やってみてもダメだったという事情がなければ、財産開示の申立てができないのが原則です（上記①）。

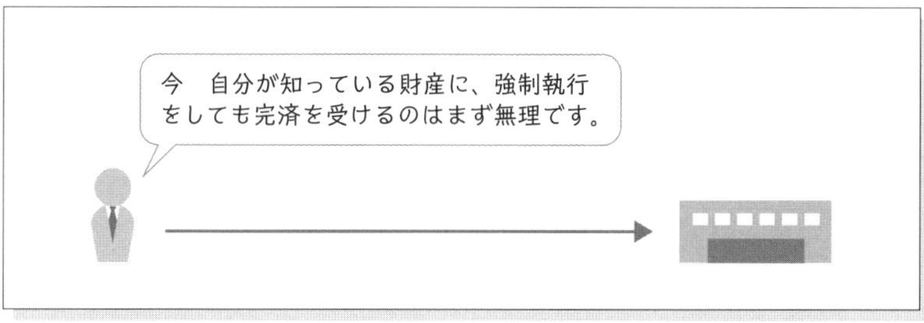

このように、現時点でもう完済が無理ということを疎明することによっても申立てができます（上記②）。

上記①と②の関係は、①かつ②ではなく、①**又は**②**の関係になっているので、どちらかを満たせば申立てが許されています**。

では、次に、呼び出して財産を聞き出す手続の話に移ります。

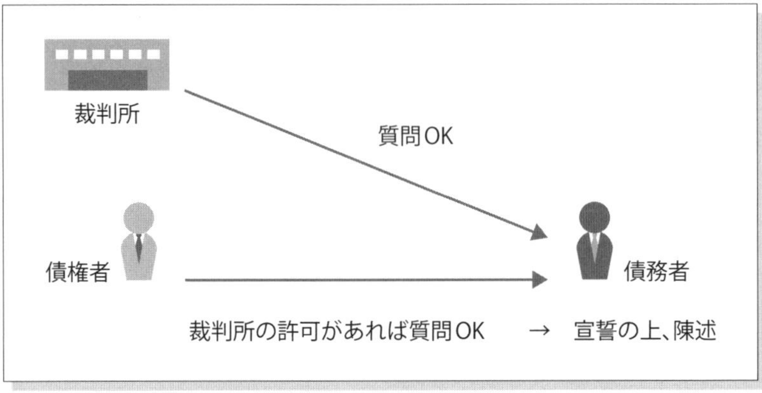

債務者を呼び出して、宣誓をさせたうえで自分の財産を陳述してもらいます（**証人尋問と同じく、宣誓が要求されています**）。

そして、その陳述の際に質問ができるかというと、裁判所はできるのですが、**債権側は基本質問することができません**。**プライバシーのことを考えて、裁判所が質問するのを原則にしている**のです（債権者は、裁判所の許可を受けた場合には質問ができます）。

問題を解いて確認しよう

1	教授：仮執行の宣言を付した判決を有する金銭債権の債権者が財産開示手続を申し立てることは、認められていますか。 学生：認められていません。〔31-7-5〕	×
2	執行力のある債務名義の正本を有する金銭債権の債権者は、その債務名義が執行証書である場合、財産開示手続の申立てをすることができる。〔オリジナル〕	○
3	教授：民事執行法上、確定判決を有する金銭債権の債権者に財産開示手続の申立てが認められるのはどのような場合ですか。 学生：財産開示手続の申立てが認められるのは、強制執行又は担保権の実行における配当等の手続において、申立人が当該金銭債権の完全な弁済を得ることができなかったことを疎明した場合に限られます。〔令2-7-オ〕	×

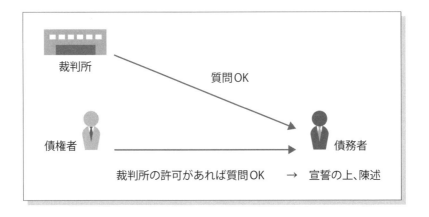

4　財産開示期日において、債務者の財産の状況を明らかにするために、申立人が開示義務者に対して質問をするには、執行裁判所の許可を得なければならない。〔オリジナル〕　○

×肢のヒトコト解説

1　債務名義であれば、どのような債務名義でも構いません。

3　「知れている財産に対して執行をしても、申立人が債権の完済を受けられないことの疎明があったとき」でも、財産開示手続の申立てができます。

MEMO

第1編 民事保全法とは

まるわかりWeb講義

ここからは、民事保全法という法律に入ります。

この科目は、民事執行法より条文数が少ない（＝勉強量が少ない）にもかかわらず、出題数は民事執行法と同じ1問です。

そして、条文そのままの出題が多いところなので、最終的にはすべての条文に目を通してほしいところです。

～裁判はどうしても長くなりますから、先に手を打っておきましょう～

第1章 民事保全概要

ここでは、民事保全という制度の概略を説明します。
どういったときに民事保全という制度が必要になるのか、民事保全の手続をするとどうなるのかを事例を含めて紹介します。
ここの事例でイメージを持てないと、第2章以降の理解がきつくなるので、少々時間をかけて読み込むようにしてください。

Point

民事保全

訴訟が長引く

→　それによって不利益が出てしまう

→　それを回避するための手法のこと

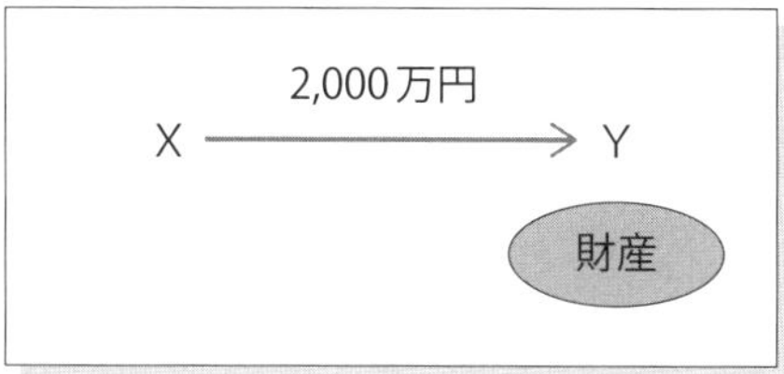

XがYにお金を貸しましたが、Yが返そうとしません。そこで、XはYの財産に強制執行することを考えました。ただ、強制執行するには、債務名義が必要です。

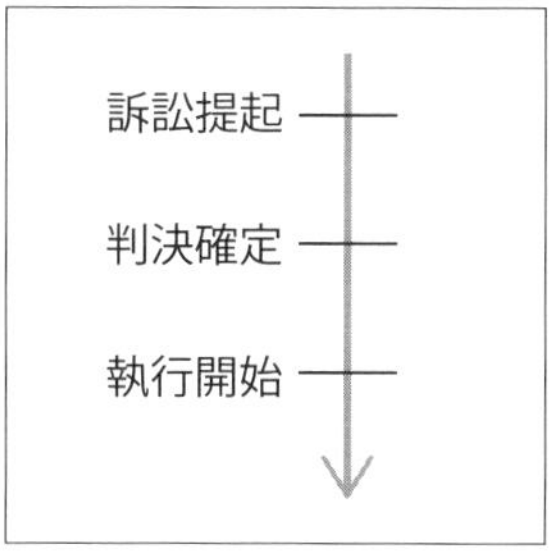

訴訟を起こして勝つ、それで債務名義を取得して、やっと強制執行が始められます。

ただ、**ここまで長期間かかります**。

Y側が負けそうだと分かれば、自分の財産を誰かに売ってしまうということも考えられます。いくら訴訟で勝っても、**Yの財産がなくなっていたら強制執行しようがありません**。

そこで、訴訟を起こす前に、仮差押えという手続をとります。

この仮差押えが認められると、次のような状態になります。

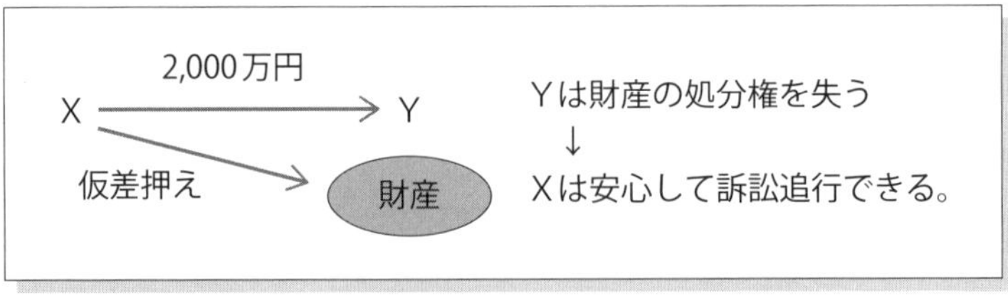

Yの財産に仮差押えが入ると、Yは、その財産の処分権を失います。これで、債権者Xは安心して訴訟ができます。

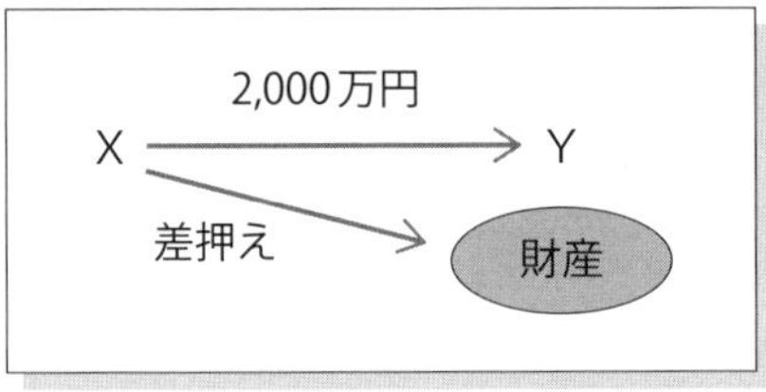

この後、訴訟に勝てば、債務名義を取得するので、強制執行に入れます。今まで仮差押えだったのを、強制競売をかけて差押えにして、あとは競売手続に入るのです。

今まで民事訴訟・民事執行・民事保全法とやってきましたが、この3つの順番はどうなるでしょう。

大抵は、「**民事保全で押さえる→民事訴訟で債務名義を手に入れる→民事執行で権利の満足を得る**」となります。

民事保全には、他にも係争物に関する仮処分という種類があります。

AがBから不動産を買いましたが、Bが登記手続に協力してくれません。そこ

でAは、判決登記をねらっています。

判決をとるまでには時間がかかります。その間に、Bが誰かに売ってしまい、登記をされれば、Aは民法177条で負けます。

そこでAは、事前に仮処分をかけるのです。

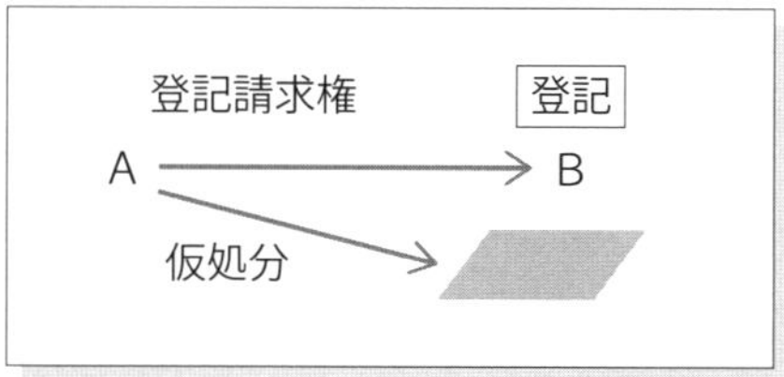

仮処分により、Bは、この不動産を処分できなくなります。

もし他人に売却して、名義を移したとしても、「仮処分による失効」でその人の名義を消すことが可能です（不動産登記法で学んでいる内容です）。

仮処分をかけたあと、AはBを訴えます。訴訟後は、判決による登記という手法で、Bから登記を奪います。

この判決による登記は、民事執行手続の1つになっています（出題は不動産登記法だけなため、本書では掲載していませんが、民事執行法177条で規定されています）。

今回のこのケースも「民事保全をする→民事訴訟をする→民事執行で登記を奪う」という流れになっています。

Point

民事保全の種類
〈将来の民事執行のために行う〉
　仮差押え………………………金銭債権（20 Ⅰ）
　係争物に関する仮処分………物又は権利に対する給付請求権（23 Ⅰ）
〈将来の民事執行を予定していない〉
　仮の地位を定める仮処分

ここまで見た2つの事例は、**将来の民事執行のための事前手続**としてやっています。**金銭債権の場合は仮差押え、金銭債権以外なら係争物に関する仮処分になります**。

民事保全には、もう1個タイプがあります。
「将来の民事執行を予定していない。ただ、訴訟が長引いたら不利益を受ける」そういった場合は、仮の地位を定める仮処分を使います。

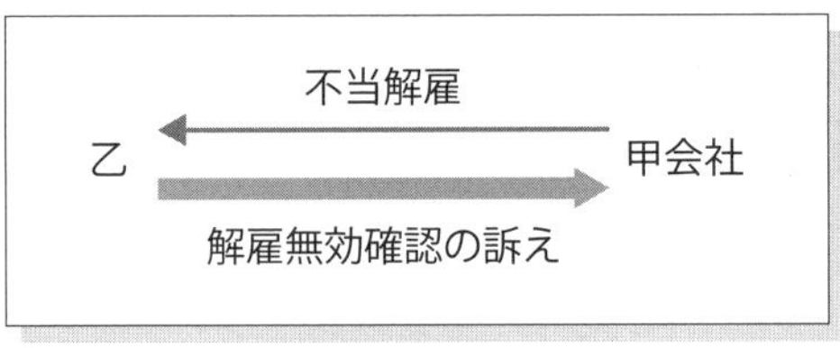

乙は勤務先の甲会社から、不当解雇を受けたとして解雇無効確認の訴えを起こしました。
この民事訴訟は、相当時間がかかることが予想されます。**その間、乙が無収入では生活が大変**です。

この場合、乙は「自分に社員の地位を認めよ」と仮の地位を定める仮処分を申し立てます。これにより、とりあえず、乙に給料が出るようになり、生活苦というリスクを回避できます。

これも、民事保全手続の1つです（訴訟による不都合を回避することができています）。ただ、乙がこの後の民事訴訟で勝ったとしても、会社に対して強制執行をするという話にはなりません。

このように、**仮の地位を定める仮処分は、将来の民事執行を予定していない場合に使います**。

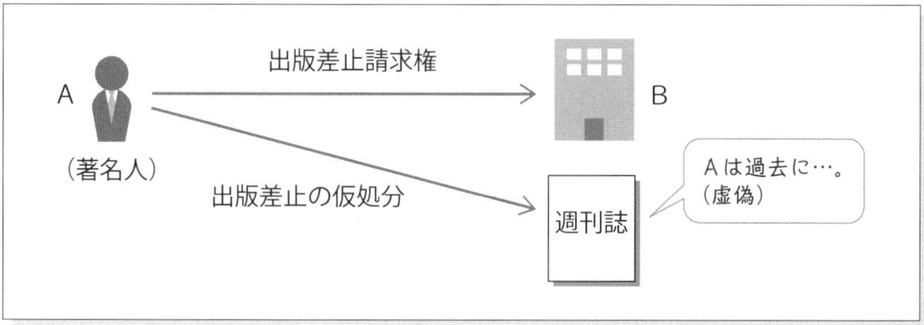

ある出版社にAが、「昔こんなことをしていた」といった虚偽の記事を出されそうになっています。発売された後に、この記事はうそだと訴えることは可能です。ただ、それがうそだという判決が出ても、週刊誌が出回った後では、Aの名声は傷つけられているので遅いでしょう。

そこでAは出版前に、「これを出版しないでほしい」という仮処分の申立てをすることができ、**仮処分命令が発令されると、出版社は出版できなくなります**。

ちなみに、Aがこのあとの民事訴訟で勝ったとしても、**この出版社に強制執行することはありません**。そのため、今回の仮処分も、**仮の地位を定める仮処分になります**。

Point

民事保全の特質

① 暫定性

暫定的に権利を決める。最終的な権利の確定・満足を与えてはならない

② 緊急性

③ 密行性

①暫定性

最終的に権利を決めるのは民事訴訟です。最終的に権利の満足を与えるのは、民事執行です。**民事保全手続では、権利の満足を与えたり、権利を決めたりすることはできません。**

②③緊急性・密行性

民事保全手続をしようとすることが相手にばれると、妨害を受けるおそれがあります。そこで要求されているのが、緊急性と密行性（「急いで」「こそこそと」）です。

問題を解いて確認しよう

1	係争物に関する仮処分命令は、金銭の支払を目的とする債権以外の権利を保全するために、発することはできない。〔オリジナル〕	×

ヒトコト解説

1　係争物に関する仮処分は、民事執行をする予定があって、金銭債権以外をもっている人が行う手続です。

第2章 保全命令に関する手続

ここでは、民事保全をしかけたい人が「自分には権利がある。そして、このままでは危ないので、民事保全を認めてください」と申し立てる場面を見ていきます。民事保全法の出題のメインになっています。

ある方がBの不動産に仮差押えを仕掛けたい場合、何をすればいいかを見ていきましょう。

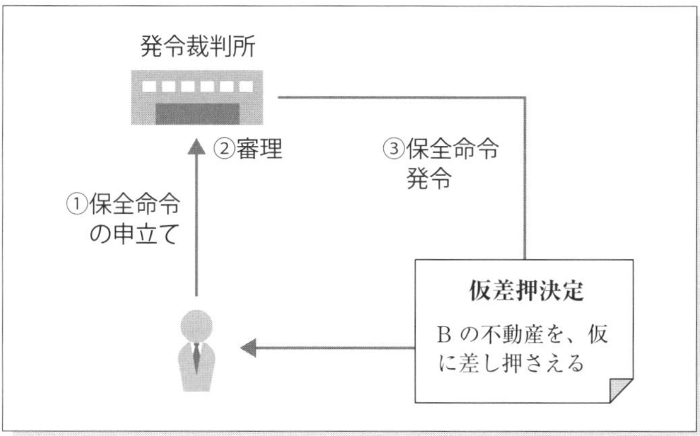

まず、民事保全をしてもらいたい人（債権者）が裁判所に申立てをします。

その後、裁判所で審理をし、問題がなければ保全命令を発令します。これで仮差押えができる状態になります（その後、「保全執行」という手続をとって、仮差押えをしかけることになります）。

ここまでの流れを説明していきます。

第1節 保全命令

不動産仮差押命令申立書

当事者の表示　　　別紙当事者目録記載のとおり
請求債権の表示　別紙請求債権目録記載のとおり
目的不動産の表示　別紙物件目録記載のとおり

申立の趣旨

債権者の債務者に対する前記請求債権の執行を保全するため、債務者所有の別紙目録記載の不動産を仮に差押える
との裁判を求める

申立の理由

第一　被保全権利
一、債権者は、債務者に対し、令和６年１月５日別紙物件目録記載の土地を代金5000万円で売却して引渡し、債務者は、その後本件土地上に別紙物件目録記載の建物を建築所有している。
二、債権者から債務者に対し、本件土地について、令和６年５月５日所有権移転登記がなされた。
三、然るに、債務者は、本件土地代金について、債権者の再三の請求にも関わらず、支払わない。
四、被保全権利のまとめ
以上により債権者は債務者に対し、土地売買契約に基づいて売り渡した土地売買代金債権5000万円を有する。

第二　保全の必要性
一、債務者は本件の他にも多くの負債を抱えており、本件土地、建物についても、すでに他の債権者のために債権額4000万円の抵当権を設定している。そこで債権者は、債務者に対し、右土地売買代金請求訴訟を提起するため準備中である。
二、債権者が債務者の財産を調査したところ、本件土地、建物以外にはほとんど見るべき財産もなく、このまま放置すると後日本案訴訟で勝訴判決を受けても、強制執行をすることが出来なくなるおそれがあるので、本仮差押命令申立に及んだ次第である。

保全すべき権利

ここには、自分がどんな権利を持っているのかを書きます。

保全の必要性

なぜ仮差押えが必要なのかを記載します。例えば、「債務者が財産隠しをしそうだから仮差押えしたい」という事情を書きます。

	仮差押え	仮処分	
		係争物に関する仮処分	仮の地位を定める仮処分
必要性	強制執行が不能又は著しく困難となるおそれがあるとき	係争物の現状の変更により債権者の権利の実行が不能又は著しく困難となるとき	債権者に生ずる著しい損害又は急迫の危険を避けるために仮処分を必要とするとき

保全命令の種類によって、要求される保全の必要性は異なります。ここは要求されるキーワードを押さえてください。

将来強制執行する、**仮差押え、係争物に関する仮処分の２つには「著しい困難」**が要求され、強制執行を予定していない**仮の地位を定める仮処分では、「避けるために・・必要」**が要求されています。赤字部分の言葉を押さえて択一問題を判断してください。

これで到達！  **合格ゾーン**

□ 抵当権の実行を禁止する仮処分命令は、著しい損害又は急迫の危険を避けるために仮処分を必要とするときに発することができる。〔29-6-ウ〕

★抵当権の実行を禁止する仮処分命令は、将来強制執行を予定していないので、仮の地位を定める仮処分として扱われています。

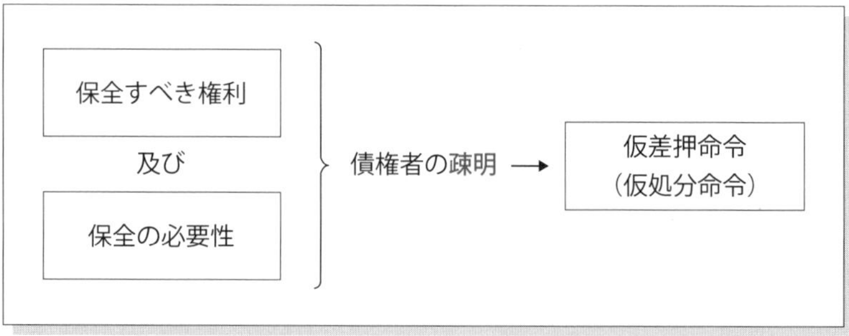

保全すべき権利と保全の必要性について、債権者が主張して裁判官を説得します。ただ、**証明レベルまで説得する必要はなく、疎明のレベルで構いません。**

これは民事保全の特質、緊急性の表れです。**急いでいるので、証明レベルまでは要求しなかった**のです。

疎明で足りるのですが、**この疎明は省略することはできません。**保全すべき権利を疎明しても、保全の必要性の疎明は必要ですし、担保を積んだとしても疎明は省略できません。

Point

目的物の特定

原則）特定が必要

例外）対象物が動産の場合は、特定することを要しない

何を仮差押えするのか、という**物の特定が原則として必要**です（先ほどの申立書では、「目的不動産の表示」という部分で、どの不動産に仮差押えするのかを特定しています）。ただ、**動産を押さえようとする場合は、民事執行の場合と同様に物の特定は不要**になっています。

20条（仮差押命令の必要性）

2　仮差押命令は、前項の債権が条件付又は期限付である場合においても、これを発することができる。

保全すべき権利は、条件付・期限付の権利でも（つまり、今払えといえる状況

でなくても)、民事保全は可能です。債務者が財産隠しをしそうであれば、条件付・期限付債権であっても、民事保全を認めているのです。

問題を解いて確認しよう

1	仮差押命令は、被保全債権である金銭債権が、条件付又は期限付である場合においても発することができる。〔オリジナル〕	○
2	被保全権利が条件付である場合であっても、係争物に関する仮処分命令を発することができる。〔19-6-ア〕	○
3	仮差押命令は、債権を目的とする場合でも、その目的債権を特定しないで発することができる。〔8-7-1〕	×
4	不動産の仮差押命令は目的物を特定して発しなければならないが、動産の仮差押命令は目的物を特定しないで発することができる。〔14-7-エ(25-6-イ、29-6-ア)〕	○
5	保全すべき権利又は権利関係及び保全の必要性は、証明しなければならない。〔4-8-4(20-6-イ、26-6-イ)〕	×
6	仮の地位を定める仮処分命令及び係争物に関する仮処分命令は、いずれも争いがある権利関係について債権者に著しい損害又は急迫の危険を避けるためこれを必要とするときに限り、発することができる。〔22-6-エ(26-6-ア)〕	×
7	仮の地位を定める仮処分命令は、争いがある権利関係について債権者に生ずる著しい損害又は急迫の危険を避けるためこれを必要とするときに発することができる。〔26-6-ア〕	○
8	保全命令の申立てにおいては、保全すべき権利又は権利関係及び保全の必要性を明らかにしなければならないが、急迫の事情があるときは、保全の必要性は疎明することを要しない。〔14-7-ア〕	×
9	保全命令は、保全すべき権利若しくは権利関係又は保全の必要性の疎明がない場合であっても、これらに代わる担保を立てさせて発することができる。〔30-6-ウ(9-7-1)〕	×

×肢のヒトコト解説

3 対象物が債権の場合には、どの債権を押さえるのかの特定が必要です。

5 疎明レベルで足ります。

6　仮の地位を定める仮処分命令、係争物に関する仮処分命令、では要求される必要性は異なります。

8,9 被保全権利、保全の必要性の疎明は省略できません。

これで到達！　合格ゾーン

□ 仮差押命令の申立てに当たり、保全をすべき権利又は権利関係及び保全の必要性の立証は、即時に取り調べることができる証拠によってしなければならない。〔21-6-1〕

★これは、「疎明は即時に取り調べることができる証拠によってしなければならない（7、民訴188）。」という条文があるためです。

□ 民事保全の手続に関しては、民事訴訟法の文書提出命令に関する規定は準用されない。〔令3-6-ウ〕

★文章提出命令は、「申立て→決定→提出→証拠調べ」という手続を踏むため、「即時に取り調べることができる証拠」とは言えません。

3条（任意的口頭弁論）
民事保全の手続に関する裁判は、口頭弁論を経ないですることができる。

民事保全手続は急いで行う必要があるため、**全ての民事保全手続は決定で行います**（オール決定主義と呼ばれています）。

決定手続で行うので、**口頭弁論は任意的となります**。

	仮差押え	仮処分	
		係争物に関する仮処分	仮の地位を定める仮処分
債務者の意見聴取手続	不要	不要	原則として必要（23Ⅳ）

民事保全手続は、「ばれないように」行う必要があります。そのため、この手

続は**債務者を関与させないで進めることが一般的**です。

ただ、**仮の地位を定める仮処分では、原則として債務者を関与させる必要があります**。仮の地位を定める仮処分は、相手に相当なダメージを与えます。そのため、これを話を聞かずに、無断で行うのは不意打ちになるため、債務者の意見を聴くことにしています。

ただこのケースでも、債務者を関与させなくていい場合があります。

Point

仮の地位を定める仮処分の審理

原則）　口頭弁論又は債務者が立ち会うことができる審尋の期日が必要

例外）　上記の期日を経ることにより仮処分命令の申立ての目的を達することができない事情があるときは、不要

相手に聞かれると妨害を受けそうな場合は、仮の地位を定める仮処分であったとしても、**相手の意見を聴かずに手続が取れます**。

問題を解いて確認しよう

1	仮差押えの申立てについての裁判は、判決をもってすることができる。〔令3-6-ア改題〕	×
2	民事保全の手続に関する裁判は、口頭弁論を経ないですることができるが、口頭弁論を開いたときは、判決によらなければならない。〔16-6-ア〕	×
3	係争物に関する仮処分命令は、口頭弁論又は債務者が立ち会うことができる審尋の期日を経ないでも発することができるが、仮の地位を定める仮処分命令は、口頭弁論又は債務者が立ち会うことができる審尋の期日を経ないで発することはできない。〔12-7-ウ（19-6-イ、20-6-ア、26-6-ウ）〕	×

ヒトコト解説

1, 2　すべて決定手続で行います。

3　仮の地位を定める仮処分の記載が誤りです。この仮処分の場合でも、債務者を関与させないで手続をとれる場合があります。

2周目はここまで押さえよう

◆民事保全の管轄◆

又は
- 本案の管轄裁判所
  - 原則：第一審裁判所
    - 地方裁判所
    - 簡易裁判所
  - 例外：本案が控訴審に係属するとき
    → 控訴裁判所
- 仮に差し押さえるべき物又は係争物の所在地を管轄する地方裁判所

保全命令はどこの裁判所に申し立てればいいのでしょう。

民事保全の後に、民事訴訟を行います。だったら、そこで民事保全の手続をおこなった方がスムーズにいくでしょう。
そこで、本案の管轄裁判所に申し立てることを認めています。

これは、民事訴訟を提起するとした場合の裁判所を指しています。そのため、訴額によっては、地裁・簡裁両方あり得るのです（簡裁であれば、司法書士に代理権が認められます）。

ただ、現時点で民事訴訟をすでにやっていて、控訴審まで行っている場合は、その控訴裁判所に対して、民事保全手続を申し立てます。

他にも、物の所在地の地方裁判所でもすることが可能です（これは、後々、民事執行することが多いことから認められていると考えればいいでしょう）。こちらは、地方裁判所に限定しているので注意をしてください。

注意！　仮差押え・仮処分で区別をしていない

上記の管轄のルールは、仮差押え・仮処分のどちらを申し立てる場合でも同じになります。
この点のひっかけ問題が多いので、注意をしてください。

☑ 1	仮差押命令は本案の管轄裁判所又は仮に差し押さえるべき物の所在地を管轄する地方裁判所が管轄する。〔3-8-1〕	○

2	係争物に関する仮処分命令事件の管轄裁判所は、係争物の所在地を管轄する地方裁判所であるが、仮の地位を定める仮処分命令事件の管轄裁判所は、本案の管轄裁判所である。〔12-7-ア〕	×
3	仮差押命令の申請は、簡易裁判所に対してすることはできない。〔60-2-2〕	×
4	不動産の処分禁止の仮処分の命令の申立ては、当該不動産の所在地を管轄する地方裁判所にもすることができる。〔6-7-1〕	○

これで到達！ 合格ゾーン

□ 占有移転禁止の仮処分命令事件について管轄権を有する裁判所は、事件の著しい遅滞を避けるために必要があるときであっても、管轄権を有しない他の裁判所に当該仮処分命令事件を移送することはできない。〔24-6-ア〕

★民事保全法７条は、民事訴訟法１７条を準用しています。管轄裁判所が複数ある場合に、民事訴訟法１７条は、「遅滞が生じる場合」には、「他の管轄裁判所」に移送できる旨を規定しています。

２周目はここまで押さえよう

	時期の制限	相手方の同意
保全命令申立の取下げ(18)	なし	不要
保全異議の取下げ(35)	なし	不要
保全取消しの取下げ(40・35)	なし	不要

例えば、民事保全命令の申立てをして取り下げる場合には、
「取り下げていいですよ」という相手の同意は不要です。

民事訴訟の訴えの取下げでは、相手有利な既判力が生じることもあるので、「既判力が欲しかったのに」という期待があるため、相手の同意が必要になることがありますが、民事保全の手続が取られても、既判力は生じません。

そのため、相手の同意がいらないのです（また、いつまでたっても取り下げることを認めています）。

ちなみに、民事保全においての取下げには、上記のとおり３種類ありますが、論点の結論が全く同じになっていることに気づくでしょうか。

ここは、１つ１つの意味が分からなくても構いません。

民事保全・取下げ　→　いつでもできる。　相手の同意はいらない

と覚えてしまいましょう。

☑ 1	保全命令の発令後に、保全命令の申立てを取り下げるには、債務者の同意を得なければならない。〔4-8-2〕	×
2	不動産の処分禁止の仮処分の執行がされた後に、仮処分命令の申立てを取り下げるには、債務者の同意を得なければならない。〔6-7-3〕	×
3	保全異議又は保全取消しの申立てがあった後に仮差押命令の申立てを取り下げるには、債務者の同意を得なければならない。〔21-6-3（7-7-1、14-7-イ、20-6-エ、令2-6-オ）〕	×
4	保全異議の申立て又は保全取消しの申立てを取り下げるには、債権者の同意を得ることを要しない。〔23-6-イ〕	○

仮 差 押 決 定

当事者の表示　　　別紙当事者目録記載のとおり
請求債権の表示　　別紙請求債権目録記載のとおり

右当事者間の令和６年（ヨ）第２４５号不動産仮差押命令申立事件について、当裁判所は、債権者の申立てを相当と認め、債権者に金９０万円の担保を立てさせて、次のとおり決定する。

主　　文

債権者の債務者に対する前記債権の執行を保全するため、別紙物件目録記載の債務者所有の不動産は、仮に差し押さえる。

債務者は、前記債権額を供託するときは、この決定の執行の停止又はその執行処分の取消を求めることができる。

理由の要旨

・・・・・・・・・・・・・・・・・・・・・・・・・・・

これは、債権者の申立てが認められたときの、仮差押えの決定です。

冒頭のところに、「90万円の担保を立てさせて」という記載があります。

これは**裁判所から、担保を積むことを要求されている**のです。

次の図を見てください。

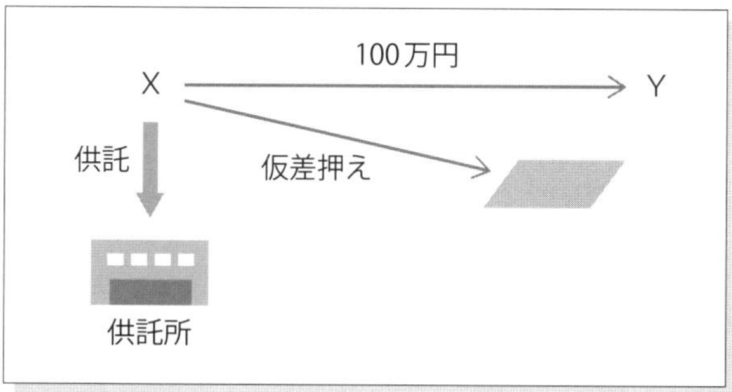

Xが仮差押えをしかければ、Yはこの不動産を処分できなくなります。Yがこの不動産を売る予定だった場合、その契約はできなくなります。

この事例でXの100万円の債権がないということが、のちの民事訴訟で判明した場合、YはXに損害賠償請求できます。

ここで**Xが損害賠償を払えなければ、Yは泣き寝入りになってしまいます。**

そこで、裁判所は、その時の積立金を仮差押えの時点で要求できるのです。

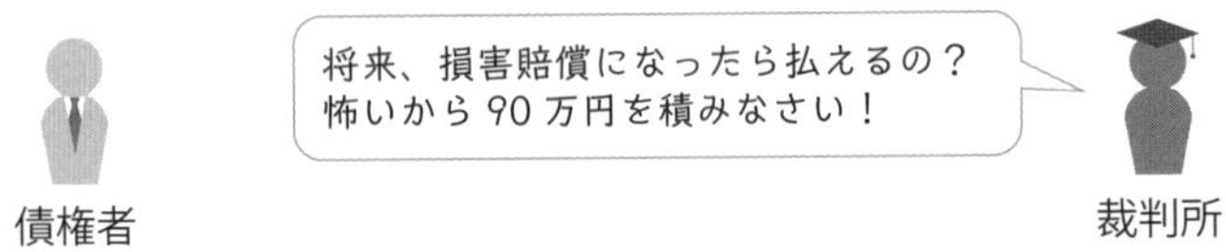

将来、損害賠償になったら払えるの？
怖いから90万円を積みなさい！
債権者
裁判所

このように、Xに対して**損害賠償するときのお金を積ませることができます。**ただ、**この担保は必須のものではなく、裁判官の心証によっては担保を積ませないことも認められています。**

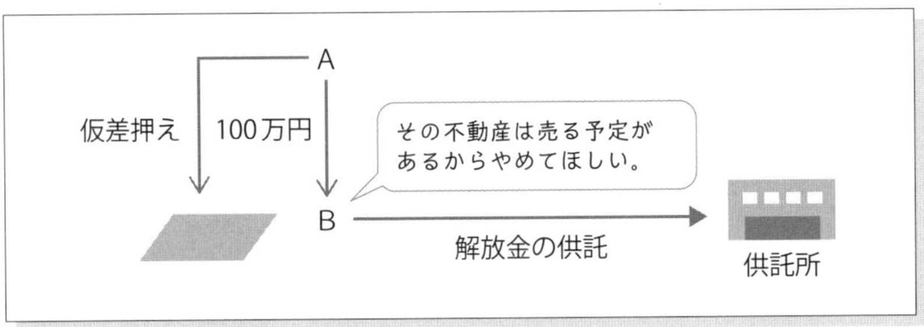

不動産に仮差押えを受けたBは、「この不動産は売る予定があるから、仮差押えはやめてほしい。お金を積むからやめてくれ」と供託することができます。それによって、**不動産に対してささっている仮差押えはなくなります。**これが仮差押解放金という制度です。

解放金をいくら納めるかは、仮差押決定によります（先ほどの仮差押決定の図では、主文のところの最後の2行に載っています）。

ただ、解放金の金額を決めるかどうかは、民事保全の種類によって異なります。

	仮差押え	仮処分	
		係争物に関する仮処分	仮の地位を定める仮処分
解放金	解放金額を定めなければならない(22 I)	定めることができる(25 I)	定めることはできない

仮差押えの決定を発令するときは、裁判所は解放金の金額を必ず定める必要があります。もともと仮差押えは、お金が欲しい場合を予定しています。そして解放金は、絶対にお金で積むことになっています。

そのため、**仮差押えをした人は解放金で満足でき、債務者は仮差押えから解放されるなど、当事者の望みがかなえられるため**、解放金を必須の制度としているのです。

一方、係争物に関する仮処分は、**定めることが「できる」となっています**。**仮処分の債権者の持っている債権は金銭債権ではないため、お金で満足できるかどうかがわかりません**。そのため、解放金を認めるかどうかは、裁判官が裁量で定めることにしています。

そして、仮の地位を定める仮処分の場合は、そもそもお金では満足することはできない事例ばかりなので、**お金を積めば終わりにするという解放金という制度を認めていません**。

問題を解いて確認しよう

1	裁判所は仮差押命令を発する場合には、仮差押えの執行の停止を得るため、又は既にした仮差押えの執行の取消しを得るために債務者が供託すべき金銭(仮差押解放金)の額を定めなければならない。〔9-7-4(3-8-3、29-6-イ、令4-6-ウ)〕	○
2	仮処分命令においては、仮処分の執行の停止を得るため、又は既にした仮処分の執行の取消しを得るために債務者が供託すべき金銭の額を定めることはできない。〔19-6-ウ〕	×

×肢のヒトコト解説

2 係争物に関する仮処分であれば、定めることができます。

これで到達！  合格ゾーン

☐ 仮差押命令において定められた仮差押解放金を債務者が供託したときは、保全執行裁判所は仮差押えの「執行」を取り消さなければならない（51）。仮差押「命令」の効力が失われるわけではない。〔25-6-エ〕

★先ほどの事例でいえば、解放金が供託されると「土地に刺さっている仮差押えを取り消す」という内容で、仮差押えの「執行」がなくなり、解放金に対して仮差押えが刺さります（仮差押「命令」は残り、それを元に解放金に仮差押えを刺します）。

◆ 保全命令の裁判 ◆

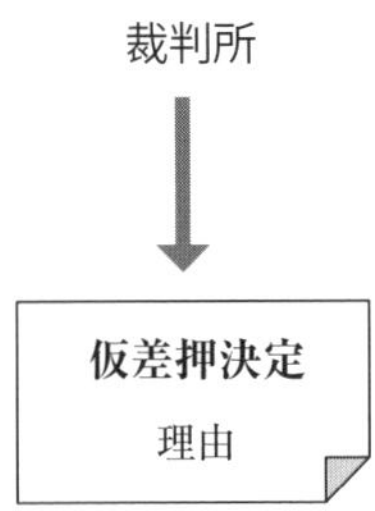

論点		結論
裁判の主体	原則	裁判所（２１）
	例外	急迫の事情があるとき →　裁判長が保全命令を発することができる(15)
理由を付して決定をするべきか	原則	理由を付す必要がある(16本文)
	例外	口頭弁論を経ないで決定をする場合 →　理由の要旨を示せば足りる（16但書）

保全命令は決定の形式で行われます。そのため、裁判所（３人）の意思で決めるべきものとなります。
ただ、**かなり急いでいる内容の場合には、裁判長の独断で保全命令を発する**ことができるとしています（緊急性の要請からの条文です）。

仮処分の決定には、主文と理由を記載します。ただ**その理由の部分は要旨、ポイントだけ書けばよいとしています**。
理由の全部を書くと時間がかかってしまう、**民事保全は急いでいる**（緊急性）**ため、要旨でいいとした**のです。

ただ、**口頭弁論を開いた場合は、理由は全部記載する必要があります**。
本来、口頭弁論というのは開く必要はありません。しかし、お互いの意見が明

らかにぶつかっているというような場合には、口頭弁論を開きます。そして、**わざわざ口頭弁論で討論までさせたのであれば、しっかりとした決定書を作って当事者に説明するべき**なので、理由は全文書くことを要求しています。

> **17条（送達）**
> 保全命令は、当事者に送達しなければならない。

	債権者	債務者
保全命令が発令された場合	送達が必要（17）	送達が必要（17）
保全命令の申立てが却下された場合	送達は要せず、告知で足りる	原則として告知をしない（規16Ⅰ）

民事保全はすべて決定で行います。

本来、決定した内容を送達する必要はないのですが、この保全命令の決定書は重要書類のため、送達することにしています。

一方、却下した場合、債務者へは知らせないのが原則です。もともと債務者に知らせずに手続をとっています。何も知らない債務者に「あなたに対して仮差押えの命令の申立てがありましたが、却下しました。」と連絡する必要はないでしょう。

ちなみに、この保全命令が発令されても、債権者の**権利があることについて、既判力はつきません**。裁判官に対して、疎明しかしていないからです。

問題を解いて確認しよう

1	仮の地位を定める仮処分命令及び係争物に関する仮処分命令は、いずれも急迫の事情があるときに限り、裁判長が発することができる。〔22-6-ア〕	○
2	仮差押命令の申立てについて口頭弁論を経て決定をする場合には、その決定には、理由を付さなければならない。〔25-6-ウ〕	○
3	保全命令の申立てについての決定には、理由を付さなければならないが、口頭弁論を経ないで決定をする場合には、理由の要旨を示せば足りる。〔16-6-ウ（22-6-ウ、29-6-オ）〕	○

4　裁判所は、保全命令を発する場合には、一定の期間内に担保を立てることを保全執行の実施の条件としなければならない。〔9-7-2（4-8-5、21-6-4、令2-6-ウ）〕　×

5　係争物に関する仮処分命令も、仮の地位を定める仮処分命令も、担保を立てさせないで発することができる。〔12-7-エ（22-6-オ）〕　○

6　保全命令は、当事者に送達しなければならない。〔4-8-1〕　○

7　仮差押命令の申立てを却下する決定は、債務者に告知しなければならない。〔令3-6-エ〕　×

×肢のヒトコト解説

4　担保を立てさせることは必須ではありません。

7　却下の場合、債務者へは知らせないのが原則です。

第2節　保全命令に対する不服申立て

保全異議

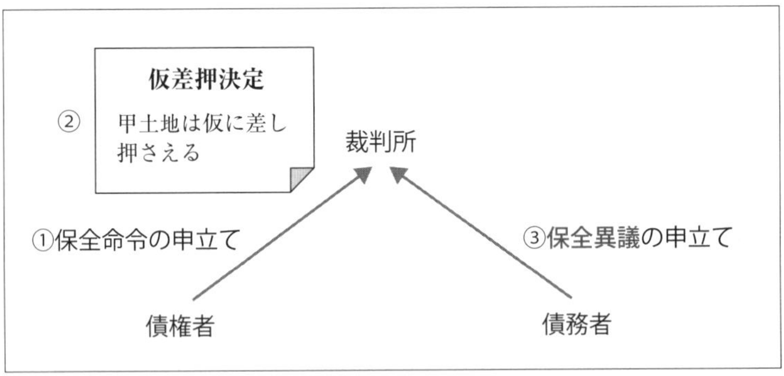

債権者が保全命令の申立てをし、保全すべき権利と保全の必要性を疎明しています。裁判官は、保全すべき権利・保全の必要性があると判断し、仮差押決定を出し、この仮差押えの決定が、債務者に送達されました。

債務者は、これを見てびっくりしました。

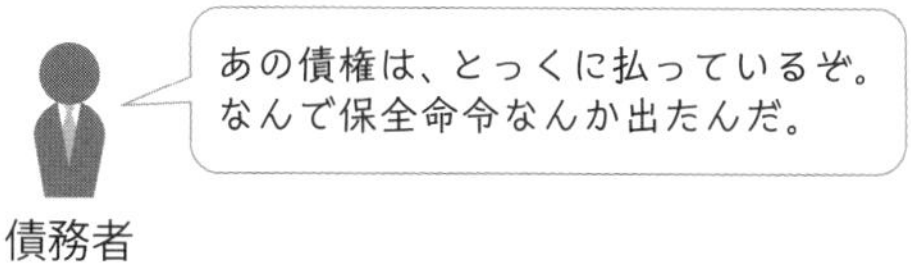

あの債権は、とっくに払っているぞ。
なんで保全命令なんか出たんだ。
債務者

こういった場合、債務者は保全異議という手続をとります。保全「異議」という言葉を使っています。**同じ裁判所に対し、審理し直せと申し立てるのです。**

管轄裁判所 保全命令を発した裁判所(26・12) →　移送制度あり

異議は、「やったところにやり直せ」という制度ですから、**この保全命令を出したところが管轄権を持ちます。**ただ発令裁判所で審理すると遅れてしまう場合には、遅滞を避けるために移送することが認められています。

申立て期間 制限する規定はないため、保全異議の利益がある間はいつでも、申し立てることができる。

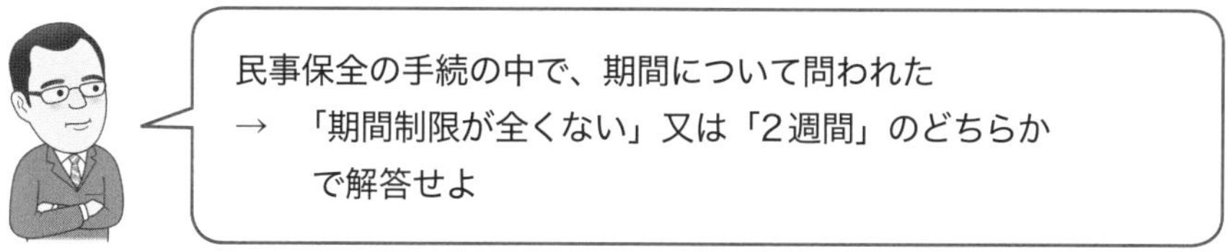

民事保全の手続の中で、期間について問われた
→　「期間制限が全くない」又は「2週間」のどちらかで解答せよ

民事保全法では、**期間制限のタイプが「2週間」「ない」の2つしかありません。**もし、知らない制度の期間が問われたら、この2つのどちらかで解答するようにしましょう。ちなみに、今回は期間制限がないパターンの方になります。利益がある間はいつでも、異議を申し立てることができます。

29条(保全異議の審理) 　裁判所は、口頭弁論又は当事者双方が立ち会うことができる審尋の期日を経なければ、保全異議の申立てについての決定をすることができない。

債権者側からだけ話を聞いて行った保全命令に対し、**保全異議では、債務者を関与させて手続をとる必要があります。保全命令は送達されているので、もう密行性という要請はありません。**むしろ当事者の公平をはかるために、両当事者を関与させるべきなのです。

ただ、オール決定主義なので、口頭弁論自体は必須ではありません。債務者を関与させればいいだけであって、**口頭弁論という形態をとる必要はありません。**

問題を解いて確認しよう

1	保全異議の申立ては、保全命令を発した裁判所又は本案の裁判所にすることができる。〔23-6-ア改題（27-6-ア）〕	×
2	保全異議事件については、保全命令を発した裁判所が管轄権を有し、同裁判所は、事件を他の裁判所に移送することはできない。〔18-6-1〕	×
3	債務者が仮差押命令に対して保全異議を申し立てる場合には、2週間以内に、その命令を発した裁判所に申立てをしなければならない。〔21-6-5〕	×
4	保全異議の手続において、裁判所は、口頭弁論又は当事者双方が立ち会うことができる審尋の期日を経なければ、保全異議の申立てについての決定をすることができない。〔5-2-3（23-6-ウ、27-6-ウ）〕	○
5	裁判所は、口頭弁論期日を経なければ、保全異議についての決定をすることができない。〔18-6-4〕	×

×肢のヒトコト解説

1　本案の裁判所に対してはできません。

2　移送は認められています。

3　期間制限はありません。

5　任意的口頭弁論なので、口頭弁論は必須ではありません。

これで到達！  合格ゾーン

□ 保全異議の申立てについての決定には、理由を付さなければならない（32Ⅳ・16本文）。これは、保全取消しの申立てについての決定についても同様である（37Ⅷ・38Ⅲ・39Ⅲ）。〔23-6-オ〕

★不服申立ては、お互いの意見が対立している状態です。お互いを説得するため、理由は全文記載することが要求されています。

□ 裁判所は、保全異議の申立てについての決定においては、保全命令を認可し、変更し、又は取り消さなければならない（32Ⅰ）。〔18-6-2〕

★「AはB土地、C土地を仮に差し押さえる」という内容に対して、保全異議が出された場合、保全異議の裁判では、今の保全命令を維持する（認可）、今の保全命令の内容を変える（変更）、今の保全命令をやめる（取り消す）のどれかの判断がなされます。

保全取消し

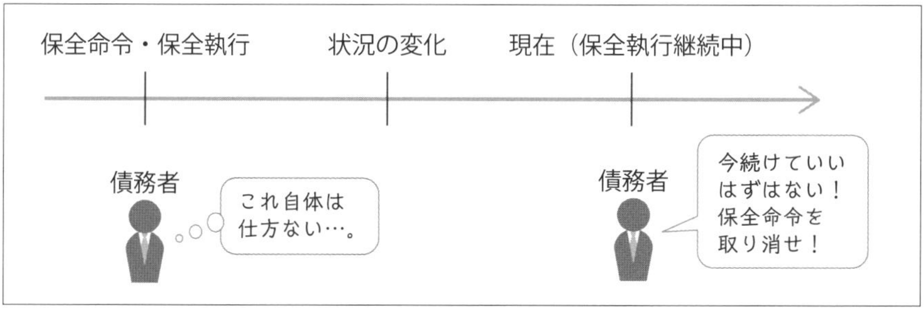

保全命令が出されたあと、状況が変化し、民事保全を続けてはいけない事態になりました。

それにもかかわらず、債権者が仮差押えを続けています。

そのときに「状況が変わったからもうやめろ」と申立てをするのが、保全取消しの制度です。

保全取消しが認められる状況
本案の訴えの不起訴等（37）
事情の変更（38）
特別の事情（39）

では、どういう状況の変化があれば、保全取消しの申立てができるのか、1つずつ見ましょう。

事情の変更（38）
・被保全権利の消滅（弁済等）
・発令後に債権者が十分な物的担保を得た場合や債務者が十分な財産を有するに至り、隠匿・処分のおそれがなくなった場合

被保全権利の保全の必要性がなくなった場合、債務者は「債権はないから、もうやめろ」「保全の必要性がないから、もうやめろ」と申し立てることができます。

特別の事情（39）
仮処分命令により償うことができない損害を生ずるおそれがあるときその他の特別の事情があること
→　担保を積むことを条件に取消しを認める

これは**仮処分だけに認められている制度**です。

例えば、出版禁止の仮処分が出された場合、相手の出版社には相当なダメージを与えます。**仮処分は、相手に大きなダメージを与えることも多い**ため、「このままでは倒産してしまう。お金を積むから、仮処分はやめてくれ」という申立てを認めているのです。

ただし、担保を積むことを絶対の条件としています。

本案の訴えの不起訴等（37）

これは、民事保全を行った債権者が、その後の民事訴訟をしない場合を想定しています。次の図を見てください。

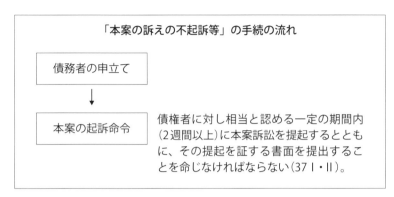

「本案の訴えの不起訴等」の手続の流れ

債務者の申立て

↓

本案の起訴命令　　債権者に対し相当と認める一定の期間内(2週間以上)に本案訴訟を提起するとともに、その提起を証する書面を提出することを命じなければならない(37 I・II)。

民事保全を受けた債務者が

> 仮差押えを受けましたが、民事訴訟で早く白黒つけたいので、債権者に訴えるように命じてください。

債務者

と申立てをします。

その後、裁判所は本案の起訴命令を出します。「早く民事訴訟を起こしなさい。○○日以内に、民事訴訟を起こして、訴訟をしたという証明書を出しなさい」という命令です。ちなみに、この「○○日以内」というのは**2週間以上の必要があります**。

- 債権者が本案の訴えを提起したことを証する書面を提出しなかった
- 37条1項の書面が提出された後に、本案の訴えが取り下げられ、又は却下された(37IV)

↓

債務者の申立て

↓

裁判所は、保全命令を取り消す（37III）

その後、債権者は訴えを起こした旨の書面を提出しませんでした。
この場合、**債務者がもう１回申立てをします**。

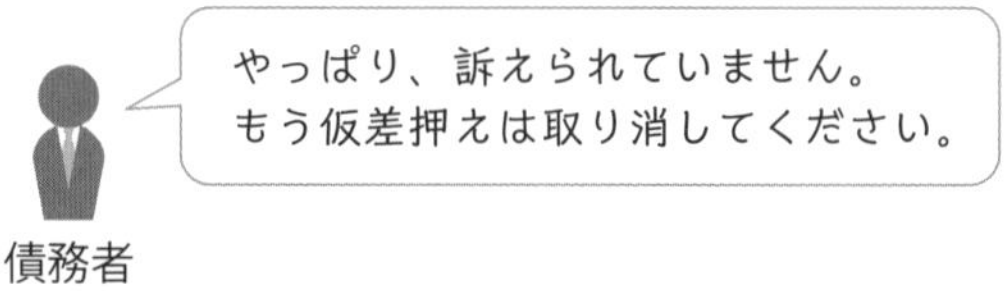

やっぱり、訴えられていません。
もう仮差押えは取り消してください。
債務者

裁判所はこの申立ての内容を確認して、「民事訴訟しないんだったら、続行させないよ」と、保全命令を取り消します。

以上が、民事保全が取り消される３つの事情です。この３つの事情を比較しましょう。

	本案の訴えの不起訴等(37)	事情の変更(38)	特別の事情(39)
申立て	保全命令の取消しは、債務者の申立てによる(37 Ⅲ・38 Ⅰ・39 Ⅰ)		
管轄	発令裁判所(37 Ⅲ)	発令裁判所 又は本案の裁判所(38 Ⅰ)	発令裁判所 又は本案の裁判所(39 Ⅰ)
立担保の命令		任意的(38 Ⅲ・32 Ⅱ Ⅲ)	必要的(39 Ⅰ)

どの手続も、申立てがなければ裁判所はやってくれません。裁判所は事情の変化には気付けないので、債務者からの申立てが必要です。

次に管轄ですが、基本的には保全命令を出したところ（発令裁判所と呼びます）、民事訴訟をしている裁判所（本案の裁判所）にすることができます。ただ、**本案の訴えの不起訴については、民事訴訟をしていないので、管轄は発令裁判所だけになります**。

最後に債務者に担保を積ませるかを見ていきます。
特別の事情のケースは必要的になっていて（むしろ**担保を積むことが条件で取り消せるのです**）、事情の変更については、その事情の変更の真実性によって裁判官が裁量で決めます。
本案の訴え不起訴の場合、**債権者が起訴していないことは客観的に明らかな**ので、債務者に担保は積ませません。

問題を解いて確認しよう

1	本案の訴えの不提起による保全取消しの申立ては、保全命令を発した裁判所にすることができる。〔23-6-ア改題〕	○
2	保全命令が発せられた後に、保全の必要性が消滅したときは、債務者は、本案の裁判所に対しても、保全命令の取消しの申立てをすることができる。〔7-7-3〕	○
3	事情の変更による保全取消しは、保全命令を発した裁判所又は本案の裁判所のいずれに対しても申立てをすることができる。〔15-6-ア〕	○
4	保全命令が発せられた後、債権者が相当と認められる期間内に本案の訴えを提起していないことが判明した場合には、裁判所は、職権で、債権者に対し、相当と認める一定の期間内に本案の訴えを提起するように命ずることができ、これに応じない場合には、その保全命令を取り消すことができる。〔23-6-エ〕	×
5	起訴命令において、本案の訴えの提起又はその係属を証する書面を提出すべき期間として定められる期間は、1月以上でなければならない。〔15-6-イ〕	×

×肢のヒトコト解説

4　申立てが必要です。

5　2週間以上で足ります。

これで到達！ 合格ゾーン

□ 起訴命令（37Ⅰ）が発せられた場合において、本案に関し仲裁合意があるときは、債権者が仲裁手続の開始の手続をとれば、本案の訴えを提起したものとみなされる（37Ⅴ）。〔7-7-2〕

★「○月○日までに訴えないと取り消します」いう起訴命令に対して、仲裁手続をとった場合は、権利行使をしたと評価され、保全取消しはなされないことになります。

□ 起訴命令に定められた期間内に民事調停の申立てがされた場合には、当該申立ては、保全取消しとの関係では、本案の訴えの提起とみなされない。

〔15-6- ウ〕

★仲裁合意と違って、民事調停の申立ては訴えと同じに扱われません。民事調停が不調になったとしても、訴訟にいくルートがないからだと説明されています。

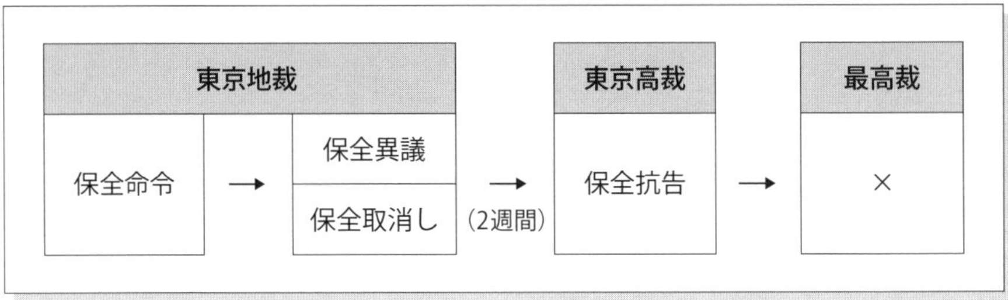

東京地裁に民事保全の申立てをして、保全命令が出ました。

それに対して「おかしいぞ、やり直せ」という保全異議もしくは、「もう続けるべきじゃないやめろ」という保全取消しができます。この保全異議や保全取消しで、民事保全を続けるかやめるかの決定が出ます。

これについて、不服申立てが可能で、それが保全抗告という手続です。

抗告ですから、上級審に上がり、東京高裁で審理することになります。

では、その東京高裁での決定についてもう1回抗告できるかというと、これができません。**保全手続は、二審制となっているのです**。

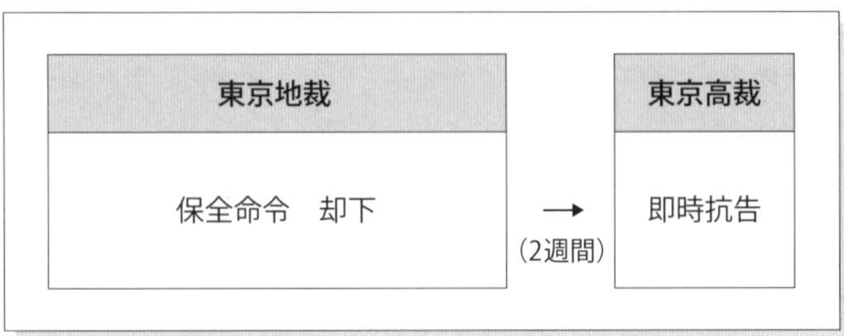

例えば、東京地裁に保全命令を申し立て、却下を受けました。この場合、**債権者が即時抗告という形で、すぐに上級審に上げることになります。**

保全抗告、即時抗告ともに、**2週間という期間制限があります。**民事訴訟の即時抗告は1週間ですが、民事保全の即時抗告は2週間になります（前述したとおり、**民事保全での期間は「なし」か「2週間」しかない**のです）。

問題を解いて確認しよう

1	仮処分命令の申立てを却下する裁判に対しては、債権者は、告知を受けた日から2週間の不変期間内に、即時抗告をすることができる。〔オリジナル〕	○
2	債権者は、保全命令の申立てを却下する決定に対して、保全異議を申し立てることができる。〔5-2-2〕	×
3	保全抗告についての裁判に対して、更に抗告をすることができる。〔5-2-5〕	×
4	保全命令に対しては、債務者は、その命令を発した裁判所に保全抗告をすることができる。〔令2-6-ア〕	×

×肢のヒトコト解説

2 保全異議ではなく、即時抗告を行います。

3 二審制のため、再抗告はできません。

4 保全命令に対する不服申し立ては、保全異議・保全取消しになります。

～保全は素早くやる必要がある仮の形なので、執行も早さが必要です～

第3章 保全執行に関する手続

保全命令をもらった後に、それを仕掛ける場面を見ていきます。
民事執行法の規定を準用していますが、すべてを準用していません。その準用していない部分がよく出題されます。

Point

保全執行の手続

手続全般は民事執行の手続を準用している（46）

たとえば、仮差押命令をもらった場合、それを対象不動産に仕掛けて処分禁止にする手続を見ていきます。

仮差押命令があったら、自動的にこの執行手続に入るのではなく、仮差押えの執行をしてほしいという**申立てがあって、初めて始まります**。

この仮差押えの執行は、原則、民事執行法の条文を準用しています。

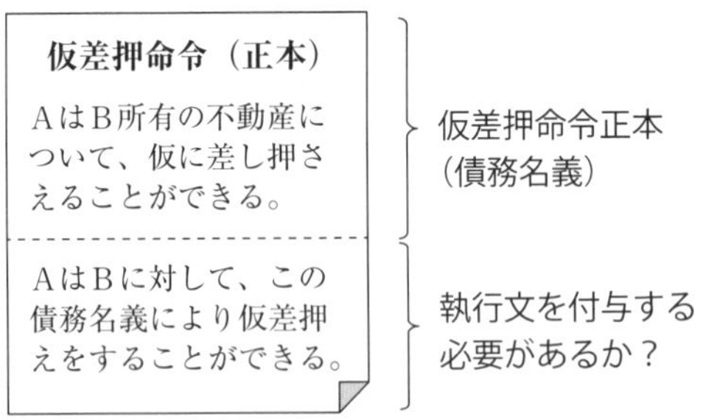

仮差押命令（正本）
ＡはＢ所有の不動産について、仮に差し押さえることができる。
ＡはＢに対して、この債務名義により仮差押えをすることができる。
仮差押命令正本
（債務名義）
執行文を付与する
必要があるか？

仮差押えを仕掛ける際、仮差押命令は債務名義としての扱いを受けます。

債務名義であれば、執行文をつける必要があるのでしょうか。次の43条を見てください。

> **43条（保全執行の要件）**
> 1　保全執行は、保全命令の正本に基づいて実施する。ただし、保全命令に表示された当事者以外の者に対し、又はその者のためにする保全執行は、執行文の付された保全命令の正本に基づいて実施する。

「保全執行は、保全命令の正本に基づいて実施する」というのは、保全命令の正本だけでいいことを意味しています。

つまり、**執行文は不要だと規定している**のです。

執行文が要らない債務名義というのが幾つかありましたが、共通するのは、急いでいるという点です。**今回の民事保全も急いでいるケースなので、執行文を不要にした**のです。

ただ、当事者が変わっていれば別です。当事者が変わっていたら債務名義は使えないため、その場合は承継執行文を取る必要があります。

> **43条（保全執行の要件）**
> 2　保全執行は、債権者に対して保全命令が送達された日から2週間を経過したときは、これをしてはならない。
> 3　保全執行は、保全命令が債務者に送達される前であっても、これをすることができる。

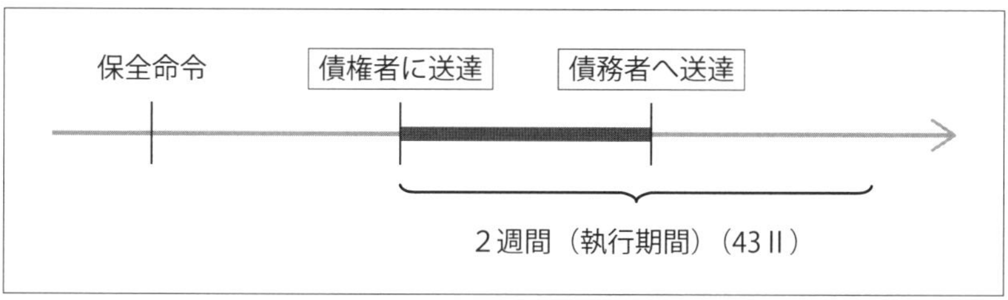

保全命令には、期限が決まっています。**疎明レベルでざっくりとしか決めていない**ので、2週間しか効力を認めていないのです。

また、**保全執行は債務者に送達される前でも行えます**（上図の太線の部分）。**「バレないようにコソコソと」という密行性があるため認められた特例**です。

問題を解いて確認しよう

1	仮差押えの執行は、申立て又は職権により執行裁判所又は執行官がする。〔3-8-5（30-6-エ）〕	×
2	保全執行は、執行文の付された保全命令の正本に基づいて実施する。〔11-7-ア〕	×
3	仮差押命令により仮差押えの執行を行う場合には、仮差押命令に表示された当事者に承継があるときでも、その正本に執行文の付与を受けることを必要としない。〔57-7-3〕	×
4	保全執行は、保全命令が債務者に送達される前であっても、これをすることができる。〔11-7-ウ（3-8-4、17-7-ア、20-6-ウ、30-6-オ、令4-6-エ）〕	○
5	占有移転禁止の仮処分命令は、仮処分命令が債務者に送達される前であっても、その執行に着手することができる。〔24-6-エ〕	○
6	保全執行は、債権者に対して保全命令が送達された日から2週間を経過したときは、これをしてはならない。〔11-7-イ（17-7-ウ）〕	○

×肢のヒトコト解説

1　職権では行われません。

2　執行文は、原則として不要です。

3　当事者が変わった場合は、承継執行文は必要です。

仮差押え　執行の方法
保全執行の対象とされた財産の形態ごとに具体的な執行方法が定められている。（ほぼ民事執行手続と同様）。

対象物	方法
不動産	仮差押えの登記（47 Ⅰ）
	強制管理（47 Ⅰ）
動産	執行官の占有（49 Ⅰ）
債権・その他の財産権	第三債務者に対する弁済禁止命令（50 Ⅰ Ⅳ）

仮差押えを仕掛けるというのは、一体何をすることなのでしょう。基本的には民事執行手続を準用していますが、対象物によって違います。

不動産については、仮差押えの登記をする、もしくは強制管理手続ということができ、**これが併用できます**。動産については、執行官が**占有することによって処分禁止します**。

債権に仮差押えをするときは、**第三債務者に弁済するなという禁止命令**を下します。注意して欲しいのは、**債務者への取立禁止命令までは発令されない**という点です（民事執行と比較してください）。

債権の処分禁止をするには、第三債務者への弁済禁止命令だけで足りる、債権を換価する場合には、弁済禁止命令・取立禁止命令の両方が必要と分けて覚えてください。

すべてに共通するのが、**押さえるところでストップし、換価手続には入らないことです**。仮差押えは押さえるのが目的です。売っぱらってお金に変えるということは、この段階では認めません。

問題を解いて確認しよう

1	不動産に対する仮差押えの執行は、これを強制管理の方法により行うことはできない。〔11-7-エ〕	×
2	債権に対する差押命令について、執行裁判所は、債務者に対し債権の取立てその他の処分を禁止し、かつ、第三債務者に対し債務者への弁済を禁止しなければならないが、債権に対する仮差押えの執行について、保全執行裁判所は、債務者に対し債権の取立てその他の処分を禁止しなければならない。〔11-7-オ、オリジナル〕	×

ヒトコト解説

1 強制管理の方法でも可能です。

2 仮差押えの場合は、第三債務者の弁済禁止命令のみ発令されます。

次に仮処分ですが、仮処分にはいろんなパターンがあります。その中でよく出るのが、次に説明するものです。

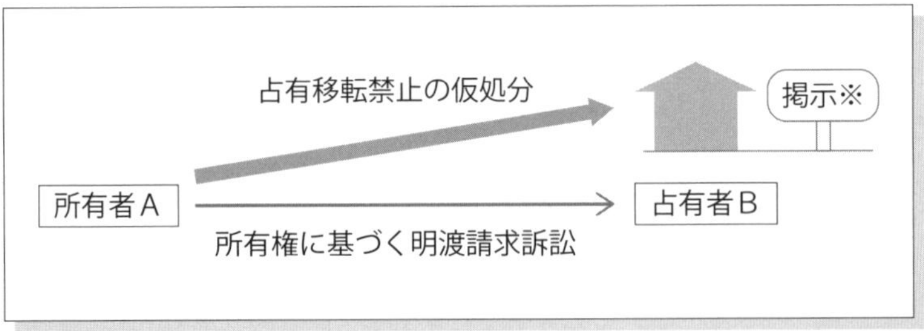

Aの家をBが占有しています。そこで、AはBに対し、民事訴訟を仕掛けようとしています。

この場合、事前に占有移転禁止の仮処分というのを仕掛けておくと、後々便利です。

この占有移転禁止の仮処分を仕掛けた場合、家の横に「もう占有を移転しちゃいけないよ」という内容の掲示板が立ちます。

この掲示板を立てることが、仮処分の執行になります（不動産に登記がされるわけではありません）。

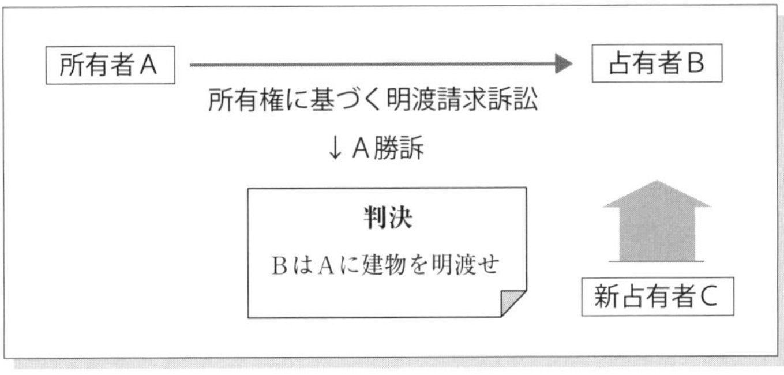

AがBを訴えて勝ちましたが、今Bではなく別の人Cが占有しています。

このとき、Aは占有しているCを追い出せるのでしょうか。

場合分けしていきましょう。

> パターン1）CがBからの承継人の場合（Bから建物を買った）
> C（善意・悪意を問わない）に対して、執行力が及ぶ。
> ※Aは承継執行文の付与を受けなければCに対して強制執行はできない。

まず、このCがBからの承継人だとします（BからCが買ったという場合で想像してください）。この場合には、**口頭弁論終結後の承継人になるので、Cに執行力が及びます**。Cが仮処分を知っているかどうかは問いません。

執行力は及びますが、このままではまだ強制執行はできません。**債務名義と追い出す人の名前が違うので、承継執行文が必要となります**。AがＢＣ間の承継を証明して、Cを追い出すことになるのです。

ただAがＢＣの承継を証明するのは、難しいでしょう（ＢＣの売買契約書をAが取得するのは困難です）。

その場合は、次のパターン２で処理します。

パターン2）CがBからの承継人ではない場合
① C（悪意）に対しては、執行力が及ぶ。
② C（善意）に対しては、執行力は及ばない（不意打ちになる）。
※ 「悪意」は推定される

Cが承継人でない場合、これはCの善悪によって結論が異なります。仮処分を知らない人を追い出すのは、不意打ちになります。**仮処分を知っている人のみ、追い出すことができます**。

ただし、**悪意は推定されます**。**立て看板が立っていたからです**（ただ、「推定」に過ぎないので、立て看板がなくなっていたからわからなかったことを証明できれば、覆すことも可能です）。

問題を解いて確認しよう

1	債権者は、占有移転禁止の仮処分の執行がされたことを知らないで債務者の占有を承継した者に対しても、本案の債務名義に基づき目的物の引渡しの強制執行をすることができる。〔13-6-ウ（19-6-オ）〕	○
2	占有移転禁止の仮処分の執行後に目的物を占有した者は、債務者の占有を承継したものと推定される。〔13-6-オ（30-6-イ）〕	×

3	占有移転禁止の仮処分命令の執行後に債務者からの占有の承継によらないで目的物を占有した第三者は、その執行がされたことを知らずに占有したことを証明した場合であっても、当該仮処分命令の効力が及ぶことを免れることができない。〔24-6-オ〕	×
4	債権者は、占有移転禁止の仮処分の執行がされたことを知って目的物を占有した者に対しては、その者が債務者の占有を承継した者でない場合であっても、本案の債務名義に基づき目的物の引渡しの強制執行をすることができる。〔13-6-イ〕	○

×肢のヒトコト解説

2　悪意が推定されます。

3　善意であることを証明できれば、非承継占有者には執行力が及びません。

2周目はここまで押さえよう

◆債務者を特定しないで発する占有移転禁止の仮処分（25の2）◆

客体	不動産
要件	占有移転禁止の仮処分命令執行前に債務者を特定することを困難とする特別の事情があるときであること

Aさんが占有しているので、「Aさん、占有を移さないように」という仮処分の決定をもらいました。

ただ、現場に行って仮処分をかけようとしたら、別人のBさんが住んでいたため、改めて申立てをして、「Bさん、占有を移さないように」という仮処分の決定をもらいました。

そして、現場に行って仮処分をかけようとしたら、別人のCさんが住んでいました（以下　同文）。

不動産ではこのように占有者をころころ変えて、仮処分を逃れようとするケースがありました。そこで、「(空欄) さん、占有を移さないように」と債務者部分を特定しないまま申立てができるようにしたのです。

（ただ、この手続は占有をころころ変えやすい不動産に対してしかできません。）

☑ 1	占有移転禁止の仮処分命令であって、係争物が不動産であるものについては、その執行前に債務者を特定することを困難とする特別の事情があるときは、債務者を特定しないで、これを発することができる。〔19-6-エ（24-6-イ）〕	○
2	占有移転禁止の仮処分命令は、債務者を特定することを困難とする特別の事情がある場合には、係争物が動産であるときであっても、債務者を特定しないで発することができる。〔28-6-エ（令2-6-イ）〕	×

これで、民事訴訟法関連の講義は終了です。

ここでは、本書を通読した後の学習方法について、説明します。

〈本書を通読した方の今後の学習法〉

① 本書の民事訴訟法の部分を、順番通り2回から3回通読していく

↓

② 本書に掲載されている問題のみ解いていく（間違えたものは本文を読む）

↓

③ 過去問を解く

↓

④ その後、民事執行法・民事保全法について上記と同じ作業をする。

民事訴訟法などの午後のマイナー科目は、

- **過去問学習が非常に重要（過去問の繰り返しだけで十分に合格圏に入る）**
- **一時記憶の要素が強いため忘れやすい**

という特徴を持っています。

そして、民事訴訟法は他の科目との関連が強いため、早い段階からしっかりとした理解をする必要があります。

まずは、民事訴訟法に絞って、**本書を繰り返し読みましょう。**

そして、本書を読む回数が増えてきたら、「**本書についている問題を解く**」→

「間違えるところについて本書を読む」ようにしましょう。
手続の流れ・理論面の部分は、時間をかけながら読むことをお勧めします。

ここまでいくと、合格力が相当ついてきていますので、このあとは、合格ゾーン（過去問題集）を解いて、「知識量を増やす・知識の定着」を狙っていきましょう。

上記のことが、**ある程度できるようになったら、残りの２科目（民事執行法・民事保全法）の学習をしましょう**。
残り２科目は、落としてはいけない科目ですが、出題数が１問ずつです。そのため、優先順位をつけて、学習することをお勧めします。

索引

あ行

か行

さ行

た行

な行

は行

ま行

ら行

わ行

〈執筆者〉

根本 正次（ねもと しょうじ）

2001年司法書士試験合格。2002年から講師として教壇に立ち、20年以上にわたり初学者から上級者まで幅広く受験生を対象とした講義を企画・担当している。講義方針は、「細かい知識よりもイメージ・考え方」を重視すること。熱血的な講義の随所に小噺・寸劇を交えた受講生を楽しませる「楽しい講義」をする講師でもある。過去問の分析・出題予想に長けており、本試験直前期には「出題予想講座」を企画・実施し、数多くの合格者から絶賛されている。

令和7年版 根本正次のリアル実況中継
司法書士 合格ゾーンテキスト
10 民事訴訟法・民事執行法・民事保全法

2019年7月25日　第1版　第1刷発行
2024年7月5日　第6版　第1刷発行
執　筆●根本 正次
編著者●株式会社　東京リーガルマインド
LEC総合研究所　司法書士試験部

発行所●株式会社　東京リーガルマインド
〒164-0001　東京都中野区中野4-11-10
アーバンネット中野ビル
LECコールセンター　0570-064-464
受付時間　平日9：30～20：00/土・祝10：00～19：00/日10：00～18：00
※このナビダイヤルは通話料お客様ご負担となります。
書店様専用受注センター　TEL 048-999-7581 / FAX 048-999-7591
受付時間　平日9：00～17：00/土・日・祝休み
www.lec-jp.com/

本文デザイン●株式会社リリーフ・システムズ
本文イラスト●小牧 良次
印刷・製本●図書印刷株式会社

ISBN978-4-8449-6314-1

根本正次
LEC専任講師

Shoji

誰にもマネできない記憶に残る講義

司法書士試験は、「正しい努力をすれば」、「必ず」合格ラインに届きます。
そのために必要なのは、「絶対にやりぬく」という意気込みです。
皆さんに用意していただきたいのは、
司法書士試験に一発合格する！という強い気持ち、この1点だけです。
あとは、私が示す正しい努力の方向を邁進するだけで、
合格ラインに届きます。

私の講義ここがPoint!

1 わかりやすいのは当たり前！ 私の講義は「記憶に残る講義」

❶ 知識の1つ1つについて、しっかりとした理由付けをする。
❷ 一度の説明ではなく、時間の許す限り繰り返し説明する。
❸ 寸劇・コントを交えて衝撃を与える。

2 法律を教えるのは当たり前！ 時期に応じた学習計画も伝授

❶ 講義の受講の仕方、復習の仕方、順序を説明する。
❷ すでに学習済みの科目について、復習するタイミング、復習する範囲を指示します。
❸ どの教材を、いつまでに、どのレベルまで仕上げるべきなのかを細かく指導する。

3 徹底した過去問重視の指導

❶ 過去の出題実績の高いところを重点に講義をする。
❷ 復習時に解くべき過去問を指摘する。
❸ 講義内で過去問を解いてもらう。

Nemoto

その裏に隠された緻密な分析力！

私のクラスでは、
❶ 法律を全く知らない人に向けて、「わかりやすく」「面白く」「合格できる」講義と
❷ いつ、どういった学習をするべきなのかのスケジュールと
❸ 数多くの一発合格するためのサポートを用意しています。
とにかく目指すは、司法書士試験一発合格です。一緒に頑張っていきましょう！

合格者の声　根本先生おすすめします！

一発合格

長井 愛さん

根本先生の講義はとにかく楽しいです。丁寧に、分かりやすく説明してくださる上に、全力の寸劇が何度も繰り広げられ、そのおかげで頭に残りやすかったです。また先生作成のノートやレジュメも分かりやすくて大好きです！！

一発合格

最年少合格

大島 駿さん

根本先生の良かった点は、講義内容のわかりやすさはもちろん、記憶に残る講義だということです。正直、合格できた１番の理由は根本先生の存在があったからこそだと思います。

一発合格

大石徳子さん

根本講師は、受験生の気持ちを本当に良く理解していて、すごく愛のある先生だと思います。講座の区切り、区切りで、今受験生が言ってもらいたい言葉を掛けてくれます。

一発合格

望月飛鳥さん

初学者の私でも分かりやすく、楽しく授業を受けられました。講義全体を通して、全力で授業をしてくれるので、こちらも頑張ろうという気持ちになります。

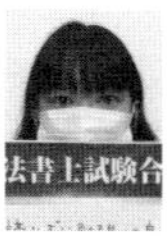

一発合格

H・Tさん

寸劇を交えた講義が楽しくイメージしやすかったです。問題を解いている時も先生の講義を思い出せました。

一発合格

田中佑幸さん

根本先生の『論点のストーリー説明→条文根拠づけ→図表まとめ』の講義構成がわかりやすく記憶に残りやすかったです。

著者 根本講師が担当 司法書士講座のご案内

新15ヵ月合格コース

短期合格のノウハウが詰まったカリキュラム

LECが初めて司法書士試験の学習を始める方に自信をもってお勧めする講座が新15ヵ月合格コースです。司法書士受験指導40年以上の積み重ねたノウハウと、試験傾向の徹底的な分析により、これだけ受講すれば合格できるカリキュラムとなっております。司法書士試験対策は、毎年一発・短期合格を輩出してきたLECにお任せください。

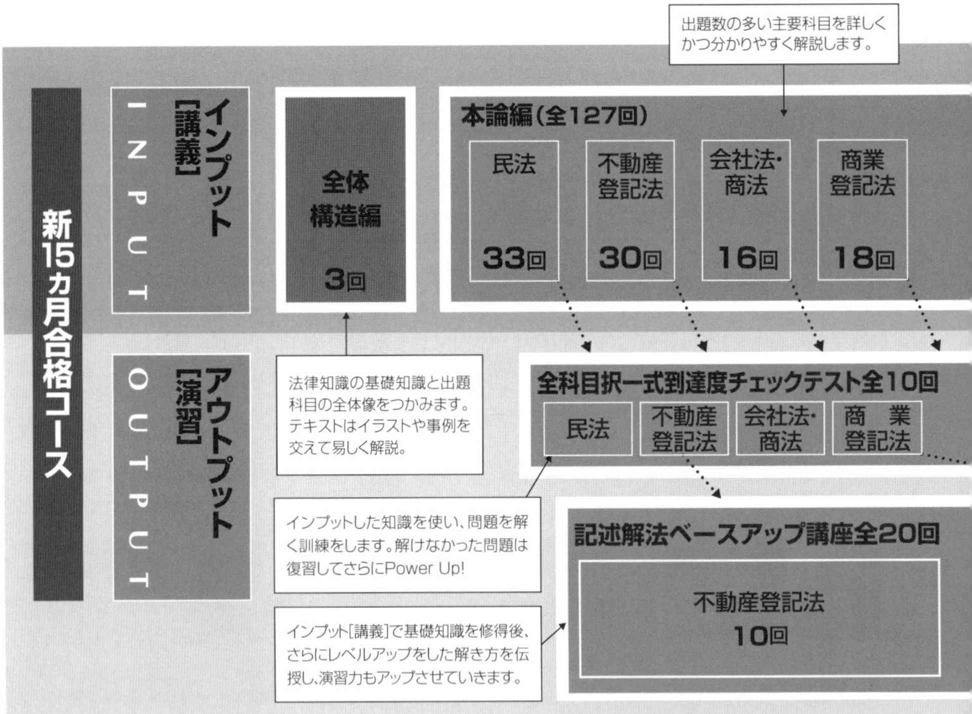

インプットとアウトプットのリンクにより短期合格を可能に！

合格に必要な力は、適切な情報収集（インプット）→知識定着（復習）→実践による知識の確立（アウトプット）という３つの段階を経て身に付くものです。新15ヵ月合格コースではインプット講座に対応したアウトプットを提供し、これにより短期合格が確実なものとなります。

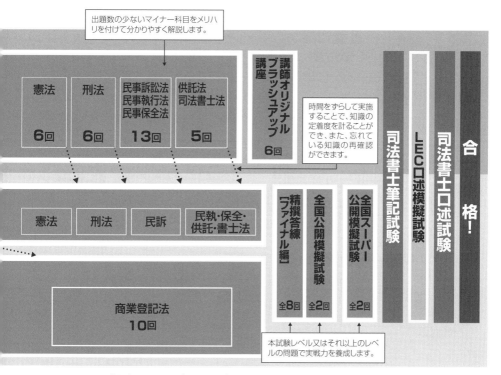

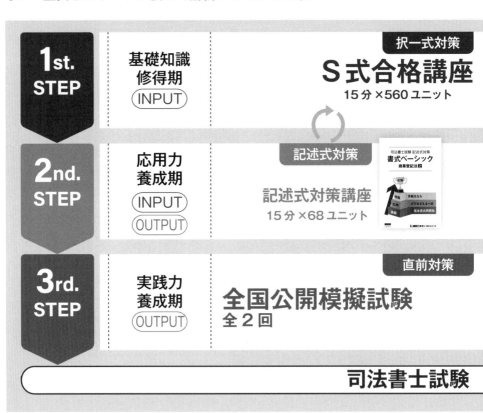

通信専用

初学者向け通信講座

こんな希望をお持ちの方におすすめ
○これから初めて法律を学習していきたい
○通勤・通学、家事の合間のスキマ時間を有効活用したい
○いつでもどこでも手軽に講義を受講したい
○司法書士試験で重要なポイントに絞って学習したい
○独学での学習に限界を感じている

過去問対策

過去問
演習講座
15分
×60ユニット

択一式対策

一問一答
オンライン
問題集

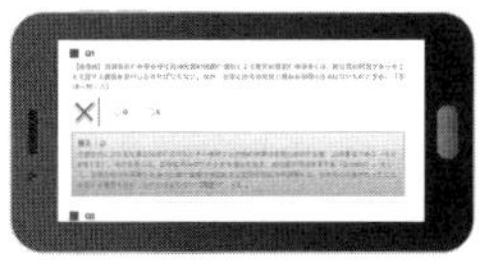

全国スーパー公開模擬試験
全2回

※本カリキュラムは、2023年8月1日現在のものであり、講座の内容・回数等が変更になる場合があります。予めご了承ください。

詳しくはこちら⇒ www.lec-jp.com/shoshi/

■お電話での講座に関するお問い合わせ 平日：9:30～20:00　土祝：10:00～19:00　日：10:00～18:00
※このナビダイヤルは通話料お客様ご負担になります。※固定電話・携帯電話共通（一部のPHS・IP電話からのご利用可能）。

LECコールセンター　携帯OK　0570-064-464

LEC Webサイト ▷▷ www.lec-jp.com/

情報盛りだくさん!

資格を選ぶときも,
講座を選ぶときも,
最新情報でサポートします!

最新情報

各試験の試験日程や法改正情報，対策講座，模擬試験の最新情報を日々更新しています。

資料請求

講座案内など無料でお届けいたします。

受講・受験相談

メールでのご質問を随時受付けております。

よくある質問

LECのシステムから，資格試験についてまで，よくある質問をまとめました。疑問を今すぐ解決したいなら，まずチェック!

書籍・問題集（LEC書籍部）

LECが出版している書籍・問題集・レジュメをこちらで紹介しています。

充実の動画コンテンツ!

ガイダンスや講演会動画，
講義の無料試聴まで
Webで今すぐCheck!

動画視聴OK

パンフレットやWebサイトを見てもわかりづらいところを動画で説明。いつでもすぐに問題解決!

Web無料試聴

講座の第1回目を動画で無料試聴!気になる講義内容をすぐに確認できます。

LEC 全国学校案内

＊講座のお問合せ，受講相談は最寄りのLEC各校へ

LEC本校

北海道・東北

札　幌本校　☎011(210)5002
〒060-0004 北海道札幌市中央区北4条西5-1　アスティ45ビル

仙　台本校　☎022(380)7001
〒980-0022 宮城県仙台市青葉区五橋1-1-10　第二河北ビル

関東

渋谷駅前本校　☎03(3464)5001
〒150-0043 東京都渋谷区道玄坂2-6-17　渋東シネタワー

池　袋本校　☎03(3984)5001
〒171-0022 東京都豊島区南池袋1-25-11　第15野萩ビル

水道橋本校　☎03(3265)5001
〒101-0061 東京都千代田区神田三崎町2-2-15　Daiwa三崎町ビル

新宿エルタワー本校　☎03(5325)6001
〒163-1518 東京都新宿区西新宿1-6-1　新宿エルタワー

早稲田本校　☎03(5155)5501
〒162-0045 東京都新宿区馬場下町62　三朝庵ビル

中　野本校　☎03(5913)6005
〒164-0001 東京都中野区中野4-11-10　アーバンネット中野ビル

立　川本校　☎042(524)5001
〒190-0012 東京都立川市曙町1-14-13　立川MKビル

町　田本校　☎042(709)0581
〒194-0013 東京都町田市原町田4-5-8　MIキューブ町田イースト

横　浜本校　☎045(311)5001
〒220-0004 神奈川県横浜市西区北幸2-4-3　北幸GM21ビル

千　葉本校　☎043(222)5009
〒260-0015 千葉県千葉市中央区富士見2-3-1　塚本大千葉ビル

大　宮本校　☎048(740)5501
〒330-0802 埼玉県さいたま市大宮区宮町1-24　大宮GSビル

東海

名古屋駅前本校　☎052(586)5001
〒450-0002 愛知県名古屋市中村区名駅4-6-23　第三堀内ビル

静　岡本校　☎054(255)5001
〒420-0857 静岡県静岡市葵区御幸町3-21　ペガサート

北陸

富　山本校　☎076(443)5810
〒930-0002 富山県富山市新富町2-4-25　カーニープレイス富山

関西

梅田駅前本校　☎06(6374)5001
〒530-0013 大阪府大阪市北区茶屋町1-27　ABC-MART梅田ビル

難波駅前本校　☎06(6646)6911
〒556−0017 大阪府大阪市浪速区湊町1-4-1
大阪シティエアターミナルビル

京都駅前本校　☎075(353)9531
〒600-8216 京都府京都市下京区東洞院通七条下ル2丁目
東塩小路町680-2　木村食品ビル

四条烏丸本校　☎075(353)2531
〒600-8413　京都府京都市下京区烏丸通仏光寺下ル
大政所町680-1　第八長谷ビル

神　戸本校　☎078(325)0511
〒650-0021 兵庫県神戸市中央区三宮町1-1-2　三宮セントラルビル

中国・四国

岡　山本校　☎086(227)5001
〒700-0901 岡山県岡山市北区本町10-22　本町ビル

広　島本校　☎082(511)7001
〒730-0011 広島県広島市中区基町11-13　合人社広島紙屋町アネクス

山　口本校　☎083(921)8911
〒753-0814 山口県山口市吉敷下東 3-4-7　リアライズⅢ

高　松本校　☎087(851)3411
〒760-0023 香川県高松市寿町2-4-20　高松センタービル

松　山本校　☎089(961)1333
〒790-0003 愛媛県松山市三番町7-13-13　ミツネビルディング

九州・沖縄

福　岡本校　☎092(715)5001
〒810-0001 福岡県福岡市中央区天神4-4-11　天神ショッパーズ福岡

那　覇本校　☎098(867)5001
〒902-0067 沖縄県那覇市安里2-9-10　丸姫産業第2ビル

EYE関西

EYE 大阪本校　☎06(7222)3655
〒530-0013　大阪府大阪市北区茶屋町1-27　ABC-MART梅田ビル

EYE 京都本校　☎075(353)2531
〒600-8413　京都府京都市下京区烏丸通仏光寺下ル
大政所町680-1　第八長谷ビル

LEC提携校

＊提携校はLECとは別の経営母体が運営をしております。
＊提携校は実施講座およびサービスにおいてLECと異なる部分がございます。

北海道・東北

八戸中央校【提携校】 ☎0178(47)5011
〒031-0035　青森県八戸市寺横町13　第1朋友ビル　新教育センター内

弘前校【提携校】 ☎0172(55)8831
〒036-8093　青森県弘前市城東中央1-5-2
まなびの森　弘前城東予備校内

秋田校【提携校】 ☎018(863)9341
〒010-0964　秋田県秋田市八橋鯲沼町1-60
株式会社アキタシステムマネジメント内

関東

水戸校【提携校】 ☎029(297)6611
〒310-0912　茨城県水戸市見川2-3092-3

所沢校【提携校】 ☎050(6865)6996
〒359-0037　埼玉県所沢市くすのき台3-18-4　所沢K・Sビル
合同会社LPエデュケーション内

東京駅八重洲口校【提携校】 ☎03(3527)9304
〒103-0027　東京都中央区日本橋3-7-7　日本橋アーバンビル
グランデスク内

日本橋校【提携校】 ☎03(6661)1188
〒103-0025　東京都中央区日本橋茅場町2-5-6　日本橋大江戸ビル
株式会社大江戸コンサルタント内

東海

沼津校【提携校】 ☎055(928)4621
〒410-0048　静岡県沼津市新宿町3-15　萩原ビル
M-netパソコンスクール沼津校内

北陸

新潟校【提携校】 ☎025(240)7781
〒950-0901　新潟県新潟市中央区弁天3-2-20　弁天501ビル
株式会社大江戸コンサルタント内

金沢校【提携校】 ☎076(237)3925
〒920-8217　石川県金沢市近岡町845-1　株式会社アイ・アイ・ピー金沢内

福井南校【提携校】 ☎0776(35)8230
〒918-8114　福井県福井市羽水2-701　株式会社ヒュ　マン・デザイン内

関西

和歌山駅前校【提携校】 ☎073(402)2888
〒640-8342　和歌山県和歌山市友田町2-145
KEG教育センタービル　株式会社KEGキャリア・アカデミー内

中国・四国

松江殿町校【提携校】 ☎0852(31)1661
〒690-0887　島根県松江市殿町517　アルファステイツ殿町
山路イングリッシュスクール内

岩国駅前校【提携校】 ☎0827(23)7424
〒740-0018　山口県岩国市麻里布町1-3-3　岡村ビル　英光学院内

新居浜駅前校【提携校】 ☎0897(32)5356
〒792-0812　愛媛県新居浜市坂井町2-3-8　パルティフジ新居浜駅前店内

九州・沖縄

佐世保駅前校【提携校】 ☎0956(22)8623
〒857-0862　長崎県佐世保市白南風町5-15　智翔館内

日野校【提携校】 ☎0956(48)2239
〒858-0925　長崎県佐世保市椎木町336-1　智翔館日野校内

長崎駅前校【提携校】 ☎095(895)5917
〒850-0057 長崎県長崎市大黒町10-10　KoKoRoビル
minatoコワーキングスペース内

高原校【提携校】 ☎098(989)8009
〒904-2163　沖縄県沖縄市大里2-24-1
有限会社スキップヒューマンワーク内

※上記は2024年6月1日現在のものです。

書籍の訂正情報について

このたびは，弊社発行書籍をご購入いただき，誠にありがとうございます。
万が一誤りの箇所がございましたら，以下の方法にてご確認ください。

1 訂正情報の確認方法

書籍発行後に判明した訂正情報を順次掲載しております。
下記Webサイトよりご確認ください。

www.lec-jp.com/system/correct/

2 ご連絡方法

上記Webサイトに訂正情報の掲載がない場合は，下記Webサイトの入力フォームよりご連絡ください。

lec.jp/system/soudan/web.html

フォームのご入力にあたりましては，「Web教材・サービスのご利用について」の最下部の「ご質問内容」に下記事項をご記載ください。

・対象書籍名（○○年版，第○版の記載がある書籍は併せてご記載ください）
・ご指摘箇所（具体的にページ数と内容の記載をお願いいたします）

ご連絡期限は，次の改訂版の発行日までとさせていただきます。
また，改訂版を発行しない書籍は，販売終了日までとさせていただきます。

※上記「2ご連絡方法」のフォームをご利用になれない場合は，①書籍名，②発行年月日，③ご指摘箇所，を記載の上，郵送にて下記送付先にご送付ください。確認した上で，内容理解の妨げとなる誤りについては，訂正情報として掲載させていただきます。なお，郵送でご連絡いただいた場合は個別に返信しておりません。

送付先：〒164-0001 東京都中野区中野4-11-10 アーバンネット中野ビル
株式会社東京リーガルマインド 出版部 訂正情報係

・誤りの箇所のご連絡以外の書籍の内容に関する質問は受け付けておりません。
また，書籍の内容に関する解説，受験指導等は一切行っておりませんので，あらかじめご了承ください。
・お電話でのお問合せは受け付けておりません。

講座・資料のお問合せ・お申込み

LECコールセンター 0570-064-464（携帯OK）

受付時間：平日9:30～20:00/土・祝10:00～19:00/日10:00～18:00

※このナビダイヤルの通話料はお客様のご負担となります。
※このナビダイヤルは講座のお申込みや資料のご請求に関するお問合せ専用ですので，書籍の正誤に関するご質問をいただいた場合，上記「2ご連絡方法」のフォームをご案内させていただきます。